Orlamünder / Liskowsky / Hußmann
Software-Entwicklung mit Delphi

D1731431

Software-Entwicklung mit Delphi

Eine systematische Einführung

von
Dieter Orlamünder, Rüdiger Liskowsky
und Heinrich Hußmann

mit 170 Bildern und 102 Übungen

Fachbuchverlag Leipzig
im Carl Hanser Verlag

Prof. Dr. Dieter Orlamünder (Kapitel 4)
Prof. Dr. Rüdiger Liskowsky (Kapitel 1 bis 3)
Prof. Dr. Heinrich Hußmann (Kapitel 5, 6)

Technische Universität Dresden, Institut für Software- und Multimediatechnik

Alle in diesem Buch enthaltenen Programme, Verfahren und elektronischen Schaltungen wurden nach bestem Wissen erstellt und mit Sorgfalt getestet. Dennoch sind Fehler nicht ganz auszuschließen. Aus diesem Grund ist das im vorliegenden Buch enthaltene Programm-Material mit keiner Verpflichtung oder Garantie irgendeiner Art verbunden. Autor und Verlag übernehmen infolgedessen keine Verantwortung und werden keine daraus folgende oder sonstige Haftung übernehmen, die auf irgendeine Art aus der Benutzung dieses Programm-Materials oder Teilen davon entsteht.

Die Wiedergabe von Gebrauchsnamen, Handelsnamen, Warenbezeichnungen usw. in diesem Werk berechtigt auch ohne besondere Kennzeichnung nicht zu der Annahme, dass solche Namen im Sinne der Warenzeichen- und Markenschutz-Gesetzgebung als frei zu betrachten wären und daher von jedermann benutzt werden dürften.

Die Deutsche Bibliothek – CIP-Einheitsaufnahme

Ein Titeldatensatz für diese Publikation
ist bei Der Deutschen Bibliothek erhältlich.

ISBN 3-446-22088-7

Fachbuchverlag Leipzig
im Carl Hanser Verlag

© 2002 Carl Hanser Verlag München Wien
Internet: http://www.fachbuch-leipzig.hanser.de

Satz: Dr. Steffen Naake, Chemnitz
Druck und Bindung: Druckhaus „Thomas Müntzer" GmbH, Bad Langensalza
Printed in Germany

Vorwort

Zur Einführung in die Software-Entwicklung gehört nicht nur das Erlernen einer Programmiersprache, sondern im gleichen Umfang das Kennenlernen der softwaretechnologischen Grundlagen zur Schaffung und Pflege dieser Programme. Das Ziel dieses „Delphi"-Buches besteht demnach darin, das Kennenlernen der Programmiersprache Object Pascal, des Software-Entwicklungswerkzeugs Delphi mit den anzuwendenden Prinzipien und Methoden der Softwaretechnologie zu verbinden. Das Buch ist besonders zur Einarbeitung in die praktischen Grundlagen der Informatik am Beispiel der „Lehr"-Programmiersprache Object Pascal und der dafür existierenden Werkzeuge von Delphi geeignet.

Die Programmiersprache **Pascal** zur Einführung in die Software-Entwicklung wurde aus didaktischen Gründen gewählt. Sie wurde 1971 von *Niklaus Wirth* [39] als eine auf das Wesentliche reduzierte, verallgemeinerte Sprache für die strukturierte Programmierung geschaffen, die erste Auswirkungen der „Softwarekrise" überwinden half. Mit ihrem klassischen syntaktischen und typorientierten Konzept hat sie zahlreiche Programmiersprachen bis heute beeinflusst. „Die interpretative Implementierung von Pascal mithilfe des P-Codes war der Ausgangspunkt für die Entwicklung von Turbo-Pascal und Vorbild für die Bytecode-Implementierungen von Smalltalk und Java [14]". Die Weiterentwicklung von Turbo-Pascal zum heutigen Object Pascal hat konsequent alle modernen Bewegungen der Software-Entwicklung aufgenommen. Somit bietet Object Pascal einen guten Übergang von klassischer „Lehr"-Programmierung hin zu Konzepten, die einen leichten Umstieg auf moderne Sprachen wie Java oder C# ermöglichen. Die wichtigsten objektorientierten Sprachelemente wurden 1986 in den Pascal-Sprachumfang integriert und bilden seither ständig erweitert die Basis der Entwicklungsumgebung Borland Delphi.

Ein Kennzeichen moderner Software-Entwicklung ist, dass neue überarbeitete **Versionen** von Programmpaketen mit besseren Eigenschaften ständig, mitunter auch in kürzeren Zeiträumen, auf dem Markt erscheinen. Das gilt insbesondere für die gewählte Software-Entwicklungsumgebung, kann aber auch Pascal betreffen. Das vorliegende Buch und die bereitgestellten Projekte wurden auf Basis des Standes Anfang 2002 mit Delphi 6 erarbeitet. Generell wurde von der Stoffauswahl und -darstellung her versucht, versionsunabhängig zu sein. Sicher werden im Laufe der Zeit schnell neuere Versionen erscheinen, die hier dargestellten Grundlagen sollten aber allgemein gültig bleiben bzw. die Eigenschaft der Aufwärtskompatibilität sollte die Lauffähigkeit der Beispielprojekte weiter gewährleisten. Auf den zum Buch gehörenden WWW-Seiten werden wir versuchen, die gravierendsten Merkmale neuerer Releases zu beschreiben.

Das Buch ist von seinem Lehrinhalt einzuordnen in die Grundlagen der Informatik, insbesondere für Ingenieure. Es ist durch die Verquickung von Stoffinhalten der Softwaretechnik mit den Konstrukten einer Programmiersprache besonders auf ingenieurwissenschaftliches Denken ausgerichtet. Der Inhalt des Buches basiert auf langjährigen Erfahrungen mit Lehrveranstaltungen zur Einführung in die Informatik speziell für Studenten des Maschinenwesens. Die Beispiele zu den Übungsaufgaben und zu den Delphi-Projekten sind exakt mathematisch begründet und stammen meist aus dem Kontext des Maschinenbaus. Nach den aufgezeigten Lösungsmustern lassen sie sich problemlos auch auf andere Wissensgebiete übertragen.

Das Buch zeichnet sich in den einzelnen Abschnitten jeweils durch eine relativ kurze theoretische Erörterung des zugrunde liegenden Lehrstoffes und durch zahlreiche eingestreute Lehrbeispiele aus. Ausgehend von der Tatsache, dass die Studenten in unterschiedlichem Umfang bereits mit Computern in Verbindung gekommen sind, wird folgende Reihenfolge der Stoffgebiete gewählt

- Software-Entwicklungsumgebung Delphi
- Strukturierte Software-Entwicklung
- Prozedurale Programmierung mit Object Pascal
- Anwendungsprogrammierung mit Object Pascal unter Delphi
- Objektorientierte Programmierung mit Object Pascal
- Datenbankprogammierung unter Delphi.

Damit sollen die Voraussetzungen für die Programmierung auch anspruchsvollerer Probleme geschaffen werden. Angefangen wird mit dem Abschnitt **Software-Entwicklungs-umgebung Delphi**, in dem die Studenten ausgehend von bekannten Werkzeugen für die Programmentwicklung exemplarisch in die Software-Entwicklungswerkzeuge von **Delphi** eingeführt werden, unterstützt durch ein einfaches Beispiel. Der Einstieg, beginnend mit der Behandlung von Werkzeugen, ist dem Vorgehen des Ingenieurs entlehnt, indem dieser auch erst die Handhabung eines CAD-Systems kennen muss, ehe er eine Konstruktion beginnt. Eine Übersicht über existierende Paradigmen der Programmiersprachen und damit mögliche Arten von Sprachen ist dem Abschnitt vorangestellt. Der Abschnitt **strukturierte Software-Entwicklung** geht auf die wissenschaftlichen Grundlagen der Softwaretechnologie ein. Es werden Angaben zum Softwarelebenszyklus, zu Prinzipien, Methoden und zu Kosten bis zur Softwarequalität gemacht. Am Beispiel des strukturierten Entwurfs von Algorithmen (SEA) wird, unterstützt durch Delphi-Werkzeuge, die planmäßige Vorgehensweise zur Programmerzeugung und letztlich Softwareherstellung anschaulich demonstriert. Dazu werden einfache Beispiele zur Algorithmierung verwendet und erläutert. Die hier zunächst intuitiv eingeführte Methodik wird im gleichen und in den folgenden Abschnitten **prozedurale** und **objektorientierte Programmierung mit Object Pascal** begründet und ausgebaut. Im Abschnitt **Anwendungsprogrammierung** wird eine große Palette praktischer Programmieraufgaben behandelt. Enthalten sind fortgeschrittene Pascal-Steueranweisungen, die Methoden der Grafik-Programmierung, die Unterprogrammtechnik sowie die Verwendung höherer Datentypen von Pascal. Im letzten Abschnitt werden schließlich **Aufbau und Nutzung von relationalen Datenbanken unter Delphi** dargestellt. Nach Durcharbeitung des Lehr- und Übungsbuches sollten die grundlegenden Fertigkeiten zum Erstellen von Object Pascal- und Datenbank-Programmen vorhanden sein. Das setzt aber die praktische Tätigkeit am Computer voraus. Es ist deshalb sehr zu empfehlen, die angebotenen Delphi-Beispielprojekte zu erproben und zu variieren.

Zusammenfassend besteht das Ziel dieses Lehr- und Übungsbuches darin, anhand einer ausgewählten Programmiersprache und einer typischen Software-Entwicklungsumgebung die wichtigsten Mittel und Paradigmen zur Entwicklung eigener Programme kennen zu lernen und praktisch zu üben. Mit diesen Kenntnissen ist es dann relativ leicht und schnell möglich, sich in andere beliebige Programmiersprachen einzuarbeiten.

Anmerkungen:

1. Das vorliegende Buch enthält nur die wichtigsten Grundlagen zur Einführung in die Software-Entwicklung mit Delphi. Für vertiefende Studien sind die im Literaturverzeichnis aufgeführten Quellen und speziell für die Entwicklungsumgebung und Object Pascal die **Online-Hilfe** von **Delphi** (Abschnitt 1.2.12) zu nutzen.

2. Im Buch wird auf Delphi-Beispielprojekte Bezug genommen, die zur Veranschaulichung der Stoffkomplexe dienen, denen sie im Text zugeordnet sind. Sie sind Bestandteil der zum Buch gehörenden WWW-Seite.

Sie beinhaltet für den Leser weiterhin

- Lösungen zu den gestellten Übungsaufgaben,
- Linksammlung mit weiteren Quellen zum Thema,
- Hinweise zu Verbesserungen in neueren Delphi- oder Pascal-Versionen.

Die URL der WWW-Seite ist

http://www.inf.tu-dresden.de/ST2/cg/Delphiprogramme

Unser **Dank** gilt dem Fachbuchverlag Leipzig. Besonders die Zusammenarbeit mit Frau Erika Hotho gestaltete sich konstruktiv und wurde von uns als sehr angenehm empfunden.

Die Übungsaufgaben und Beispielprojekte wurden in Lehrveranstaltungen mit zahlreichen Studenten sowie Fernstudenten diskutiert. In Memoriam gilt unser Dank Herrn Dr. Christian Wittetschek. Er hat als Assistent langjährig engagiert für die Lehrveranstaltungen an der TU Dresden gearbeitet und ist viel zu früh von uns gegangen.

Dresden, Juni 2002

Dieter Orlamünder
Rüdiger Liskowsky
Heinrich Hußmann

Inhaltsverzeichnis

1 Software-Entwicklungsumgebung Delphi

1.1 Aufbau und Inhalt von Software-Entwicklungsumgebungen

Eine Software-Entwicklungsumgebung besteht aus einer strukturierten Menge integrierter Werkzeuge und vorgefertigter Bausteine oder Komponenten, die einen oder mehrere Benutzer bei *allen* bei der Software-Entwicklung anfallenden Tätigkeiten unterstützen, einschließlich einer Methodik für ihre Nutzung [9], [2]. Innerhalb dieser Definition sind unter Software-Werkzeugen Programme (Hilfsmittel) zu verstehen, die Vorgehensweisen, Prinzipien, Methoden und Sprachkonzepte *rechnergestützt* umsetzen und einzelne Unterstützungsfunktionen übernehmen.

1.1.1 Grundwerkzeuge der Software-Entwicklung

Ein Beispiel für das Zusammenwirken von Einzelwerkzeugen lässt sich eindrucksvoll an der prinzipiellen Verarbeitung eines in einer höheren Programmiersprache vorliegenden Programms (Quellmodul) zu einem ausführbaren Lademodul zeigen, Bild 1.1.

Da Computer nur in Maschinensprache vorliegende Programme ausführen können, müssen symbolische oder höhere Sprachen durch spezielle Übersetzungsprogramme (Übersetzer), den **Assembler** bzw. **Interpreter** oder **Compiler**, auf das ausführbare Maschinensprachniveau transformiert werden. Der Übersetzungsvorgang ist komplex und wird meist mehrstufig ausgeführt, wobei die entstandenen Zwischenstufen (Pässe) wiederholt gelesen und verarbeitet werden. Man unterscheidet deshalb Ein- und Mehrpasscompiler. Demgegenüber versteht man unter der Phase eines Übersetzers eine Teilaufgabe im gesamten Übersetzungsprozess. Zu diesem Zweck enthält der Übersetzer den **Analyse-** und den **Syntheseteil**, Bild 1.2.

Ersterer realisiert die Phasen lexikalische Analyse, syntaktische Analyse und semantische Analyse. In der **lexikalischen Analyse** (lexical analyzer, scanner) werden die Zeichen des Programms zu Symbolen (symbols, tokens), wie Schlüsselwörtern der Sprache, Ziffernfolgen usw. zusammengefasst. Die **syntaktische Analyse** (syntactic analyzer, parser) überprüft das Programm auf syntaktische Exaktheit. Unter dem Begriff **Syntax** versteht man die Grammatik einer (Programmier-)Sprache, die den streng formalisierten Aufbau aller Programmkonstrukte beschreibt. Der semantische Analyseteil prüft deshalb, ob den erzeugten Symbolen korrekt syntaktische Konstruktionen zugeordnet werden können. Durch die **semantische Analyse** (semantic analyzer) werden schließlich die syntaktisch korrekten Symbolfolgen auf ihre inhaltliche Zulässigkeit überprüft.

Die Aufgabe des Syntheseteils besteht in der **Code-Generierung** des Objektprogramms aus dem im Analyseteil fehlerfrei erkannten Quellprogramm, also der eigentlichen Transformation in die Maschinensprache. Dieser kann eine Code-Optimierungsphase mit den Zielstellungen geringen Speicherplatzbedarfes und guten Laufzeitverhaltens vorausgehen.

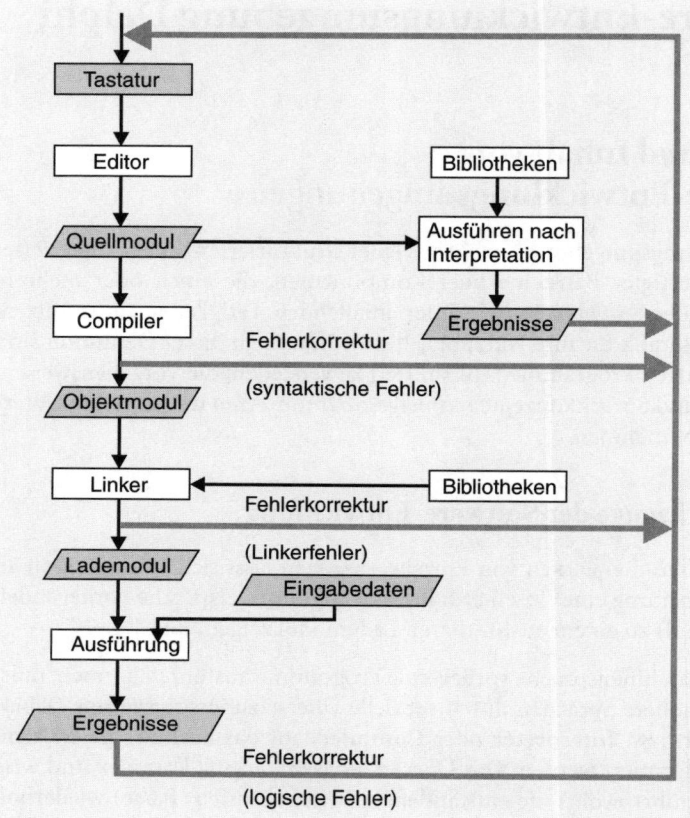

Bild 1.1
Werkzeuge für
die Programm-
entwicklung

Ein **Interpreter** ist ein Übersetzungswerkzeug, das eine Anweisung des **Quellmoduls** (Quellprogramm) übersetzt und sofort ausführt. Im Gegensatz zum Compiler oder Assembler wird also kein **Objektmodul** (Objektprogramm) erzeugt. Das hat zur Folge, dass Anweisungen in einem Zyklus bei ihrer wiederholten Abarbeitung stets erneut übersetzt werden müssen. Damit sinkt die Geschwindigkeit der Programmausführung, andererseits ist aber durch die interpretierende Arbeitsweise eine gute Unterstützung für die Fehlersuche gegeben.

Der **Linker** oder **Programmverbinder** hat die Aufgabe, die einzelnen zum Gesamtprogramm gehörenden Objektmoduln zum ausführbaren Programm (**Lademodul**) zu verbinden. Die Objektmoduln können i. Allg. verschiedenen Quellen (Programmiersprachen) entstammen.

Falls die beispielhaft genannten Entwicklungswerkzeuge integriert zusammenwirken, d. h. die Entwicklungsergebnisse austauschen und unter einer einheitlichen Benutzungsoberfläche zusammenarbeiten können, bilden sie eine **Integrated Development Environment** (**IDE**). Man nennt sie auch **Computer Aided Software Engineering (CASE)**, in unserem speziellen Fall ohne die frühen Entwurfsphasen genauer LowerCASE oder **Programmierumgebung**.

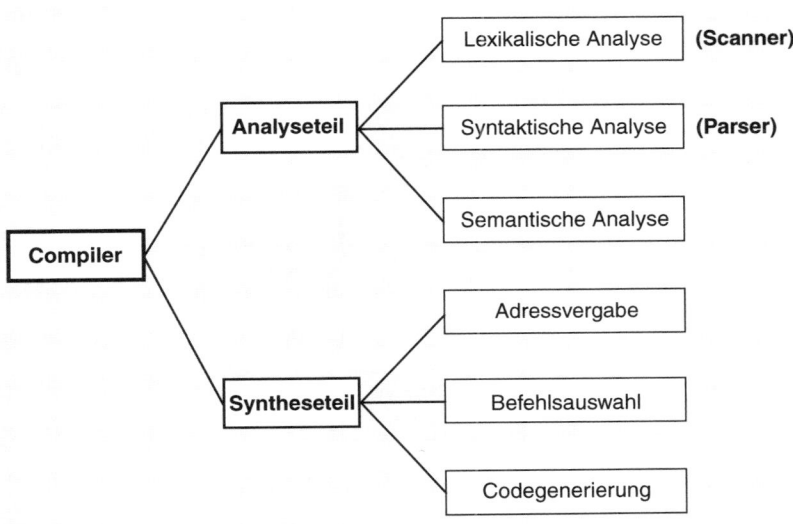

Bild 1.2   Grobstruktur eines Compilers

1.1.2   Übersicht über Programmiersprachen und -techniken

Zur Betrachtung der Wirkungsweise einer **IDE** am Beispiel von **Delphi** im Zusammenhang mit der konkreten Software-Entwicklung gehören die **Programmiersprachen**. Sie dienen zur Formulierung von Algorithmen in einer dem Computer verständlichen Form und und existieren in einer ständig wachsenden Vielfalt [14]. Die Informatik hat verschiedene Unterscheidungsmerkmale erarbeitet, nach denen sie eingeteilt werden können. Die wichtigsten Kriterien sind beispielsweise

- Maschinensprachen zu symbolischen Sprachen,
- prozedurale zu deskriptiven und zu objektorientierten Sprachen,
- textuelle zu visuellen Programmiersprachen.

Weitere Unterscheidungsmerkmale sind [16]

- keine, schwache oder strenge Typisierung,
- operationelle und demonstrative (programming by example) Programmierung,
- stapelverarbeitende und interaktive Programmierung.

Nach diesen Sprachmerkmalen ist Object Pascal eine

- symbolische,
- prozedurale und objektorientierte Sprache,
- streng typisiert
- für die operationelle und
- unter Nutzung von Delphi für die visuelle und interaktive Programmierung.

Die beiden ersten Unterscheidungsmöglichkeiten sind nach dem **Abstraktionsgrad** zur Maschine in Bild 1.3, die andere nach den Paradigmen (Sprachklassen) in Bild 1.4 gezeigt.

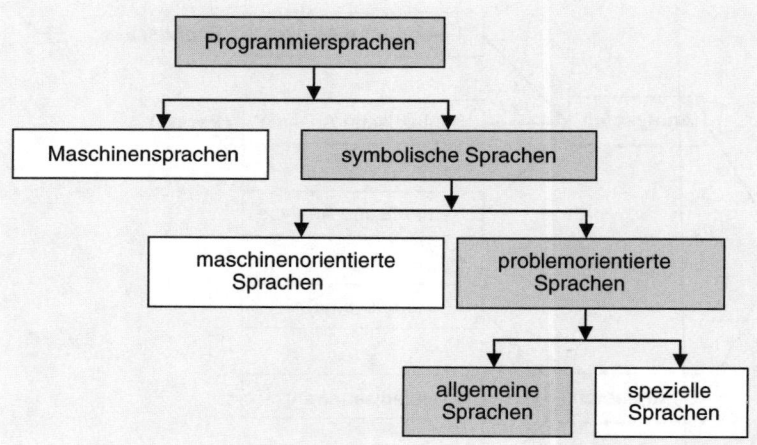

Bild 1.3   Arten von Programmiersprachen nach der Maschinenabstraktion

Maschinensprachen repräsentieren das niedrigste Abstraktionsniveau. Sie berücksichtigen die speziellen technischen Eigenschaften des Prozessors und sind damit nur für diesen verständlich. Jedes in einer höheren Programmiersprache wie etwa FORTRAN, Object Pascal oder C, geschriebene Programm muss in die Maschinensprache übersetzt werden. Das erfolgt für jede Sprache durch spezifische Übersetzungsprogramme wie FORTRAN-, Object Pascal- oder C-Compiler.

Maschinenorientierte Sprachen besitzen durch die Einführung von Symbolen und Namen bereits ein höheres Niveau als die Maschinensprache, sind jedoch auch weiterhin an einen bestimmten Prozessortyp gebunden. Ihre Transformation in die Maschinensprache erfolgt durch ein spezielles Übersetzungsprogramm, den Assembler. Man spricht hier, abgesehen von Makros, von einer 1 : 1-Übersetzung, da eine Assembleranweisung genau einen Maschinenbefehl erzeugt.

Problemorientierte oder höhere Programmiersprachen gehören zu den maschinenunabhängigen, symbolischen Sprachen. Die angegebene Gliederung in allgemeine und spezielle Sprachen ist mehr gradueller Natur und soll darauf verweisen, dass erstere (FORTRAN, Object Pascal, C, COBOL, Ada, Modula, LISP, PROLOG ...) auf sehr weit gefasste und letztere (EXAPT für die numerische Steuerung von Werkzeugmaschinen, GPSS für Simulationsprozesse u. a.) auf enger gefasste Problembereiche orientiert sind. Bei der Transformation in die Maschinensprache durch die Compiler oder Interpreter liegt eine 1 : n-Übersetzung vor, d. h. eine Anweisung der höheren Sprache ergibt mehrere in Maschinensprache.

Die Einteilung nach Sprachklassen beruht auf den Paradigmen der Programmierung, Bild 1.4. Die Programmierparadigmen unterscheiden sich nach der Modellierung des Zusammenspiels zwischen Informationen und deren Verarbeitung. Bei der **prozeduralen Programmierung** sind die Informationen klar getrennt von ihrer Verarbeitung. Nach der Definition aller Variablen erfolgt die Verarbeitung in Anweisungen, Funktionen oder Prozeduren. Die prozedurale Programmierung wird dabei als Erweiterung der imperativen (angewiesene Folge von Zustandsübergängen) angesehen. Einige wichtige Sprachvertreter werden nachfolgend kurz vorgestellt.

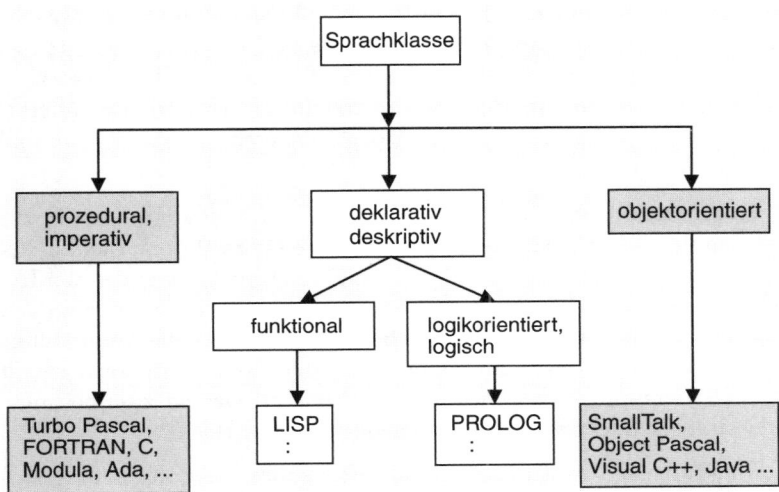

Bild 1.4 Paradigmen von Programmiersprachen

FORTRAN (**FOR**mula **TRAN**slator) ist die älteste höhere Programmiersprache. Sie wurde ab Anfang der 50er-Jahre durch IBM mit der Zielstellung konzipiert, numerische Probleme zu lösen. Die Entwicklung über FORTRAN IV, FORTRAN 77 zum momentanen FORTRAN 95 ist gekennzeichnet durch die Einführung neuer Datentypen und Steuerstrukturen zur Unterstützung der strukturierten Programmierung sowie durch die Bereitstellung einer integrierten Entwicklungsumgebung. Die autonome Compilierbarkeit von Unterprogrammen (FUNCTION, SUBROUTINE) macht die Sprache geeignet für die modulare Programmierung. FORTRAN besitzt im wissenschaftlich-technischen Bereich insbesondere auf Mainframes und Supercomputern auch weiterhin große Bedeutung.

Object Pascal wurde 1995 zusammen mit der visuellen Entwicklungsumgebung Delphi durch die Firma Borland International herausgebracht. Es basiert auf dem von Niklaus Wirth 1972 veröffentlichten Report über die Sprache Pascal [39] und ist gegenwärtig das Endglied einer kontinuierlichen Entwicklung über Turbo Pascal und Pascal mit Objekten. Object Pascal ist kompakt und übersichtlich. Es besitzt ein flexibles Typkonzept (Basis- und strukturierte Typen, Files, Pointer) und die erforderlichen Anweisungen für eine gute Strukturierung. Durch das Konzept der objektorientierten Programmierung und die Nutzung bereitgestellter Bibliotheken (Units) sind zusammen mit der visuellen Entwicklungsumgebung **Delphi** gute Voraussetzungen für eine effiziente und moderne Softwareherstellung gegeben.

C (Code), entwickelt durch Bell Laboratories (AT&T), ist eine allgemein anwendbare Programmiersprache (General Purpose Programming Language), die durch die Möglichkeit des Zugriffs auf Bits, Bytes und Adressen große Maschinennähe besitzt. C ist untrennbar mit der Entwicklung des Betriebssystems UNIX (etwa 90 % desselben sind in C geschrieben) verbunden. Grundlegende Komponenten der Sprache sind Funktionen, von denen eine als Main-Funktion definiert sein muss. Über einen Präprozessor werden Makros und deren bedingte Übersetzung unterstützt. Routinen für die Ein- und Ausgabe oder die Speicherverwaltung sind nicht Bestandteil von C, sind aber über eine Standardbibliothek verfügbar. C-Compiler gibt es für alle Rechnerklassen, dadurch ist die Portabilität von C-Programmen weitgehend gesichert. Bei der Entwicklung von C++ wurden die Eigenschaften von C übernommen und um das Konzept der objektorientierten Programmierung erweitert. Wie auch bei Object Pascal existieren mit Visual C++ und Visual C# visuelle Entwicklungsumgebungen.

Die **deklarative Programmierung** benutzt mathematische Beschreibungsmittel für die Programmierung. Damit soll der Übergang zu komplexeren Daten (Listen, Bäume, Relationen) erleichtert und das fehleranfällige Arbeiten mit Variablen überwunden werden. Die **funktionale Programmierung** betrachtet ein Programm als partielle Funktion von Eingabe- auf Ausgabedaten, dagegen wird das **logische Programm** aus einer Ansammlung von Fakten und Folgerungsbeziehungen aufgebaut. An Letztere können Anfragen gestellt werden, auf die das Programm Antworten sucht. Nachfolgend werden zwei bekannte Vertreter dieser deklarativen oder deskriptiven Sprachklasse erläutert.

LISP (**LIS**t Processing Language) ist der bekannteste Vertreter der funktionalen Programmierung. Es ist eine Sprache vor allem zur Behandlung nichtnumerischer Probleme, die am Massachussets Institute of Technology (MIT) zur Be- und Verarbeitung von Listen entwickelt und 1959 erstmals implementiert wurde. Das zugrunde liegende Konzept geht davon aus, dass mit den drei Basisfunktionen Aneinanderreihung, Iteration und Rekursion alle anderen theoretisch möglichen Funktionen zusammengestellt werden können. LISP besitzt eine extrem einfache Syntax und eignet sich besonders zur nichtnumerischen Informationsverarbeitung (Zeichenkettenverarbeitung). Als Listen lassen sich Datenstrukturen beliebiger Komplexität definieren. Es wird kein Unterschied zwischen Daten und Programmteilen gemacht, deshalb können Letztere selbst als Daten fungieren. Anwendungsgebiete von LISP sind Frage-Antwort-Systeme (Verarbeitung natürlicher Sprache), Beweis logischer Theoreme, Programmverifikation, Formelmanipulation und Bereiche der künstlichen Intelligenz.

PROLOG (**PRO**gramming in **LOG**ic) ist eine höhere Programmiersprache für Aufgaben, die sich einfach in einem logischen Kalkül formulieren lassen. Sie basiert auf dem Konzept der Aussagenlogik und wurde primär für den Problemkreis Wissensverarbeitung und künstliche Intelligenz (Expertensysteme) entwickelt. Die Sprachelemente enthalten Angaben zur Beschreibung von Objekten, Regeln für die Herleitung von Schlussfolgerungen aus den Angaben und Anfragen an den Benutzer. Unifizierung und Backtracking sind charakteristische Arbeitsweisen in PROLOG. Anwendungsgebiete von PROLOG sind Datenbanken, nichtnumerische Mathematik, logische Probleme und syntaktische Sprachanalyse.

Schließlich beruht das Ausführungsmodell der **objektorientierten Programmierung** auf dem Objekt als fundamentale Einheit. Ein Objekt besteht aus Datenfeldern, Eigenschaften (Properties) und Methoden (Prozeduren und Funktionen). Man spricht in diesem Zusammenhang auch von dem Konzept der Datenkapselung (information hiding). Damit ist ein Objekt für die Ausführung einer Aufgabe selbst verantwortlich. Welche Aufgabe das ist, d. h. welche der objekteigenen Methoden und Eigenschaften ausgewählt werden sollen, wird dem Objekt durch Botschaften (Nachrichten) mitgeteilt. Wichtige Objekteigenschaften sind die **Vererbung** (ein Objekt kann Vorfahren und Nachkommen haben und Datenfelder, Methoden sowie Eigenschaften erben und vererben) und die **Polymorphie** (eine gleiche Botschaft an verschiedene Objekte gesandt, kann unterschiedliche Reaktionen auslösen). Die Objekte leben, d. h. sie existieren oder werden während der Programmausführung erzeugt und kommunizieren über Nachrichten. Außer den bereits genannten sind wichtige Vertreter Smalltalk und Java.

Smalltalk ist das erste einheitliche objektorientierte Programmiersystem. Es wurde in den 70er-Jahren am XEROX-Forschungszentrum Palo Alto entwickelt und wird mit freien und kommerziellen Smalltalk-Versionen ständig weiterentwickelt. Die Sprache wurde so konzipiert, dass sie als Verbindungsglied zwischen den Modellvorstellungen des menschlichen Geistes und den Schaltkreisen des Computers dient. Außerdem wurde eine grafische Schnittstelle zwischen Nutzer und Computer nachgebildet, wie sie weitgehend der zwischen Menschen üblichen Kommunikation entspricht. Die Prinzipien und Konzepte von Smalltalk haben wesentlichen Einfluss auf die Entwicklung weiterer objektorientierter Programmiersprachen (ACTOR, Eiffel, KnowledgePro, u. a.) oder auf die objektorientierten Erweiterungen klassischer Programmiersprachen (Visual C++, Object Pascal, ...) ausgeübt.

Java wurde 1995 der Öffentlichkeit vorgestellt. Seitdem hat es sich schnell verbreitet. Wichtige Ursachen sind neben dem vollständig objektorientierten Konzept die Ähnlichkeit zu C++ und die dynamische Anwendung im World-Wide-Web. Dabei verzichtet es auf den unkontrollierten Umgang mit Pointern und auf die Mehrfachvererbung. Weitere positive Merkmale sind die Plattformunabhängigkeit und die Bereitstellung oft kostenloser Entwicklungsumgebungen. Die Programme eignen sich für unterschiedlichste Anwendungsfälle, u. a. für eCommerce-Applikationen auf Servern (Servlets) bis hin zu ihrer Integration in Internet-Seiten (Applets). Weiterhin benutzt es bewährte Konzepte der prozeduralen Programmierung (Datentypen, Funktionen, Steuerfluss) und unterstützt die Wiederverwendung in Form vorgefertigter Komponenten (JavaBeans und Enterprise JavaBeans).

Zum Schluss noch einige kurze Ausführungen zur visuellen Programmierung, die sich gegenwärtig aufgrund des besseren bildlichen Vorstellungsvermögens der Menschen immer mehr verbreitet. Sie spiegelt sich auch in der zunehmenden Bereitstellung visueller Programmierwerkzeuge sowie in den Programmiersprachbezeichnungen wider, die das Wörtchen **Visual** im Namen führen (Visual C++, Visual Basic u. a.). Da gegenwärtig noch keine einheitliche Definition existiert, soll mit Bild 1.5 ein Überblick über die gebräuchlichsten Gebiete und ihre Bezeichnungen gegeben werden [16].

Neben der eigentlichen **visuellen Programmerstellung** zählen auch der **visuelle Programmentwurf** mittels grafischer Techniken (z. B. Struktogramm, UML) und die **Programmvisualisierung** zum Sichtbarmachen des Programmablaufs, zum Verstehen der Funktion und der Fehlersuche beim Test zum Gebiet der visuellen Programmierung. Daneben steht die bekannte Programmierung mit einer **eindimensionalen textuellen** Problembeschreibung unter Verwendung von Mitteln der textuellen Programmiersprache.

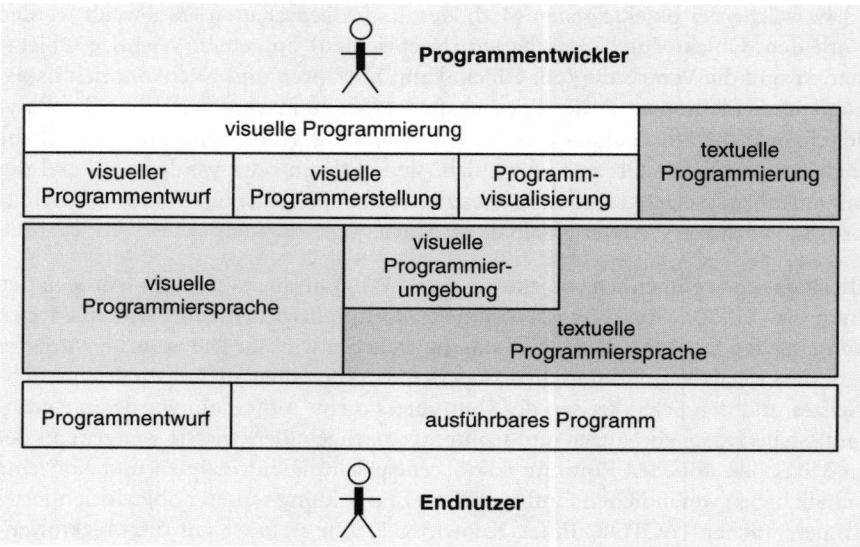

Bild 1.5   Begriffe der visuellen Programmierung

Der Begriff visuell verweist auf **mehrdimensionale** Darstellungsformen und erfordert demnach mindestens grafische 2D-Bildschirme.

Die **visuelle Programmiersprache** besteht aus grafischen Symbolen als Alphabet und syntaktischen Verknüpfungsregeln zwischen den Bildern, Icons oder Diagrammelementen, die unmittelbar in ein **ausführbares Programm** umgesetzt werden können. Ein Hauptanwendungsfall visueller Programmiersprachen ist gegenwärtig die Erzeugung grafischer Benutzungsoberflächen aus der Anordnung von Präsentationssymbolen. Sie arbeiten oft direkt mit visuellen Programmierumgebungen zusammen, die über die erforderlichen Werkzeuge wie grafische Editoren, Compiler oder Interpreter verfügen. Für den genannten Anwendungsfall werden sie **User Interface Builder (UIB)** genannt.

Eine visuelle Programmbeschreibung kann, falls vorhanden, in eine **textuelle Programmiersprache** überführt bzw. direkt in ihr spezifiziert werden [28]. Ein Beispiel dafür ist die **User Interface Language (UIL)** von OSF/Motif [10]. Wie die textuelle kann die visuelle Programmiersprache die direkte Ausgangsbasis für ein ausführbares Programm sein. In sehr vielen Fällen ist sie das visuelle Spezifikationsmittel für den Programmentwurf.

1.1.3   Charakteristik der Software-Entwicklungsumgebung Delphi

Die oben kurz vorgestellten Klassen von Programmiersprachen lassen sich entsprechend des erwähnten **Abstraktionsgrades** von Low Level (LL, Maschinensprache) bis zur Stufe Super Very High Level (SVHL, wie deklarative Sprachen LISP und PROLOG) gliedern. Die andere Koordinate einer Aufgabenbeschreibung oder -spezifikation ist der **Formalisierungsgrad**, der von der unformalisierten Idee bis zum exakten Code reicht, Bild 1.6.

Das in Bild 1.6 dargestellte Modell soll als Erstes die typische Vorgehensweise bei der Software-Entwicklung verdeutlichen, also den Weg von der Idee (informal, abstrakt, hohes

Sprachniveau) bis zum Programm (formal, konkret, niedriges Sprachniveau). Zwischen den beiden Grenzen, *angestrebter* und *konventioneller* Weg, wird sich der tatsächliche Verlauf bei der Software-Entwicklung einordnen. Im Fall der werkzeuggestützten Software-Entwicklung mit Delphi bewegt man sich etwa in dem rechten markierten Bereich.

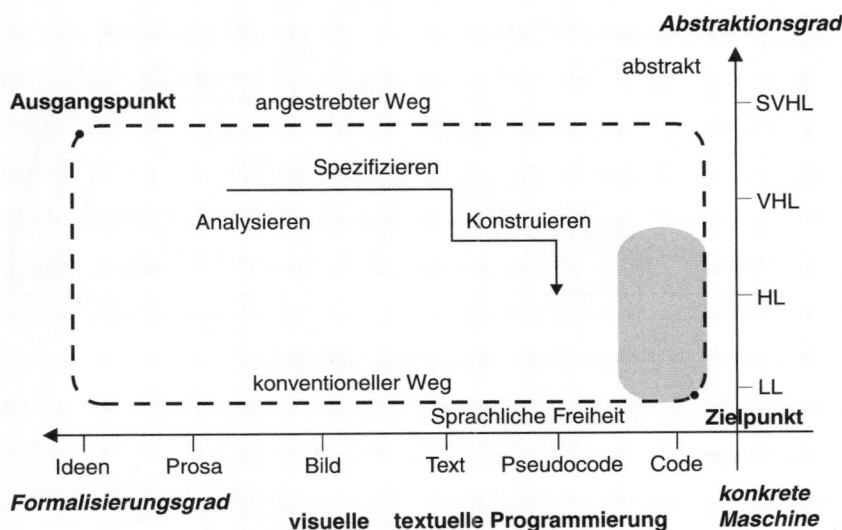

Bild 1.6 Prinzipielle Entwicklungswege von Software

Delphi stellt für die Entwicklung von Software für Windows eine integrierte Entwicklungsumgebung bereit, die eine breite Palette von Werkzeugen (Tools, Komponenten) enthält. Sie gestattet die **visuelle Programmierung**, indem bereits in der Entwurfsphase die Benutzungsoberfläche des Programms sichtbar dargestellt und editiert werden kann. Als charakteristische Merkmale enthält sie überlappende Bildschirmfenster, Pull-down-Menüs, Dialogboxen und Buttons verschiedener Art sowie die Tastatur- und Mausunterstützung. Delphi-Anwendungen arbeiten *ereignisorientiert*, sie laufen also nicht in einer durch das Programm vordefinierten festen Reihenfolge ab, sondern reagieren auf Ereignisse, die beispielsweise vom Nutzer durch das Anklicken eines Schalters (Button) ausgelöst werden. Dadurch werden Ereignisbehandlungsroutinen (Event Handler) aktiviert, die den eigentlichen Programmcode enthalten. Einer der großen Vorteile von Delphi besteht darin, dass es den Rahmen für diese Routinen bereitstellt und der Programmentwickler dort nur noch deren Wirkung durch Object-Pascal-Anweisungen definieren muss.

Eine einfache Möglichkeit, den prinzipiellen Aufbau einer Software-Entwicklungsumgebung anzugeben, besteht in der Nutzung eines Schalenmodells. Die äußerste Schale (Shell) stellt die Benutzungsoberfläche dar, die für die Bedienung aller darunter angeordneten Einzelwerkzeuge zuständig ist. Den innersten Kern bildet die zentrale Datenablage für alle Werkzeuge, das Repository oder die Projektbibliothek mit allen verbundenen Teilbibliotheken. Darum herum befindet sich die Komponentenbibliothek oder **Visual Component Library** (VCL) mit einer Sammlung wiederverwendbarer Bausteine, Bild 1.7.

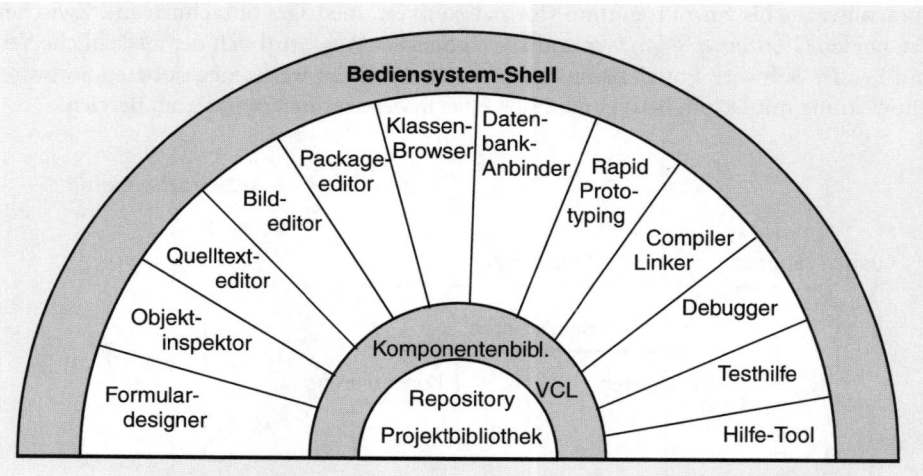

Bild 1.7   Schalenmodell mit den wichtigsten Werkzeugen von Delphi

1.1.4   Übungen

Fragen

1.1   Erläutern Sie typische Funktionen von Software-Entwicklungswerkzeugen am Beispiel der Programmentwicklung.

1.2   Charakterisieren Sie die Bestandteile eines Compilers und arbeiten Sie Unterschiede zu einem Interpreter heraus.

1.3   Nennen Sie und beschreiben Sie kurz die wichtigsten Arten von Programmiersprachen. Was ist der Unterschied zwischen einer Maschinensprache, einer Assemblersprache und einer problemorientierten Programmiersprache?

1.4   Was versteht man unter visueller Programmierung?

1.5   Aus welchen grundsätzlichen Bestandteilen setzt sich eine Software-Entwicklungsumgebung zusammen? Vergleichen Sie diese mit dem konkreten Schalenmodell von Delphi.

1.2   Einzelwerkzeuge von Delphi

1.2.1   Bedienelemente der Benutzungsoberfläche

Die Benutzungsoberfläche der visuellen Programmierumgebung **Delphi** mit einigen eingeblendeten Standardwerkzeugen zeigt Bild 1.8. Die Bediensystem-Shell ist eine grafische Benutzungsoberfläche, die unmittelbar nach dem Start von Delphi angezeigt wird. Für die Bedienung stehen folgende Bestandteile zur Verfügung, die standardmäßig immer gleich angeordnet sind:

- die **Menüleiste** ganz oben
- die **Symbolleiste** darunter
- die Komponentenpalette mit dem aktiven **Register Standard**
- das Formular **Form1**
- der **Objektinspektor** für Form1 mit dem aktiven Register Eigenschaften
- darüber der **Navigator** in einem Baumdiagramm aller Komponenten
- der **Quelltext-Editor** mit dem Rahmen der Quelltext-Formulardatei **Unit1.pas** und dem **Code-Explorer** (beide größtenteils verdeckt durch das Formular, in den Vordergrund zu bringen durch die Taste <F12> oder durch Anklicken der unteren sichtbaren Kante)

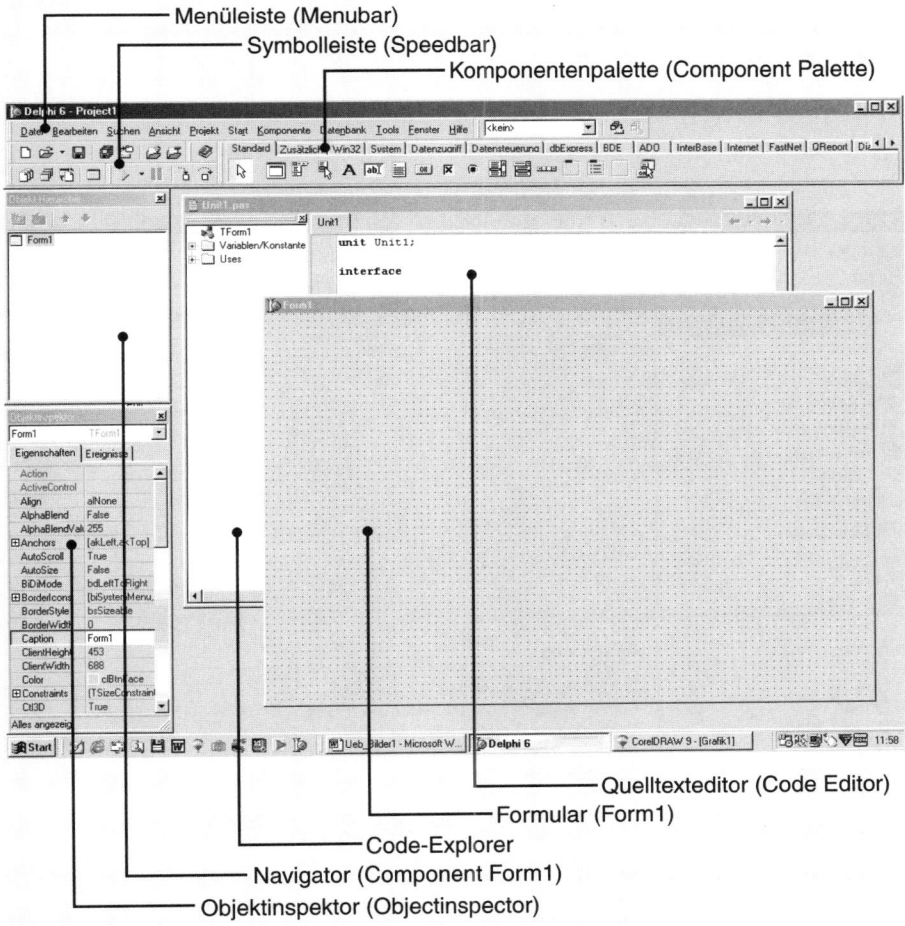

Bild 1.8   Oberfläche einer Entwicklungsumgebung Delphi

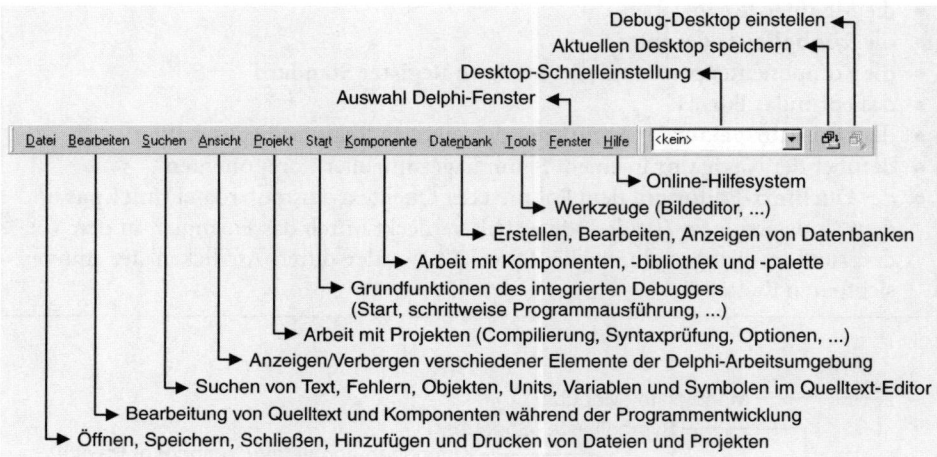

Bild 1.9   Menüleiste

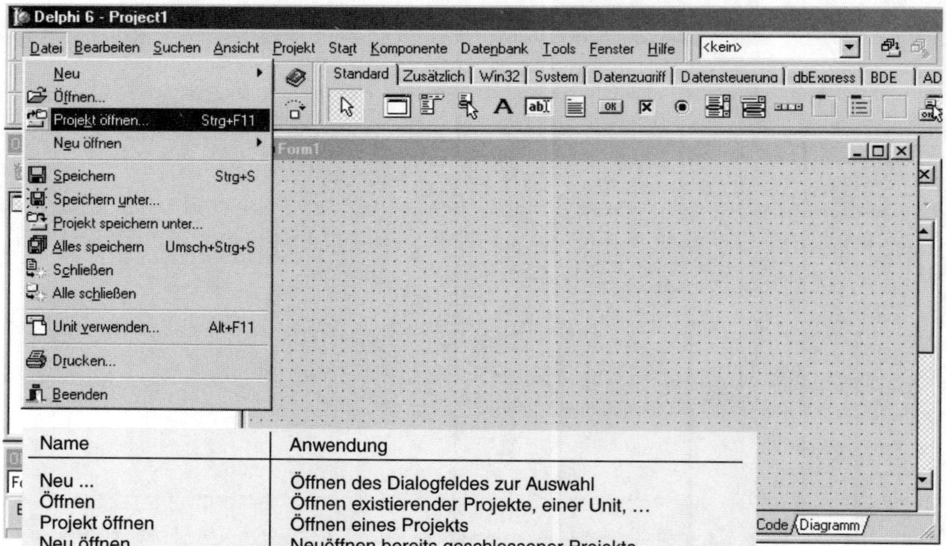

Name	Anwendung
Neu ...	Öffnen des Dialogfeldes zur Auswahl
Öffnen	Öffnen existierender Projekte, einer Unit, ...
Projekt öffnen	Öffnen eines Projekts
Neu öffnen	Neuöffnen bereits geschlossener Projekte, ...
Speichern	Speichern der aktuellen Datei
Speichern unter ...	Speichern der aktuellen Datei unter neuem Namen
Projekt speichern unter ...	Speichern des aktuellen Projekts unter neuem Namen
Alles speichern	Speichern aller geöffneten Projekte und Dateien
Schließen	Schließen des aktuellen Projekts
Alle schließen	Schließen aller offenen Dateien
Unit verwenden	Hinzufügen des aktiven Moduls zur ausgewählten Unit (Aufnahme in uses-Anweisung)
Drucken	Drucken der aktiven Datei
Beenden	Beenden von Delphi

Bild 1.10
Menü Datei

Die **Menüleiste** oder **Menübar** von Delphi, Bild 1.9, enthält Menüeinträge und zugeordnete Untermenüs mit einer großen Anzahl von Befehlen, die für eine flexible Nutzung von **Delphi** erforderlich sind.

Auszugsweise ist das wichtige Menü **Datei**, Bild 1.10, für die Arbeit mit Programm- oder Projektdateien angegeben. Weitere Informationen kann man über die **Online-Hilfe** anfordern.

Das Menü **Datei**, Bild 1.10, bietet die Funktionen, die zum Öffnen, Schließen, Neuanlegen und Speichern eines Delphi-Projekts erforderlich sind. Weitere Funktionen unterstützen das Hinzufügen von neuen Formularen und Datenmoduln zu einem Projekt.

Die **Symbolleiste**, Bild 1.11, enthält eine Reihe mit Icons (Piktogrammen) gekennzeichnete Schaltflächen zur einfachen Auswahl häufiger benötigter Befehle. Diese sind eine Auswahl von Befehlen aus der Menüleiste und ihren Untermenüs.

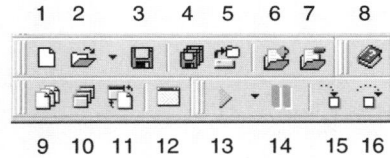

1 Objektgalerie (neue Anwendung,...)
2 Projekt öffnen
3 Aktuelle Unit speichern
4 Alles speichern
5 Projekt öffnen
6 Datei zum Projekt hinzufügen
7 Datei aus Projekt entfernen
8 Hilfeinhalt
9 Unit anzeigen
10 Formular anzeigen
11 Ansicht Formular/Unit
12 Neues Formular
13 Run, Programmstart
14 Pause
15 Einzelne Anweisung ausführen
16 Gesamte Routine ausführen

Bild 1.11 Symbolleiste (Speedbar)

1.2.2   Formular Designer

Der **Formular Designer** stellt einen typischen **User Interface Builder** dar. Das im Zentrum sichtbare Formular **Form1** bildet die Grundlage der gesamten Programmentwicklung. Die Aufgabe des Formular Designer ist es, auf ihm alle die Komponenten anzuordnen, die später die eigentliche Programmoberfläche repräsentieren. Damit übernimmt er die Funktion eines grafischen Editors, mit dem die visuellen Objekte der **VCL** (Komponenten) auf dem Formular angeordnet werden. Entnommen werden diese der **Komponentenpalette**.

Sie enthält vorgefertigte Komponenten (Steuer-, Dialogelemente, Controls), die zum Aufbau von Benutzungsoberflächen erforderlich sind. Diese sind auf verschiedenen Seiten

(Standard, Zusätzlich usw.) untergebracht, die ihrerseits über Anklicken des zugehörigen Registers in den Vordergrund geholt werden können.

Auf der Palette werden die Komponenten durch Icons symbolisiert. Durch Zeigen mit der Maus auf ein Symbol erscheint nach kurzer Zeit ein kleines gelbes Fenster (Quick-Info, Hint) mit dem Namen der Komponente. Jede Komponente besitzt bestimmte Standard-einstellungen (Defaultwerte) für ihre Beschriftung, Größe, Farbe, Verhalten usw., die schon zur Entwurfszeit oder auch später während der Laufzeit des Programms verändert werden können.

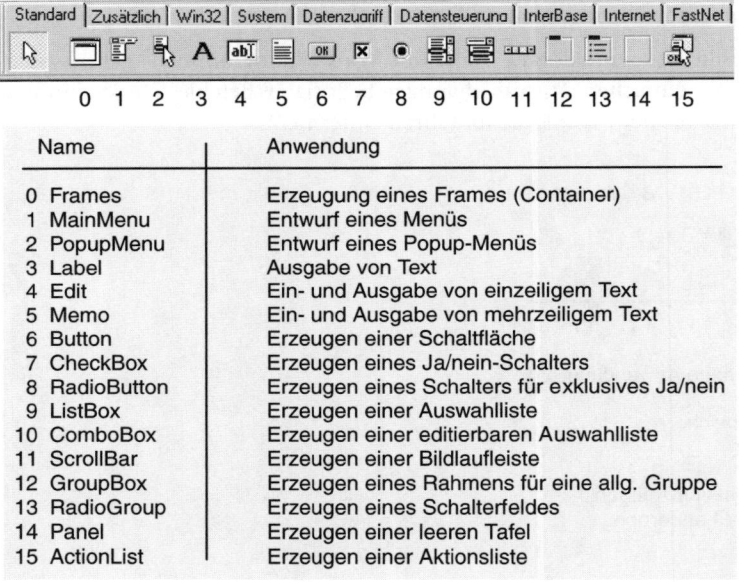

Name	Anwendung
0 Frames	Erzeugung eines Frames (Container)
1 MainMenu	Entwurf eines Menüs
2 PopupMenu	Entwurf eines Popup-Menüs
3 Label	Ausgabe von Text
4 Edit	Ein- und Ausgabe von einzeiligem Text
5 Memo	Ein- und Ausgabe von mehrzeiligem Text
6 Button	Erzeugen einer Schaltfläche
7 CheckBox	Erzeugen eines Ja/nein-Schalters
8 RadioButton	Erzeugen eines Schalters für exklusives Ja/nein
9 ListBox	Erzeugen einer Auswahlliste
10 ComboBox	Erzeugen einer editierbaren Auswahlliste
11 ScrollBar	Erzeugen einer Bildlaufleiste
12 GroupBox	Erzeugen eines Rahmens für eine allg. Gruppe
13 RadioGroup	Erzeugen eines Schalterfeldes
14 Panel	Erzeugen einer leeren Tafel
15 ActionList	Erzeugen einer Aktionsliste

Bild 1.12 Inhalt der Komponentenpalette unter der Registerseite Standard

In Bild 1.12 ist der Inhalt der Komponentenpalette unter der Registerseite **Standard** gezeigt. Hier sind häufig benötigte Komponenten wie die Objekte **Label**, **Edit** und **Button** untergebracht.

In späteren Beispielen werden Komponenten auch anderer Registerseiten benutzt, wie beispielsweise **StringGrid**, **LabeledEdit** von der Seite **Zusätzlich**, **SpinEdit** von der Seite **Dialoge** oder **Paintbox** von der Seite **System**.

Die Anordnung von sichtbaren Objekten auf einem Formular ist eine typische Art der visuellen Programmierung. Alle Komponenten besitzen zunächst die als Defaultwerte zugeordneten Eigenschaften und Ereignisse. In jedem augenblicklichen Zustand stellt das Formular ein Programm dar, das die zur Laufzeit wahrnehmbare Oberfläche präsentiert. Am Anfang ist es allerdings noch ohne wesentliche Funktionalität. Startet man das Programm durch Klicken auf das grüne Dreieck in der Symbolleiste oder durch Betätigen der Taste <**F9**>, so wird das Formular als Windows-Fenster sichtbar und kann wie ein solches behandelt werden. Schließen lässt sich die Anwendung gegenwärtig aber nur über das Schließfeld oder über die Tastenkombination <**Strg**>+<**F2**>.

1.2.3   Objektinspektor

Der **Objektinspektor** arbeitet eng mit dem visuellen Formular Designer zusammen. Für jede auf dem Formular platzierte Komponente können deren Eigenschaften (Attribute) und die möglichen Ereignisse mithilfe des Objektinspektors angezeigt und gesetzt werden. Für die jeweils aktuelle, also markierte Komponente oder für das gesamte Formular listet er die Eigenschaften mit ihren momentanen Werten und die möglichen Ereignisse auf, auf die bei Aktivierung Aktionen, d. h. auch Anwendungsfunktionen ausgeführt werden können.

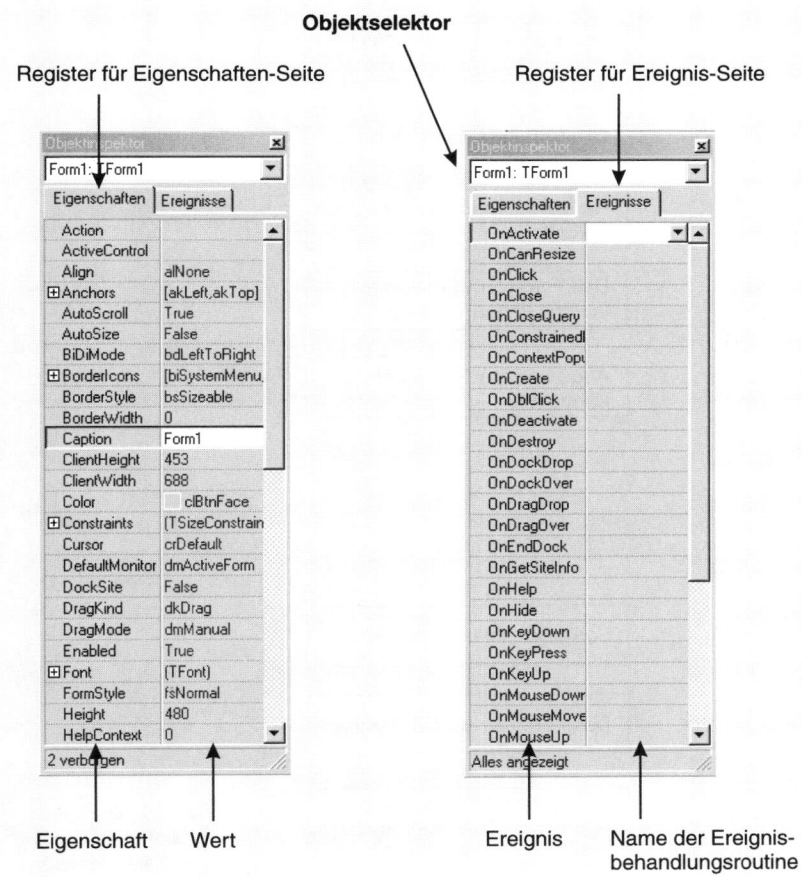

Bild 1.13 Seiten des Objektinspektors für das Formular Form1

Bild 1.13 enthält beide Seiten des Objektinspektors für das Formular Form1. Die auf der Seite **Eigenschaften** rechts angegebenen Werte können während der Entwurfszeit, aber auch während der Laufzeit durch Anweisungen geändert werden. Die Seite **Ereignisse** zeigt die für die aktuelle Komponente oder das Formular möglichen Ereignisse. Existiert bereits eine Ereignisbehandlungsroutine, so wird deren Name in der rechten Spalte angegeben.

Soll für ein bestimmtes Ereignis, beispielsweise das Anklicken einer Komponente oder des Formulars, eine Routine geschrieben werden, so muss ein Doppelklick in der zugehörigen (leeren) rechten Spalte, beispielsweise **OnClick**, ausgeführt werden. Dann wird automatisch der Quelltext-Editor mit der durch Delphi erzeugten leeren Ereignisbehandlungsroutine geöffnet. In diese müssen nun die erforderlichen Object-Pascal-Anweisungen geschrieben werden.

Hinweis: Wenn das Formular aktiv ist, kann man durch Betätigen der Taste <**F11**> den Objektinspektor sichtbar machen oder wieder deaktivieren.

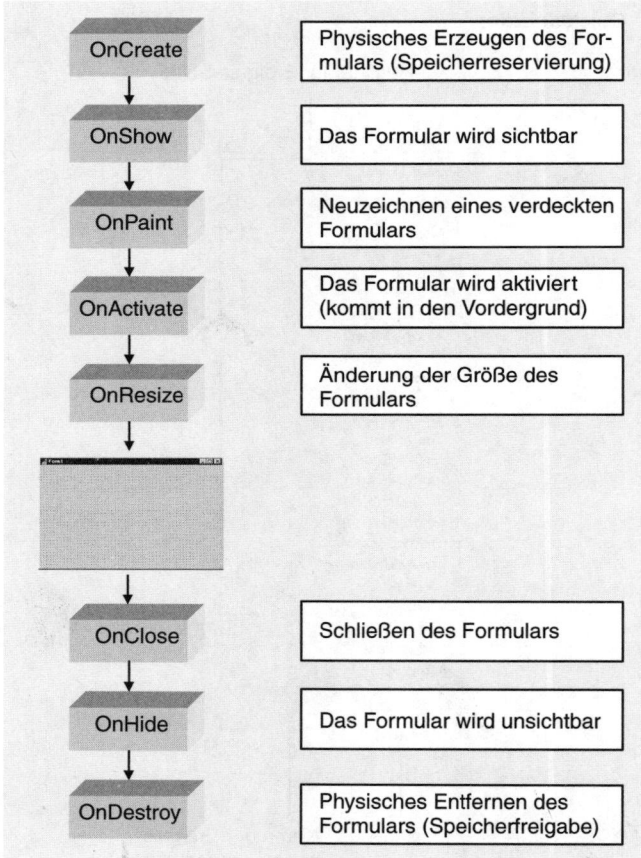

OnCreate	Physisches Erzeugen des Formulars (Speicherreservierung)
OnShow	Das Formular wird sichtbar
OnPaint	Neuzeichnen eines verdeckten Formulars
OnActivate	Das Formular wird aktiviert (kommt in den Vordergrund)
OnResize	Änderung der Größe des Formulars
OnClose	Schließen des Formulars
OnHide	Das Formular wird unsichtbar
OnDestroy	Physisches Entfernen des Formulars (Speicherfreigabe)

Bild 1.14 Zeitliche Abhängigkeit von Formularereignissen

Die grundlegenden Ereignisse sind entsprechend des Lebenszyklus eines Formulars in Bild 1.14 dargestellt. Es ist zu beachten, dass beim Erzeugen und Vernichten des Formulars vordefinierte Ereignisse nur in einer zeitlich feststehenden Reihenfolge ausgelöst werden können. Das ist bei Durchführung bestimmter Operationen zu berücksichtigen, um beispielsweise Voreinstellungen für das Formular wirksam werden zu lassen. So ist es nicht möglich, grafische Ausgaben mit dem Ereignis **OnCreate** zu erzeugen, da zu diesem Zeitpunkt das Formular einfach noch unsichtbar ist.

1.2.4 Quelltext-Editor

Der **Quelltext-Editor**, Bild 1.15, wird zum Schreiben der Anweisungen, Vereinbarungen usw. eines Programms oder Projekts benutzt. Er ist ein textueller und syntaxorientierter Editor, in dem im Fenster des Editors die grundsätzliche Einteilung des Programms (Abschnitt 1.4.1) in einzelne Bereiche und Prozeduren vorgenommen wird sowie vorgegebene und erkannte Schlüsselworte automatisch **fett** geschrieben sind.

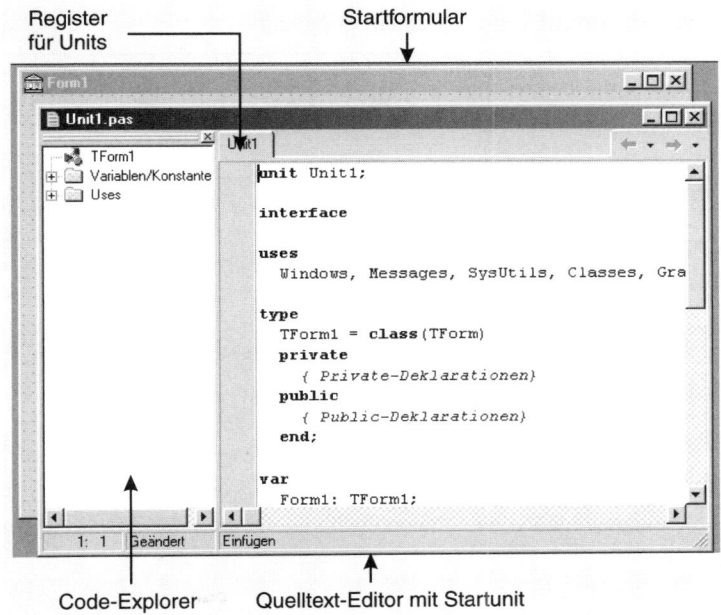

Bild 1.15
Quelltext-Editor
mit vorgegebenem
Startformular Form1

Tabelle 1.1   Tastenfunktionen des Quelltext-Editors

Tastenkürzel	Funktion
\<F1\>	Hilfe/Inhalt
\<Strg\>+**\<F1\>**	Kontextsensitive Hilfe zu dem Sprachelement, über dem der Kursor steht
\<Pos1\> / **\<Ende\>**	Setzt Kursor an Zeilenanfang/-ende
\<Strg\>+**\<Pos1\>** bzw. **\<Strg\>**+**\<Ende\>**	Setzt Kursor an Dateianfang bzw. Dateiende
\<Einfg\>	Umschalten zwischen Einfüge- und Überschreibmodus
\<Strg\>+**\<C\>**	Kopieren des markierten Quelltextes
\<Strg\>+**\<X\>**	Ausschneiden des markierten Quelltextes
\<Strg\>+**\<V\>**	Einfügen des vorher kopierten oder ausgeschnittenen Textes
\<Entf\>	Löschen des markierten Quelltextes
\<Strg\>+**\<Z\>**	Rückgängigmachen vorheriger Editorfunktionen
\<Strg\>+**\<⇧\>\<↑\>** bzw. **\<Strg\>**+**\<⇧\>\<↓\>**	Wechsel zwischen Funktionen und Prozeduren im Interface- und Implementationsteil
\<Strg\>+**\<⇧\>**+**\<n\>**	Setzt Lesezeichen n, $n = 0 \ldots 9$
\<Strg\>+**\<n\>**	Springt zu Lesezeichen n, $n = 0 \ldots 9$

Der Quelltext-Editor ist in die Delphi-Entwicklungsumgebung integriert und kann aktiviert werden durch

- Klicken des Registers für die Unit (Bild 1.15)
- Doppelklick in die rechte Spalte der Seite Ereignisse des Objektinspektors
- Betätigen der Taste **<F12>**, falls der Editor im Hintergrund ist (Umschalten Formular/Editor)
- Doppelklick auf eine Komponente (der Kursor befindet sich dann in der zu dieser Komponente gehörenden Routine für das Standardereignis).

Der Quelltext-Editor enthält zahlreiche Funktionen, die über Tasten oder Tastenkombinationen wählbar sind. Eine Auswahl derselben ist in Tabelle 1.1 zusammengestellt.

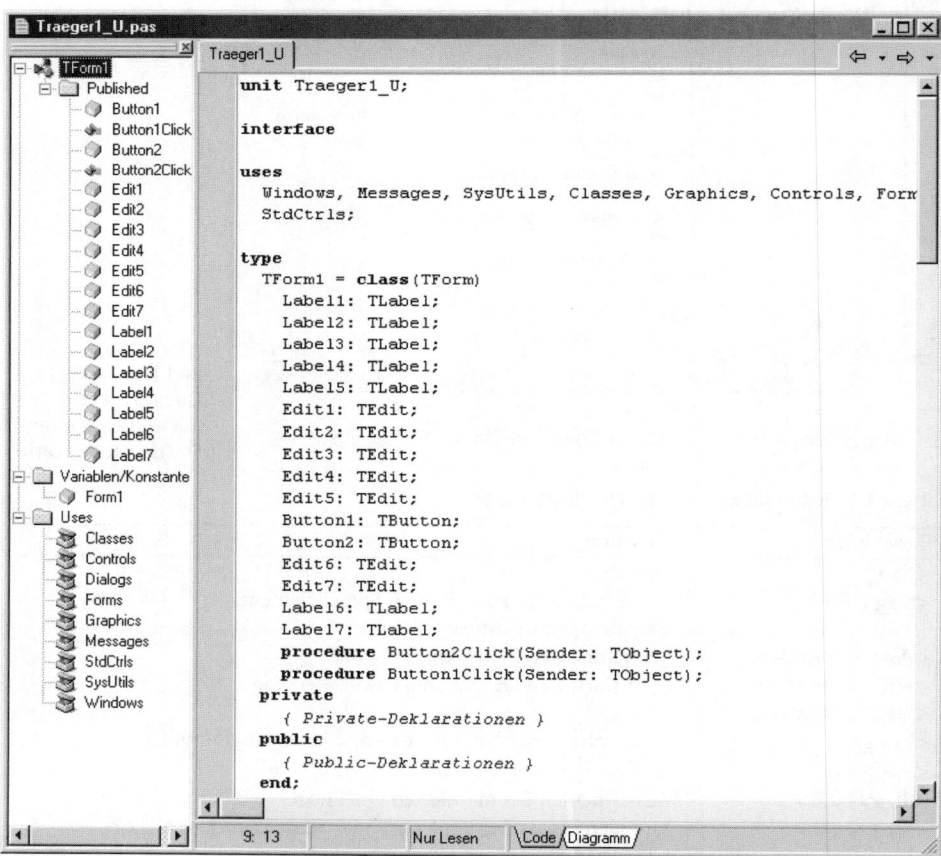

Bild 1.16   Code-Explorer-Angaben am Beispiel TRAEGER1

Der **Code-Explorer** erleichtert das Navigieren durch Unit-Dateien. Er ist standardmäßig an der linken Seite des Quelltext-Editors angedockt, abgedockt werden kann er durch Klicken in die rechte obere Ecke. Das Fenster des Code-Explorers enthält ein Baumdiagramm, in dem alle Typen, Klassen, Eigenschaften, Methoden, globalen Variablen und globalen Routinen enthalten sind, die in der aktuell im Quelltext-Editor angezeigten Unit definiert wurden. Durch Doppelklick auf das Icon im Code-Explorer wird der Kursor im Quelltext-Editor automatisch an die zugehörige Code-Zeile gesetzt.

Für das einführende Beispielprojekt TRAEGER1, Abschnitt 1.5, ergeben sich beispielsweise die in Bild 1.16 gezeigten Code-Explorer-Angaben.

Mit den bis jetzt beschriebenen Grundwerkzeugen von Delphi ergibt sich folgende Reihenfolge beim Programmieren mit vorgefertigten Komponenten:

1. Wählen einer Komponente aus der Komponentenpalette von Delphi und platzieren in einem Formular.
2. Zuweisen von Eigenschaftswerten an die Komponente mithilfe des Objektinspektors.
3. Wählen der zu behandelnden Ereignisse mittels des Objektinspektors und Verzweigen in den zugeordneten Unit-Quellcode durch Doppelklick auf die zugehörigen Komponenten im Formular oder die Ereignisse im Objektinspektor.
4. Reagieren auf Ereignisse, die zur Laufzeit eintreten können, indem mit dem Quelltext-Editor in einer Ereignisbehandlungsroutine Code angegeben wird. In diesem Code werden Eigenschaftswerte geändert und Methoden aufgerufen.

1.2.5 Bild-Editor

Der **Bild-Editor** ist ein einfaches grafisches Zeichenwerkzeug zur Erstellung oder Modifikation von Icons, Piktogrammen, Symbolen und auch zum Herstellen multimedialer Inhalte. Üblicherweise erstellt man Icons in einer Größe von 32×32 oder 16×16 Punkten und mit 16 Farben. Der Bild-Editor ist dafür mit einer Tool- und Farbenpalette wie ein normales Zeichenwerkzeug ausgerüstet, Bild 1.17. Eingangsdateien für das Werkzeug sind Bitmap- (.bmp) und beliebige Icon-Dateien (.ico). Wenn diese ausgangsseitig einer neuen Anwendung zugeordnet werden sollen, können sie in einer Ressourcendatei (.res) oder in der Komponenten-Ressourcendatei (.dcr) für eine neue Komponente abgespeichert werden. Um Bitmap-Dateien als Icons zu verwenden, können diese über die Zwischenablage in den Bild-Editor übertragen werden. Beispiele vorgefertigter Icons enthält die Symbolleiste, Bild 1.11, oder die Komponentenpalette, Bild 1.12. Der Bild-Editor ist über das Menü TOOLS/BILDEDITOR erreichbar.

1.2.6 Package-Editor

Packages sind eine weitere Aggregationseinheit von Delphi, mit der die Komponentenbibliothek nicht mehr als einzige Datei vorliegt, sondern in mehrere Komponentenpakete aufgeteilt ist. Ein Package besteht also aus einer Menge von Komponenten, die *ein* Komponentenpaket bilden.

Zur Pflege und rationellen Arbeit mit den Komponentenpaketen dient der Package-Editor, Bild 1.18. Die Packages selbst sind in Dateien mit der Namenserweiterung .dpk gespeichert. Mit dem Editor ist es nun möglich, neue Packages zu bilden, bestehende zu modifizieren, Komponenten zu löschen bzw. weitere Packages zu bestehenden hinzuzufügen. Ein Package lässt sich vollkommen separat entwickeln und compilieren.

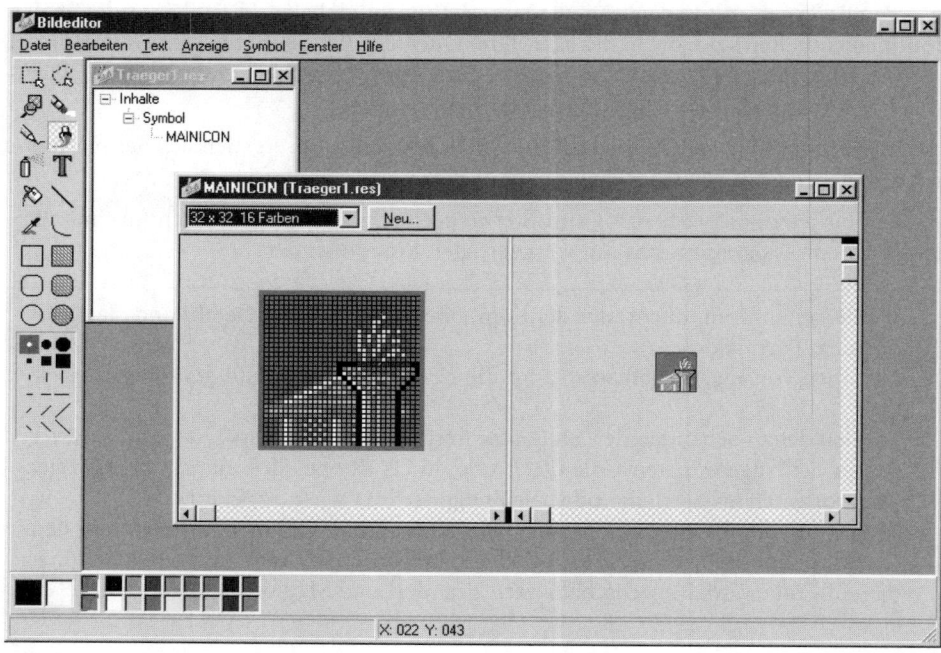

Bild 1.17   Bild-Editor

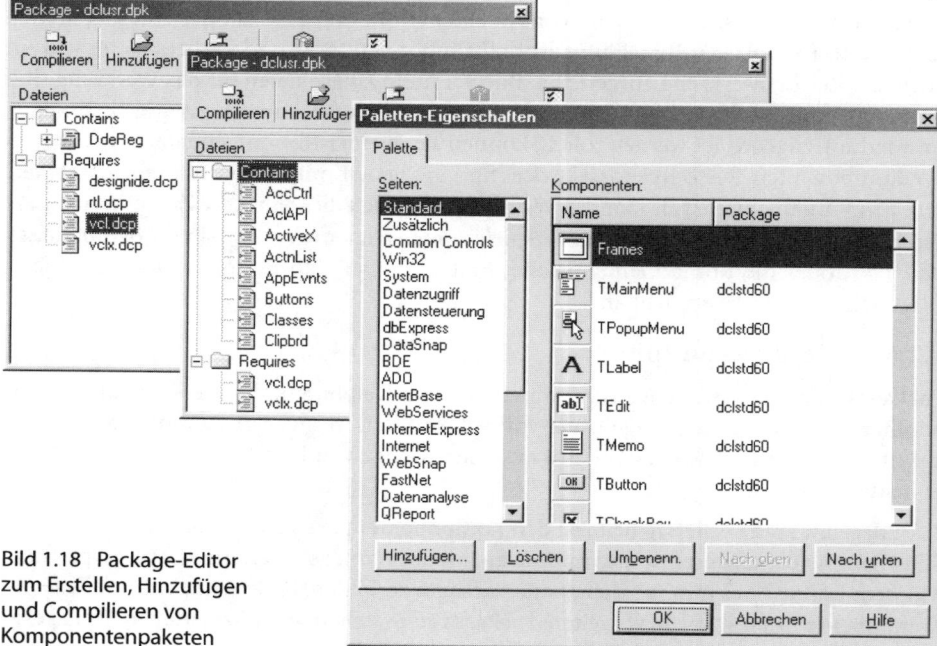

Bild 1.18   Package-Editor
zum Erstellen, Hinzufügen
und Compilieren von
Komponentenpaketen

1.2.7   Klassen-Browser

Browser sind Werkzeuge zur Visualisierung von Informationsinhalten, aber auch zum Sichtbarmachen von Strukturen und der Navigation in diesen Strukturen. Das Delphi-Werkzeug Klassen-Browser dient der Anzeige der objektorientierten Klassenstruktur eines Projekts, Bild 1.19.

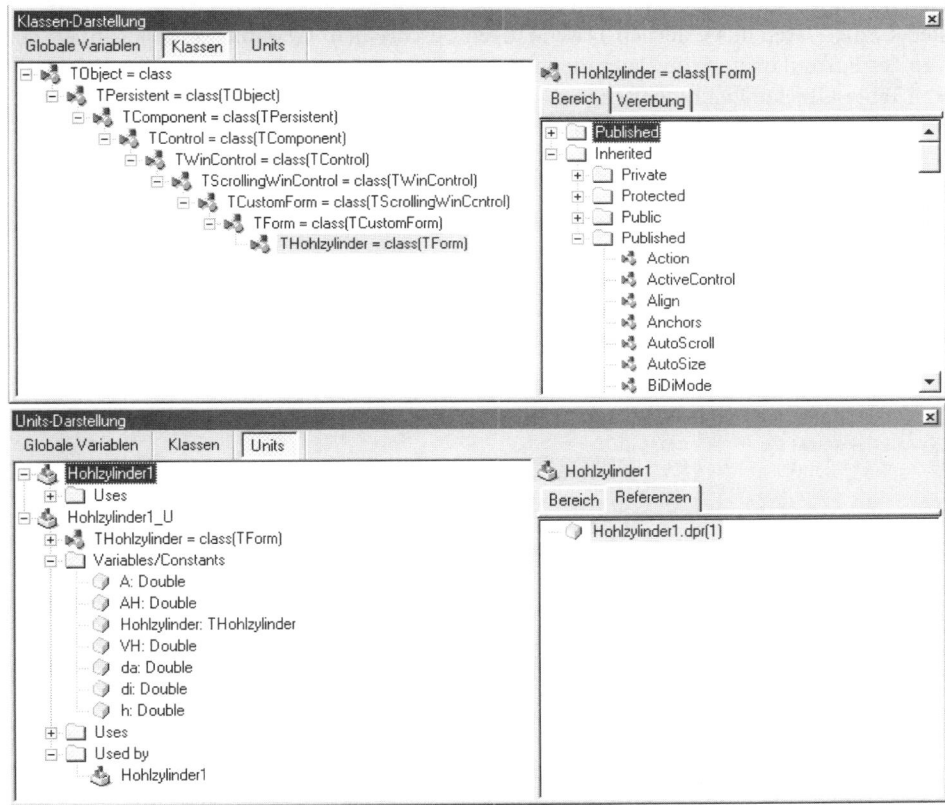

Bild 1.19   Projekt-Browser der VCL

Wie bereits ausgeführt, lässt sich mithilfe des Code-Explorers eine Unit analysieren. Der Browser erlaubt einen größeren Überblick, da hier globale Variablen, Klassen und Units angezeigt werden können. Der Klassen-Browser wird über das Menü **ANSICHT/BROWSER** aufgerufen.

1.2.8   Datenbank-Anbinder

Dieses Werkzeug gestattet die Aufbereitung und Anpassung von Schnittstellen an Datenbankformate, sodass eine unmittelbare Zusammenarbeit eines Delphi-Anwendungsprogramms mit der Datenbank möglich ist. Sowohl über Import- als auch über Export-Mechanismen und bei Bedarf über die Einbeziehung spezieller Datenbank-Komponenten

(Transformation in Standardkomponenten der Datenbank) wird die direkte Kommunikation mit der Anwendung organisiert. Unter dem Menüpunkt DATENBANK ist der **Datenbank-Explorer** erreichbar. Er zeigt Aliasnamen von verfügbaren Datenbanken an, Bild 1.20. Das rechte Fenster zeigt für die getroffene Auswahl die Definition der zugehörigen Datenbanktabelle. Die Tabellendaten können bearbeitet und in eine zukünftige Anwendung einbezogen werden. Zur Bearbeitung der Formulare steht der **Datenbankformular-Experte** zur Verfügung. Mit seiner Hilfe kann man Formulare erstellen, die Daten aus externen Datenbanken beschreiben. Gewählt werden können der Typ des Formulars und die Datenmengenoptionen, wobei

- TTable-Objekte Eigenschaften von Tabellenkomponenten beschreiben,
- TQuery-Objekte mehrere Tabellen verknüpfen und das Ausführen spezieller Datenbank-Anweisungen (SQL-Anweisungen) gestatten.

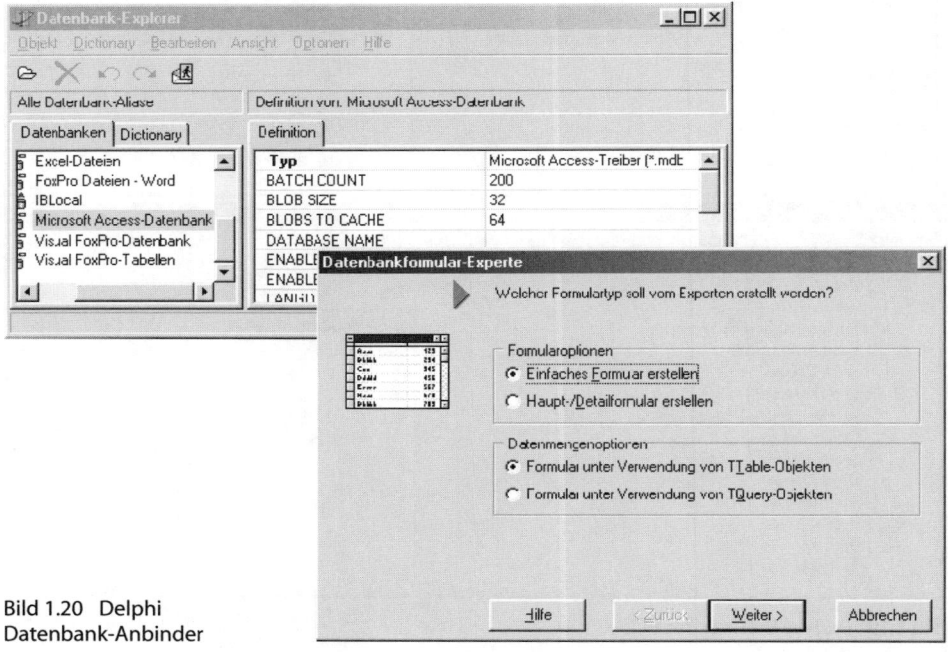

Bild 1.20 Delphi
Datenbank-Anbinder

Der Datenbankformular-Experte arbeitet als Assistenzprogramm, d. h. über die Schaltfläche **Weiter** > wird man zur Programmierung der Funktion „Anbinden externer Datenbanken" weitestgehend geführt.

1.2.9   Rapid Prototyping

Rapid Prototyping ist von der Bedeutung des Namens her eigentlich eine Methode und kein Werkzeug. Man versteht darunter die schrittweise, schnelle und möglichst frühzeitige Herstellung von Mustern einer lauffähigen Anwendungssoftware. Diesen Vorgang kann man auch mit schrittweiser inkrementeller Software-Entwicklung oder **Rapid Application Development** (**RAD**) bezeichnen.

Damit man die Software abarbeiten und demonstrieren kann, braucht man allerdings leistungsfähige Werkzeuge. In Delphi wird das Prototyping durch mehrere Einzelwerkzeuge unterstützt, die verzahnt miteinander arbeiten. Das beginnt bereits mit dem Formular Designer, der, ohne eine einzige Zeile Programmcode zu schreiben, ein erstes Bild der Bedienoberfläche entwirft. Es endet mit dem als nächstes zu besprechenden Werkzeug Compiler, der nach einer für den Nutzer unkomplizierten Übersetzung die (Probe-)Ausführung ermöglicht.

1.2.10 Compiler

Delphi besitzt einen eigenen leistungsfähigen **Compiler**, der mit dem **Linker** (Programmverbinder) für den Nutzer unsichtbar zusammenarbeitet. Jedes Delphi-Programm muss compiliert werden, um es ausführen zu können. Der Compiler wird mit dem Menü START oder über die Symbolleiste aufgerufen, Bild 1.21. Vor dem Start des Compilers können nach Aufruf von **Parameter...** in der zugehörigen Dialogbox Startparameter, Kommandozeilen zur Abarbeitung von Stapelaufträgen, Pfadparameter und anderes übergeben werden.

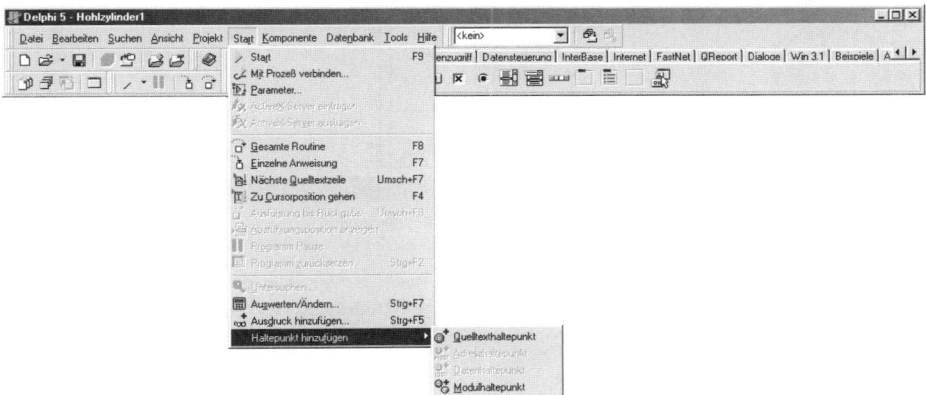

Name	Anwendung
Start	Compilieren und Starten des Projekts
Parameter...	Setzen der Projektparameter
Gesamte Routine	Projektausführung schrittweise (Unterprogramm = ein Schritt)
Einzelne Anweisung	Projektausführung schrittweise
Nächste Quelltextzeile	Stop an der nächsten ausführbaren Quelltextzeile
Zu Cursorposition gehen	Projektausführung bis zur Cursorposition
Auswerten/Ändern...	Auswerten/Ändern eines vorhandenen Ausdrucks im Dialogfenster
Ausdruck hinzufügen	Hinzufügen eines zu überwachenden Ausdrucks im Dialogfenster
Haltepunkt hinzufügen	Einfügen eines neuen Haltepunkts im Dialogfenster

Bild 1.21 Menü Start

1.2.11   Debugger

Neben einem Übersetzungswerkzeug gehört zu einer Software-Entwicklungsumgebung ein integrierter Debugger, der unterschiedliche Möglichkeiten zum Test von Programmen zur Verfügung stellt. In der Fachsprache heißt das auch, ein Projekt aus Delphi heraus zu debuggen und insbesondere logische Fehler aufzuspüren.

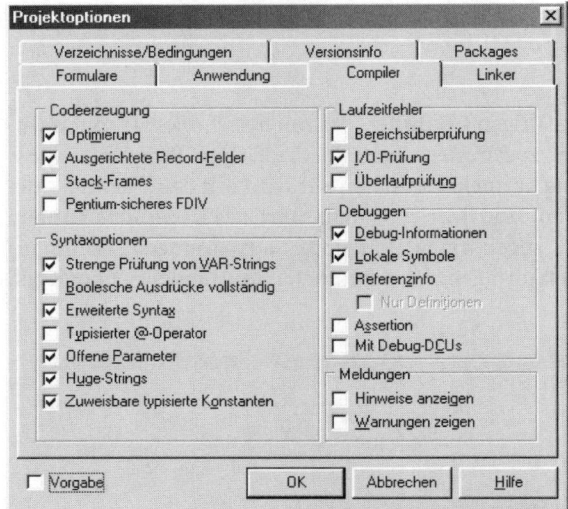

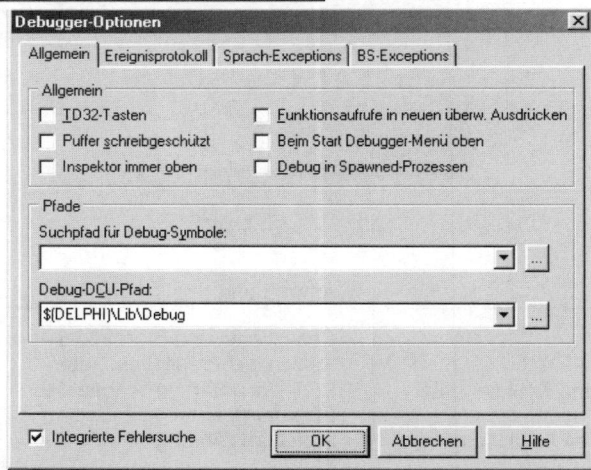

Bild 1.22   Projekt- und
Debugger-Optionen

Der Debugger wird ebenfalls über den Menüpunkt START, Bild 1.21, mit Parametern versorgt. Insbesondere erlauben die Menüpunkte

- Gesamte Routine
- Einzelne Anweisung
- Nächste Quelltextzeile
- Zu Cursorposition gehen

die abschnittsweise Abarbeitung des Projekts. Die Menüpunkte **AUSDRUCK HINZUFÜ-GEN...** und **HALTEPUNKT HINZUFÜGEN** unterstützen eine weitergehende gezielte Fehlersuche im Programm.

Weitere, nicht so häufig zu ändernde Optionen für den Debugger lassen sich im Menüpunkt **PROJEKT/OPTIONEN** und der Registerseite **COMPILER** einstellen. Allgemeine globale Parameter für den Debugger findet man im Menüpunkt **TOOLS/DEBUGGER-OPTIONEN**. Die aktuell eingestellten Projekt- und Debugger-Optionen zeigt Bild 1.22.

Die Einstellungen sind projektspezifisch, d. h. damit alle Units eines Projekts mit den neuen Optionen übersetzt werden, ist vorher der Menüpunkt **PROJEKT/ALLE PROJEKTE ERZEUGEN** auszuführen.

1.2.12   Testhilfe

Neben Möglichkeiten der Teststeuerung (Debugger) benötigt man zur Programmentwicklung **Testhilfen** zur
- Fehlererkennung
- Aufdeckung der Fehlerursachen
- Fehlerbeseitigung.

Dafür gibt es vielfältige Werkzeuge, wie Testrahmen, dazu gelinkte Testmoduln und Testfall-Generatoren oder -Manipulatoren, die Testdaten liefern. In Delphi kommen die Daten vom Entwickler, dafür werden aber bereitgestellt:
- automatischer Rücksprung in den Quelltext-Editor mit Angabe der Cursorposition bei einem Abarbeitungsfehler,
- Überwachung von Ausdrücken in entsprechenden Fenstern,
- umfangreiche Fehlermeldungen bei der Abarbeitung mit Vorschlägen für Korrekturmöglichkeiten.

Aus den vielfältigen Möglichkeiten der **Testhilfe** werden im Folgenden die für den Einstieg günstigen Verfahrensweisen empfohlen.

1. **Unterbrechungspunkte setzen**
   Klicken am linken Rand der Unit-Quellzeile. Die Zeile wird rot eingefärbt und mit einem roten Punkt versehen. Durch erneuten Klick auf die gleiche Position wird der Unterbrechungspunkt wieder gelöscht.

   Hinweis: Bei der Übersetzung werden die logisch sinnvollen Unterbrechungspunkte durch einen blauen Punkt gekennzeichnet.

2. **Überwachte Ausdrücke**
   Mit dem Menü **START/AUSDRUCK HINZUFÜGEN** bzw. der Tastenkombination <**Strg**><**F5**> werden die beiden Fenster *Darstellung überwachter Ausdrücke* und *Liste überwachter Ausdrücke* eingeblendet. Im ersten können Neueinträge und Modifikationen vorgenommen und Ausgabeformate eingestellt werden. Das zweite Fenster enthält die ausgewählten Variablen bzw. die Ausdrücke, deren momentane Werte sofort angezeigt werden.

3. Schrittweise Abarbeitung der Anwendung
Ist ein Unterbrechungspunkt gesetzt, wird das Programm bis zu diesem abgearbeitet, falls er sich in der logischen Folge befindet. Das rote Punktsymbol wird mit einem Haken versehen und ein grüner Pfeil markiert die Quellzeile. Die *Liste der überwachten Ausdrücke* kann über das Menü ANSICHT/DEBUG-FENSTER/ÜBERWACHTE AUSDRÜCKE oder <Strg><Alt><W> eingeblendet werden. Die weitere interpretative Abarbeitung geschieht mithilfe folgender Funktionstasten:
- <F4>: führt zum nächsten Unterbrechungspunkt
- <F8>: schrittweise Abarbeitung *ohne* Verzweigen in eine Routine
- <F7>: schrittweise Abarbeitung *mit* Verzweigen in eine Routine.

1.2.13   Hilfe-Tool

Für die Arbeit mit Delphi stellt die Nutzung der vorhandenen **Online-Hilfe** eine unabdingbare Voraussetzung dar. Sie enthält die Bestandteile
- hierarchische Suche nach Hilfethemen (Überschriften)
- Indexsuche (Sachwörter oder Indizes)
- Hyperlinks zu verwandten Themen
- Kontextsensitivität in der Entwicklungsumgebung

- Hilfe zu Komponenten und Object Pascal-Sprachelementen
- Hilfe über Web-Verweise oder Homepages.

Da es kaum möglich ist, alle visuellen und nichtvisuellen Komponenten, Object Pascal-Sprachelemente und Nutzungsmöglichkeiten im Gedächtnis zu haben, werden die genannten Bestandteile zur Unterstützung des Nutzers angeboten. Mit der Online-Hilfe kann man sich nahezu alle kontextsensitiven Informationen zu den unterschiedlichen Bereichen der Entwicklungsumgebung anzeigen lassen. Generell stehen folgende Nutzungsmöglichkeiten zur Verfügung:

1. Kurzzeitige Anzeige von Hinweisen in einem kleinen gelben Kästchen für Elemente der Symbolleiste und der Komponentenpalette durch Zeigen mit der Maus auf diese Komponente (Quick-Info, Hint).
2. Anklicken der Delphi-Komponente im Formular, zu der Informationen gewünscht werden, und danach Betätigen der Taste <F1>.
3. Nutzung des in der Menüleiste oder in Dialogboxen angebotenen Hilfe-Schalters, Bild 1.9.
4. Betätigen der Tastenkombination <Strg>+<F1>, wenn der Kursor über dem Sprachelement steht, um Hilfe zur betreffenden Object Pascal-Anweisung zu erhalten.

Im Menü HILFE wird neben anderen Themengruppen **Delphi-Hilfe** angeboten. Deren Wahl zeigt das Fenster *Hilfethemen: Delphi-Hilfe* mit den Registern Inhalt, Index und Suchen. Durch entsprechende Wahl und Eingabe des Suchbegriffes wird schließlich das gewünschte Thema im Fenster *Delphi-Hilfe* gezeigt, Bild 1.23.

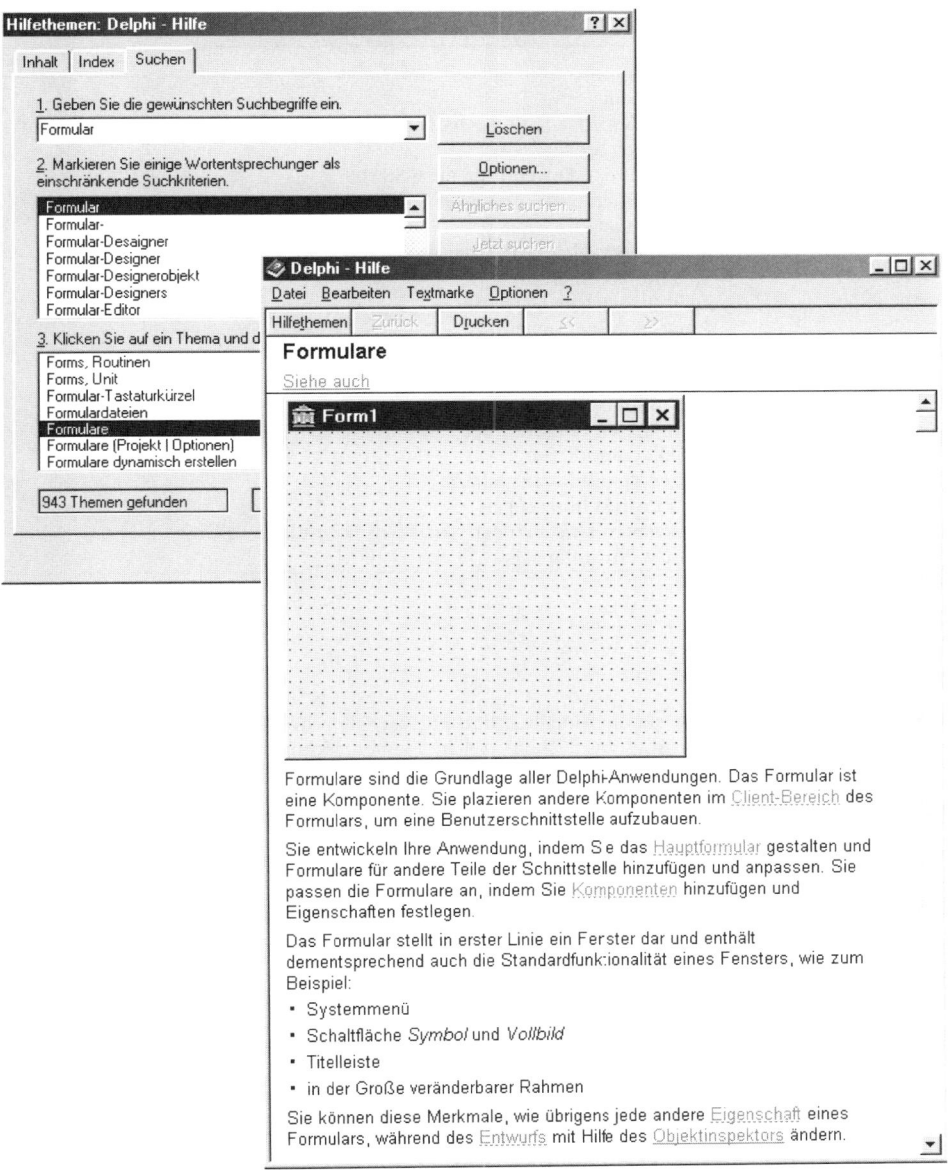

Bild 1.23   Delphi-Hilfesystem

In Ergänzung zu den Tastenktionen des Quelltext-Editors, Tabelle 1.1, sind in Tabelle 1.2 als Hilfestellung nochmals die wichtigsten Funktionstastenbelegungen zusammengefasst.

Tabelle 1.2   Delphi-Funktionstastenbelegungen

Tastenkürzel	Funktion
\<F1\>	Hilfe/Inhalt
\<Strg\>+\<F1\>	Kontextsensitive Hilfe zu dem Sprachelement, über dem der Kursor steht
\<F2\>	Datei Speichern
\<Strg\>+\<F2\>	Schließen der Anwendung nach Start
\<F3\>	Datei Öffnen und Kursor auf Dateianfang
\<Alt\>+**\<F3\>**	Datei schließen
\<F4\>	Haltepunkt „Gehe zur Kursorposition" beim Compilieren
\<F5\>	System maximieren
\<F6\>	Zeigt die nächste Seite an
\<F7\>	Starte einzelne Anweisung
\<F7\>+**\<Umsch\>**	Gehe zur nächsten Quelltextzeile
\<F8\>	Starte gesamte Routine
\<Strg\>+\<F8\>	Haltepunkt umschalten
\<F9\>	Compilieren und Start der Anwendung
\<Strg\>+\<F9\>	Projekt compilieren
\<F11\>	Öffnen des Objektinspektors
\<F11\>+**\<Umsch\>**	Dem Projekt hinzufügen
\<F12\>	Umschalten zwischen den Ansichten Formular und Unit
\<F12\>+**\<Umsch\>**	Ansicht Formulare

1.2.14   Übungen

Fragen

1.6   Charakterisieren Sie die Aufgaben und Eigenschaften des Formular Designers zu Entwurf von Benutzungsoberflächen. Welche Elemente können wie visuell programmiert werden?

1.7   Wozu dient der Objektinspektor? Kennen Sie vergleichbare Werkzeuge aus anderen Computeranwendungen?

1.8   Welche hervorzuhebenden Eigenschaften besitzt der Quelltext-Editor von Delphi?

1.9   Welche Werkzeuge stellt Delphi zur Arbeit mit der Komponentenbibliothek VCL zur Verfügung?

1.10   Nennen Sie Aufgaben eines Debuggers am Beispiel des in Delphi verfügbaren Werkzeugs.

1.11   Nennen Sie grundsätzliche Hilfefunktionen, die Delphi dem Nutzer zur Verfügung stellt.

1.3   Nutzung der Komponentenbibliothek VCL

1.3.1   Aufbau der Klassenbibliothek

Kernstück einer mit der Entwicklungsumgebung Delphi geschaffenen Object-Pacsal-Anwendung ist die auf einem hohen Abstraktionsniveau stehende Klassenbibliothek **VCL** (**Visual Component Library**). Sie enthält alle vordefinierten Objekttypen und Komponenten. Ein Objekttyp, oder Klasse genannt, sowie die etwas spezielleren Komponenten kapseln ihr grundlegendes Verhalten im Innern, das schließt deren Eigenschaften, Ereignisse und Standardmethoden ein. Benutzt werden sie nur über die nach außen offen liegenden Schnittstellen.

Die VCL ist eine **Single rooted Class Library**, d. h. alle Klassen sind Erben einer Top- oder Root-Klasse, in Delphi ist das die Klasse *TObject*. Bild 1.24 zeigt einen Ausschnitt aus der Klassenhierarchie, wobei die wichtigsten, für die Komponentenentwicklung maßgebenden Klassen hervorgehoben sind.

Die Objekttypen der VCL sind häufig Basisklassen, die als Vorfahren von Komponenten-gruppen dienen. *TPersistent*, direkter Nachkomme von *TObject*, kapselt das Verhalten, das allen Objekten gemeinsam ist, die anderen Objekten zugewiesen werden können und die ihre Eigenschaftswerte in einen Stream schreiben bzw. daraus lesen können. Hierzu führt die Klasse *TPersistent* entsprechende Methoden ein, die überschrieben werden können.

Die Klasse *TComponent* ist der gemeinsame Vorfahr aller **visuellen Komponenten** der VCL. Sie stellt eine Grundausstattung an Eigenschaften, Methoden und Ereignissen zur Verfügung, die alle Komponenten in der Delphi-Umgebung benötigen. Damit können diese

- in die Komponentenpalette aufgenommen werden
- mit dem Formular-Designer bearbeitet werden und
- sich selbst speichern und als Eigentümer ihre Instanzen in eine grafische Formulardatei **.dfm* ablegen.

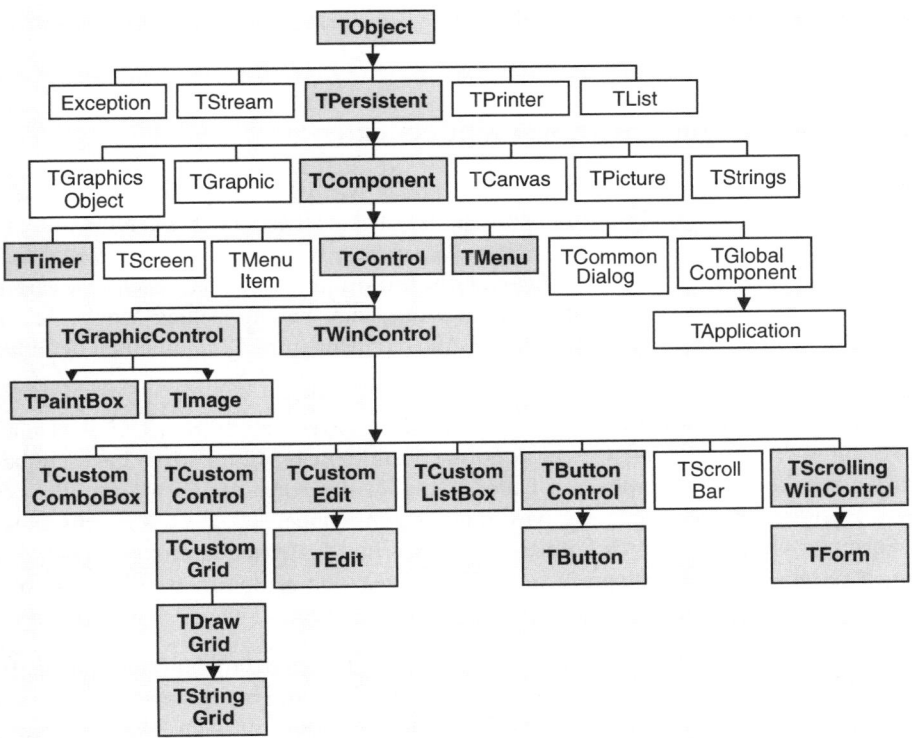

Bild 1.24   Klassenhierarchie der VCL (Auszug)

Auf jeder tieferen Ebene der Hierarchie kommen weitere individuelle Fähigkeiten hinzu. So ist *TControl* eine abstrakte Basisklasse, die keine Objektinstanzen besitzt, sondern lediglich Nachkommen, die visuelle Steuerelemente weiter vererben. Also sind von *TControl* abgeleitete Komponenten während der Laufzeit auf der Benutzungsoberfläche sichtbare Dialogsteuerelemente. Von *TWinControl* abstammende Komponenten sind Dialogelemente mit Fenstereigenschaften. Die Klasse *TMenu* ist als Nachfolger von *TComponent* ebenfalls eine visuelle Oberflächenkomponente, verfügt aber nicht über die in *TControl* definierten Steuermechanismen, beispielsweise zur Positionierung des Steuerelements.

Die Bibliothek mit der in Bild 1.24 dargestellten Klassenhierarchie bildet die Grundlage für die visuelle Programmierung der Benutzungsoberfläche und auch für die Entwicklung eigener benutzerdefinierter Komponenten. So stellt beispielsweise *TForm* die abstrakte Klasse oder Komponente für das **Formular** und damit das Standard-Anwendungsfenster dar. Form1, Form2, ... sind konkrete Instanzen von *TForm*.

Ein großer Vorteil der **VCL** ist ihre einfache Erweiterbarkeit um eigene fachtypische Komponenten zum Beispiel aus dem Maschinenbau bis hin zur Einbindung von ActiveX-Komponenten auf der Basis des Microsoft Component Object Model (COM), um über ein einheitliches Interface die Zusammenarbeit verschiedenartiger Anwendungen zu ermöglichen. An dieser Stelle wurde nur das Prinzip einer Klassenbibliothek am Beispiel der **VCL** sehr grob beschrieben. Für tiefergehende Informationen sei auf die ausführliche **Online-Hilfe** verwiesen und auf die Behandlung der objektorientierten Programmierung im Kapitel 5.

1.3.2   Beschreibung wichtiger Komponenten

In den nachfolgenden Ausführungen sollen einige wichtige Komponenten dargestellt werden, die für die praktische Arbeit benötigt, in Projekten dieses Buches genutzt und mit ihrem Pascal-Quelltext auf der zugehörigen Web-Seite bereitgestellt werden. In Bild 1.25 sind die Komponenten **MainMenu**, **Label**, **Edit**, **Button** und **Panel** dargestellt. Sie zeigen nur eine kleine Untermenge der durch Delphi insgesamt bereitgestellten Möglichkeiten und werden anschließend kurz beschrieben. Alle hier genannten Komponenten befinden sich auf der Registerseite **Standard** der Komponentenpalette.

Die Komponente **MainMenu** stammt von der Klasse *TMenu* ab. In Bild 1.25 sieht man rechts unten die zu entwerfende Instanz Form1.MainMenu1. Mit ihr wird eine Menübar mit den zugehörigen aufklappbaren Untermenüs für das Formular Form1 mithilfe des **Menü-Designers** aufgebaut. Dieser wird durch einen Doppelklick auf das Menüsymbol im Formular aktiviert. Danach können die Menü- und Untermenüpunkte erzeugt, mit Namen versehen und mit entsprechenden Ereignisbehandlungsroutinen verbunden werden. Standardereignis ist hier *OnClick*.

Die Komponente **Label** stammt von der Basisklasse für alle benutzerdefinierten, nicht fensterorientierten Steuerelemente *TGraphicControl* ab. Sie dient vorzugsweise der Ausgabe von meist einzeiligem Text, der über die Eigenschaft **Caption** mit dem Objektinspektor manipuliert werden kann. Die Komponente besitzt noch weitere Eigenschaften, die zur Entwurfs- oder zur Laufzeit geändert werden können. Interessante Eigenschaften sind:

Transparent:	Das Label ist durchsichtig, wenn der Wert der Eigenschaft *true* ist.
WordWrap:	Wenn der Wert *true* ist, wird Textumbruch zugelassen (mehrzeiliger Text)

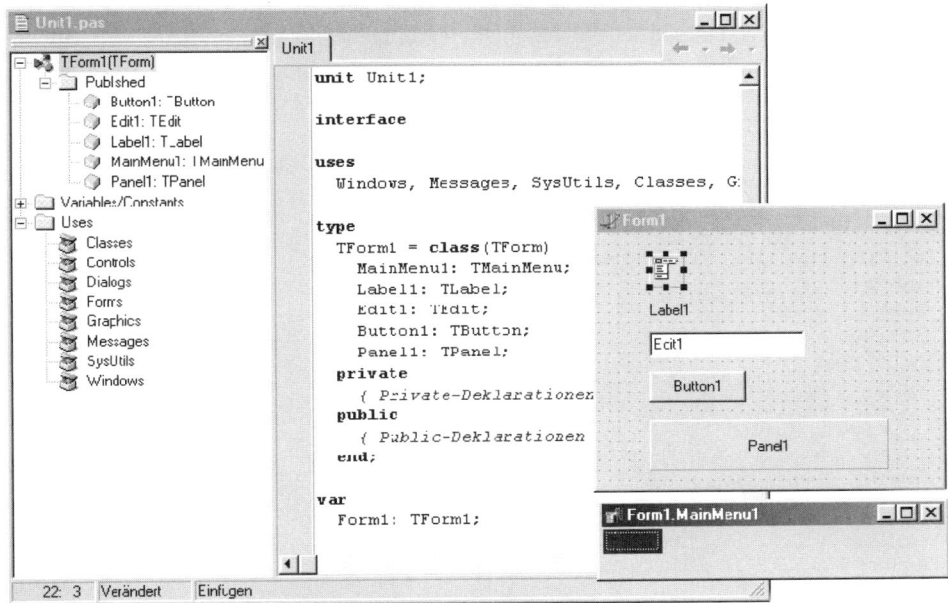

Bild 1.25   Komponenten MainMenu, Label, Edit, Button und Panel

Das Label ist über die im Objektinspektor dargestellten Ereignisse dialogfähig, kann also zugehörige Ereignisbehandlungsroutinen aktivieren. Standardereignis ist auch hier *OnClick*.

Die Komponente **Edit** stammt von *TCustomEdit* ab und kapselt die einzeiligen Eingabefelder von Fenstern. Sie stellt ein Feld zur Ein- und Ausgabe von Zeichen bzw. Zeichenketten (Strings) über die Eigenschaft **Text** zur Verfügung. Sollen Zahlen vom *integer*- oder *real*-Typ übertragen werden, so müssen sie bei der Eingabe von einem String in eine Zahl und bei der Ausgabe von einer Zahl in einen String konvertiert werden. Dafür gibt es in Object Pascal entsprechende Konvertierungsroutinen, Abschnitt 3.8.4. Standardereignis ist *OnChange*.

Ein anderes wichtiges Steuerelement für Benutzungsoberflächen ist die Komponente **Button**. Direkter Vorfahr dieser Komponente ist *TButtonControl*. *TButton* kapselt ein Schaltflächen-Steuerelement und eine Instanz davon stellt ein konkretes Schalterelement zum Auslösen von Aktionen dar. Beispiele sind die Durchführung einer bestimmten Berechnung, das Beenden des Programms usw. Standardereignis ist *OnClick*.

Die Komponente **Panel** wird benutzt, um andere Komponenten zu einer Gruppe zusammenzufassen und gemeinsam zu platzieren. Visuell ist ein Panel als Tafel (Behälter) vorstellbar, die (auch dreidimensional) umrahmt ist. Jede Verschiebung des Panels auf dem Formular betrifft dann auch alle darin enthaltenen Komponenten. Mit den verfügbaren Eigenschaften und Ereignissen kann die Komponente den Bedürfnissen des Programms angepasst werden. Die Komponente Panel wird beispielsweise im Projekt FORMELINTERPRETER, Abschnitt 4.2.8, verwendet.

Für weitere Texteingaben stehen die Komponenten **LabeledEdit** und **Memo** zur Verfügung. Die erstere bezeichnet ein beschriftetes Eingabefeld und befindet sich auf der Registerseite **Zusätzlich**, die zweite Komponente stellt ein Eingabefeld zur Verarbeitung mehrerer Textzeilen bereit, das unter der Registerseite **Standard** der Komponentenpalette zu finden ist, Bild 1.26.

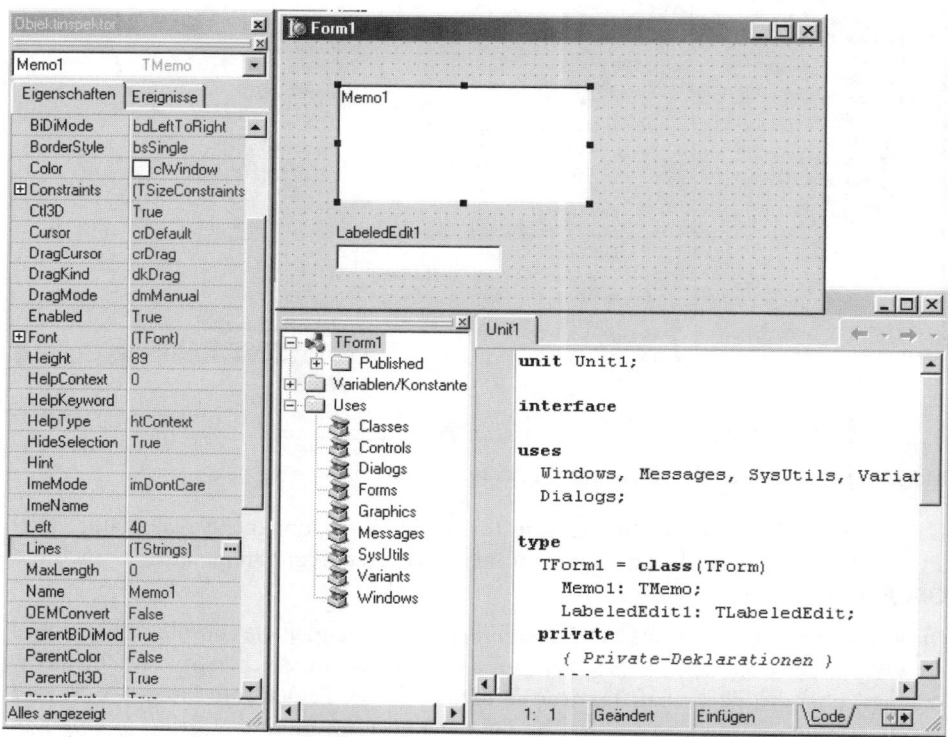

Bild 1.26   Komponenten Memo für mehrzeilige Textfelder und LabeledEdit

Die Komponente LabeledEdit stellt ein beschriftetes Eingabefeld zur Verfügung. Die Werte des verknüpften Beschriftungsfeldes können über die Eigenschaft *EditLabel* zugewiesen werden, einschließlich der Beschriftung selbst mit dem Attribut *Caption*. Die Position relativ zum Eingabefeld wird mit den Eigenschaften *LabelPosition* und *LabelSpacing* festgelegt. Mittels der Eigenschaft *Text* wird der Text des Eingabefeldes bearbeitet. Hier findet man die gleichen Eigenschaften wie bei der Komponente Edit.

Das Objekt **Memo** als Instanz von *TMemo* kapselt beim Aufruf auf dem Formular ein mehrzeiliges Eingabefeld in Form der grafisch festgelegten Parameter. *TMemo* erbt das allgemeine Verhalten von *TCustomMemo* und viele seiner Eigenschaften werden von

TCustomEdit als published abgeleitet. Von *TWinControl* erbt *TMemo* wie sämtliche
Benutzungsschnittstellenobjekte die allgemeine Funktionalität aller Steuerelemente. Die
Zeilen in einem Memo-Steuerelement können über die rechte Grenze des Eingabefeldes
hinausgehen oder in die nächste Zeile umgebrochen werden. Über die Eigenschaft **Word-
Wrap** kann der Zeilenumbruch auch unterbunden werden.

Von den zahlreichen Eigenschaften sei das Attribut *Lines* erwähnt, das den Text als String-
liste zur Verarbeitung bereitstellt. Über die angezeigte Dialogbox String Listen Editor ver-
zweigt man unkompliziert in einen einfachen String-Listen-Editor. Mittels der Eigenschaft
MaxLength kann die Anzahl der über das Memofeld eingegebenen Zeichen festgelegt
werden. Standardmäßig ist der Wert 0 voreingestellt, was bedeutet, das es keine Beschränkung für die Eingabe der Zeichenanzahl gibt, die das Steuerelement aufnehmen kann. Zur
Programmlaufzeit kann der Nutzer selektierten Text aus der Komponente Memo mit den
Prozeduren (Methoden) *CutToClipboard, CopyToClipboard* und *PasteFromClipboard*
über die Zwischenablage weiterverarbeiten.

Die Komponente **StringGrid** als Instanz von *TStringGrid* auf der Registerseite **Zusätzlich**,
Bild 1.27, stellt ein Gitterelement dar, welches bestens für die Ein- und Ausgabe von
Vektoren und Matrizen geeignet ist. Die Flexibilität von StringGrid ist dadurch gekenn-
zeichnet, dass Anzahl und Größe der Zeilen und Spalten während der Entwurfs- und
Laufzeit geändert werden können. Außerdem ist es möglich, Zeilen und Spalten für die
Beschriftung festzulegen, in die dann keine Werte eingegeben werden können. Alle Strings

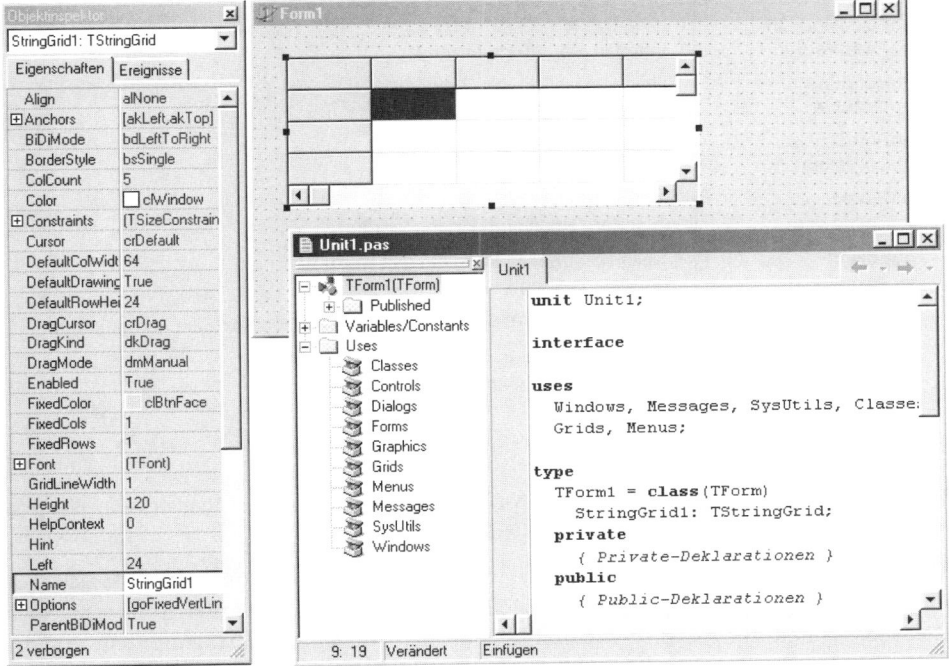

Bild 1.27   Komponente StringGrid

in der Komponente StringGrid sind über die nur zur Laufzeit verfügbare Eigenschaft **Cells[i,j]** zu erreichen. Die Zählung der Indizes beginnt mit null. Anders als in der Mathematik üblich, stellt *i* den *Spaltenindex* und *j* den *Zeilenindex* dar. Zur Synchronisation der Anzeige mehrerer StringGrid-Komponenten gibt es das Ereignis **OnTopLeftChanged**. Die Komponente StringGrid wird in den Projekten SUMMEN, MATRIZEN und GAUSS verwendet.

In den folgenden Bildern 1.28 und 1.29 sind einige wichtige Eigenschaften der Komponente StringGrid zusammengefasst dargestellt. Bild 1.30 enthält schließlich das Ergebnis durchgeführter Modifikationen einiger Eigenschaften der Komponente **StringGrid**.

Laufzeit-Eigenschaften	Wirkung
ColWidth[i]	Breite der *i*-ten Spalte
RowHeights[j]	Höhe der *j*-ten Zeile
Cells[i,j]	Zugriff auf die Zelle in Spalte *i* und Zeile *j* (Zählung ab 0!)
Cols[i]	Zugriff auf die komplette Spalte *i*
Rows[j]	Zugriff auf die komplette Zeile *j*
Objects[i,j]	Zugriff auf ein Objekt in der Spalte *i* und der Zeile *j*
Col	Nummer der aktiven Spalte
Row	Nummer der aktiven Zeile

Bild 1.28   Komponente StringGrid, zur Laufzeit verfügbare Eigenschaften

Werte von Options	Wirkung, falls *true* gesetzt
goFixedHorzLine/ goFixedVertLine	Linien zwischen den Fixzeilen/ -spalten werden gezeichnet
goHorzLine/ goVertLine	Linien zwischen den Zeilen/ Spalten werden gezeichnet
goRowSizing/ goColSizing	Größe der Zeilen/Spalten kann einzeln gesetzt werden
goRowMoving/ goColMoving	Zeilen/Spalten können mit Maus in andere Position gezogen werden
goEditing	Text in den Zellen kann editiert werden (auf *true* setzen!)
goDrawFocusSelect	Die fokusierte Zelle wird farbig gekennzeichnet
goTabs	mit der TAB-Taste kann von einer Spalte zur anderen geschaltet werden (auf *true* setzen!)

Bild 1.29   Komponente StringGrid, Werte der Eigenschaft Options (Auswahl)

Bild 1.31 enthält die Komponenten **PaintBox** und **Timer** von der Registerseite **System** sowie **SpinEdit** von der Registerseite **Beispiele**.

Die Komponente **PaintBox** auf der Registerseite **System** der Komponentenpalette ist ein einfaches, grafisches Steuerelement, das Anwendungsprogrammen eine rechteckige Zeichenfläche für die Ausgabe von grafischen Darstellungen zur Verfügung stellt. Außerhalb der PaintBox liegende Teile der Grafik werden geklippt, also nicht gezeichnet. Die Komponente besitzt wie auch das Formular eine zur Laufzeit verfügbare Zeichenfläche

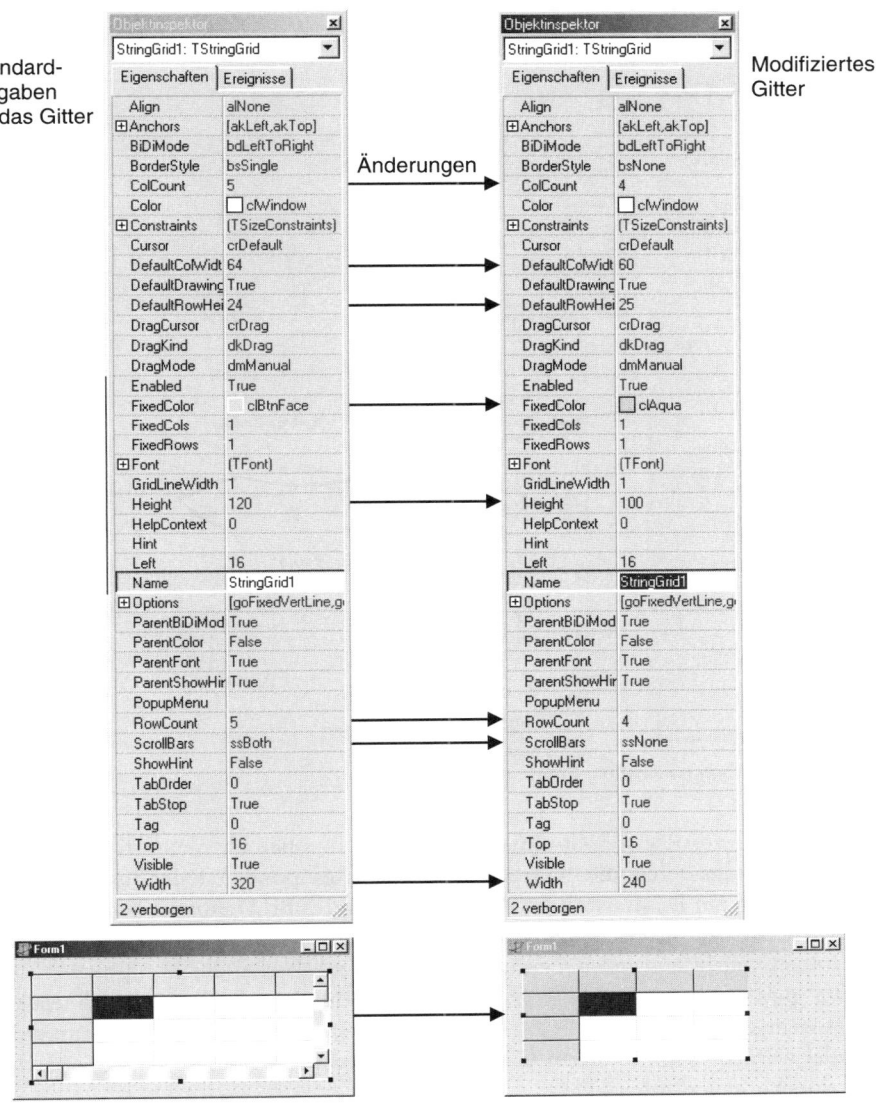

Bild 1.30 Modifikation von Eigenschaften der Komponente StringGrid

Canvas mit allen im Abschnitt 4.2 angegebenen Eigenschaften und Methoden. In der VCL-Hierarchie stammt die Klasse ***TPaintBox*** direkt von der Basisklasse ***TGraphicControl*** für alle benutzerdefinierten, nicht fensterorientierten Steuerelemente ab. Der besondere Vorteil der Grafikausgabe in eine PaintBox und nicht direkt auf das Formular besteht darin, dass die PaintBox beliebig platziert werden kann, ohne dass die Anweisungen für die Grafikausgabe geändert werden müssen. Der Grund dafür ist, dass die PaintBox ihr eigenes Koordinatensystem besitzt. Die Komponente PaintBox wird beispielsweise im Projekt FORMELINTERPRETER, Abschnitt 4.2.8, genutzt.

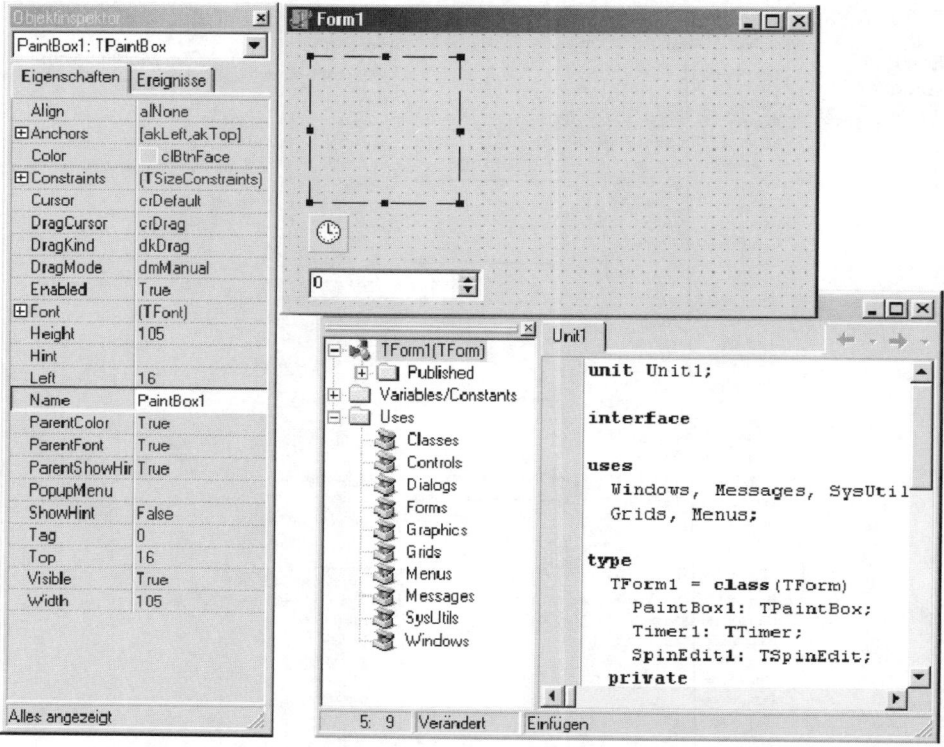

Bild 1.31   Komponenten PaintBox, Timer und SpinEdit

Anmerkung: Auf der Registerseite **Zusätzlich** der Komponentenpalette stellt Delphi die Komponente **Image** bereit, die in ihrer Wirkung der Komponente **PaintBox** sehr ähnlich ist. Beide werden zur Demonstration im Projekt BEISPIELBILD, Abschnitt 4.2.5, verwendet. Der Unterschied bei der Nutzung besteht darin, dass für die PaintBox der Neuaufbau einer Grafik explizit angegeben werden muss, während das bei der Komponente Image über eine Speicherbitmap im Hintergrund erfolgt. Dadurch ist die PaintBox schneller und benötigt weniger Speicherressourcen. Die Image-Komponente muss jedoch immer dann verwendet werden, wenn Grafiken über Bitmaps (*.bmp), Metafiles (*.wmf) oder Icons (*.ico) eingebunden werden sollen.

Die Komponente **Timer** besitzt die Eigenschaft Interval, das die Zeit in Millisekunden angibt, nach der die Timer-Komponente das nächste Ereignis *OnTimer* initialisiert. Standardwert ist 1 000 (eine Sekunde).

Die Komponente **SpinEdit** der Registerseite **Beispiele** ermöglicht auf bequeme Art das Erhöhen oder Erniedrigen eines ganzzahligen Wertes mit einer definierbaren Schrittweite. Der Wert ist über die Eigenschaft *Value* erreichbar. Über die Eigenschaften MaxValue, MinValue und Increment können der größte und kleinste Wert sowie die Schrittweite der Eigenschaft Value eingestellt werden. Das ist sowohl zur Entwurfs- als auch zur Laufzeit möglich.

1.3.3 Übungen

Fragen

1.12 Was sind Komponenten in Delphi? Wie kann man mit ihrer Hilfe Anwendungen gestalten?

1.13 In welcher Form werden Komponenten zur (Wieder-)Verwendung zur Verfügung gestellt? Welche Bedeutung besitzt die VCL und wie ist sie grundsätzlich aufgebaut?

1.14 Nennen und erläutern Sie wichtige Kompenten zur Ein- und Ausgabe von Informationen an der Benutzungsschnittstelle.

1.15 Wozu benutzt man und welche Variabilität bietet die Komponente StringGrid?

1.4 Struktur eines Delphi-Projekts

1.4.1 Einzelbestandteile eines Delphi-Projekts

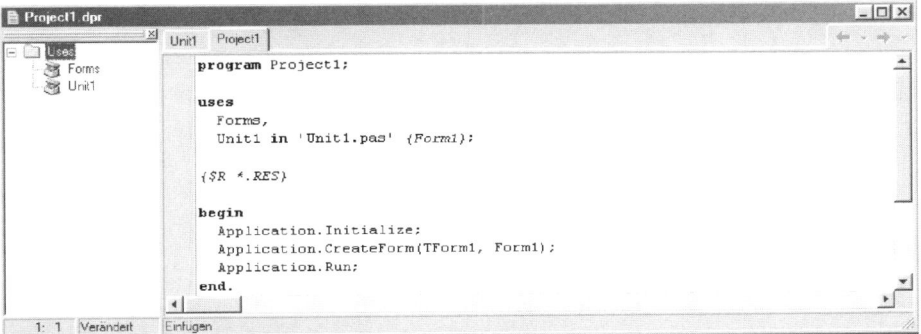

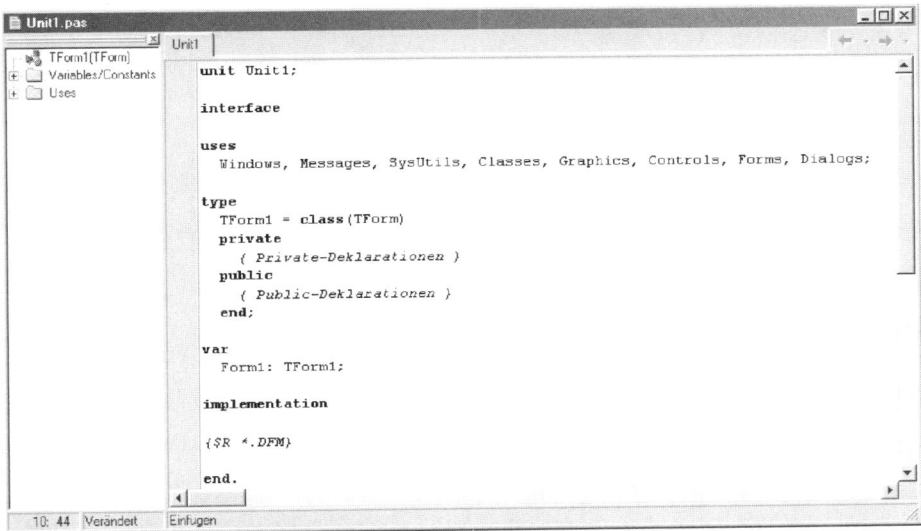

Bild 1.32 Standard-Quelltext-Dateien Project1.dpr und Unit1.pas

Ein Object-Pascal-Projekt besitzt eine bestimmte Struktur. Es besteht zu Beginn aus dem eigentlichen Hauptprogramm, der Quelltext-Projektdatei Project1.dpr und einer **Unit**, der Quelltext-Formulardatei Unit1.pas.

Beide Quelltextdateien haben die in Bild 1.32 dargestellte Form. Wird das Projekt gestartet und/oder werden Veränderungen vorgenommen, so entstehen weitere Dateien. Eine Auswahl davon ist in Bild 1.33 zusammengestellt. Gleichzeitig wird hier die grafische Formulardatei Unit1.dfm explizit mit gezeigt, die alle Eigenschaften der Elemente auf dem Formular, hier Instanz Form1, enthält.

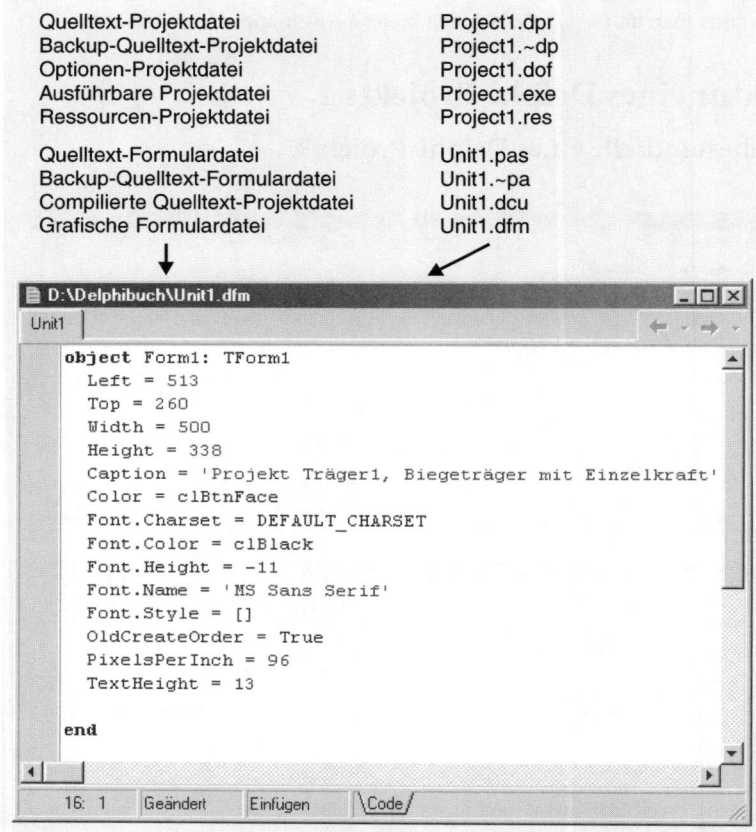

Quelltext-Projektdatei	Project1.dpr
Backup-Quelltext-Projektdatei	Project1.~dp
Optionen-Projektdatei	Project1.dof
Ausführbare Projektdatei	Project1.exe
Ressourcen-Projektdatei	Project1.res
Quelltext-Formulardatei	Unit1.pas
Backup-Quelltext-Formulardatei	Unit1.~pa
Compilierte Quelltext-Projektdatei	Unit1.dcu
Grafische Formulardatei	Unit1.dfm

```
D:\Delphibuch\Unit1.dfm                                    _ □ ×
Unit1                                                 ← · → ·
object Form1: TForm1
   Left = 513
   Top = 260
   Width = 500
   Height = 338
   Caption = 'Projekt Träger1, Biegeträger mit Einzelkraft'
   Color = clBtnFace
   Font.Charset = DEFAULT_CHARSET
   Font.Color = clBlack
   Font.Height = -11
   Font.Name = 'MS Sans Serif'
   Font.Style = []
   OldCreateOrder = True
   PixelsPerInch = 96
   TextHeight = 13

end

16: 1      Geändert      Einfügen      \Code/
```

Bild 1.33
Dateien eines
Delphi-Projekts
(Auswahl)

Weitere Bestandteile von Delphi-Projektdateien können sein:
- Konfigurationsdatei   Project1.cfg
- Symbolanzeigedatei   Project1.dsm
- Package-Quelltextdatei   Packagename.dpk
- Compilierte Packagedatei   Packagename.bpl

Die grafische Formulardatei Unit1.dfm stellt die textuelle Spezifikation der visuellen Oberfläche des Formulars Form1 dar. Ihre Eigenschaften können über den Quelltext-Editor ebenso in Textform geändert werden, wie über den Objektinspektor mit visueller

Anzeige der Auswirkungen. Man spricht deshalb auch von Two-Way-Tools. Während die Quelltext-Projektdatei ausschließlich durch Delphi verwaltet wird, ist die Quelltext-Formulardatei zusammen mit dem Objektinspektor das eigentliche Betätigungsfeld des Programmentwicklers. Wie bereits beim Objektinspektor angegeben, werden für die von der Komponentenpalette auf das Formular übertragenen Komponenten wie Label, Edit, Button usw. die Rahmen von Ereignisbehandlungsroutinen durch Delphi bereitgestellt. Für das Auslösen des Ereignisses *OnClick* beim Klicken auf den Schalter *Button1* wird beispielsweise der in Bild 1.34 gezeigte Rahmen für die Ereignisbehandlungsroutine erzeugt.

```
procedure TForm1.Button1Click(Sender: TObject);
begin

end;
```

Routinenkopf		`procedure` bezeichner(parameterliste);
Routinenblock	Deklarationsteil	`const` – Deklaration `var` – " `type` – " `label` – " `function` – " `procedure` – "

	Anweisungsteil	`begin`
		   :
		`end.`

Bild 1.34 Prinzipielle Struktur einer Ereignisbehandlungsroutine

Diese Ereignisbehandlungsroutine ist nun mit den Deklarationen und Anweisungen von Object Pascal so zu ergänzen, dass beim Auslösen des Ereignisses die gewünschte Reaktion erfolgt. Dabei muss der in Bild 1.34 angegebene prinzipielle Aufbau eingehalten werden. Wie man sieht, werden durch Delphi nur der Routinenkopf und der leere Anweisungsteil erzeugt. Die Parameterliste hat für die einzelnen Ereignisse und Komponenten unterschiedliches Aussehen. Im vorliegenden Fall enthält sie als Parameter nur den Sender, also den Auslöser dieses Ereignisses, der dann für die weitere Steuerung des Projekts genutzt werden kann.

1.4.2   Erzeugen eines Anwendungsprojekts

Zur Erzeugung eines Anwendungsprojekts und für die Dateiverwaltung unter Delphi wird folgendes praktische Vorgehen empfohlen. Ausgangspunkt sind:
1. Standard-Quelltext-Formulardatei (Unit1.pas evtl. mit Unit1.dfm)
2. Standard-Quelltext-Projektdatei (Project1.dpr evtl. mit Project1.res, Project1.dof)
Schritt 0: Menü DATEI/ALLES SPEICHERN speichert alle Projektdateien
Schritt 1: alte Pascal-Unit Standardname Unit1:
   SPEICHERN UNTER... **Anwendungsname**(neu)
Schritt 2: alte Projektdatei Project1:
   PROJEKT SPEICHERN UNTER... **Projektname**(neu)

Die Namen der Quelltext-Formulardatei und der Quelltext-Projektdatei müssen verschieden sein. Damit wird das sichere Abspeichern von Delphi-Projekten unter neuen Namen ohne Konflikte gewährleistet. Zur korrekten Beendigung der Arbeiten an einem Projekt sollte das Menü **DATEI/ALLE SCHLIESSEN** ausgeführt werden.

1.4.3 Übungen

Fragen

1.16 Welche Struktur besitzt ein Delphi-Projekt? Was ist der Unterschied zwischen einer **Unit** und einer Quelltext-Projektdatei?

1.17 Welche Bedeutung hat die Formulardatei Unit1.dfm? Was ist ihr Inhalt und mit welchen visuellen Bestandteilen von Delphi unterstützt sie eine Two-Way-Entwicklung?

1.18 Wie ist eine Ereignisbehandlungsroutine aufgebaut? Erläutern Sie ereignisorientierte Programmierung in Object Pascal an einem Beispiel.

1.19 Wie sollte man zur Erstellung eines Delphi-Projekts praktisch vorgehen? Welche Projektbestandteile werden wie quasi automatisch erzeugt?

1.5 Beispiel einer einfachen Anwendung

1.5.1 Analyse der Aufgabenstellung

Nachdem der Aufbau der Software-Entwicklungsumgebung Delphi mit seinen Werkzeugen in seinen Grundzügen vorgestellt wurde, soll zur Einführung der Entwurf eines Projekts TRAEGER1 behandelt werden. Im Vordergrund steht zunächst die Handhabung der Werkzeuge und damit der gesamten Entwicklungsumgebung Delphi. Erst danach soll ausführlicher auf die Grundlagen der Software-Entwicklung und auf die Programmiersprache Object Pascal eingegangen werden. Der strukturierte Entwurf für das Projekt TRAEGER1 wird im Abschnitt 2.3, Bild 2.6, angegeben.

Das Projekt TRAEGER1 soll zur Berechnung der Lagerkräfte A und B, der Durchbiegung y unter der Einzelkraft F und des Biegemomentes M an der gleichen Stelle dienen.

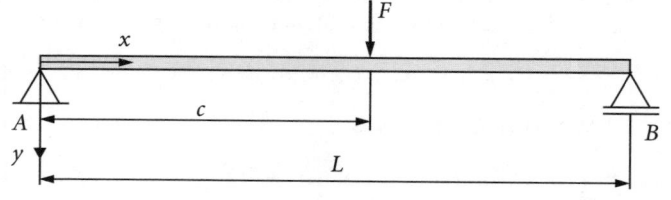

Bild 1.35 Belastung des zweiseitig aufliegenden Beispiel-Trägers

Der dafür notwendige Algorithmus ist zahlreich vorhandener Literatur der technischen Mechanik oder Festigkeitslehre zu entnehmen, z. B. [13]. Die Formeln lauten:

$$A = F \cdot \frac{L-c}{L}; \qquad B = F - A$$

$$M = F \cdot c \cdot \frac{L-c}{L} = A \cdot c; \qquad y = \frac{F \cdot c^2 \cdot (L-c)^2}{3 \cdot E \cdot I \cdot L}$$

Hier sind E der Elastizitätsmodul des Werkstoffes in N/mm^2 oder N/cm^2 und I das äquatoriale Trägheitsmoment des Trägerquerschnitts in mm^4 oder cm^4. Das Produkt $E \cdot I$ wird auch als Biegesteifigkeit bezeichnet. Für Stahl gilt im Mittel $E = 200\,000\ N/mm^2$. Das äquatoriale Trägheitsmoment des hier angenommenen Kreisquerschnittes berechnet sich aus der Formel $I = \pi \cdot d^4/64$. Für dieses einführende Beispiel werde ein Durchmesser $d = 40$ mm angenommen, der $I = 125\,600\ mm^4$ liefert.

Wenn Delphi gestartet und der Quelltext-Editor aktiviert wurde, sieht man die zum Formular **Form1** gehörende Quelltext-Formulardatei **Unit1.pas**. Außerdem wird noch die Quelltext-Projektdatei **Project1.dpr** erzeugt, die das eigentliche Hauptprogramm enthält. Project1.dpr kann über das Menü PROJEKT/QUELLTEXT ANZEIGEN sichtbar gemacht werden. Das Formular Form1 besitzt die vom Betriebssystem Windows übernommenen Schalter und Eigenschaften. Dieses noch leere Programm kann durch die Taste <F9>, das Menü START/START oder durch Klicken auf das grüne Dreieck in der Symbolleiste bereits gestartet werden. Das entstehende Fenster kann wie üblich in der Größe geändert, verschoben, als Ganzbild oder als Symbol dargestellt werden. Durch das Schließfeld wird die Anwendung beendet. Außer diesen vom Betriebssystem geerbten Fähigkeiten besitzt das Fenster jedoch noch keine Funktionalität. Diese zu erzeugen ist Aufgabe der Programmentwicklung.

1.5.2 Schritte der Aufgabenlösung

Die Entwicklung von Projekten (Programmen) unter Delphi geschieht dann prinzipiell in den Schritten:

1. Entwurf der Oberfläche des Programms mittels der in Delphi vorhandenen **Komponenten** (Dialogelemente, Steuerelemente, Controls), wie **Label, Edit, Button** usw.
2. Setzen der Werte von **Eigenschaften** (Beschriftung, Anfangswerte) dieser Komponenten mittels des Objektinspektors.
3. Schreiben von Object-Pascal-Anweisungen in **Ereignisbehandlungsroutinen**, die die Reaktionen auf bestimmte Ereignisse wie etwa das Anklicken einer Komponente enthalten.
4. Starten und Testen des Programms durch wahlweise **wiederholte** Bearbeitung der Schritte 1 bis 3 bis zur Fertigstellung.

Die Schritte 1 und 2 werden als **visuelle**, der Schritt 3 als **nichtvisuelle** (konventionelle, textuelle) Programmierung bezeichnet. Die Schritte 1, 2, und 3 zählen zur Entwurfsphase, während der Schritt 4 die Laufzeit des Delphi-Projekts repräsentiert.

Schritt 1: Für das Projekt TRAEGER1 soll die in Bild 1.36 angegebene Oberfläche verwirklicht werden. Dazu sind die Komponenten

- **Label** (Markierungen) zur meist einzeiligen Ausgabe von Informationen
- **Edit** (Editierfelder) für die einzeilige Ein- und Ausgabe von Informationen
- **Button** (Schaltfläche) für die Auslösung bestimmter Operationen wie Durchführung der Berechnung oder Beenden des Programms erforderlich.

Die hier für das einführende Beispiel verwendeten Komponenten befinden sich in der Seite **Standard** der Komponentenpalette, Bild 1.12. Von dort können sie auf das Programmformular wie folgt übertragen werden.

1. Markieren der Komponente in der Komponentenpalette durch einen einfachen Mausklick
2. Zeigen auf die Stelle des Formulars, an die die linke obere Ecke der Komponente gesetzt werden soll
3. Setzen der markierten Komponente in das Formular durch einen einfachen Mausklick.

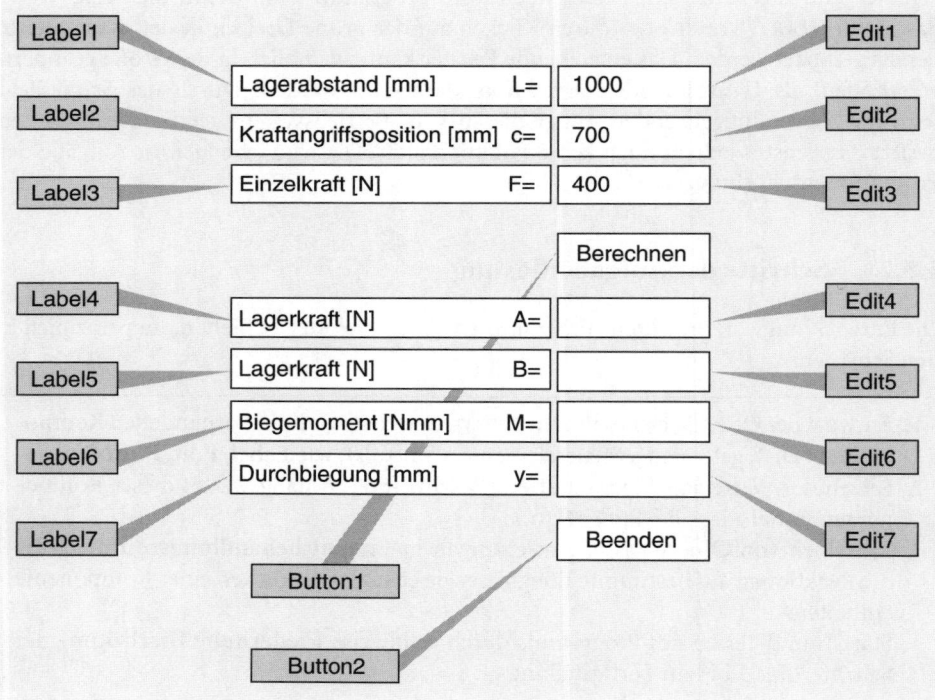

Bild 1.36   Entwurf der Oberfläche

Nach dem Aufbau der Oberfläche hat das Formular **Form1** das in Bild 1.37 dargestellte prinzipielle Aussehen. Es besteht aus den Labels **Label1 ... Label7** für Beschriftungen, den Editierfeldern **Edit1 ... Edit7** für die Ein- und Ausgabe sowie den Schaltern **Button1** und **Button2** für die Aktivierung der Berechnung bzw. die Beendigung des Programms. Unter Verwendung der neuen Komponente **LabeledEdit** (Abschnitt 1.3.2) fallen Beschriftung und Edit-Felder zusammen, wovon in diesem einführenden Beispiel kein Gebrauch gemacht wurde. Die Lösung für diesen Fall kann der zum Buch gehörenden Web-Seite entnommen werden.

Die fortlaufende Nummerierung der Komponenten erfolgt durch Delphi in der Reihenfolge der Erzeugung automatisch. Ebenso geschieht deren Beschriftung mit den Namen der Komponenten standardmäßig.

Die zuletzt in das Formular gesetzte Komponente gilt gleichzeitig als ausgewählt. Man sieht das an den 8 schwarzen Ziehquadraten, mit deren Hilfe die Größe des Dialogelements über Klicken und Ziehen mit der linken Maustaste geändert werden kann. Ebenso kann man die Position auf dem Formular durch Klicken und Ziehen innerhalb der ausgewählten Komponente verändern. Im Bild 1.37 ist die Komponente **Label1** durch einen Mausklick aktuell ausgewählt und dann bereits mit einer neuen Überschrift versehen worden.

Schritt 2: Entsprechend der nach Bild 1.36 aufzubauenden Oberfläche sollen die Label-, Button- und Edit-Komponenten andere Überschriften (Caption) bzw. Inhalte (Text) als die Standardwerte erhalten. Dafür steht der Objektinspektor mit seinen zwei Registerseiten für die Wahl von Eigenschaften und Ereignissen zur Verfügung, Bild 1.37. Die Anzeige erfolgt immer für die aktuell ausgewählte Komponente.

Auf der Seite Eigenschaften sind links die verfügbaren Eigenschaften (Properties) der aktuell ausgewählten Komponente und rechts deren Werte angegeben. Diese können bereits in der Entwurfsphase des Programms geändert und sichtbar gemacht werden. Dies ist eine typische Eigenart der visuellen Programmierung.

Hinweis: Es gibt Eigenschaften, die über den Objektinspektor zur Entwurfszeit und zur Laufzeit über Anweisungen und solche, die nur während der Laufzeit durch entsprechende Anweisungen geändert werden können.

Für die Dialogelemente **Label** und **Button** sollen die Standardüberschriften geändert werden. Dazu muss im Objektinspektor auf der Seite Eigenschaften der Standardwert von **Caption** (Überschrift) überschrieben werden. So muss für das Dialogelement **Label1** die Standardüberschrift **Label1** in den gewünschten Wert „Lagerabstand [mm]   L= " geändert werden, Bild 1.37.

Für das Dialogelement **Edit**, welches die Ein- und Ausgabe einer Zeichenkette (String, Text) zulässt, muss im Objektinspektor der Inhalt der Eigenschaft **Text** geändert werden, für das Editierfeld **Edit1** also vom Standardwert Edit1 auf den gewünschten Anfangswert 1 000.

Verfährt man für die übrigen Dialogelemente analog, so hat man die in Bild 1.36 vorgesehene Oberfläche des Programms realisiert. Das Endergebnis kann Bild 1.37 entnommen werden. Dort wurde auch bereits die Überschrift des Formulars geändert in „Projekt Träger1, Biegeträger mit Einzelkraft".

Die zu diesem Zeitpunkt durch Delphi automatisch erzeugte und unter dem Namen **Traeger1_U.pas** abgespeicherte Quelltext-Formulardatei kann durch die Taste <F12> sichtbar gemacht werden, Bild 1.37. Wie zu sehen ist, enthält die Unit **Traeger1_U.pas** die eingefügten Dialogelemente **Label1 ... Label7**, **Edit1 ... Edit7** sowie **Button1** und **Button2**. Die Reihenfolge entspricht der der Erzeugung. Betätigt man <F12> erneut, so wird wieder das Formular **Form1** in den Vordergrund gebracht.

Wie bereits erwähnt, werden durch Delphi weitere Dateien erzeugt, darunter natürlich standardmäßig die Projektdatei **Project1.dpr**, die unter **Traeger1.dpr** gespeichert wurde.

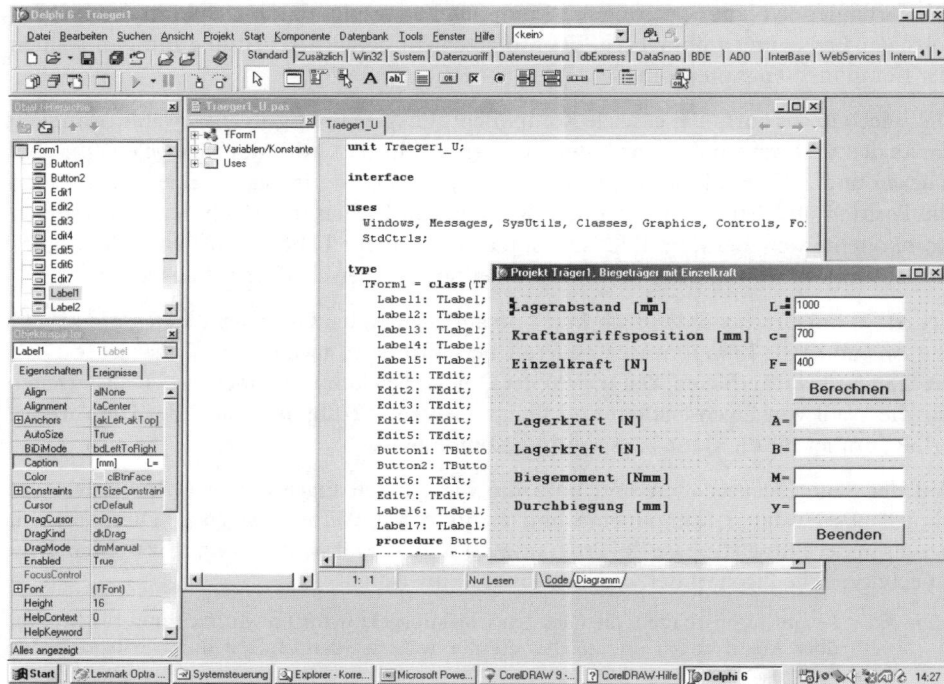

Bild 1.37   Aufbau der Oberfläche und erzeugte Quelltext-Formulardatei Traeger_U.pas

Sie enthält das Hauptprogramm, welches über das Menü **PROJEKT/QUELLTEXT ANZEI-
GEN** sichtbar gemacht werden kann. Diese Datei wird von Delphi verwaltet und sollte
niemals manuell bearbeitet werden!

Nach dem Start des Programms erscheint die erzeugte Oberfläche, Bild 1.38 (**Rapid
Prototyping**). Allerdings zeigt das Programm durch Klicken auf die Buttons Berechnen
und Beenden keine Reaktion (diese wurde bisher ja auch noch nicht definiert). Beendet
werden kann das Programm gegenwärtig deshalb nur über das Schließfeld. Der Inhalt der
Ausgabefelder in Bild 1.38 zeigt natürlich den fertig gestellten Endzustand.

Schritt 3: Um beim Mausklick auf die Buttons die erwarteten Reaktionen (Berechnen und
Beenden) zu erhalten, müssen diese mit entsprechenden Anweisungen verbunden werden.
Dazu stellt Delphi den Rahmen in Form so genannter **Ereignisbehandlungsroutinen**
(Event Handler) bereit. Diese sind ihrer Natur nach Prozeduren, die im Abschnitt 4.3,
Unterprogrammtechnik, ausführlich behandelt werden.

Ein Doppelklick beispielsweise auf den Button **Beenden** öffnet in der Quelltext-
Formulardatei **Traeger1_U.pas** die noch leere Ereignisbehandlungsroutine

```
procedure TForm1.Button2Click(Sender: TObject);
begin

end;
```

Fügt man hier zwischen *begin* und *end* den Aufruf der in TForm verfügbaren Methode *Close* ein und startet das Programm, so kann man es durch einen Mausklick auf den Button **Beenden** wie erwartet beenden.

```
procedure TForm1.Button2Click(Sender: TObject);
begin
   Close
end;
```

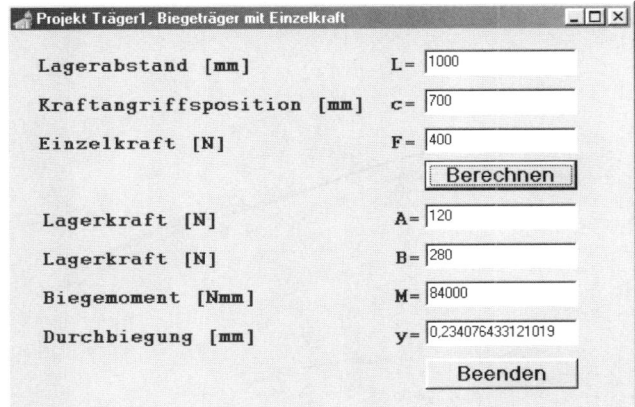

Bild 1.38 Oberfläche
des gestarteten Projekts
im fertigen Zustand

Bevor die Anweisungen angegeben werden, die als Reaktion auf den Mausklick auf den Button **Berechnen** abgearbeitet werden sollen, erscheinen noch einige Bemerkungen zur Wahl geeigneter Namen für die Dialogelemente nützlich. Wie bereits gesagt, erhält jedes Dialogelement bei seiner Platzierung auf dem Formular automatisch einen Default-Namen zugewiesen, der standardmäßig auch die Überschrift bzw. der Inhalt ist. Überschriften und Inhalte wurden zur Erzeugung des gewünschten Aussehens der Oberfläche bereits im **Schritt 2** geändert. Wie der oben dargestellten Ereignisbehandlungsroutine zu entnehmen ist, werden für die Festlegung des Namens derselben durch Delphi der Formulartyp **TForm1**, der Name des Dialogelements **Button2** und die Art des Ereignisses *OnClick* herangezogen. Daraus ergibt sich der Name **TForm1.Button2Click**.

Nun sind solche Standardnamen, wie hier **Edit1 … Edit7** oder **Button1 … Button2** nicht sehr aussagekräftig und können deshalb leicht zu Verwechslungen führen. Es empfiehlt sich deshalb, auch für die Namen der im Programm verwendeten Dialogelemente den Bezug zu ihrem Inhalt darzustellen. Diese Namensänderung darf jedoch nur im Objekt-inspektor vorgenommen werden, sie wird im späteren Projekt TRAEGER2, Abschnitt 4.1.4, durchgeführt. Hier sollen zunächst noch die von Delphi vergebenen Standardnamen gelten.

Nach diesen Bemerkungen zur Namenswahl soll nun die Ereignisbehandlungsroutine für den Button mit der Überschrift **Berechnen** und den Standardnamen **Button1** erzeugt werden. Diese muss folgende Aktionen ausführen:

1. Übernahme (Eingabe) der in den Editierfeldern Edit1, Edit2 und Edit3 als Text stehenden Werte für L, c und F als numerische Werte
2. Durchführung der Berechnungen
3. Ausgabe der berechneten numerischen Werte A, B, M und y als Text in die Editierfelder Edit4 bis Edit7.

Die Ereignisbehandlungsroutine **TForm1.Button1Click** wird wieder mit einem Doppelklick auf den Button **Berechnen** initialisiert und lautet nach Ergänzung um die Aktionen 1 bis 3 wie folgt:

```
procedure TForm1.Button1Click(Sender: TObject);
    var L,c,F,A,B,M,y,E,I: double;
begin
    // Eingabe von L, c und F
    L:=StrToFloat(Edit1.Text);
    c:=StrToFloat(Edit2.Text);
    F :=StrToFloat(Edit3.Text);
    // Setzen der Werte von E und I
    E:=200000;
    I:=125600;
    // Berechnung von A, B, M und y
    A :=F*(L-c)/L;      B:=F-A;
    M :=A*c;
    y :=F*sqr(c*(L-c))/(3*E*I*L);
    // Ausgabe von A, B, M und y
    Edit4.Text:=FloatToStr(A);
    Edit5.Text:=FloatToStr(B);
    Edit6.Text:=FloatToStr(M);
    Edit7.Text:=FloatToStr(y);
end {TForm1.Button1Click};
```

Bild 1.39   Prozedur nach Aktivieren des „Berechnen"-Buttons

Anmerkungen:
1. In der zweiten Zeile werden die in der Prozedur benötigten Variablen L bis I mit dem Typ *double* vereinbart. Dadurch werden im Hauptspeicher der benötigte Speicherplatz reserviert und festgelegt, dass dort reellwertige Daten stehen können.
2. Die mit // beginnenden Zeilen enthalten **Kommentar**, der die Lesbarkeit des Algorithmus verbessern soll, vom Compiler jedoch ignoriert wird.
3. Die Ergibtanweisung *L:=StrToFloat(Edit1.Text)* wandelt die im Editierfeld **Edit1** in der Eigenschaft **Text** stehende Zeichenkette (<u>Str</u>ing) in eine Gleitpunktzahl um. Entsprechendes gilt für die nächsten zwei Anweisungen.
4. Nach der Berechnung von A, B, M und y werden die vier Ergebnisse in die Editierfelder **Edit4** bis **Edit7** geschrieben. Dazu müssen die Zahlen jetzt durch die Funktion *FloatToStr* in eine Zeichenkette umgewandelt werden. Die Ausgabe erfolgt zunächst in einer vordefinierten Form.

Im Bild 1.40 sind links die erzeugten Dateien für das Projekt TRAEGER1 angegeben. Bis auf die Datei **Traeger1_U.pas** werden alle anderen Dateien durch Delphi automatisch erzeugt. Die ursprünglichen Standardnamen **Unit1.pas** und **Project1.dpr** wurden beim Abspeichern durch Delphi wie folgt geändert:

| Unit1.pas | $\longrightarrow$ | Traeger1_U.pas |
| Project1.dpr | $\longrightarrow$ | Traeger1.dpr |

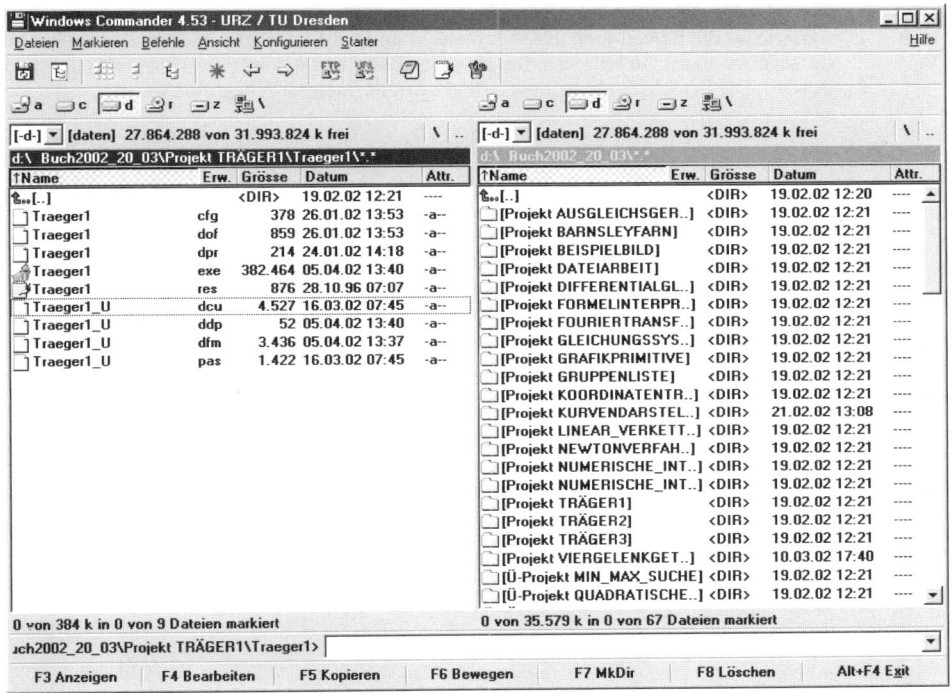

Bild 1.40   Erzeugte Dateien des Projekts TRAEGER1

Schritt 4: Nach der Fertigstellung des Projekts TRAEGER1 ist dieses auf Richtigkeit zu prüfen. Dazu sind verschiedene Werte in die Editierfelder einzugeben und mit diesen die Berechnung auszuführen. Man wird feststellen, dass für diese Anwendung folgende Fehlerquellen auftreten können:

1. Für L kann null oder ein negativer Wert eingegeben werden.
2. Für c kann ein Wert außerhalb der Grenzen $0 \leq c \leq L$ eingegeben werden.
3. Die eingegebenen Zeichen sind nicht Bestandteil einer Zahl.

Während in den ersten beiden Fällen physikalisch unsinnige Ergebnisse erzeugt werden, tritt im letzten Fall eine Ausnahmebedingung (Exception, Fehler) ein, die zu einem Programmstopp führt.

Schritt 5: Die genannten Fehlermöglichkeiten müssen natürlich zur Sicherung der Robustheit und Sicherheit des Programms beseitigt werden. Da dazu jedoch tiefer gehende Kenntnisse erforderlich sind, erfolgt dies erst im Abschnitt 4.1.4 im modifizierten Projekt TRAEGER2. Vorher wird allerdings erst auf wichtige methodische Grundlagen der Softwaretechnologie mit dem Problemkreis der **strukturierten Software-Entwicklung** eingegangen.

1.5.3   Übungen

Aufgaben

1.20   Ü-Projekt HOHLZYLINDER

Es ist ein Projekt HOHLZYLINDER mithilfe der Entwicklungsumgebung Delphi zu entwerfen, das die Berechnung des Volumens V und der Oberfläche A eines Hohlzylinders
durchführt, wenn Außen- und Innendurchmesser d_a, d_i sowie die Höhe h eingegeben
werden. Die Berechnung kann nach folgenden Formeln durchgeführt werden:

$$V = h \frac{\pi}{4} \left(d_a^2 - d_i^2 \right)$$

$$A = \frac{\pi}{2} \left(d_a^2 - d_i^2 \right) + h\pi \left(d_i + d_a \right)$$

Analysieren Sie die Aufgabenstellung und entwerfen Sie eine Oberfläche für die Eingabe-
und Ausgabegrößen mit Komponenten der VCL analog der Beispielaufgabe TRAE-
GER1. Schreiben Sie die Ereignisbehandlungsroutine für das Ereignis „Berechnen"
und setzen Sie die Formelberechnung in einfache arithmetische Ergibtanweisungen der
Programmiersprache Pascal um.

1.21   Ü-Projekt TRAEGER1 mit Komponente **LabeledEdit**

Das Beispielprojekt TRAEGER1 (Abschnitt 1.4.2) ist bezüglich der verwendeten Komponenten für die Benutzungsoberfläche zu modifizieren, indem statt **Label** und **Edit** nur
die Komponente **LabeledEdit** verwendet wird. Diskutieren Sie die Vor- und Nachteile
der neuen kombinierten Komponente.

2 Strukturierte Software-Entwicklung

2.1 Grundlagen der Softwaretechnologie

Zielstellung der Entwicklung von Software ist letztlich die Sicherung der für die Nutzung dieser Software notwendigen Qualität. Um dies zu erreichen, wurden Prinzipien formuliert und Methoden entwickelt, die in den unterschiedlichen Entwicklungsphasen der Software beachtet und realisiert werden müssen [33]. Die Anwendung allgemein anerkannter Prinzipien und Methoden bei der Entwicklung und Nutzung von Software und daraus abgeleiteter Verfahren wird als **Softwaretechnologie** oder auch als **Software Engineering** bezeichnet. Verglichen mit der schematischen Darstellung prinzipieller Entwicklungswege von Software nach Bild 1.6 wird damit der rechte markierte, codeorientierte Bereich in Richtung der informalen und abstrakten Entwicklungsebene verlassen.

2.1.1 Phasenmodelle der Software-Entwicklung

Wegen seiner Kompliziertheit und Komplexität sind wiederholt Versuche unternommen worden, den gesamten **Software-Entwicklungsprozess** in relativ selbständige Teilprozesse im Sinne einer höheren Transparenz zu gliedern. Solche Gliederungen werden als **Phasenmodelle** der Software-Entwicklung oder auch als **Lebenszyklusmodelle** der Software bezeichnet. Ein bekanntes Modell besteht aus den iterativ zu durchlaufenden **Einzelphasen** während des Softwarelebenszyklus, Bild 2.1.

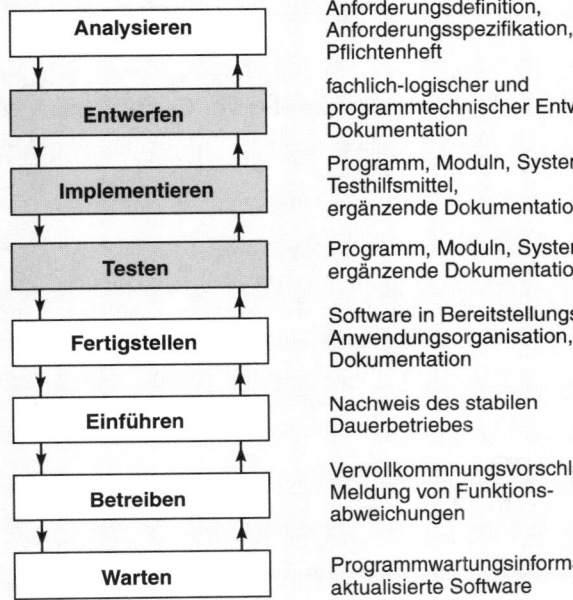

Analysieren	Anforderungsdefinition, Anforderungsspezifikation, Pflichtenheft
Entwerfen	fachlich-logischer und programmtechnischer Entwurf, Dokumentation
Implementieren	Programm, Moduln, System, Testhilfsmittel, ergänzende Dokumentation
Testen	Programm, Moduln, System, ergänzende Dokumentation
Fertigstellen	Software in Bereitstellungsform, Anwendungsorganisation, Dokumentation
Einführen	Nachweis des stabilen Dauerbetriebes
Betreiben	Vervollkommnungsvorschläge, Meldung von Funktionsabweichungen
Warten	Programmwartungsinformation, aktualisierte Software

Bild 2.1
Phasen des Software-Entwicklungsprozesses

Das Phasenmodell nach Bild 2.1 ist schwerpunktmäßig anwendungsorientiert. Es soll eine vollständige, eindeutige und widerspruchsfreie Beschreibung des Software-Entwicklungsprozesses ebenso unterstützen, wie den Aufbau der logischen Makro- und Mikrostruktur des zu entwickelnden Softwareprodukts. Die rückwärts gerichteten Pfeile symbolisieren die Wiederholbarkeit der einzelnen Phasen, was prinzipiell möglich ist, aber nur auf Ausnahmefälle beschränkt werden sollte. Schwerpunktmäßig behandeln die nachfolgenden Ausführungen die Software-Entwicklung mit Delphi für die Phasen Entwerfen, Implementieren und Testen.

2.1.2   Softwarequalität

Die Gesamtheit der Merkmale und Eigenschaften eines Softwareprodukts zur Erfüllung der an dieses gestellten Anforderungen wird als **Softwarequalität** bezeichnet [37]. Die Softwarequalität kann durch äußere und innere Merkmale beschrieben werden, wobei zu den Ersteren jene gehören, die für den Nutzer von Interesse sind. Als Beispiele seien solche **Qualitätsmerkmale** genannt wie

Korrektheit	Übereinstimmung zwischen Spezifikation, Programmverhalten und Dokumentation
Flexibilität	Wartbarkeit, Nachnutzbarkeit
Verständlichkeit	Nutzer- und Entwicklerverständlichkeit
Stabilität	Sinnvolles Verhalten bei Eingabe- und Bedienfehlern
Portabilität	Übertragbarkeit auf andere Software- und Hardware-Umgebungen
Erweiterbarkeit	Leichtigkeit der Anpassung anderer Systembestandteile
Wiederverwendbarkeit	Wiedernutzung von Softwarebausteinen für andere Anwendungen
Effizienz	Rechenzeit, Speicherplatz, geringe Beanspruchung des Menschen bei der Nutzung.

Die inneren Qualitätsmerkmale (wie Strukturierung, Modularisierung, Objektorientierung, ...) sind nach außen hin zwar nicht sichtbar, dienen aber zur Gewährleistung der oben aufgezählten äußeren Faktoren. Notwendige Eigenschaften zur Gewährleistung der Softwarequalität enthält der Standard DIN 55 350, Teil 11.

2.1.3   Softwarekosten

Bild 2.2 ist zu entnehmen, dass in der Phase des Programmentwurfs, also in einer recht frühen Phase, etwa zwei Drittel aller Fehler entstehen. Diese Fehler werden oft mitgeschleppt und erst während und nach der Abnahme des Programms entdeckt. Sie verursachen dann entsprechend hohe Kosten. Deshalb besitzt die sorgfältige und wohlüberlegte Arbeit schon ab der Konzeptionsphase der Software-Entwicklung eine entscheidende Bedeutung.

2.1.4   Prinzipien der Softwaretechnologie

Ein **Prinzip** ist ein allgemein gültiger Grundsatz, der aus Verallgemeinerungen von Gesetzen und wesentlichen Eigenschaften der Realität abgeleitet und für die theoretische und praktische Tätigkeit Leitfaden ist [2]. Im Software-Entwicklungsprozess haben sich einige weitgehend anerkannte Prinzipien herausgebildet, die für die verschiedenen Ent-

Entstehung und Entdeckung eines Fehlers

Entdeckung der Fehler	Entstehung der Fehler		
	Programm-entwurf	Programm-erstellung	Summe
Während der Testphase	19 %	27 %	46 %
Während und nach d. Abnahme	45 %	9 %	54 %
Summe	64 %	36 %	100 %

Verteilung der Kosten

Programmentwurf	35 %	Entwicklungskosten **100 %**	
Programmierung, Einzeltest	20 %		
Integrationstest, Implementierung	45 %		
Wartung, Pflege, Erweiterung		Wartungskosten **200 ... 400 %** der Entwicklungskosten	

Bild 2.2
Fehlerentstehung
und -entdeckung
sowie Softwarekosten

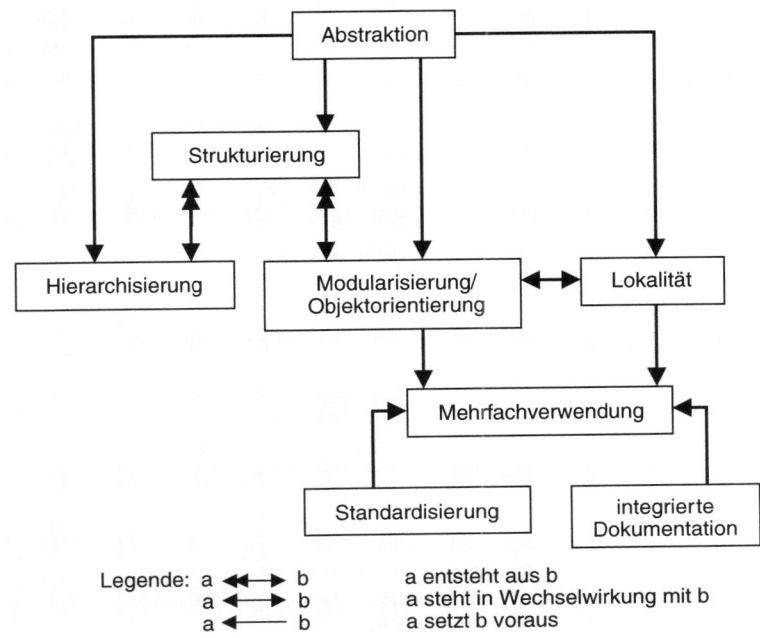

Bild 2.3 Prinzipien der Software-Entwicklung

wicklungsphasen unterschiedlich wichtig sind. Ihre konsequente Anwendung unterstützt die Sicherung der erforderlichen Softwarequalität. Obwohl einige dieser Prinzipien trivial erscheinen, liegt die Schwierigkeit der Anwendung jedoch in ihrer gegenseitigen Verwobenheit und Bedingtheit. Außerdem lässt sich keine kausale Kette für die Reihenfolge der Anwendung angeben. Das fachsystematische Netz der **Prinzipien in der Software-Entwicklung** ist in Bild 2.3 dargestellt.

2.1.5   Methoden der Softwaretechnologie

Eine Methode ist eine planmäßig angewandte, unter Benutzung von Regeln zweckgerichtete Vorgehensweise, die es gestattet, aus beliebig vielen möglichen Wegen von einem Ausgangspunkt A zu einem festgelegten Zielpunkt Z einen oder wenige sinnvoll erscheinende auszuwählen [33].

Allgemeine Methoden lassen sich nach der Entwicklungsrichtung von Software unterscheiden. Bevorzugt wird überwiegend die **Top-Down-Methode**, die vom Abstrakten zum Konkreten vorgeht. Ihr liegt der Gedanke zugrunde, Software durch schrittweise Verfeinerung, also durch die stufenweise Verringerung der Komplexität der Aufgabenstellung, zu entwickeln. Durch diese Top-Down-Verfeinerung entsteht eine Hierarchie mit Baumstruktur. Die Top-Down-Methode entspricht dem natürlichen Problemlösungsverhalten des Menschen, Komplexität durch Abstraktion und Dekomposition aufzulösen. Bei der umgekehrten **Bottom-Up-Methode** beginnt die Entwicklung eines Softwareprodukts auf der niedrigsten Ebene durch Kombination von Elementarteilen (Komponenten) zu komplexen Objekten. Die **Inside-Out-Jojo-Methode** stellt eine Kombination von Top-Down- und Bottom-Up-Ansatz dar. Der Entwurf beginnt hier mit dem Kern des Softwaresystems (**Hardest First**). Bei dieser Methode werden zuerst die komplexen Moduln bzw. Objekte entworfen, denen dann die übrigen folgen.

Ähnlich den Programmiersprachen lassen sich auch die Methoden nach den zugrunde liegenden **Paradigmen** klassifizieren, in [33] auch als Modelle bezeichnet. Die Zuordnung einer Software-Entwicklungsmethode zu einem Paradigma richtet sich ganz danach, welcher Systemgesichtspunkt und welche Aufgabenklassen (Ziel Z) modelliert werden sollen. Eine Übersicht der derzeit wichtigsten Methoden, den grundsätzlichen Paradigmen zugeordnet, zeigt Bild 2.4.

Paradigma	Charakteristik
Funktionsorientierte Methoden	Betrachtung eines Systems unter dem Gesichtspunkt seiner **Funktion**, die hierarchisch in Teilfunktionen zerlegt wird
Datenorientierte Methoden	Betrachtung eines Systems als **Datenstruktur** oder aus der Sicht von **Datenflüssen**, die dekomponiert werden
Zustandsorientierte Methoden	Betrachtung der Menge von **Zuständen**, die ein System annehmen kann, und alle auslösenden **Zustandsübergänge**
Ereignisorientierte Methoden	Beschreibung des Systemverhaltens bei eintretenden **Ereignissen**, die bestimmte zugeordnete Aktionen auslösen
Objektorientierte Methoden	Betrachtung eines Systems als Kollektion interagierender **Objekte**, die ihre Eigenschaften und Methoden kapseln

Bild 2.4   Software-Entwicklungs-Methoden, den grundlegenden Paradigmen zugeordnet

Das für die Entwicklungsmethode maßgebende Paradigma hat seine Wurzeln in der Abstraktion der Anwendung. Die **funktionsorientierten Methoden**, die in der Implementierungsphase logisch zur prozeduralen Programmierung führen, sehen ihren Kernpunkt im Auffinden, Modellieren und Verfeinern von Funktionen (Prozeduren). Dagegen beginnen die **datenorientierten Methoden** bei der Analyse von Datenstrukturen oder untersuchen Datenflüsse, die für die Ausführung von Funktionen benötigt oder erzeugt werden. **Zustandsorientierte Methoden** gehen auf die Automatentheorie zurück, indem neben den Eingangsdaten der Systemzustand den Zustandsübergang und damit die Ausgangsdaten bestimmen. Die **ereignisorientierten Methoden** sind eine logische Vorwärtstransformation der ereignisorientierten Programmierung (Beispiel Delphi) auf die Methodenwelt. Allerdings lösen Ereignisse in diesem Methodenparadigma nicht nur Funktionen (Prozeduren) aus, sondern sie verändern auch Zustände, Bedingungen und Steuerflüsse. Die gleiche Entstehung haben die **objektorientierten Methoden**. Von der objektorientierten Analyse über den Entwurf bis zur objektorientierten Programmierung gehen sie kontinuierlich ohne Übergangsverluste zwischen den Phasen vor. Mit dem Prinzip der Vererbung und der Polymorphie des Objektverhaltens besitzen sie den höchsten Allgemeinheitsgrad, weshalb sie teilweise auch andere Methodenparadigmen mit einschließen. Zur Darstellung objektorientierter Modelle wurde die **Unified Modeling Language (UML)** entwickelt, die sich gegenwärtig, unterstützt durch **CASE**, stark verbreitet [27].

2.1.6 Werkzeuge der Softwaretechnik

Die dritte Säule der Softwaretechnik stellen die **Entwicklungswerkzeuge** dar, die den Nutzer bei der Umsetzung der Prinzipien und Methoden automatisch unterstützen oder Anleitung geben [31]. Beide sollten zusammen mit Vorgehensweisen und Sprachkonzepten in den Werkzeugen quasi inhärent enthalten sein. Für das Beispiel der Entwicklungsumgebung Delphi unterstützen die enthaltenen Werkzeuge

- die **ereignisorientierte** Methode, indem Aktionen immer über Ereignisse (z. B. der Benutzungsoberfläche) ausgelöst werden (Objektinspektor),
- die **funktionsorientierte** Methode, weil die gesamte Anwendungsfunktionalität in Prozeduren gekapselt wird (Quelltext-Editor),
- ein **strukturiertes** Vorgehen nach dem Prinzip der Strukturierung, indem mit der allgemeinen Top-down-Methode werkzeuggestützt erst Projekte dann Units, Forms entworfen, dann Komponenten angeordnet und zuletzt Prozeduren geschrieben werden.

Auf die Werkzeugfunktionalität von Delphi für das objektorientierte Vorgehen und die datenorientierte Entwurfsmethode speziell für den Datenbankentwurf wird an dieser Stelle nicht eingegangen. Sie ist Inhalt der Kapitel 5 und 6 des Buches.

2.1.7 Übungen

Fragen

2.1   Welche Bedeutung haben in der Softwarentwicklung die Einzelphasen? Schätzen Sie den Arbeitsaufwand in den Phasen anhand eigener oder bekannter Softwarearbeiten ein.

2.2   Versuchen Sie die in Bild 2.3 angegeben Prinzipien zu deuten und zu interpretieren.

2.3	Erläutern Sie die Paradigmen von Software-Entwicklungsmethoden. Welche Zusammenhänge zu den Paradigmen der Programmiersprachen können Sie erkennen?
2.4	Erläutern Sie anhand der Literatur, was man unter der Unified Modeling Language versteht.
2.5	Wie sollten Software-Entwicklungswerkzeuge idealerweise Methoden und Prinzipien unterstützen?

2.2 Strukturierter Entwurf von Algorithmen (SEA)

Der strukturierte Entwurf von Algorithmen (SEA) basiert auf dem Prinzip der Strukturierung und ist eine wesentliche Grundlage der funktionsorienterten Methode. Das Ziel besteht darin, Funktionen durch Algorithmen zu spezifizieren und diese mit grafischen Mitteln übersichtlich formal darzustellen. Ein **Algorithmus** bezeichnet dabei eine detaillierte und explizite Handlungsvorschrift zur schrittweisen Lösung eines Problems [8]. Wird der Algorithmus in einer (Programmier-)Sprache geschrieben, die der Rechner versteht, ergibt sich ein **Programm**. Ohne auf die Vielfalt der Algorithmen [17] näher eingehen zu wollen, seien folgende wesentlichen Eigenschaften genannt:
1. Die Ausführung eines Algorithmus erfolgt in **diskreten** Schritten
2. Jeder **Schritt** besteht aus einer einfachen und offensichtlichen Grundaktion
3. Zu jedem Zeitpunkt muss eindeutig bestimmt sein, welche Schritte als **Nächste** auszuführen sind (deterministischer Algorithmus).

Die Nutzung dieser Eigenschaften zusammen mit dem Prinzip der Strukturierung führten 1968–1974 durch Arbeiten von DIJKSTRA, HOARE, WIRTH und KNUTH zur Methode der **Strukturierten Programmierung (SP)**, einem Bestandteil des funktionsorientierten Vorgehens [5], [38].

Schwerpunkte der SP für die Nutzung der obigen Eigenschaften zur Analyse von Systemen sind
- Systematisches Vorgehen bei der Planung und dem Entwurf zur **Vermeidung von Fehlern**
- Einführung einer einfachen und klaren **Struktur** des Algorithmus bzw. Programms
- Untergliederung des Algorithmus/Programms in **Strukturblöcke (SB)** unter konsequenter Nutzung nur von zugelassenen **Elementar**strukturblöcken **(ESB)**.

1966 zeigten BOEHM und JACOPINI, dass im Prinzip die drei Grundstrukturen **Sequenz**, **Alternative** und **Abweiszyklus** zur Darstellung von Algorithmen und Programmen beliebiger Komplexität ausreichen [4]. Aus Gründen der leichteren praktischen Handhabbarkeit wurden jedoch weitere Strukturelemente (Nichtabweiszyklus, Zählzyklus, Fallauswahl, Prozeduraufruf) eingeführt. Jedes zugelassene Strukturelement wird als **Elementarstrukturblock (ESB)** bezeichnet.

Aus ESB lassen sich höhere Formen von Strukturen, die **Strukturblöcke (SB)**, aufbauen. Es gilt dafür folgende Definition:
- Ein SB ist ein ESB oder eine Sequenz.
- Eine Sequenz ist eine unverzweigte Folge von ESB.
- Jeder SB (und damit das gesamte Programm) besitzt genau einen Eingang und einen Ausgang.

Für die strukturierte Entwicklung von Algorithmen können prinzipiell die Beschreibungsmittel

- **Programmablaufplan (PAP),** auch Flussdiagramm genannt [6]
- **Struktogramm** nach Nassi-Shneidermann [26]
- **Pseudocode** zur verbalen formalisierten Beschreibung [8]

oder die Programmiersprache selbst angewandt werden. In diesem Buch wird der Programmablaufplan (PAP) verwendet. Mitunter werden die anderen Darstellungsformen als moderner oder zeitgemäßer bezeichnet. Der Abschnitt 2.5 gibt in komprimierter Form die Vor- und Nachteile der drei Techniken wieder. Damit ist jedem speziell für seinen Anwendungsfall freigestellt, die für ihn günstigste Form der Darstellung strukturierter Algorithmen zu wählen.

2.3 Elementarstrukturblöcke (ESB) mit Umsetzung in Object Pascal

In Bild 2.5 werden die Sinnbilder des PAP für die Elementarstrukturblöcke (ESB) im Zusammenhang dargestellt. Gleichzeitig wird ihre Formulierung in der Programmiersprache Object Pascal angegeben.

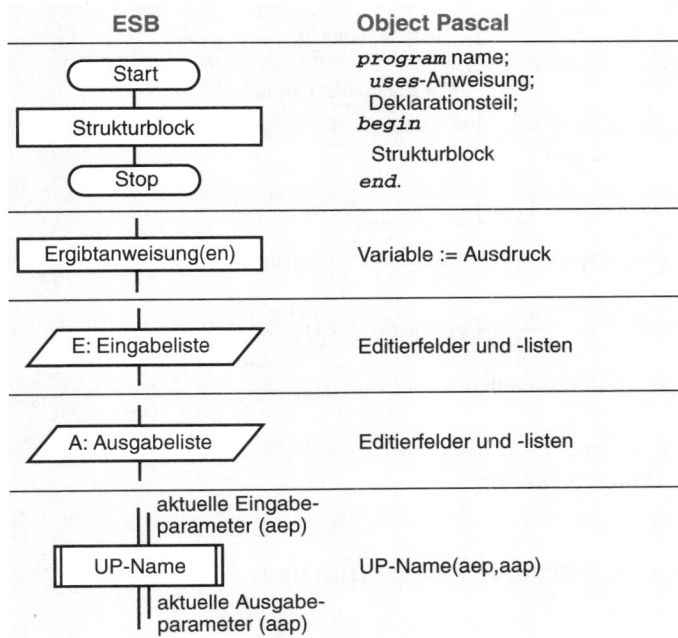

Bild 2.5 Elementarstrukturblöcke (Teil 1)

Beispiel: **Projekt TRAEGER1**

Bild 2.6 enthält als einführendes Beispiel den strukturierten Entwurf des Algorithmus (SEA) für die Berechnung der Lagerkräfte A und B, der Durchbiegung y unter der Einzelkraft F und des Biegemomentes M an der gleichen Stelle. Der Algorithmus besitzt eine lineare Struktur, d. h. er enthält weder Verzweigungen noch Zyklen. Er wurde im vorangegangenen Abschnitt 1.5 als einführendes Beispiel mittels Delphi in ein Object-Pascal-Projekt TRAEGER1 umgesetzt.

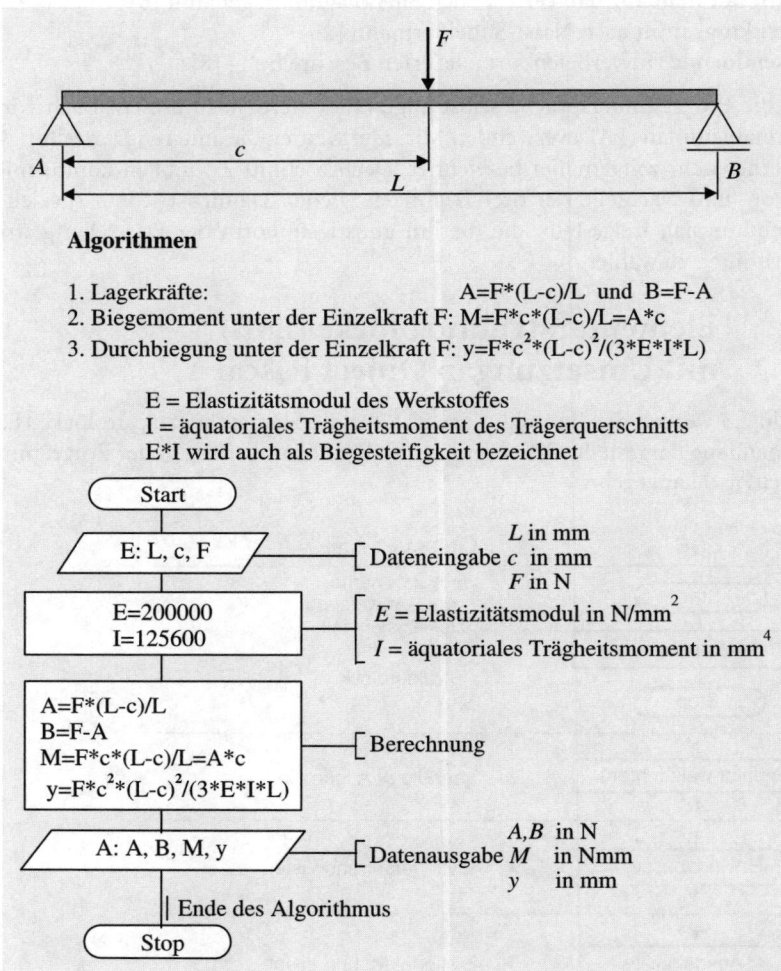

Algorithmen

1. Lagerkräfte: A=F*(L-c)/L und B=F-A
2. Biegemoment unter der Einzelkraft F: M=F*c*(L-c)/L=A*c
3. Durchbiegung unter der Einzelkraft F: y=F*c^2*(L-c)^2/(3*E*I*L)

E = Elastizitätsmodul des Werkstoffes
I = äquatoriales Trägheitsmoment des Trägerquerschnitts
E*I wird auch als Biegesteifigkeit bezeichnet

Bild 2.6   SEA für das Projekt TRAEGER1

2.3.1   Grundstrukturen Alternative, Selektion bzw. Fallauswahl

Bild 2.7 enthält im oberen Teil die ESB für die Grundstruktur der Alternative oder Selektion. Im unteren Teil ist die Fallauswahl für die mehrfache Selektion auf der Basis einer Entscheidungsvariablen L dargestellt. Die Entscheidungsvariable L kann bei der einfachen Selektion nur die beiden Wahrheitswerte ***true*** (wahr) oder ***false*** (falsch) annehmen, für die Fallauswahl ist $L > 2$. Beide ESB dienen zum Aufbau von Verzweigungen in einem Algorithmus oder Programm. In einem Object-Pascal-Programm werden die zugehörigen Befehle auch als **bedingte Anweisungen** bezeichnet (vgl. Abschnitt 4.1).

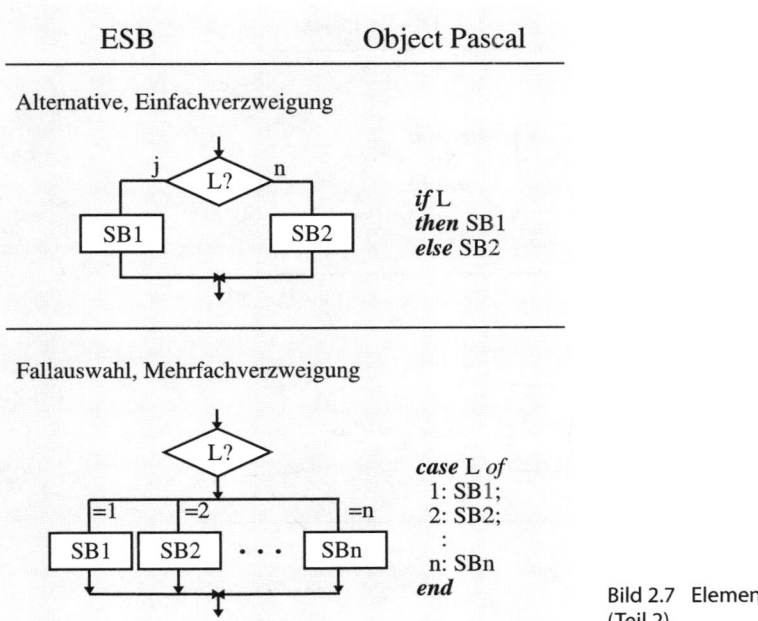

Bild 2.7   Elementarstrukturblöcke (Teil 2)

2.3.2   Grundstrukturen für Zyklen (Wiederholungen)

Zyklische Strukturen dienen zur Steuerung der wiederholten Abarbeitung von einzelnen Anweisungen oder Anweisungsfolgen (ESB, SB). Es gibt die prinzipiellen Arten **Induktionszyklus** und **Iterationszyklus**, Bild 2.8. Die zugehörigen Elementarstrukturblöcke (ESB) sind in Bild 2.9 dargestellt.

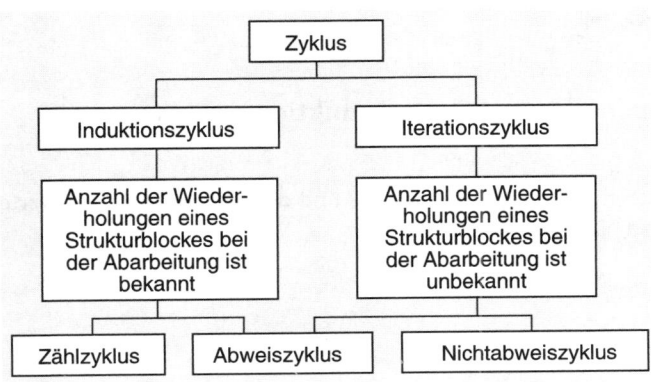

Bild 2.8   Arten von Zyklen

Die den Zyklen äquivalenten Object-Pascal-Anweisungen werden auch **Schleifenanweisungen** (siehe Abschnitt 4.1) genannt.

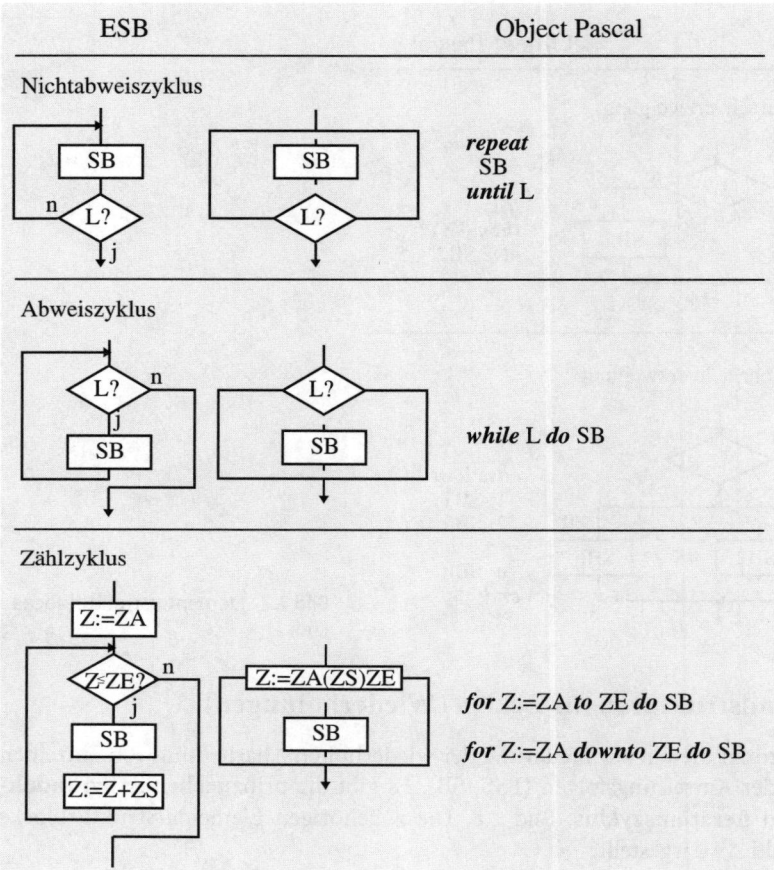

Bild 2.9 Elementarstrukturblöcke (Teil 3)

2.3.3   Beispiel Summenbildung für den Induktionszyklus (Zählzyklus)

Aufgabe: Ein Vektor x besitze n Elemente. Die Summe s und der Mittelwert m der Werte dieser Vektorelemente sind zu bilden.

$$s = \sum_{i=1}^{n} x_i, \qquad m = s/n$$

Vorbemerkungen:
1. Bisher wurden Variablen verwendet, die aus einem Element bestehen. Sie sind durch ihren Namen eindeutig gekennzeichnet und werden als **einfache Variablen** bezeichnet.
2. Der Vektor x ist eine (strukturierte) Variable, die aus mehreren Elementen (Komponenten) besteht. Die einzelnen Elemente werden durch den Namen des Vektors und einen **Index** identifiziert. Diese Vektorelemente werden auch als **indizierte Variablen**

bezeichnet. Da die Elemente eines Vektors durch einen Index identifiziert werden, spricht man allgemein auch von einem eindimensionalen Feld.

3. Die Elemente von Vektoren werden im Hauptspeicher in aufeinander folgenden Speicherplätzen gespeichert.

$$x_1 \quad x_2 \quad \ldots \quad x_{n-1} \quad x_n$$

4. Die Ein- und Ausgabe von Vektorelementen wird beim SEA in der E/A-Liste wie folgt angegeben.

$$x_i, \qquad i = \mathrm{IA(IS)IE}$$

IA Anfangswert des Index
IS Schrittweite des Index
IA Endwert des Index

Es werden also nacheinander übertragen: $x_{\mathrm{IA}}, x_{\mathrm{IA+IS}}, x_{\mathrm{IA+2*IS}}, \ldots, x_{\mathrm{IE}}$

5. Für Feldelemente werden bei der SEA-Darstellung folgende Schreibweisen zugelassen:

$$x_i \qquad \text{oder} \qquad x[i]$$

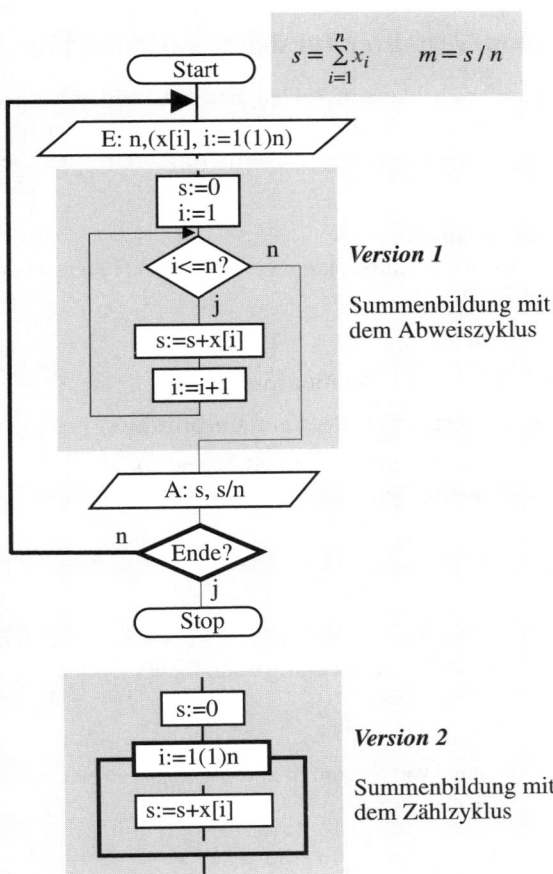

$$s = \sum_{i=1}^{n} x_i \qquad m = s/n$$

Version 1

Summenbildung mit
dem Abweiszyklus

Version 2

Summenbildung mit
dem Zählzyklus

Bild 2.10 SEA für
die Summenbildung

Strukturierter Entwurf

Prinzip der (kumulativen) Summenbildung:

$$s = \sum_{i=1}^{n} x_i \qquad \begin{array}{l} \overline{s = 0} \\ s = (0) + x_1 \\ s = (0 + x_1) + x_2 \\ \quad \vdots \\ s = (0 + x_1 + x_2 + \dots) + x_n \end{array} \quad \longrightarrow \quad \begin{array}{l} \overline{s := 0;} \\[4pt] s := s + x[i]; \quad \text{für } i := 1(1)n \end{array}$$

Im oberen Teil des Bildes 2.10 ist die Lösung mit dem Abweiszyklus (Version 1) angegeben. Die Lösung mit dem Zählzyklus (Version 2) folgt danach.

Der Vorteil der Verwendung eines Zählzyklus ist ersichtlich:

- übersichtlichere Struktur,
- weniger Zeichen- und damit auch Programmieraufwand,
- geringere Fehlergefahr beim Test auf Zyklusende.

2.3.4   Beispiel Newton-Verfahren für den Iterationszyklus

Der **Iterationszyklus** dient zum Aufbau von Zyklen, deren Anzahl von Wiederholungen durch berechnete Werte oder Eingabedaten bestimmt wird. Beispiele dafür sind Iterationsverfahren, wie die Nullstellenbestimmung (Newton-Verfahren) oder die numerische Integration (Simpson-Regel).

Ein **Iterationsverfahren** besteht aus

1. der **Iterationsvorschrift** zur Berechnung eines (verbesserten) Näherungswertes $x^{[i]}$ aus einem bereits bekannten $x^{[i-1]}$

   Hinweis: $[i]$ bedeutet die Iterationsstufe ($i = 1, 2, 3, \dots$),

2. dem **Startwert** $x^{[0]}$ zur Einleitung des Iterationsprozesses,

3. der **Abbruchbedingung** zur Beendigung des Iterationsprozesses.

   Die Abbruchbedingung besteht aus einem Doppeltest und lautet
   - Abbruch, wenn die gewünschte Genauigkeit ε erreicht wurde.
     Kriterium:
     $$T \leqq \varepsilon \qquad \text{mit} \qquad T = \frac{|x^{[i]} - x^{[i-1]}|}{1 + |x^{[i]}|}$$

   - Abbruch auch dann, wenn nach (vorgegebenen) k Iterationsschritten die Genauigkeit ε noch nicht erreicht wurde (Vermeidung unendlicher Zyklen).

Beispiel: **Newton-Verfahren**

Aufgabe: Mit dem Verfahren von Newton ist $x = \sqrt[n]{a}$, $a \geqq 0$, zu berechnen.

Algorithmus

1. Iterationsvorschrift: $x^{[i]} = \frac{1}{n} \left\{ (n-1) \cdot x^{[i-1]} + \frac{a}{(x^{[i-1]})^{(n-1)}} \right\}$

2. Startwert (gewählt): $x^{[0]} = \frac{a}{n}$

3. Abbruchbedingungen:

- Abbruch, wenn $T \leqq \varepsilon$ mit $T = \dfrac{|x^{[i]} - x^{[i-1]}|}{1 + |x^{[i]}|}$ oder
- Abbruch, wenn der Zyklus k-mal abgearbeitet wurde.

Strukturierter Entwurf des Algorithmus (Bild 2.11)

Mit den Bezeichnungen

$$x^{[i-1]}, \quad x^{[i]} \to x0, \quad x1 \qquad \text{und} \qquad \varepsilon \to eps$$

ergibt sich:

$$x1 = [(n-1) * x0 + a/x0^{(n-1)}]/n \qquad \text{und} \qquad T = |x1 - x0|/(1 + |x1|)$$

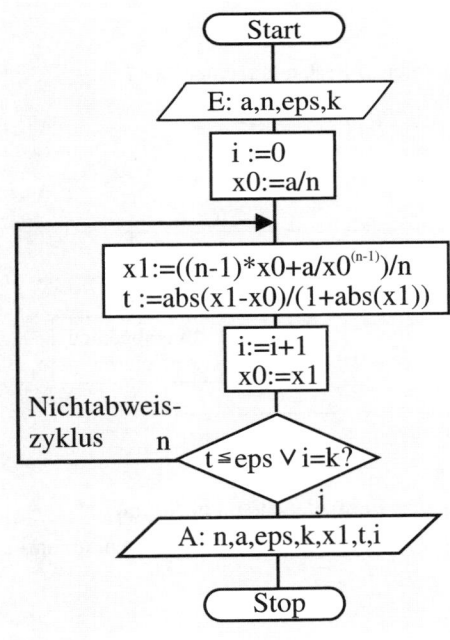

Bild 2.11 SEA für
das Newton-Verfahren

Beispiel: **Projekt TRAEGER2**

Das Projekt TRAEGER1 ist dadurch gekennzeichnet, dass für diese Anwendung folgende Fehlerquellen auftreten können:
1. Für L kann null oder ein negativer Wert eingegeben werden.
2. Für c kann ein Wert außerhalb der Grenzen $0 \leqq c \leqq L$ eingegeben werden.
3. Die eingegebenen Zeichen sind nicht Bestandteil einer Zahl.

Während in den ersten beiden Fällen physikalisch unsinnige Ergebnisse erzeugt werden, tritt im letzten Fall eine Ausnahmebedingung (Fehler, Unzulässigkeit) ein, die zu einem Programmstopp führt. Dieses Problem wird durch die Erweiterung des weiter vorn angegebenen Projekts TRAEGER1, Bild 2.6, um einen Test auf Fehlerfreiheit der Eingabedaten (Eingabedaten zulässig?) gelöst. Ist das Ergebnis positiv, wird die

Berechnung durchgeführt, sonst erfolgt eine Behandlung dieser Fehler. Während die ersten beiden Fehlerarten nur logisch falsche Ergebnisse erzeugen, führt die dritte zu einer Ausnahmebedingung (**Exception**). Delphi stellt für solche Exceptions die *try*-Anweisungen zur Verfügung. Diese werden im Abschnitt 4.1.2 behandelt und für das Projekt TRAEGER2 angewendet. Der strukturierte Entwurf dieses erweiterten Ablaufs ist in Bild 2.12 dargestellt.

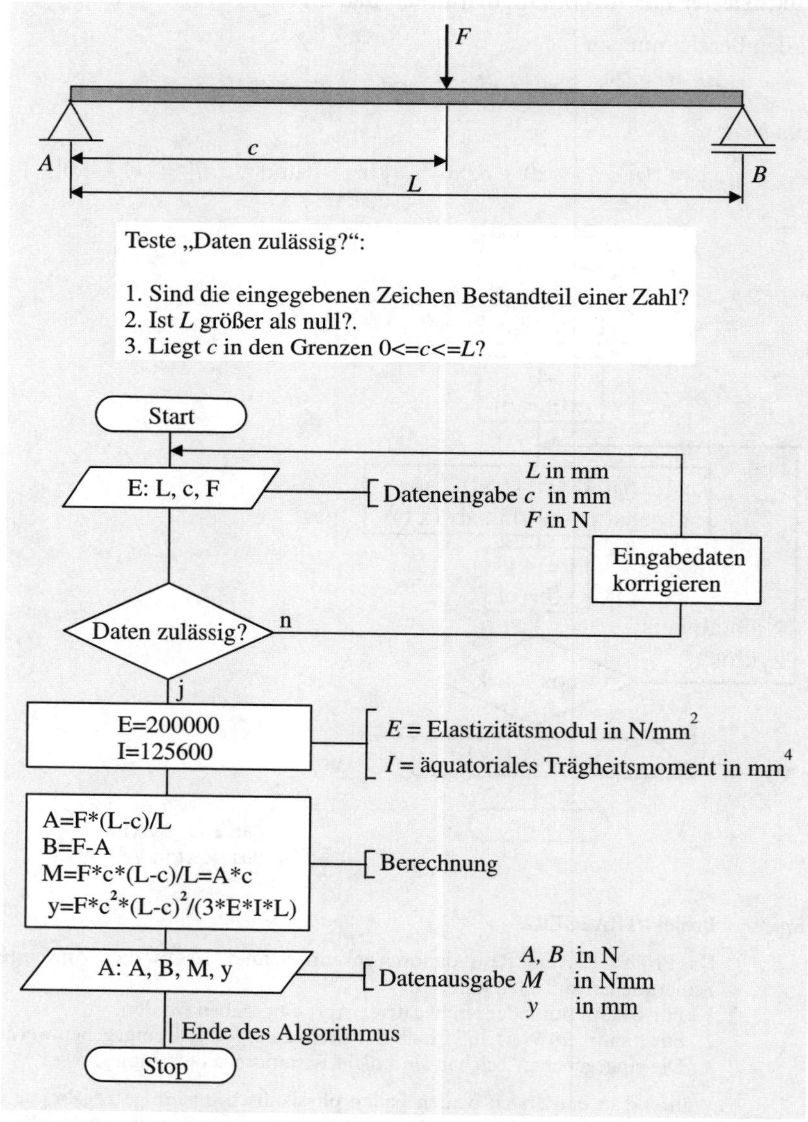

Teste „Daten zulässig?":

1. Sind die eingegebenen Zeichen Bestandteil einer Zahl?
2. Ist L größer als null?.
3. Liegt c in den Grenzen $0<=c<=L$?

Start

E: L, c, F ────[Dateneingabe $\quad$ L in mm $\quad$ c in mm $\quad$ F in N

Eingabedaten korrigieren

Daten zulässig?　n

j

$$E=200000$$
$$I=125600$$

[E = Elastizitätsmodul in N/mm^2
[I = äquatoriales Trägheitsmoment in mm^4

$$A=F*(L-c)/L$$
$$B=F-A$$
$$M=F*c*(L-c)/L=A*c$$
$$y=F*c^2*(L-c)^2/(3*E*I*L)$$

[Berechnung

A: A, B, M, y ────[Datenausgabe $\quad$ A, B in N $\quad$ M in Nmm $\quad$ y in mm

Ende des Algorithmus

Stop

Bild 2.12　SEA für das Projekt TRAEGER2

2.3.5   Übungen

Fragen

2.6   Nennen Sie Methoden zum Entwerfen strukturierter Programme. Begründen Sie Ihre Entscheidungen.

2.7   Aus welchen Elementarstrukturblöcken bestehen strukturierte Algorithmen? Mit welchen Anweisungen werden sie in Object Pascal umgesetzt?

Aufgaben

2.8   Entwerfen Sie einen Programmablaufplan, bestehend aus Elementarstrukturblöcken für die Multiplikation der Zahlen 1 bis *n* (*n*-Fakultät)!

2.9   Entwerfen Sie einen strukturierten Programmablaufplan zur Lösung einer quadratischen Gleichung der Form

$$ax^2 + bx + c = 0,$$

der alle Sonderfälle berücksichtigt, auch den Fall komplexer Lösungen.

2.10   Zeichnen Sie einen strukturierten Ablaufplan für einen Algorithmus zur Umrechnung einer eingegebenen römischen Zahl von maximal 10 Ziffern in eine Dezimalzahl! Siehe auch die Fortführung der Implementierung unter Verwendung der Fallauswahl in Abschnitt 4.1.2.

2.11   Entwerfen Sie einen Programmablauf, bestehend aus Strukturblöcken zur Ausgabe zufällig ermittelter Lottozahlen aus der Menge 1 bis 49. Die gezogenen Zahlen werden in einen Vektor mit 6 numerischen Feldern gestellt. Falls eine neue Zufallszahl gezogen ist, muss geprüft werden, ob die gleiche Zahl „zufällig" schon ausgegeben wurde. Dann erfolgt natürlich keine nochmalige Ausgabe. Handelt es sich aber um eine neue Zahl, dann ist sie entsprechend ihrer Größe an der richtigen Position im Vektor einzuordnen.

            Zur Ermittlung der Lottozahlen soll ein Startbutton gedrückt werden. Das Ergebnis der Ziehung ist in einer einzeiligen StringGrid-Komponente, die sich, beginnend bei der ersten Stelle, füllt, sequenziell auszugeben (vergleiche eine andere Lösung mit speziellen Pascal-Datentypen im Projekt ZAHLENLOTTO im Abschnitt 4.6.2).

2.12   Es ist ein Programm zur Simulation von Würfelergebnissen zu entwerfen. Zu Beginn soll die Anzahl der Würfelversuche über eine Komponente SpinEdit eingegeben werden. Weiterhin ist ein Vektor mit 6 Feldern als Summenspeicher zu definieren, deren Inhalte anfangs auf null zu setzen sind.

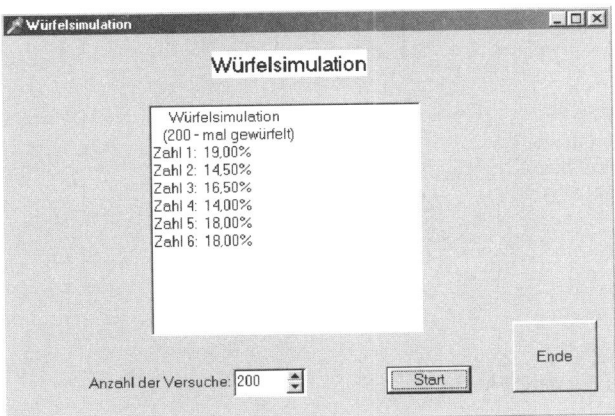

Bild 2.13
Oberfläche
des Projekts
WUERFEL

Die Ermittlung der gewürfelten Zahlen bis zur Höhe der eingegebenen Würfelversuche übernimmt ein Zufallsgenerator.

Die Ausgabe der Ergebnisse in numerischer Form soll mit der Komponente Memo erfolgen. Nach Ausgabe der Überschrift und der Versuchsanzahl sind die Prozentwerte des Auftretens der Zahl zeilenweise auszugeben. Einen ersten möglichen Entwurf der Oberfläche zeigt Bild 2.13.

Entwerfen Sie einen detailierten strukturierten Algorithmus zur Lösung des Problems unter Beachtung von Eigenschaften der genutzten Komponenten.

Vergleiche auch Abschnitt 4.2.11, in dem die Aufgabe zu einem kompletten Delphi-Projekt WUERFEL mit grafischer Ergebnisausgabe weiterentwickelt wird.

2.13 Überführen Sie den Programmablaufplan nach Bild 2.11 auf der Grundlage der Aufgabenstellung zur Berechnung von Wurzeln nach dem Iterationsverfahren von Newton in ein Pascal-Anwendungsprogramm. Verwenden Sie die beispielhaft eingeführten Pascal-Anweisungen aus der Beispielanweisung (Abschnitt 1.5) und die den ESB zugeordneten Anweisungen. Gehen Sie entsprechend der Schrittfolge für die Aufgabenlösung (Abschnitt 1.5.2) vor. Die Lösung befindet sich im Delphi-Projekt NEWTON.

2.4   Empfehlungen für den strukturierten Entwurf

Bild 2.14 enthält einige Aspekte, die beim strukturierten Entwurf von Algorithmen beachtet werden sollten. Ihre Berücksichtigung trägt wesentlich zur Entwicklung qualitativ guter Software bei.

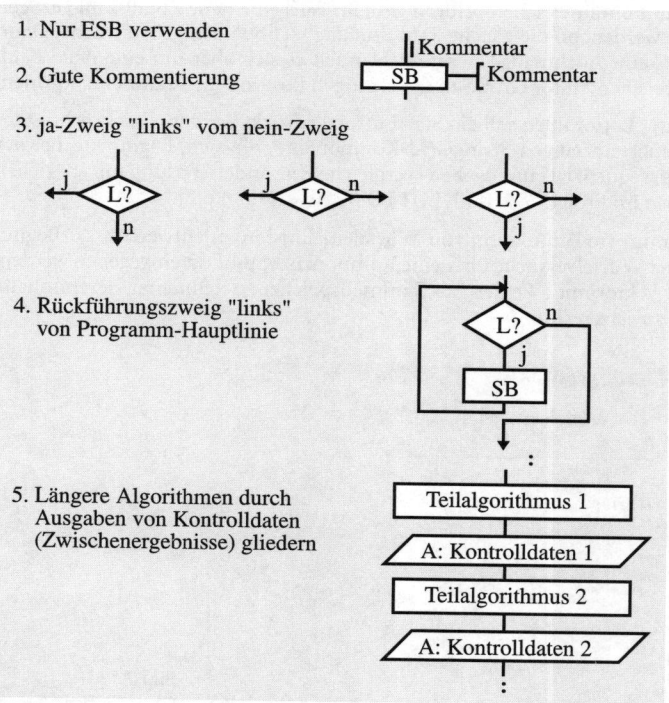

Bild 2.14   Empfehlungen für den SEA

2.5 Vor- und Nachteile der SEA-Beschreibungsmittel

Zum Schluss dieses Kapitels sollen kurz die Vor- und Nachteile der Darstellungsformen für strukturierte Entwürfe als Voraussetzung für die **strukturierte Programmierung (SP)** gegenübergestellt werden. Gemeint sind die Beschreibungsmittel, die mit den wichtigsten Grundstrukturen in Bild 2.15 vergleichend nebeneinander aufgeführt sind. Im Rahmen der bisherigen Ausführungen wurden die Regeln für SEA nur am Beispiel des PAP diskutiert. Sie können analog auf Struktogramm und Pseudocode übertragen werden.

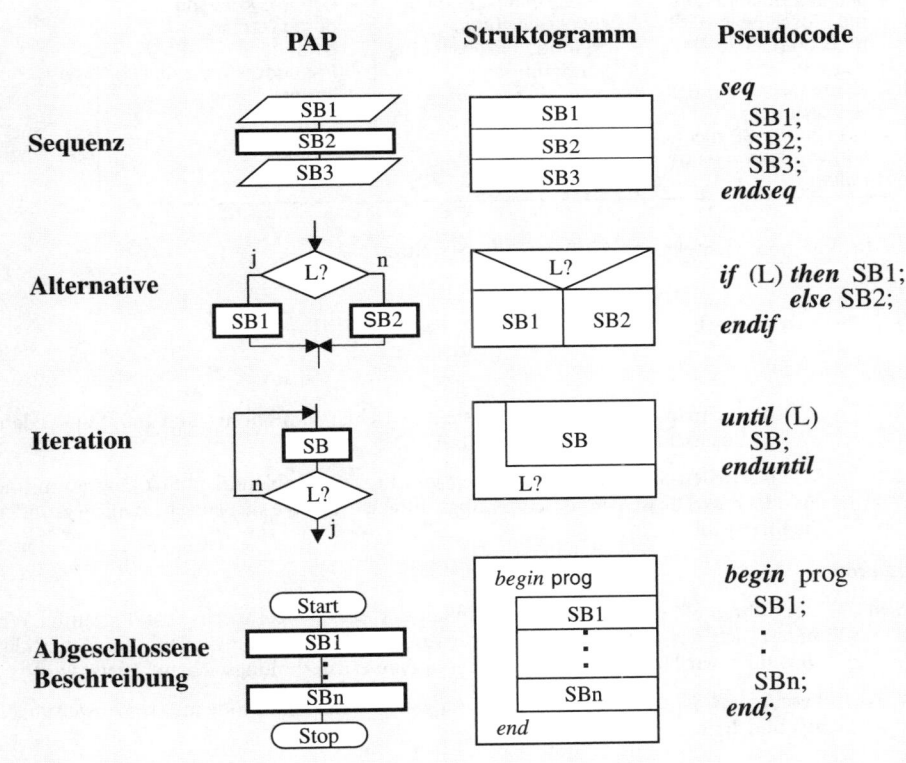

Bild 2.15 SEA-Beschreibungsmittel

Die Einschätzung ihrer Vor- und Nachteile enthält die tabellarische Gegenüberstellung in Bild 2.16. Sie kann zum Entscheid für ein Beschreibungsmittels zur Darstellung praktischer Problemstellungen herangezogen werden. Einen großen Einfluss üben dabei die verfügbaren Werkzeuge aus, um die Entwürfe dokumentieren, prüfen bzw. in Code überführen zu können. Konkret bezogen auf Delphi muss man feststellen, dass es als Lower CASE oder IDE keine Beschreibungsmittel für die frühen Entwurfsphasen und damit für den strukturierten Entwurf von Algorithmen bereitstellt. Zum Zweck der maschinellen Verarbeitung dieser Darstellungsformen setzt man sinnvoll andere CASE-Tools ein [1].

Programmablaufplan	Struktogramm	Pseudocode

+ Sichtbarkeit der Programmflusslinie
+ leichte Umsetzbarkeit in Programme durch Maschinennähe
	+ ESB in geschlossenen Kästchen
	+ Schachtelung nur innerhalb Kästen
	+ Regeln der SP a priori eingehalten
	+ Top-Down-Zerlegung
		+ Maschinelle Verarbeitung hinsichtlich
		  • Syntaxprüfung
		  • Codegenerierung
		  • Dokumentation in wählbarer Form
		+ kompakte Darstellung

− ESB nicht immer leicht erkennbar − leichtes Einspringen mit Flusslinie in ESP möglich (GOTO-Sprünge) − Klammerung der ESB unvollständig − Regeln der SP nicht von vornherein eingehalten	− Höherer Zeichenaufwand − Flusslinie nicht mehr explizit sichtbar − geringe Flexibilität bei Änderungen	− Geringe Anschaulichkeit − höherer Aufwand durch Rechnerbindung − Pseudocode zusätzlich lernen

Bild 2.16   Vor- und Nachteile der SEA-Beschreibungsmittel

2.5.1   Übungen

Fragen

2.14   Welcher prinzipielle Unterschied besteht zwischen Induktions- und Iterationszyklen? Welche Eigenschaften besitzt der Zählzyklus?

2.15   Wie beurteilen Sie die Verwendbarkeit von Programmablaufplan, Struktogramm und Pseudocode? Für welches Beschreibungsmittel würden Sie sich entscheiden? Begründen Sie Ihre Wahl.

Aufgaben

2.16   Überführen Sie den Programmablaufplan der Aufgabe 2.8 in ein Struktogramm. Wie ändert sich das Struktogramm, wenn für die Multiplikationsschleife ein Zählzyklus eingeführt wird bzw. das eine gegen das andere Wiederholungselement ersetzt wird?

2.17   Beschreiben Sie den Algorithmus der Aufgabe 2.9 als Pseudocode mit den Anweisungen aus Bild 2.15.

3 Prozedurale Programmierung mit Object Pascal

Von der Spezifikation des strukturierten Entwurfs wird nun eine Abstraktionsstufe tiefer auf das Niveau der Programmiersprache Pascal gegangen.

Pascal, benannt nach dem berühmten französischen Mathematiker und Philosophen Blaise Pascal, wurde um 1970 an der ETH Zürich von Prof. Niklaus Wirth zunächst als Lehrsprache für die Programmierausbildung konzipiert [39]. Die Sprache hat sich jedoch weltweit sehr schnell durchgesetzt und ist heute weit verbreitet. Gründe dafür sind universelle Anwendbarkeit, klare Struktur, leichte Erlernbarkeit und Verfügbarkeit auf unterschiedlichsten Computern. 1983 wurde für PC durch die Firma Borland International das Programmiersystem Turbo Pascal auf den Markt gebracht. 1995 erschien die Weiterentwicklung Object Pascal mit der visuellen Entwicklungsumgebung Delphi [24], [21]. Ab Turbo Pascal 5.5 werden sowohl die **prozedurale** als auch die **objektorientierte** **Programmierung** (OOP) unterstützt.

Die **prozedurale Programmierung** ist durch die Betrachtungsweise und Realisierung des Leitsatzes

> **Programm = Algorithmus + Daten**

charakterisiert [8]. Das bedeutet, dass passive Daten durch den aktiven Teil des Algorithmus, wie Anweisungen, Funktionen und Prozeduren, verändert werden. Dabei trägt der Anwender die Verantwortung dafür, dass diese Anweisungen, Prozeduren und Funktionen die richtigen Daten übergeben bekommen und wieder zurückliefern. In der im Kapitel 5 behandelten **objektorientierten Programmierung** steht im Gegensatz dazu das Objekt als Datenkapsel im Vordergrund, das aus Datenfeldern, Eigenschaften und Methoden besteht. Durch Abstraktion, Vererbung, Botschaften und Polymorphie existieren weitere Programmiergesichtspunkte, die letztendlich die Flexibilität der objektorientierten Programme erhöhen. Diese Technologie eröffnet völlig neue Wege und lässt die OOP zur bestimmenden Softwaretechnologie der nächsten Jahre werden [3]. Object Pascal beinhaltet neben der prozeduralen auch die objektorientierte Programmierung. Beide Arten werden durch die Werkzeuge der IDE Delphi unterstützt. Bevor aber auf die Besonderheiten der OOP im Kapitel 5 eingegangen wird, soll zunächst das Grundwissen für die Programmentwicklung aus dem Gesichtswinkel der prozeduralen Programmierung behandelt werden.

3.1 Interne Zeichen- und Zahlendarstellung

Computer sind zeichenverarbeitende Maschinen. Die Interpretation und Verarbeitung dieser Zeichen wird durch die verwendete Software festgelegt und gesteuert. Die externen Zeichen Buchstaben, Ziffern und Sonderzeichen werden intern im Binärcode in Form von Bitfolgen dargestellt. Ein **Bit** (Binary Digit) ist die kleinste darstellbare Informationseinheit mit den Werten 0 und 1. Acht Bit werden zur nächsthöheren Einheit, dem **Byte**, zusammengefasst. In einem Byte können 2^8 Bitkombinationen erzeugt werden, die ihrerseits

256 Zeichen zugeordnet werden können. Eine solche Zuordnung bezeichnet man als **Code**. Es gibt verschiedene Codes, zwei der weit verbreiteten sind der erweiterte **ASCII** (American Standard Code for Information Interchange) und der **ANSI**-Code (American National Standard Institute). Beide Codes stimmen in den ersten 128 Zeichen überein. Object Pascal verwendet den ANSI-Code, dieser ist im Abschnitt 3.2 aufgeführt.

3.1.1   Zahlensysteme

Zahlen werden in Computern in mehreren aufeinander folgenden Bytes dargestellt. Basis für die interne Darstellung bildet das Dualsystem, welches, wie auch das Dezimalsystem, zu den polyadischen Zahlensystemen gehört. Das Bildungsgesetz für polyadische Zahlensysteme lautet

$$a = \sum_{i=-m}^{n} z_i B^i, \qquad m, n \geq 0, \text{ganz}$$

mit B als Basis und z_i ($0 \leq z_i < B$) als zugelassenen Ziffern des Zahlensystems. Die Stellen $i \geq 0$ bilden den ganzen, die mit $i < 0$ den gebrochenen Teil der Zahl.

Für das uns geläufige dezimale Zahlensystem ergibt das Bildungsgesetz die folgende Darstellung anhand eines Beispieles, Bild 3.1.

Beispiel: $B = 10$, $z_i = \{0,1,2,3,4,5,6,7,8,9\}$, $a = 10.75$					
Ziffernstelle (i)	1	0	Punkt	-1	-2
Basispotenz	10^1	10^0		10^{-1}	10^{-2}
Stellenwertigkeit	10	1		1/10	1/100
Ziffer·Stellenwertigkeit	1·10	+0·1		+7/10	+5/100
Zahl	1	0	.	7	5

Bild 3.1   Dekadisches Zahlensystem

Grundlage der Informationsdarstellung in Computern ist das duale Zahlensystem, das entsprechend den Zuständen eines binären Schalters (binäre Logik) nur die Ziffern 0 und 1 kennt, Bild 3.2.

Beispiel: $B = 2$, $z_i = \{0,1\}$, $a = 10.75$						
Ziffernstelle (*i*)	3	2	1	0	Punkt	-1	-2
Basispotenz	2^3	2^2	2^1	2^0		2^{-1}	2^{-2}
Stellenwertigkeit	8	4	2	1		1/2	1/4
Ziffer·Stellenwertigkeit	1·8	+0·4	+1·2	+0·1		+1·1/2	+1·1/4
Zahl	1	0	1	0	.	1	1

Bild 3.2   Binäres Zahlensystem

Bedeutung in der Rechentechnik haben auch das Oktalsystem zur Basis $B = 8$ und das Hexadezimalsystem mit der Basis $B = 16$, weil sie sich gut für eine kompakte Adressierung von Speicherplätzen eignen [22].

Die Umrechnung von einem Zahlensystem in ein anderes wird als **Konvertierung** bezeichnet. Werden mehrere Zahlensysteme gleichzeitig benutzt, so ist es zur Vermeidung von Irrtümern üblich, die Basis als Index anzuhängen.

Für die Dezimalzahl 139.8125 würde sich dann

$$139.8125_{10} = 10001011.1101_2 = 213.64_8 = 8B.D_{16}$$

ergeben. Die Konvertierung von Dualzahlen in Oktal- bzw. Hexadezimalzahlen ist einfach dadurch möglich, dass man vom Punkt ausgehend nach links und rechts Gruppen von drei bzw. vier Bits bildet und den Wert derselben bestimmt. Diese Werte sind dann die Ziffern des Oktal- bzw. Hexadezimalsystems. Für die Konvertierung vom Dezimal- in eines der anderen Systeme gelten für den ganzen und den gebrochenen Teil der Dezimalzahl unterschiedliche Algorithmen.

3.1.2 Interne Zahlendarstellung

Dualzahlen werden im Computer in einem oder in mehreren Bytes dargestellt. Auf der Basis der kleinsten Informationseinheit Bit wurden folgende größere Zusammenfassungen definiert, Bild 3.3.

Üblicher Name	Größe (n)	Beschreibung	Anzahl der Werte
Bit	1	kleinste Informationseinheit	2^1 (nämlich 0 und 1)
Nibble	4	Unterteilung eines Byte	$2^4 = 16$
Byte	8	übliche kleinste adressierbare Zusammenfassung	$2^8 = 256$
Char	8 (1 Byte)	ein Zeichen	$2^8 = 256$
Single	4 Byte (32 Bit)	normale Gleitkommazahl	$2^{32} = 65536$
Double	8 Byte (64 Bit)	doppelte Genauigkeit	$2^{64} = 4294967296$
String	variabel	Zeichenkette	offen

Bild 3.3 Interne Einheiten auf Basis des Bits

Für die interne Speicherung von Zahlen unterscheidet man zwei Darstellungsformen, die **Festpunktzahlen** (Festkommazahlen) und die **Gleitpunktzahlen** (Gleitkommazahlen). Im ersten Fall steht der Dezimalpunkt an einer festen Stelle (bei ganzen Zahlen also nach der Einerstelle), im zweiten Fall „gleitet" er mit der Änderung des Exponenten.

Bild 3.4 enthält die prinzipielle interne Darstellung von Fest- und Gleitpunktzahlen. Für die Darstellung von Gleitpunktzahlen sind zwei verschiedene Formen üblich, wobei die interne Realisierung im Detail variieren kann.

Bei der ersten Form werden die Vorzeichen für den Exponenten E und für die Mantisse M der Zahl $a = \pm M \times B^{\pm E}$ gesondert gespeichert. Dabei wird meist der Exponent E so gewählt, dass für die Mantisse die Bedingung $1/B \leq M < 1$ gilt. Man spricht dann von der normalisierten halblogarithmischen Form.

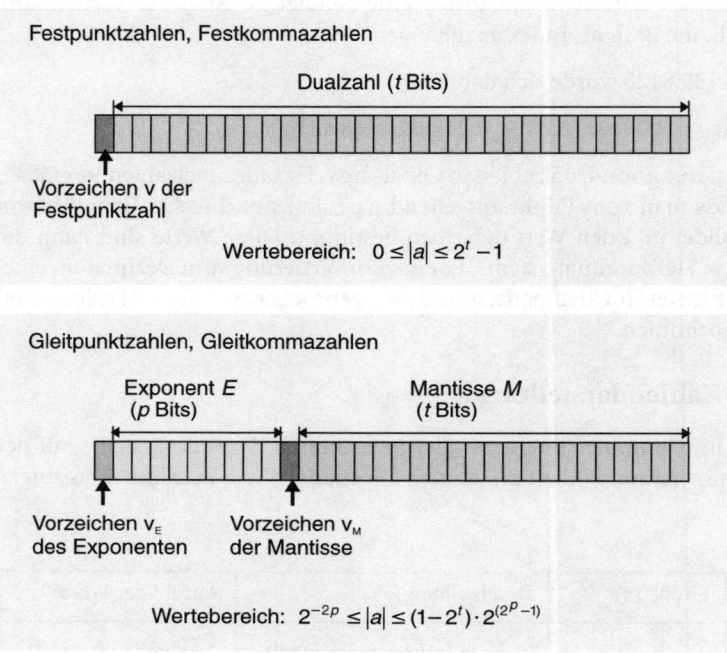

Bild 3.4 Interne Zahlendarstellung (Prinzip)

Die zweite (heute übliche) Form der Gleitpunktdarstellung entspricht dem **IEEE-Standard** (Institute of Electrical and Electronics Engineers), der 1985 verabschiedet wurde. Er befasst sich mit der Normung der Rechnerarithmetik und enthält Festlegungen zu den Formaten, dem Rundungsverhalten, den arithmetischen Operatoren, der Konvertierung von Zahlenwerten, zu Vergleichsoperatoren und zur Behandlung von Ausnahmefällen wie Bereichsüberschreitungen. Dort wird für die Gleitpunktzahl folgende Form festgelegt:

Vorzeichen v | Charakteristik C | Mantisse M

Die Charakteristik C wird aus dem Exponenten E durch Addition einer geeigneten Konstanten K gebildet. Diese wird so gewählt, dass für die Charakteristik nur positive Werte auftreten. Die darstellbare Zahl lautet:

$$a = (-1)^v \times 2^E \times 1.b_1 b_2 \ldots b_{t-1} \qquad \text{mit } E = C - K$$

Der Standard gibt zwei Basisformate (einfachgenaue und doppeltgenaue Gleitpunktzahlen) vor, lässt aber auch erweiterte Formate zu. Tabelle 3.1 enthält die Parameter für die Basisformate.

Tabelle 3.1

Parameter	einfachgenau	doppeltgenau
Wortlänge in Bits	32	64
maximaler Exponent E_{max}	+127	+1023
minimaler Exponent E_{min}	−127	−1022
Konstante K	+127	+1023
Anzahl Bits des Exponenten	8	11
Anzahl Bits der Mantisse	24	53

3.1.3 Übungen

Fragen

3.1 Charakterisieren Sie den Unterschied zwischen Festkomma- und Gleitkommadarstellung. Wann wendet man die Gleitkommadarstellung an und welche Vorteile hat sie?

Aufgaben

3.2 Wandeln Sie die polyadische Zahl $a = 10.75$ (siehe Bilder 3.1, 3.2) in das oktale und in das hexadezimale Zahlensystem um.

3.3 Wie wird die Dezimalzahl 130.375 als Binärzahl verschlüsselt?

3.4 Stellen Sie die Zahl 100111.100111_2 im Dezimalsystem dar.

3.5 Konvertieren Sie die Zahl 3476_8 in eine Hexadezimalzahl.

3.2 Lexikalische Elemente in Object Pascal

Die für Object-Pascal-Programme verfügbaren lexikalischen Elemente sind in Bild 3.5 auszugsweise zusammengefasst.

Das **Alphabet** enthält die Zeichen, die für ein Object-Pascal-Programm verwendet werden dürfen. Es sind keine Umlaute und griechischen Buchstaben zugelassen.

Reservierte Wörter und **Direktiven** sind vordefinierte Bezeichner mit einer bestimmten Bedeutung. Sie sollten bzw. können nicht anderweitig verwendet werden.

Konstanten sind Größen, die ihren Wert während der Programmabarbeitung nicht ändern können. Sie werden in den Abschnitten 3.4 und 3.5 behandelt. Integer- und Real-Konstanten lassen sich in dezimaler Notation als Folge von Ziffern ohne Kommas oder Leerzeichen darstellen. Das Vorzeichen wird durch den vorangestellten Operator + bzw. − angegeben. Werte sind per Vorgabe positiv (1702 ist also identisch mit +1702) und müssen im Bereich des größten vordefinierten Real- bzw. Integer-Typs liegen. Zahlen mit Nachkommastellen oder Exponenten bezeichnen Real-Konstanten. Andere Dezimalzahlen sind Integer-Konstanten. Bei Real-Typen wird die wissenschaftliche Notation (E oder e gefolgt von einem Exponenten) als „mal 10 hoch" gelesen. So bedeutet 7E-2 beispielsweise $7*10^{-2}$, 12.25e+6 oder 12.25e6 bedeutet $12.25*10^6$. Das Dollarzeichen als Vorzeichen kennzeichnet eine hexadezimale Zahl, beispielsweise \$8F. Hexadezimalzahlen müssen im Bereich von \$00000000 bis \$FFFFFFFF liegen.

Das Vorzeichen einer Hexadezimalzahl ist durch das am weitesten links stehende (das höchstwertige) Bit der binären Entsprechung vorgegeben.

Bezeichner werden für Konstanten, Variablen, Felder, Typen, Marken, Prozeduren, Funktionen, Programme, Units, Objekte und Packages verwendet. Obwohl ein Bezeichner beliebig lang sein, sind nur die ersten 255 Zeichen signifikant. Ein Bezeichner muss mit einem Buchstaben oder einem Unterstrich (_) beginnen und darf keine Leerzeichen enthalten. Auf das erste Zeichen können Buchstaben, Ziffern und Unterstriche folgen. Groß-/Kleinschreibung wird nicht unterschieden.

Qualifizierte Bezeichner sind erforderlich, wenn ein Bezeichner verwendet wird, der an mehreren Stellen deklariert wurde. Die Syntax für einen qualifizierten Bezeichner lautet *Bezeichner1.Bezeichner2*. Dabei qualifiziert *Bezeichner1* den *Bezeichner2*.

Alphabet
- Klein- und Großbuchstaben, a..z und A..Z
- Ziffern 0..9
- Symbole   # I\$ I & I ' I () I * I+ I , I I. I / I : I ; I< I = I > I @ I [I] I ^ I {I } I
  (* I (. I *) I .) I .. I // I := I <= I >= I <>

Reserevierte Wörter können weder neu definiert noch als Bezeichner verwendet werden.

and	*downto*	*in*	*or*	*string*
array	*else*	*inherited*	*out*	*then*
as	*end*	*initialization*	*packed*	*threadvar*
asm	*except*	*inline*	*procedure*	*to*
begin	*exports*	*interface*	*program*	*try*
case	*file*	*is*	*property*	*type*
class	*finalization*	*label*	*raise*	*unit*
const	*finally*	*library*	*record*	*until*
constructor	*for*	*mod*	*repeat*	*uses*
destructor	*function*	*nil*	*resourcestring*	*var*
dispinterface	*goto*	*not*	*set*	*while*
div	*if*	*object*	*shl*	*with*
do	*implementation*	*of*	*shr*	*xor*

Direktiven haben in Object Pascal spezielle Bedeutungen. Sie können prinzipiell als Bezeichner verwendet werden. Davon sollte man aber keinen Gebrauch machen.

absolute	*dynamic*	*name*	*protected*	*resident*
abstract	*export*	*near*	*public*	*safecall*
assembler	*external*	*nodefault*	*published*	*stdcall*
automated	*far*	*overload*	*read*	*stored*
cdecl	*forward*	*override*	*readonly*	*virtual*
contains	*implements*	*package*	*register*	*write*
default	*index*	*pascal*	*reintroduce*	*writeonly*
dispid	*message*	*private*	*requires*	

Bild 3.5   Lexikalische Elemente von Object Pascal

Wie bereits weiter vorn angegeben, nutzt Object Pascal den **ANSI**-Code. Dieser ist im Bild 3.6 dargestellt.

0 ■	1 ■	2 ■	3 ■	4 ■	5 ■	6 ■	7 ■
8 ■	9 ■	10 ■	11 ■	12 ■	13 ■	14 ■	15 ■
16 ■	17 ■	18 ■	19 ■	20 ■	21 ■	22 ■	23 ■
24 ■	25 ■	26 ■	27 ■	28 ■	29 ■	30 ■	31 ■
32	33 !	34 "	35 #	36 $	37 %	38 &	39 '
40 (	41)	42 *	43 +	44 ,	45 −	46 .	47 /
48 0	49 1	50 2	51 3	52 4	53 5	54 6	55 7
56 8	57 9	58 :	59 ;	60 <	61 =	62 >	63 ?
64 @	65 A	66 B	67 C	68 D	69 E	70 F	71 G
72 H	73 I	74 J	75 K	76 L	77 M	78 N	79 O
80 P	81 Q	82 R	83 S	84 T	85 U	86 V	87 W
88 X	89 Y	90 Z	91 [	92 \	93]	94 ^	95 _
96 `	97 a	98 b	99 c	100 d	101 e	102 f	103 g
104 h	105 i	106 j	107 k	108 l	109 m	110 n	111 o
112 p	113 q	114 r	115 s	116 t	117 u	118 v	119 w
120 x	121 y	122 z	123 {	124		125 }	126 ~	127 ■

128 ■	129 ■	130 ■	131 ■	132 ■	133 ■	134 ■	135 ■
136 ■	137 ■	138 ■	139 ■	140 ■	141 ■	142 ■	143 ■
144 ■	145 '	146 '	147 ■	148 ■	149 ■	150 ■	151 ■
152 ■	153 ■	154 ■	155 ■	156 ■	157 ■	158 ■	159 ■
160	161 ¡	162 ¢	163 £	164 ¤	165 ¥	166 ¦	167 §
168 ¨	169 ©	170 ª	171 «	172 ¬	173 −	174 ®	175 ¯
176 °	177 ±	178 ²	179 ³	180 ´	181 µ	182 ¶	183 ·
184 ¸	185 ¹	186 º	187 »	188 ¼	189 ½	190 ¾	191 ¿
192 À	193 Á	194 Â	195 Ã	196 Ä	197 Å	198 Æ	199 Ç
200 È	201 É	202 Ê	203 Ë	204 Ì	205 Í	206 Î	207 Ï
208 Ð	209 Ñ	210 Ò	211 Ó	212 Ô	213 Õ	214 Ö	215 ×
216 Ø	217 Ù	218 Ú	219 Û	220 Ü	221 Ý	222 Þ	223 ß
224 à	225 á	226 â	227 ã	228 ä	229 å	230 æ	231 ç
232 è	233 é	234 ê	235 ë	236 ì	237 í	238 î	239 ï
240 ð	241 ñ	242 ò	243 ó	244 ô	245 õ	246 ö	247 ÷
248 ø	249 ù	250 ú	251 û	252 ü	253 ý	254 þ	255 ÿ

Bild 3.6 ANSI-Code

Zur Steuerung sind auch die Steuerzeichen des ANSI-Codes zugelassen. Diese besitzen die Nummern $n = 0 \ldots 31$ und können in der Form #n benutzt werden. Einige Steuerzeichen sind z. B.:

10	LF	Linefeed,	Zeilenvorschub
12	FF	Formfeed,	Blattvorschub
13	CR	Carriage Return,	Zeilenanfang.

Kommentare dienen dazu, umgangssprachliche Erläuterungen zu Algorithmen, verwendeten Variablen usw. in das Programm einzufügen. Dem Compiler muss deshalb kenntlich gemacht werden, dass er diese Kommentare nicht übersetzt. Das würde sonst zu Fehlern führen, da Kommentare außer ihrer Kennzeichnung keinen syntaktischen Regeln folgen müssen. So können beispielsweise in Object Pascal nicht zugelassene Umlaute oder andere Zeichen verwendet werden. Kommentare können entsprechend den folgenden drei Arten gekennzeichnet sein:

> // Kommentar
>
> { Kommentar }
>
> (* Kommentar *)

Im ersten Fall werden alle Informationen nach // bis zum Zeilenende als Kommentar betrachtet (Zeilenendekommentar), in den beiden nächsten Fällen der zwischen den zusammengehörenden Kommentarbegrenzern { und } bzw. (* und *). Der Kommentar kann sich hier über mehrere Zeilen erstrecken. Die beiden Arten von Klammerpaaren gestatten das einmalige Verschachteln von Kommentar:

> { Text1 (* Text2 *) Text3 }   oder   (* Text1 { Text2 }Text3 *).

Diese Möglichkeit kann für die Fehlersuche in Programmen genutzt werden, indem evtl. schon mit Kommentaren versehene Teile des Algorithmus auskommentiert, also bewusst als Kommentar erklärt werden.

3.2.1 Übungen

Fragen

3.6   Aus welchen lexikalischen Elementen besteht eine Programmiersprache am Beispiel von Object Pascal?

3.7   Welche Bedeutung besitzen die erläuterten Zeichencodes? Kennen Sie noch andere genormte Code-Arten insbesondere für den Datenaustausch im Internet?

3.8   Welche Aufgabe besitzen Kommentare bei der Programmierung? Welche unterschiedlichen syntaktischen Möglichkeiten bietet Pascal?

Aufgaben

3.9   Gegeben sei der Inhalt von 5 Byte in der folgenden Form:

> | 01001000 | 01100001 | 01101100 | 01101100 | 01101111 |

Welchen Text beinhalten diese fünf Bytes, wenn sie nach dem ANSI-Code in Zeichen umgesetzt werden?

3.3   Syntaxbeschreibung einer Programmiersprache

Nach Beschreibung der lexikalischen Elemente einer Programmiersprache sollen ihre möglichen Verknüpfungen betrachtet werden. Die Extrema von Sprachen bei der Nutzung von Computern sind die Maschinensprache und die natürliche Sprache. Der Einsatz letzterer befindet sich noch weitgehend in der Forschungsphase. Zwischen den Extrema liegende Sprachen werden allgemein als künstliche oder formale Sprachen bezeichnet. Zu diesen gehören die problemorientierten Programmiersprachen. Bestandteile einer Programmiersprache sind das **Alphabet**, die **Syntax** und die **Semantik**.

Das Alphabet ist eine endliche Menge von Zeichen, aus denen die Sprache aufgebaut wird (Buchstaben, Ziffern, Symbole). Die Syntax enthält Regeln für die Erzeugung zulässiger Folgen von Zeichen des Alphabets. Diese Regeln müssen so beschaffen sein, dass auf formalem Weg (durch den Assembler, Interpreter oder Compiler) entschieden werden kann, ob eine Zeichenfolge zulässig ist. Für die Syntaxbeschreibung wird ein spezieller Formalismus verwendet. Die Semantik definiert die inhaltliche Bedeutung der syntaktisch zugelassenen Zeichenfolgen.

Zur Syntaxbeschreibung bedient man sich entweder einer Sprache, die von der zu definierenden verschieden ist (**Metasprache**) oder grafischer Mittel (**Syntaxdiagramm**) [8]. Im Gegensatz dazu wird die Semantik noch überwiegend informal, also umgangssprachlich, beschrieben.

Die Metasprache darf wegen der Eindeutigkeit keine Elemente der Programmiersprache enthalten (oder diese müssen gesondert gekennzeichnet sein).

Von Backus und Naur wurde die Metasprache BNF (Backus-Naur-Formalismus) eingeführt, die dann vielfach modifiziert wurde, Bild 3.7.

Prinzip:

definierende Sprache	=	Metasprache
↓		↓
zu definierende Sprache	=	Programmiersprache

Backus-Naur-Formalismus

```
program ::= program bezeichner;
            uses_anweisung;
            block.

uses_anweisung ::= uses unitbezeichner, …
block ::= [deklarationsteil] anweisungsteil
deklarationsteil ::= [{ label_deklaration; |
                      const_deklaration |
                      type_deklaration |
                      var_deklaration |
                      unterprogramm_deklaration }, …]
anweisungsteil ::= verbundanweisung
```

Legende:	Terminalsymbole	Großbuchstaben oder Kleinbuchstaben *fett kursiv*
	Nichtterminalsymbole (Metavariablen)	Kleinbuchstaben oder Unterstrich
	Definitionssymbol	::=
	Alternativsymbol		
	Möglichkeitssymbol	[ ]
	Auswahlsymbol	{ }
	Wiederholungssymbol	…
	Listensymbol	, …

Bild 3.7
Backus-Naur-
Formalismus

Das **Syntaxdiagramm** entspricht einem gerichteten Graphen mit Knoten und Verbindungskanten. Die Durchlaufrichtung wird durch die Pfeile festgelegt. Elemente der Programmiersprache werden mit Großbuchstaben angegeben oder fett und kursiv geschrieben (**Terminalsymbole**). Die mit Kleinbuchstaben und evtl. dem Unterstrich geschriebenen **Nichtterminalsymbole** müssen durch weitere Definitionen ersetzt werden. In Bild 3.8 sind zwei übliche Schreibweisen angegeben.

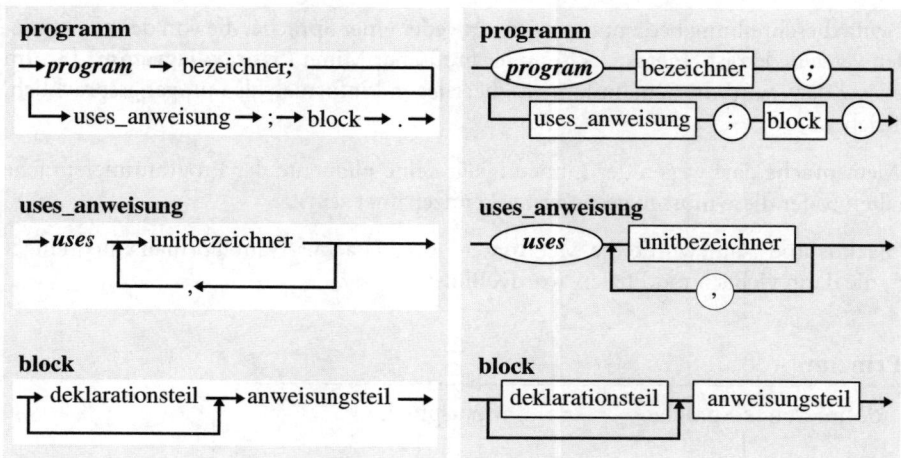

Bild 3.8   Darstellungsarten von Syntaxdiagrammen

Im vorliegenden Buch wird meist die links dargestellte Form des Syntaxdiagramms verwendet.

3.3.1   Übungen

Fragen

3.10   Erklären Sie die Unterschiede zwischen den Bestandteilen Alphabet, Syntax und Semantik von Programmiersprachen.

3.11   Was ist eine Metasprache? Stellen Sie die Unterschiede zwischen Backus-Naur-Form und Syntaxdiagramm tabellarisch gegenüber.

3.12   Nennen Sie Bestandteile und Aufgaben eines Syntaxdiagramms zur Beschreibung einer Programmiersprache. Welche Bedeutung haben Terminal- und Nichtterminalsymbole?

Aufgaben

3.13   Geben Sie eine möglichst vollständige Beschreibung der Syntax des Pseudocodes aus Bild 2.16.

3.14   Entwerfen Sie ein einfaches Syntaxdiagramm für die normative Grammatik einfacher Hauptsätze der deutschen Sprache.

3.4 Typklassen und Wertebereiche in Object Pascal

3.4.1 Definition von Datentypen

Programme sind Konkretisierungen abstrakter Algorithmen, die sich auf bestimmte **Datenstrukturen** beziehen. Algorithmen und Daten unterschiedlichen Typs stehen in einem untrennbaren Zusammenhang. Zur Gewährleistung der erforderlichen Softwarequalität muss dieser Aspekt während des gesamten Software-Entwicklungsprozesses im Zentrum stehen. Seine höchste Ausprägung wird durch die **objektorientierte Programmierung** erreicht.

Von Hoare wurden die wesentlichen Eigenschaften eines Datentyps, kurz **Typ**, wie folgt definiert [18]:

1. Ein Typ ist bestimmt durch die **Menge**, zu der eine Konstante gehört, oder deren Werte durch eine Variable oder einen Ausdruck angenommen oder durch einen Operator oder eine Funktion berechnet werden können.
2. Der Typ eines durch eine Konstante, eine Variable oder einen Ausdruck bezeichneten **Wertes** kann seiner Notation oder seiner Vereinbarung entnommen werden, ohne dass der Rechenprozess durchgeführt werden müsste.
3. Jeder **Operator** und jede **Funktion** erwartet Argumente eines bestimmten Typs und liefert ein Resultat eines bestimmten Typs. Wenn ein Operator Argumente verschiedenen Typs zulässt (z. B. wird + zur Addition sowohl von ganzen als auch reellen Zahlen benutzt), dann kann der Typ des Ergebnisses nach bestimmten Sprachregeln ermittelt werden.

Diese Definition eines Datentyps wurde mit der Entwicklung der objektorientierten Programmierung dahingehend erweitert, dass mit der Definition von Klassen oder Objekttypen eine Einheit von Eigenschaften (**Property**), Datendeklarationen (**Datenfelder**) und auf diesen Daten arbeitenden Algorithmen (**Methoden**) geschaffen wurde (**Datenkapsel**). Von diesen Klassen können (wie beispielsweise auch vom Typ *double*) beliebig viele Instanzen (Objekte) deklariert werden.

Grundsätzlich unterscheidet man **einfache** und **strukturierte** Datentypen. Letztere werden nochmals in **elementare** und **höhere** Datenstrukturen gegliedert. Während elementare Datenstrukturen bei der Programmabarbeitung nur ihre Werte (die Werte ihrer Komponenten) ändern, trifft das bei höheren Datenstrukturen auch auf ihre Struktur zu. Man bezeichnet die höheren Datenstrukturen deshalb als **dynamisch**, die elementaren als **statisch**.

3.4.2 Typklassen in Object Pascal

In Bild 3.9 sind wesentliche in der Programmiersprache Object Pascal implementierte Datentypen dargestellt. Diese werden in den folgenden Abschnitten näher erläutert und angewendet.

Der Typ legt den Wertebereich von Variablen fest und bestimmt damit gleichzeitig die Operationen, die mit diesen Variablen ausgeführt werden können. In Object Pascal gibt es eine Reihe vordefinierter Typen, wie die schon benutzten Typen *double, integer* und *char*. Diese brauchen vor ihrer Verwendung nicht speziell vereinbart zu werden.

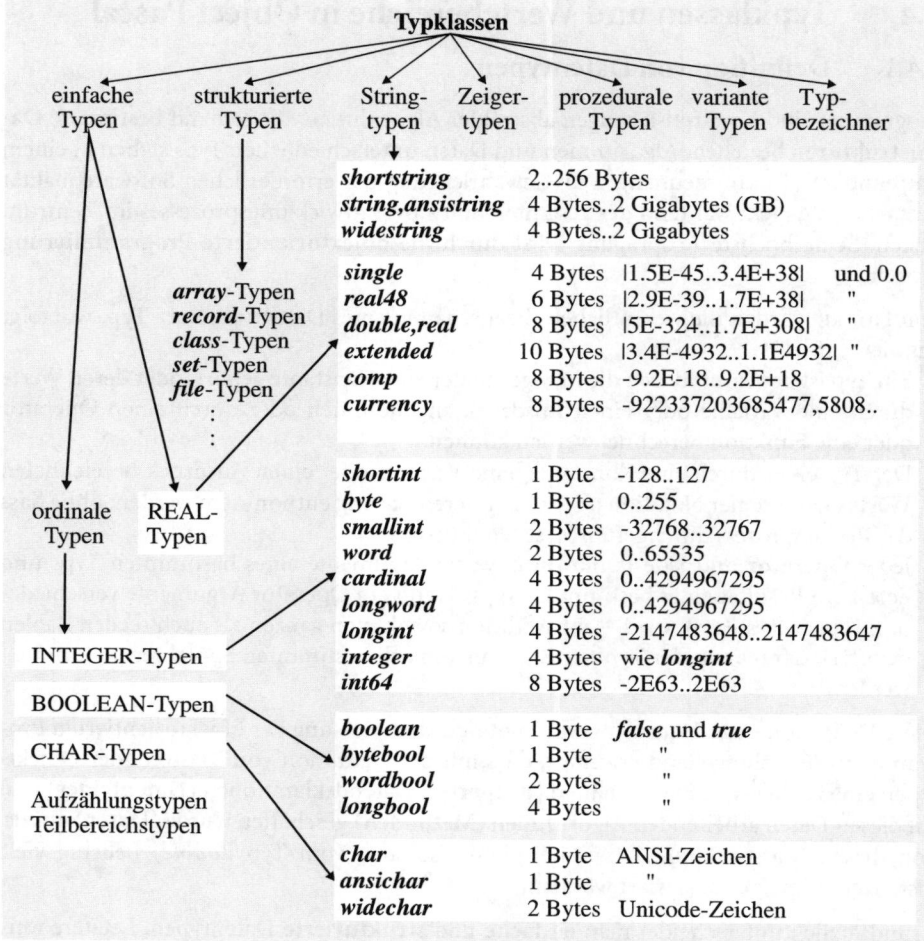

Typklassen

einfache Typen — strukturierte Typen — String-typen — Zeiger-typen — prozedurale Typen — variante Typen — Typ-bezeichner

shortstring	2..256 Bytes
string,ansistring	4 Bytes..2 Gigabytes (GB)
widestring	4 Bytes..2 Gigabytes

array-Typen
record-Typen
class-Typen
set-Typen
file-Typen

single	4 Bytes	|1.5E-45..3.4E+38|	und 0.0
real48	6 Bytes	|2.9E-39..1.7E+38|	"
double,real	8 Bytes	|5E-324..1.7E+308|	"
extended	10 Bytes	|3.4E-4932..1.1E4932|	"
comp	8 Bytes	-9.2E-18..9.2E+18	
currency	8 Bytes	-922337203685477,5808..	

ordinale Typen   REAL-Typen

shortint	1 Byte	-128..127
byte	1 Byte	0..255
smallint	2 Bytes	-32768..32767
word	2 Bytes	0..65535
cardinal	4 Bytes	0..4294967295
longword	4 Bytes	0..4294967295
longint	4 Bytes	-2147483648..2147483647
integer	4 Bytes	wie *longint*
int64	8 Bytes	-2E63..2E63

INTEGER-Typen

BOOLEAN-Typen

boolean	1 Byte	*false* und *true*
bytebool	1 Byte	"
wordbool	2 Bytes	"
longbool	4 Bytes	"

CHAR-Typen

Aufzählungstypen
Teilbereichstypen

char	1 Byte	ANSI-Zeichen
ansichar	1 Byte	"
widechar	2 Bytes	Unicode-Zeichen

Bild 3.9   Datentypen in Object Pascal

Einfache oder **skalare Datentypen** sind dadurch gekennzeichnet, dass die Werte dieses Typs
- nicht weiter in Werte anderer Typen unterteilt werden können,
- sich von den Werten anderer Typen unterscheiden,
- geordnet sind, also eine bestimmte Reihenfolge besitzen.

real- und *integer*-Typen bezeichnen die geordneten Teilmengen der reellen und ganzen Zahlen (Gleit- und Festpunktzahlen), der *char*-Typ die (z. B. nach ANSI oder ASCII) geordnete Menge von Zeichen und der *boolean*-Typ die beiden Wahrheitswerte der zwei-wertigen Logik (*false* und *true*).

Der **Aufzählungstyp** definiert eine geordnete Menge von Werten durch Aufzählen von zugehörigen Bezeichnern, wobei deren Werte selbst undefiniert sind.

Der **Teil**- oder **Unterbereichstyp** ermöglicht die weitere Eingrenzung der in Bild 3.9 genannten Ordinaltypen.

Anmerkung: In den nachfolgenden Ausführungen wird als *real*-Typ einheitlich der Datentyp ***double*** verwendet, während ***integer***-Typen je nach Bedarf gewählt werden (***byte***, ***integer*** …).

Vertreter der beiden Arten von **strukturierten Datentypen** sind für die **elementaren** Datenstrukturen die *array*-, *record*-, *set*-, *file*-, *class*- und *string*-Typen, während zu den **höheren Datenstrukturen** Listen und Bäume zählen, die ihrerseits an den Zeigertyp gebunden sind.

Elementare Datentypen

array-Typ (Feldtyp) heißt eine homogene Struktur, die nur aus Komponenten des gleichen Typs besteht. Die Komponenten können direkt und mit gleicher Zugriffszeit verarbeitet werden (Random-Access-Struktur), auf sie wird über so genannte Indizes zugegriffen. Die Indizes sind berechenbar.

record-Typ (Datensatztyp) heißt eine im Allgemeinen inhomogene Struktur von Komponenten unterschiedlichen Typs. Die Komponenten werden hier im Gegensatz zum *array*-Typ durch Namen spezifiziert. Der Zugriff auf die einzelnen Komponenten eines Records erfolgt über Recordselektoren, bestehend aus dem Namen des Records und dem nach einem Punkt folgenden Komponentennamen (qualifizierte Bezeichner).

set-Typ (Mengentyp) heißt eine Potenzmenge von Komponenten desselben ordinalen Grundtyps. Für den ordinalen Wert n eines Elements der Menge muss $0 \leqq n \leqq 255$ gelten. Die Grundoperationen Durchschnitt, Vereinigung, Differenz und Einschluss sind für alle *set*-Typen definiert. Bestimmte Mengenwerte können durch Mengenkonstruktoren gebildet und Mengenvariablen zugewiesen werden.

file-Typ (Dateityp) heißt wie auch der *array*-Typ eine geordnete Menge homogener Komponenten. Der Unterschied besteht jedoch darin, dass die Anzahl der Komponenten nicht konstant ist. Auf die Komponenten eines Files kann sequenziell oder direkt zugegriffen werden.

class-Typ (Objekttyp) heißt der Typ eines Objektes im Sinne der objektorientierten Programmierung. Objekte bestehen aus Datenfeldern, Eigenschaften und Methoden und besitzen die Fähigkeit, diese zu erben und zu vererben. Nachkommen können den ererbten Datenfeldern, Eigenschaften und Methoden neue hinzufügen oder Methoden umdefinieren. Ein weiteres Merkmal dieses Typs ist die Polymorphie.

string-Typ (Zeichenkettentyp) heißt eine Zeichenfolge, deren Länge während der Laufzeit dynamisch verwaltet wird.

Höhere Datentypen

besitzen für die Implementation komplizierter Datenstrukturen grundlegende Bedeutung. Sie sind dadurch gekennzeichnet, dass sie während der Programmabarbeitung nicht nur ihre Werte (die Werte ihrer Komponenten), sondern auch ihre Struktur ändern können. Solche Strukturen sind nur **dynamisch** zu erzeugen, da während der Übersetzungszeit die Größe des benötigten Speichers unbekannt und damit eine Adressbindung ausgeschlossen ist. Die Speicherverwaltung erfolgt hier durch Adressverweise (**Zeiger, Pointer**). Dazu gibt es den statischen Zeigertyp (Pointertyp), der meist an den Typ der Daten gebunden ist, auf die er verweist. Zur Erzeugung und Freigabe von dynamischen Variablen existieren spezielle Funktionen.

3.4.3   Übungen

Fragen

3.15   Was ist ein strukturierter Datentyp? Welche Unterschiede bestehen zwischen den Datentypen *array* und *record*? Geben Sie einige typische Anwendungsbeispiele an.

3.16   Stellen Sie die Hauptgruppen von Datentypen in Object Pascal mit einem Hierarchiediagramm dar und wiederholen Sie kurz die charakteristischen Eigenschaften der einzelnen Typklassen.

3.17   Wodurch ist der Typ einer dynamischen Variablen festgelegt? Worin unterscheidet er sich von einem statischen Datentyp?

3.5   Deklarationsteil

Der Deklarationsteil, Bild 3.10, enthält die im Programm verwendeten und durch Object Pascal noch nicht definierten Größen nach Art und Typ. Die Deklarationen sind an keine feste Reihenfolge gebunden.

Art	Prinzipielle Form
Konstantendeklaration	*const* {name=konstante;} ...| {name: typ=wert;} ...
Typdeklaration	*type* {name=typ;} ...
Variablendeklaration	*var* {name, ...: typ;} ... | {name: typ=wert;} ...
Markendeklaration	*label* label, ...;
Prozedurdeklaration	*procedure* name[(fp, ...)]; block;
Funktionsdeklaration	*function* name[(fp, ...)]: typ; block;

Legende: 1. Die Deklarationen können in beliebiger Reihenfolge wiederholt auftreten.

2. "fp" bedeutet den formalen Parameter einschließlich der Angabe des Typs.

3. Ein "block" besteht aus dem Deklarationsteil (optional) und dem Anweisungsteil.

Bild 3.10   Deklarationsteil

3.5.1 Konstantendeklaration

In Object Pascal können Konstanten in Units, Funktionen oder Prozeduren durch einen Bezeichner deklariert werden. Davon abhängig werden die Konstanten als **lokal** (gültig nur innerhalb der Prozeduren oder Funktionen, in denen sie deklariert wurden) oder **global** (gültig in der ganzen Unit und möglicherweise auch in anderen Units) bezeichnet. Den Konstanten kann jedoch innerhalb des Programms kein anderer Wert zugewiesen werden. Auf der rechten Seite der Konstantendeklaration können arithmetische oder logische Konstanten, Zeichenkettenkonstanten oder vorher definierte Konstantenbezeichner stehen. Ebenso sind aus diesen gebildete Ausdrücke zugelassen. Der Typ der Konstanten wird durch den zugewiesenen Wert bestimmt.

Beispiele: **const** a=-5.2; b=25; c=a-b;
                richtig=**true**;
                Uni='TU Dresden';

Arithmetische Konstanten sind ganzzahlig (*integer*-Typ) oder reellwertig (*real*-Typ)

Beispiele: 0, +517, -45   3.141593 +3.141593 -3.141593,
                              4.5E-3   -1.25E5   1.25E6

        Gegenbeispiele: 5,0; +-3.0; 4.8.2.

Logische Konstante (Typ *boolean*)

Beispiele: true, false

Zeichenkettenkonstante (beispielsweise Typ *char* oder *string*[n])
Anzahl Byte: 1 Byte (Zeichen) beim Typ *char*
              n Byte (Zeichen) beim Typ *string*[n]
Form: 'z' bzw. '$z_1 \ldots z_n$' (z_i = Zeichen, auch Leerzeichen!).
Beispiele: 'x', ' TU', 'ALMA'

Hinweis: • Die Apostrophe gehören *nicht* zur Zeichenkettenkonstanten. Sie dienen nur zu ihrer Kennzeichnung.
          • Die leere Zeichenkette '' ist zugelassen.
          • Soll eine Zeichenkette selbst einen Apostroph enthalten, so muss dieses doppelt angegeben werden.

Neben diesen echten Konstanten gibt es noch die **typisierten** Konstanten, die einen Anfangswert erhalten. Diese können wie die echten Konstanten lokal oder global sein. Beide Arten unterscheiden sich im nutzenden Anweisungsteil nicht von Variablen. Die Zuweisung des Anfangswertes erfolgt nur einmal während des Programmstarts.

Beispiel: **const** x: *double*=1.5;
             :
             x:=4.5;

3.5.2 Typdeklaration

In Object Pascal besteht die Möglichkeit, Typbezeichner festzulegen und diese dann bei der Variablenvereinbarung zu verwenden.

Beispiel: Sollen in einem Programm ein reellwertiger Vektor mit 10 Elementen und eine ganzzahlige Matrix mit 5 Zeilen und 4 Spalten vereinbart werden, so könnte das durch die Typdeklaration

```
type Vektortyp = array [1..10] of double;
     Matrixtyp = array [1..5,1..4] of integer;
```

und anschließend durch die Variablendeklaration

```
var Vektor: Vektortyp; Matrix: Matrixtyp;
```

erfolgen. Diese Art der Vereinbarung von Feldern ist dann zweckmäßig oder sogar zwingend, wenn diese als formale/aktuelle Parameter in Unterprogrammen auftreten, Abschnitt 4.3.

3.5.3 Variablendeklaration

Eine **einfache** oder **strukturierte** (Feld, Datensatz) Variable kann **lokal** oder **global** deklariert werden und entsprechend des vorhandenen Typs als Wert eine oder mehrere Zahlen (arithmetische Konstante), Wahrheitswerte (logische Konstante), Elemente einer Menge (Mengenkonstante) oder Zeichenketten (Zeichenkettenkonstante) annehmen. Diese Werte können während der Programmabarbeitung wechseln, jedoch nur innerhalb des für die Variable festgelegten Typs. Variablen können vordefinierte oder in der Typdeklaration festgelegte Typen annehmen. Man kann entsprechend ihres Typs einfache und strukturierte Variablen unterscheiden. Eine Variable wird durch einen gegebenenfalls qualifizierten Bezeichner dargestellt. Dieser repräsentiert symbolisch die Adresse einer Speicherzelle. Die Reihenfolge der Variablendeklarationen und die Reihenfolge der Variablen in der Variablendeklaration sind beliebig.

Beispiel 1: **Deklaration einfacher Variablen**

Name	Typ
$m, \overline{m}, \alpha, b$	ganzzahlig
$x, y, k, \lambda *$	reellwertig
$z1, z2$	je ein Zeichen
Kette	Zeichenkette mit 5 Zeichen
L	logische Größe

Lösung:

```
var   m,mq,alfa,b:        integer;
      x,y,k,lamstern:     double;
      z1,z2:              char;
      Kette:              string[5];
      L:                  boolean;
```

Beispiel 2: **Deklaration eines Datensatzes Person (strukturierte Variable), bestehend aus einem Datensatz mit den Komponenten Name (max. 20 Zeichen) und Alter**

```
type Datensatz = record
                         Name:      string[20];
                         Alter:     byte
                 end;
var Person:              Datensatz;
```

Zugriff auf die Komponenten: `Person.Name:='Jansen';`
                               `Person.Alter:=28;`

Beispiel 3: **Deklaration von Feldern (strukturierte Variable)**

Ein Feld ist eine strukturierte Menge von Daten gleichen Typs. Die Strukturierung eines Feldes ist durch die Indizierung seiner Komponenten (Elemente, indizierte Variablen) gegeben.

Vektor → eindimensionales Feld,
Matrix → zweidimensionales Feld.

Felder müssen im Variablendeklarationsteil vereinbart werden. Für die Nutzung eines Feldes oder eines Feldelementes müssen bekannt sein:

- der Feldname
- der Typ des Feldes (Typ der Elemente)
- die Dimension des Feldes (Anzahl der Indizes)
- die Größe des Feldes (Laufbereiche der Indizes).

Object Pascal ermöglicht neben den schon klassischen **statischen** Feldern auch **dynamische** Felder. Bei ersteren wird bereits mit der Deklaration die Größe des Feldes vereinbart, während dies bei dynamischen Feldern erst zur Laufzeit erfolgt.

Deklaration statischer Felder

Die allgemeine Form der Deklaration eines oder mehrerer statischer Felder lautet

```
var feldname,... : array [ug..og,...] of typ;
```

oder besser

```
type typname = array [ug..og,...] of typ;
var feldname,...: typname;
```

mit *ug/og* = untere/obere Grenze der Laufbereiche der Indizes jeder Dimension.

ug und *og* dürfen konstante ganzzahlige (oder andere ordinale) Ausdrücke mit Werten kleiner, gleich oder größer null sein. Es muss jedoch die Bedingung *ug* $\leq$ *og* eingehalten werden! Ein Feldelement (indizierte Variable) wird in der Form

```
feldname [indexausdruck,...]
```

dargestellt. Die Indexausdrücke müssen ganzzahlige oder ordinale Werte sein, ihre Anzahl muss der Dimension des Feldes entsprechen.

Für jede Dimension muss die Bedingung

$$ug \leqq \text{indexausdruck} \leqq og$$

eingehalten werden.

Es gibt verschiedene Deklarationsmöglichkeiten. Nachfolgend werden diese für eine **ganzzahlige** 3-reihige quadratische Matrix **A** vorgestellt:

$$A = \begin{vmatrix} a_{1,1} & a_{1,2} & a_{1,3} \\ a_{2,1} & a_{2,2} & a_{2,3} \\ a_{3,1} & a_{3,2} & a_{3,3} \end{vmatrix}$$

Feldname: A
Dimension: 2
Größe: 3×3

Lösungsversionen:

1. // Version 1

```
var A: array [1..3,1..3] of integer;
```

2. // Version 2

```
type Feld = array [1..3,1..3] of integer;
var A: Feld;
```

3. // Version 3

```
const n = 3;
type Feld = array [1..n,1..n] of integer;
var A: Feld;
```

4. // Version 4

```
type Grenzen = 1..3;
type Feld = array [Grenzen,Grenzen] of integer;
var A: Feld;
```

5. // Version 5, **Fehler!**

```
var A: Feld;
type Feld = array [1..3,1..3] of integer;
```

Hinweis: Die Version 5 ist deshalb fehlerhaft, weil der Typname Feld beim ersten Auftreten noch unbekannt ist.

Anmerkung: Statt **array** [1..3,1..3] **of integer** könnte auch **array** [1..3] **of array** [1..3] **of integer** geschrieben werden.

Deklaration dynamischer Felder

Dynamische Felder unterscheiden sich von statischen dadurch, dass zur Zeit der Deklaration ihre Größe noch unbekannt ist. Diese kann aber während der Laufzeit den aktuellen Bedürfnissen angepasst werden.

Die allgemeine Form der Deklaration eines oder mehrerer ein- bzw. zweidimensionaler dynamischer Felder (Vektor bzw. Matrix) lautet

```
var VektorName,... :  array of typ;
    MatrixName,... :  array of array of typ;
```

oder besser

```
type VektorTyp = array of typ;
     MatrixTyp = array of array of typ;
var  VektorName,...: VektorTyp;
     MatrixName,...: MatrixTyp;
```

Im Gegensatz zu statischen Feldern besitzen dynamische Felder noch keine definierte Größe. Diese wird erst während der Laufzeit durch die Prozedur SetLength in der Form

SetLength(VektorName, Elementanzahl)   für eindimensionale Felder
SetLength(MatrixName, Zeilenanzahl, Spaltenanzahl) für zweidimensionale Felder

übergeben. Element-, Zeilen- und Spaltenanzahl müssen dabei ganzzahlige Ausdrücke mit einem Wert ≥ 0 sein. Die Zählung der Indizes erfolgt stets ab 0. Ein Vektor mit n Elementen hat also die Indizes 0 bis $(n-1)$! Das ist bei der Nutzung dynamischer Felder zu beachten.

Intern werden diese Felder durch Zeiger, Abschnitt 4.7, verwaltet. Werden diese dynamischen Felder nicht mehr benötigt, so können sie durch die Anweisungen

VektorName:=**nil**   bzw.   MatrixName:=**nil**

freigegeben werden. Damit wird der belegte Speicherplatz dem Betriebssystem wieder zurückgegeben und steht für andere Anwendungen zur Verfügung.

Das Prinzip der Deklarationen, Nutzung und Freigabe dynamischer Felder ist in den beiden folgenden Ereignisbehandlungsroutinen gezeigt.

```
procedure TForm1.Button1Click(Sender: TObject);
   type Eindim_Feld=array of double;
   var  Vektor: Eindim_Feld;
        i,n:    integer;
        s:      double;
begin
   n:=StrToInt(Edit1.Text);
   SetLength(Vektor,n);
   Edit2.Text:='Vektor mit '+IntToStr(n)+' Elementen';
   s:=0;
   for i:=0 to n-1 do
   begin  Vektor[i]:=i+1; s:=s+Vektor[i]; end;
   Edit3.Text:=FloatToStr(s);
   Vektor:=nil;
end;
```

```
procedure TForm1.Button2Click(Sender: TObject);
   type Zweidim_Feld=array of array of double;
   var  Matrix: Zweidim_Feld;
        i,j,m,n: integer;
        s:       double;
begin
   m:=StrToInt(Edit4.Text);    n:=StrToInt(Edit5.Text);
   SetLength(Matrix,m,n);
   Edit6.Text:='Matrix mit '+IntToStr(m)+' Zeilen und
                            '+IntToStr(n)+' Spalten';
   s:=0;
   for i:=0 to m-1 do
   for j:=0 to n-1 do
   begin Matrix[i,j]:=i+j; s:=s+Matrix[i,j]; end;
   Edit7.Text:=FloatToStr(s);
   Matrix:=nil;
end;
```

Wie bereits in Bild 3.8 angedeutet, besteht der Block einer Funktion oder Prozedur und damit auch der von Ereignisbehandlungsroutinen aus dem optionalen Deklarationsteil und dem Anweisungsteil. Die innerhalb eines solchen Deklarationsteils vereinbarten Größen gelten nur im gleichen Block und sind damit **lokale** Größen. Entsprechend sind alle außerhalb eines Blocks deklarierten Größen **global**. Diese gelten in allen folgenden Blöcken, falls dort nicht Größen mit dem gleichen Namen vereinbart wurden. In einem solchen Fall haben lokale Größen Vorrang.

Globale Variablen können in der Form

$\qquad$ **var** n: **byte**=5;

deklariert und initialisiert werden.

Der Implementation-Teil der Unit **Traeger1_U.pas**, Bild 1.39, würde bei Verwendung globaler Variablen das folgende Aussehen haben:

```
implementation
{$R *.DFM}
var L,c,F,A,B,M,y,E,I: double;
procedure TForm1.Button1Click(Sender: TObject);
  begin
    // Eingabe der Werte von L, c und F aus den Editierfeldern
    // Edit1, Edit2 und Edit3
    L:=StrToFloat(Edit1.Text); c:=StrToFloat(Edit2.Text);
    F :=StrToFloat(Edit3.Text);
    // Setzen der konstanten Werte von E und I
    E:=200000; I:=125600;
    // Durchführung der Berechnung
    A :=F*(L-c)/L; B:=F-A; M :=A*c; y :=F*sqr(c*(L-c))/(3*E*I*L);
    // Ausgabe der Ergebnisse in die Editierfelder Edit4 bis Edit7
    Edit4.Text:=FloatToStr(A); Edit5.Text:=FloatToStr(B);
    Edit6.Text:=FloatToStr(M); Edit7.Text:=FloatToStr(y);
  end {TForm1.Button1Click};
procedure TForm1.Button2Click(Sender: TObject);
begin Close end { TForm1.Button2Click };
```

Da globale Variablen innerhalb jedes folgenden Blocks verändert werden können, kann das zu nicht beabsichtigten Nebeneffekten führen und die Übersichtlichkeit von Programmen stören. Globale Variablen sollten deshalb so wenig wie möglich verwendet werden. Der Problemkreis lokale und globale Variablen wird im Abschnitt 4.3, Unterprogrammtechnik, ausführlicher behandelt.

3.5.4   Markendeklaration

Müssen im Object-Pascal-Programm Marken verwendet werden, so sind diese durch die Markendeklaration zu vereinbaren. Marken können Ziffernfolgen (0...9999) oder Namen sein.

Beispiel: **label**   10, marke1, marke2;

3.5.5 Übungen

Fragen

3.18   Welche Vorteile resultieren aus der Deklaration von Konstanten in Programmen?

3.19   Welche Bedeutung besitzt der Deklarationsteil in einem Pascal-Programm?

3.20   Worin besteht der Unterschied zwischen lokal und global vereinbarten Variablen?

3.21   Welche Bedeutung besitzt in Object Pascal die Typdeklaration?

Aufgaben

3.22   Entwerfen Sie ein Syntaxdiagramm für die Variablendeklaration in Pascal.

3.23   Vereinbaren Sie ein Feld, das als Anfangswert folgende Belegung besitzen soll (– bedeutet keinen Anfangswert):

$$\begin{pmatrix} - & 0 & 0 & 0 \\ 0 & - & 1 & 2 \\ 2 & 1 & - & 1 \\ 2 & 2 & 1 & - \end{pmatrix}$$

3.24   Definieren Sie eine Funktionswertetabelle für den dekadischen Logarithmus, die zeilenweise Wertepaare $(x, \log 10(x))$ enthalten soll. Der Wert x soll in der oberen Zeile, der Funktionswert in der nächsten Zeile, direkt unter dem Wert angeordnet werden. Zur Berechnung der Logarithmen kann die Routine *function* LogN(Base) verwendet werden (siehe Abschnitt 3.8, Bild 3.16).

3.6   Anweisungsteil

Der Anweisungsteil folgt dem Deklarationsteil. Er enthält den abzuarbeitenden Algorithmus. Dieser wird mit den bereits vordefinierten oder im Deklarationsteil definierten Größen (Konstanten, Variablen, Objekte, Funktionen, Prozeduren, ...) formuliert.

Beispiel:

```
         :
    var x,y: double;
         :
begin
         :
    x:=3;
    y:=exp(sin(x));
         :
end
```

Der Anweisungsteil endet bei einer Quelltext-Projektdatei oder einer Unit mit einem Punkt, bei einer Ereignisbehandlungsroutine, einer Prozedur oder einer Funktion mit dem Semikolon.

3.7   Ausdrücke und Ergibtanweisungen

Ausdrücke bestehen aus Operanden und Operatoren. Sie sind Vorschriften zur Berechnung eines Wertes. Die Abarbeitung erfolgt unter Berücksichtigung der Priorität der in Bild 3.11 angegebenen Operatoren i. Allg. von links nach rechts. Unäre Operatoren haben die höchste, relationale Operatoren die niedrigste Priorität. Absoluten Vorrang haben Klammern. Man unterscheidet arithmetische, logische, Mengen- und Zeichenkettenausdrücke.

Priorität	Operatoren		Typ	
			Operanden	Ergebnis
hoch ↑	Unäre Operatoren	-	R I I	R I I
		not	B I I	B I I
		@	Name	Adresse
	Multiplikations-operatoren	** I /*	R,R I I,R	R
		*	I	I
		*	S	S
		/	I	R
		div	I	I
		mod	I	I
		and	B I I	B I I
		shl	I	I
		shr	I	I
	Additions-operatoren	*+ I -*	R,R I I,R	R
		+ I -	I	I
		+ I -	S	S
		+	C	C
		or	B I I	B I I
		xor	B I I	B I I
	Relationale Operatoren	= I <> I < I <= I > I >=	R I I I C	B
niedrig		*in*	O *in* S	B

Legende: R: REAL-Typ
I: INTEGER-Typ
B: BOOLEAN-Typ
C: CHAR-Typ I STRING-Typ
S: SET-Typ
O: Ordinaler Typ

Bild 3.11 Operatoren und Prioritäten

Ergibtanweisungen dienen zur Zuweisung eines Wertes an eine Variable, typisierte Konstante, Funktion oder Eigenschaft (bei Objekten). Die dabei bezüglich der Typverträglichkeit zwischen Variablen und zuweisbaren Werten geltenden Bedingungen werden in den folgenden Abschnitten beschrieben.

3.7.1   Arithmetische Ausdrücke und Ergibtanweisungen

Bei **arithmetischen** Ergibtanweisungen `V:=A` gilt:
• Vor der Zuweisung an die Variable *V* wird der Typ des Wertes von *A* in den der Variablen konvertiert. Dabei sind die Wertebereiche von *V* und *A* zu beachten.
• Ist *V* vom *real*-Typ, so kann *A* vom *integer*-Typ sein. Vor der Wertzuweisung erfolgt dann eine Konvertierung in den *real*-Typ.

- Ist *V* vom ***integer***-Typ und A vom ***real***-Typ, so muss festgelegt werden, ob vor der Wertzuweisung gerundet oder abgeschnitten werden soll. Dazu gibt es die Standardfunktionen

  round(A) $\to$ *V* erhält den auf die nächste ganze Zahl gerundeten Wert von *A*.

  trunc(A) $\to$ *V* erhält den ganzzahligen Teil des Wertes von *A*.

Einer Variablen vom ***integer***-Typ darf also nicht unmittelbar ein Wert vom ***real***-Typ zugewiesen werden!

Arithmetische Ausdrücke sind Vorschriften zur Berechnung einer ganzzahligen oder reellwertigen Zahl. Die **Notation** arithmetischer Ausdrücke muss eindeutig sein, deshalb sind der Multiplikationsoperator anzugeben und Operanden gegebenenfalls durch Klammern zusammenzufassen.

Beispiel: **Notation arithmetischer Ausdrücke**

mathematische Schreibweise	Pascal-Darstellung	inkorrekte Darstellung	Interpretation durch den Compiler
xy	x*y	xy	Name
$a(b + c)$	a*(b+c)	a(b+c)	Funktion
$(a + b)(c + d)$	(a+b)*(c+d)	(a+b)(c+d)	Fehler
$y = 4x^3 + 2x^2 + 5x + 6$	y:=4*x*sqr(x)+2*sqr(x)+5*x+6 oder kürzer		
	y := ((4*x+2)*x+5)*x+6		
$z = \sqrt[5]{x^2}$	z:=exp(0.2*ln(x*x)) oder z:=power(sqr(x),0.2)		
	Falsch für $x < 0.0$ wäre:		
	z:=exp(0.4*ln(x)) oder z:=power(x,0.4)		

Der **Typ** des Ergebnisses wird durch den Typ der Operanden und durch den verwendeten Operator bestimmt. Die Berechnung arithmetischer Ausdrücke erfolgt unter Beachtung der Priorität der Operatoren und Klammerausdrücke. Bei gleicher Priorität entspricht das Ergebnis einer Abarbeitung von links nach rechts.

$$-a + b \cdot (c + d \cdot e)/f - g$$

bedeutet

```
(-a)+((b*(c+(d*e)))/f)-g
 ↑   ↑   ↑   ↑   ↑     ↑  ↑
 1   6   4   3   2     5  7    ← Abarbeitungsreihenfolge
```

Für die Potenzierung gibt es in Object Pascal keinen gesonderten Operator. Hier muss die Funktion Power(Basis, Exponent) bzw. IntPower(Basis, Exponent) benutzt werden, die sich in der Unit **Math** befindet (Bild 3.16). Diese muss dann der ***uses***-Anweisung der entsprechenden Unit hinzugefügt werden. Ist der Exponent vom ***real***-Typ, so muss die Basis ≥ 0 sein!

Beispiel: $y = 2^{3.01} \to$ y:=Power(2, 3.01);
  $y = -2^3 \to$ y:=IntPower(-2, 3);

Bild 3.12 enthält neben anderen weitere Beispiele für das Ergebnis arithmetischer Ausdrücke.

```
var  m,n: byte;
     c:   char;
     :
     :
m:=0;  n:=15;  c:='j';
```

n *div* 4 ⟶ 3   n/4 ⟶ 3.75

not m ⟶ 255   *not* n ⟶ 240
not true ⟶ *false*   *not false* ⟶ *true*

8 *mod* 3 ⟶ 2   15 *mod* 3 ⟶ 0
8 *and* 3 ⟶ 0   15 *and* 3 ⟶ 3
8 *shl* 3 ⟶ 64   15 *shl* 3 ⟶ 120
8 *shr* 3 ⟶ 1   15 *shr* 3 ⟶ 1
8 *xor* 3 ⟶ 11   15 *xor* 3 ⟶ 12
8 *or* 3 ⟶ 11   15 *or* 3 ⟶ 15

true xor true ⟶ *false*
false xor true ⟶ *true*
false xor false ⟶ *false*

c *in* ['j','J'] ⟶ *true*

Bild 3.12 Ergebnisse
verschiedener Operationen

3.7.2 Zeichenketten-Ausdrücke und Ergibtanweisungen

Zeichenketten-Operanden können mit dem Zeichenketten-Operator „+" zu einer neuen Zeichenkette verknüpft werden.

Beispiel: 'TU' + ' DRESDEN' liefert als Ergebnis 'TU DRESDEN'

Haben bei der Ergibtanweisung V:=A die Variable *V* und der Ausdruck *A* verschiedene Länge, so gelten folgende Regeln:

Fall 1:   *V* ist länger als *A*:
             A wird vor der Zuweisung rechtsbündig bis auf die Länge von *V* mit Leerzeichen aufgefüllt.

Fall 2:   *V* ist kürzer als *A*:
             V ist vom Typ *string[n]* → *A* wird rechts auf die Länge von *V* gekürzt.
             V ist vom Typ *char*   → Unzulässig, Fehler!

Zulässig: ***char := char | string[1]***

            string[n] := string[m] | char

Beispiel: **var** A: **char**; B,C: ***string[4]***; D: ***string[10]***;
              :
              A:= 'U';
              D:= 'TU DRESDEN';
              :

Ergibtanweisung		Ergebnis
B:= A;	→	B = 'U '
C:= D;	→	C = 'TU D'
A:= D;	→	Fehler!

3.7.3 Logische Ausdrücke und Ergibtanweisungen

Von den logischen Ausdrücken werden im wissenschaftlich-technischen Bereich **Vergleichsausdrücke** oder kürzer Vergleiche am häufigsten benutzt.

Form:

$$A1 \textbf{ vop } A2$$
$$\uparrow$$
Vergleichsoperator

Pascal	Bedeutung
<	<
<=	$\leqq$
=	=
<>	$\neq$
>=	$\geqq$
>	>

Die Ausdrücke A1 und A2 müssen beide vom arithmetischen, Mengen- oder Zeichenkettentyp sein.

3.7.4 Vergleich von arithmetischen Ausdrücken

1. Vor der Ausführung des Vergleiches wird eine Konvertierung dann durchgeführt, wenn beide arithmetischen Ausdrücke ungleichen Typ besitzen. Dabei wird der rangniedrigere in den ranghöheren Typ konvertiert (*integer* in *double*, *double* in *extended* usw.).
2. Der Test von reellwertigen Größen auf Gleichheit ist i. Allg. wirkungslos (Ausnahme: Vergleich zweier Eingabewerte).

Beispiel:

Object Pascal	Bedeutung
i < (sqr(n)-4)	$i < n^2 - 4$?
(i+j) = k	$(i + j) = k$?
abs(x) <= (c+3)	$|x| \leqq (c + 3)$?

Ergebnisse von Vergleichen:

2=3; 2>=3; 2>3	→ *false*
2<>3; 2<=3; 2<3; 2<=2; 2>=2	→ *true*
(N **div** 2)*2 = N	→ *true* für alle geraden N, sonst *false*

Sind L1 und L2 logische Ausdrücke (z. B. Vergleiche), so ergibt ihre Verknüpfung mit den logischen Operatoren

- *not* (Negation)
- *and* (Konjunktion)
- *or* (Disjunktion)
- *xor* (exklusives Oder)

die logischen Werte *true* oder *false*, Bild 3.13.

Operanden	Operationen			
L1 L2	*not* L1	1l *and* L2	L1 *or* L2	L1 *xor* L2
T T	F	T	T	F
T F	F	F	T	T
F T	T	F	T	T
F F	T	F	F	F
	Ergebnisse der Operationen			

Legende: T = *true*
          F = *false*

Bild 3.13   Ergebnis logischer Ausdrücke als 'Wahrheitstafel'

In der Mathematik und Technik häufig auftretende Doppelbedingungen müssen in Object Pascal mit logischen Operatoren formuliert werden:

mathematische Schreibweise	Pascal-Schreibweise
$1 \leqq n < 10$	(1 <= n) *and* (n < 10)
$t < \varepsilon \lor i = k$	(t < eps) *or* (i = k)

3.7.5   Vergleich von Zeichenketten

1. Beim Vergleich entscheidet von links ausgehend das erste in beiden Ketten unterschiedliche Zeichen, welche Relation zwischen den Zeichenketten besteht.

2. Ein Zeichen ist kleiner, wenn es in der Sortierfolge des internen Codes eher auftritt. Für den meist verwendeten ANSI-Code oder den ASCII gilt:

$$\text{Leerzeichen} < 0 < \ldots < 9 < A < \ldots < Z < a \ldots < z$$

3. Ist die kürzere Zeichenkette bis zum letzten Zeichen gleich der längeren, so ist sie kleiner. Der Vergleich 'AB' <= 'AC' liefert das Ergebnis *true*, da B „kleiner" als C ist. Der Vergleich 'ABC'='AB' liefert den Wert *false*, da die rechte Zeichenkette bis zum Zeichen 'B' gleich der linken und damit „kleiner" ist.

Das *Ergebnis eines logischen Ausdrucks* kann einer logischen Variablen zugewiesen werden:

```
var LogVar:    boolean;
    a,b:       double;
begin
    :
    LogVar := a > b;
    :
end;
```

Die logische Variable LogVar erhält den Wert *true*, wenn *a* größer als *b* ist, sonst den Wert *false*.

3.7.6   Übungen

Fragen

3.25   Welche Funktion hat der Anweisungsteil in einem prozeduralen Programm und wie ist er in Pascal aufgebaut?

3.26   Welche Aufgaben erfüllen Ausdrücke in einer Programmiersprache?

3.27   Wie ist eine Ergibtanweisung aus der Sicht der Funktion eines Computers zu interpretieren?

Aufgaben

3.28   Bringen Sie folgende Formel für das Volumen eines Kugelabschnitts in die verarbeitbare Form einer arithmetischen Ergibtanweisung und geben Sie die Abarbeitungsreihenfolge an:

$$V = \frac{\pi}{3} h^2 \, (3r - h)$$

3.29   Definieren Sie Stringvariable und schreiben Sie Ergibtanweisungen, so dass sich aus den Strings A='HOCHOFEN', B='SCHERE', C='FACHSCHAFT' und D='KULENKAMP' der Ergebnisstring 'FACHHOCHSCHULE' ergibt.

3.8   Standardfunktionen und -prozeduren

Zur Lösung von Problemen der Mathematik, Textverarbeitung, Typumwandlung usw. gibt es in Object Pascal vordefinierte Standardfunktionen und -prozeduren. Sie können von unterschiedlichen Positionen in einem Programm aufgerufen werden und werden zusammenfassend als **Routinen** bezeichnet. Den Unterschied zwischen den beiden Arten zeigt Bild 3.14.

Der Funktions- oder Prozeduraufruf hat die prinzipielle Form

name(*par*,. . .) oder *name*   bei parameterfreien Funktionen/Prozeduren

name →   Name der Standardfunktion oder -prozedur

par →   Parameter (arithmetische, logische, Zeichenketten-Ausdrücke).

Der Typ der Parameter und der Typ des Ergebnisses sind vorgeschrieben und müssen bei der Nutzung von Standardfunktionen und -prozeduren eingehalten werden. Die Bilder 3.15 bis 3.21 enthalten einige der in Object Pascal verfügbaren Routinen. Beispiele befinden sich im Projekt ROUTINEN.

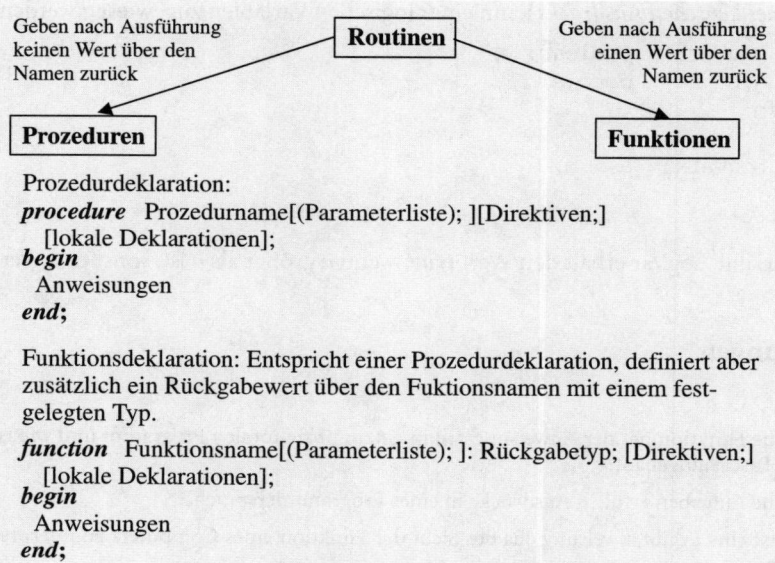

Prozedurdeklaration:
procedure Prozedurname[(Parameterliste);][Direktiven;]
    [lokale Deklarationen];
begin
    Anweisungen
end;

Funktionsdeklaration: Entspricht einer Prozedurdeklaration, definiert aber zusätzlich ein Rückgabewert über den Fuktionsnamen mit einem festgelegten Typ.

function Funktionsname[(Parameterliste);]: Rückgabetyp; [Direktiven;]
    [lokale Deklarationen];
begin
    Anweisungen
end;

Bild 3.14   Prozeduren und Funktionen in Object Pascal

3.8.1   Arithmetische Routinen

Aufruf	Typen		Bedeutung
	Parameter	Ergebnis	
abs(x)	R|I	R|I	Absolutwert |x|
arctan(x)	R|I	R	Arcustangens von x
sin(x)	R|I	R	Sinus von x, x im Bogenmaß
cos(x)	R|I	R	Cosinus von x, x im Bogenmaß
exp(x)	R|I	R	Exponentialwert e^x
ln(x)	R|I	R	natürlicher Algorithmus, x>0
frac(x)	R|I	R	gebrochener Anteil von x
int(x)	R|I	I	ganzzahliger Anteil von x
pi		R	Konstante π
sqr(x)	R|I	R|I	Quadrat von x
sqrt(x)	R|I	R	Quadratwurzel von x, x>=0

Legende: R: REAL-Typ
           I: INTEGER-Typ

Bild 3.15   Arithmetische Routinen

3.8.2 Routinen der Unit Math (Auszug)

Weitere Routinen für arithmetische, trigonometrische, logarithmische, statistische und finanztechnische Berechnungen befinden sich in der zu Delphi gehörenden Unit **Math**. Sollen diese genutzt werden, so muss **Math** der *uses*-Anweisung der entsprechenden Unit hinzugefügt werden. In Bild 3.16 sind nur einige wenige typische Beispiele mathematischer Unterprogramme aus der Unit Math aufgeführt. Eine ausführliche Liste erhält man vom Delphi-Hilfesystem mit dem Suchbegriff „Neue RTL-Units und -Funktionen" unter dem Programmnamen *Math.pas.*

function Tan(x: *extended*): *extended*;   // Tangens
function Cotan(x: *extended*): *extended*;   // Kotangens, x <> 0
function ArcCos(x: *extended*): *extended*;   // Arkuscosinus, |x| <= 1
function ArcSin(x: *extended*): *extended*;   // Arkussinus, |x| <= 1
function ArcTan2(y, x: *extended*): *extended*;   // arctan2(y,x)=arctan(y/x)
function Cosh(x: *extended*): *extended*;   // Kosinus hyperbolicus
function Sinh(x: *extended*): *extended*;   // Sinus hyperbolicus
function Tanh(x: *extended*): *extended*;   // Tangens hyperbolicus
function ArcCosh(x: *extended*): *extended*;   // Areakosinus, x >= 1
function ArcSinh(x: *extended*): *extended*;   // AreaSinus
function ArcTanh(x: *extended*): *extended*;   // Areatangens, |x| <= 1
function LogN(Base, x: *extended*): *extended*;   // Logarithmus zur Basis N
function Power(Base, Exponent: *extended*): *extended*; // Potenz: Base^{Exponent}, Base>0
function IntPower(Base: *extended*; Exponent: *integer*): *extended* *register*; // Potenz: Base^{Exponent}

Bild 3.16   Routinen der Unit Math (Auszug)

3.8.3 Routinen für die Steuerung des Programmlaufs

Deklaration: *procedure* Break;
Wirkung: Die for-, while- oder repeat-Anweisung wird verlassen. Die weitere Programm-
            abarbeitung wird mit der folgenden Anweisung fortgesetzt.

Deklaration: *procedure* Continue;
Wirkung: Die for-, while- oder repeat-Anweisung wird mit dem jeweils nächsten Zyklus
            fortgesetzt.

Deklaration: *procedure* Exit;
Wirkung: Die Abarbeitung der aktuellen Routine wird beendet. Es wird mit der folgenden
            Anweisung fortgefahren.

Deklaration: *procedure* Halt[(Exitcode: *integer*)];
Wirkung: Die Programmabarbeitung wird beendet. Exitcode kann einen Abbruchcode ent-
            halten, der durch das Betriebssystem ausgewertet werden kann.

Deklaration: *procedure* RunError[(ErrorCode: *byte*)];
Wirkung: RunError hält die Programmausführung mit einem Laufzeit-Fehler des ange-
            gebenen Fehlercodes an.

Bild 3.17   Routinen für die Steuerung des Programmlaufs

Routinen für die Steuerung des Programmlaufs werden im Abschnitt 4.1, weitere Object Pascal-Steueranweisungen, angewendet.

3.8.4   Routinen für die Konvertierung

Konvertierungsfunktionen, Bild 3.18, dienen der wechselseitigen Umwandlung von Zeichen, Zeichenketten und Zahlen vom *integer*- oder *real*-Typ ineinander. Ihr Hauptanwendungsgebiet ist die Ein- und Ausgabe von Zahlen über die Komponenten **Edit**, **StringGrid** usw. Die folgenden Beispiele (1) und (2) verdeutlichen einige grundsätzliche Varianten. Dem einführenden Projekt TRAEGER1 ist ihre Nutzung für die Ein- und Ausgabe von reellwertigen Zahlen in Standardform zu entnehmen.

Deklaration: Wirkung:	*function* StrToFloat(*const* s: *string*): *extended*; Die Zeichenkette s wird in eine Gleitkommazahl umgewandelt. Bei einem Fehler wird eine Exception **EConvertError** ausgelöst.
Deklaration: Wirkung:	*function* FloatToStr(value: *extended*): *string*; Die Gleitkommazahl value wird in eine Zeichenkette umgewandelt. Es wird das Format ffGeneral mit 15 Zeichen Länge verwendet.
Deklaration: Wirkung:	*function* FloatToStrF(value: *extended*; format: *TFloatFormat*; precision,digits: *integer*): *string*; Die Gleitkommazahl value wird in eine Zeichenkette unter Berücksichtigung des Parameters format umgewandelt.

Folgende Werte für **format** sind möglich:

ffGeneral   Allgemeines Zahlenformat; der Wert value wird in den kürzestmöglichen String umgewandelt. Dazu werden das wissenschaftliche oder das Festkommaformat verwendet.

ffExponent Wissenschaftliches Format; der Wert value wird in die Form '[-]d,d..dEvd..d' (d=Ziffer, v=+|-) umgewandelt. Die Gesamtzahl der Ziffern der Mantisse wird durch precision, die des Exponenten durch digits (0..4) bestimmt.

ffFixed   Festkommaformat; der Wert value wird in die Form '[-]d..d,d..d' umgewandelt. Vor dem Dezimalkomma steht immer wenigstens eine Ziffer, danach digits (0..18) Ziffern. Ist die Stellenanzahl vor dem Dezimalkomma größer als precision, so wird das wissenschaftliche Format benutzt.

ffNumber   Zahlenformat.

ffCurrency Währungsformat.

Bild 3.18   a) Routinen für die Konvertierung 1

Beispiel 1:   :

```
var  s1,s2: string[10];   r: double;
     i:      byte;        j: integer;
begin
     s1:='2.6'; s2:='-123';
     r:=StrToFloat(s1);      // r=2.6
     r:=StrToFloat(s2);      // r=-123.0
     i:=StrToInt(s1);        // Fehler (Punkt!)
```

```
            i:=StrToInt(s2);        // Fehler (Zahlenbereich von i!)
            j:=StrToInt(s2);        // j=-123
// weitere Beispiele befinden sich im Projekt ROUTINEN!
end
```

Deklaration: Wirkung:	*function* StrToInt(*const* s: *string*): *integer*; Enthält die Zeichenkette s eine ganze Zahl in dezimaler oder hexadezimaler Form, so wird diese in eine Ganzzahl umgewandelt, sonst wird die Exception **EConvertError** ausgelöst.
Deklaration: Wirkung:	*function* StrToIntDef(*const* s: *string*; default: *integer*): *integer*; Die Zeichenkette s wird in eine ganze Zahl umgewandelt. Ist das nicht möglich, so wird die in default definierte Zahl zurückgegeben.
Deklaration: Wirkung:	*function* IntToStr(value: *integer*): *string*; Die ganze Zahl value wird in eine Zeichenkette umgewandelt, die deren dezimale Darstellung enthält.
Deklaration: Wirkung:	*function* IntToHex(value, digits: *integer*): *string*; Die ganze Zahl value wird in eine Zeichenkette umgewandelt, die deren hexadezimale Darstellung enthält. Die Anzahl der Stellen wird durch digits bestimmt.

Bild 3.18   b) Routinen für die Konvertierung 2

Beispiel 2: **Ausgabe einer Zahl mit verschiedenen Formaten**

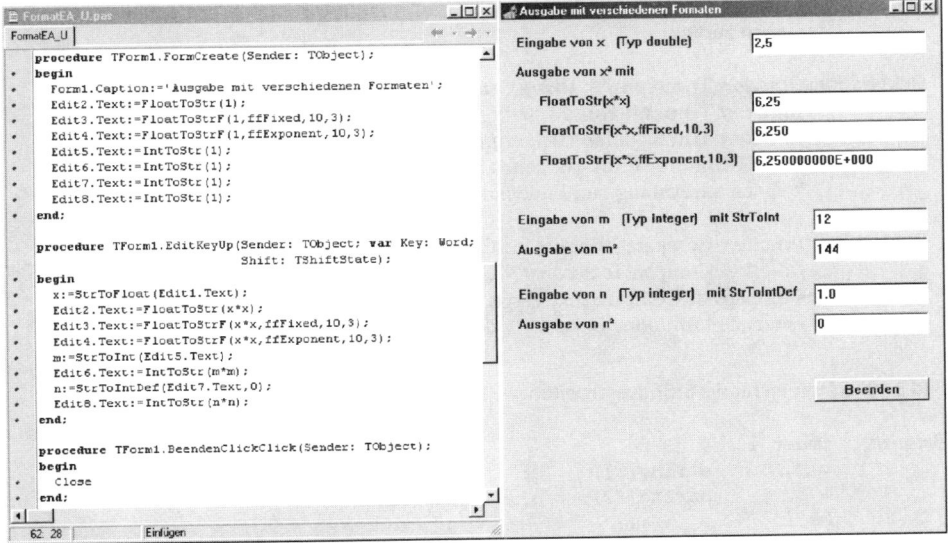

3.8.5   Routinen für die Stringverarbeitung

Stringverarbeitungsroutinen bieten mannigfaltige Unterstützung für die Bearbeitung von Zeichenketten. Sie besitzen deshalb insbesondere für nichtnumerische Anwendungen Bedeutung.

Deklaration: *function* Pos(substr,s: *string*): *integer*;
Wirkung: Im String s wird nach dem Substring substr gesucht. Der Index des ersten
                Zeichens von substr in s wird zurückgegeben, sonst der Wert 0.

Deklaration: *function* Length(s: *string*): *integer*;
Wirkung: Die Anzahl der im String s vorhandenen Zeichen wird zurückgegeben.

Deklaration: *procedure* Insert(substr: *string; var* s: *string;* index: *integer*);
Wirkung: Der Substring substr wird im String s ab dem Element s[index] eingesetzt.

Deklaration: *procedure* Delete(*var* s: *string;* index,count: *integer*);
Wirkung: Aus dem String s werden ab dem Element s[index] count Zeichen gelöscht.
                Ist index größer als die Stringlänge, so wird kein Zeichen gelöscht.

Deklaration: *function* Copy(s: *string*; index,count: *integer*): *string*;
Wirkung: Copy gibt den Substring von count Zeichen Länge ab dem Element s[index]
                des Strings s zurück. Ist index größer als die Länge von s, so wird ein Leer-
                string übergeben.

Deklaration: *function* Concat(s1,s2,s3, ...sn: *string*): *string*;
Wirkung: Concat vereinigt zwei oder mehrere Strings zu einem neuen String.

Deklaration: *function* LowerCase(*const* s: *string*): *string*;
                function UpperCase(*const* s: *string*): *string*;
Wirkung: LowerCase/UpperCase geben den String s mit nur Klein- oder Großbuch-
                staben zurück

Deklaration: *function* Trim(*const* s: *string*): *string*;
                function TrimLeft(*const* s: *string*): *string*;
                function TrimRight(*const* s: *string*): *string*;
Wirkung: Trim/TrimLeft/TrimRight geben den String s zurück, jedoch ohne Leer-
                zeichen am Anfang und Ende/am Anfang/am Ende.

Deklaration: *function* CompareStr(*const* s1,s2: *string*): *integer*;
                function CompareText(*const* s1,s2: *string*): *integer*;
Wirkung: CompareStr/CompareText vergleicht die beiden Strings s1 und s2 auf
                Gleichheit mit/ohne Beachtung der Groß- und Kleinschreibung.

Bild 3.19   Routinen für die Stringverarbeitung

```
Beispiel:   const a=' DRESDEN';
            var  b,c: string[8];    d:    string[3];
                 e:   string[32];   n,m:  integer;
            begin
                 b:='TECHNIK';      // b='TECHNIK☐'
                 c:='SCHERE';       // c='SCHERE☐☐'
```

```
          d:='TU';              // d='TU□'
          e := copy(b,1,6)+copy(c,1,4)+' UNIVERSITAET'+a;
      // e=' TECHNISCHE UNIVERSITAET DRESDEN'
          n := length(a);     // n=8
          m := pos('CH',b);   // m=3
      // weitere Beispiele befinden sich im Projekt ROUTINEN!
      end;
```

Hinweis: □ soll das Leerzeichen symbolisieren.

3.8.6   Routinen für die Behandlung ordinaler Daten

Deklaration: *procedure* Dec(*var* x [, n: *longint*]);
Wirkung: Von der Variablen x werden die Werte 1 oder n subtrahiert.

Deklaration: *procedure* Inc(*var* x [, n: *longint*]);
Wirkung: Zur Variablen x werden die Werte 1 oder n addiert.

Deklaration: *function* Odd(x: *longint*): *boolean*;
Wirkung: Odd wird *true*, falls x ungerade ist.

Deklaration: *function* Pred(x);
Wirkung: Pred liefert den Vorgänger des ordinalen Wertes x.

Deklaration: *function* Succ(x);
Wirkung: Succ liefert den Nachfolger des ordinalen Wertes x.

Bild 3.20   Routinen für die Behandlung ordinaler Daten

Beispiel:
```
      var x: double; n: integer; c: char; t: boolean;
      begin
          x:=1.6; inc(x,3);     // Ergebnis: x=4.6
          n:=5; dec(n);         // Ergebnis: n=4
          t:=odd(n);            // Ergebnis: t=false
          c:=pred('c');         // Ergebnis: c='b'
          c:=succ('x');         // Ergebnis: c='y'
          // weitere Beispiele befinden sich im Projekt ROUTINEN!
      end.
```

3.8.7   Transferroutinen

Beispiel:
```
      var n: byte=65; m: byte; c: char='A'; d: char;
      begin
          d:=chr(n);      // d='A'
          m:=ord(c);      // m=65
          // weitere Beispiele befinden sich im Projekt ROUTINEN!
      end.
```

Deklaration: *function* Chr(x: *byte*): *char*;
Wirkung: Chr gibt das Zeichen mit dem ANSI-Wert x zurück.

Deklaration: *function* Ord(x): *longint*;
Wirkung: Ord liefert den Ordinalwert des ordinalen Parameters x.

Deklaration: *function* High(x);
Wirkung: Ord liefert den höchsten Wert im Bereich des Arguments x zurück.
              x ist entweder eine Variablenreferenz oder ein Typbezeichner.
              Ergebnis:
              Ordinaltyp   höchster Wert im Bereich des Typs
              Array-Typ   höchster Wert im Bereich des Indextyps
              String-Typ   deklarierte Größe des Strings
              offenes Array   oberer Index des Parameter-Arrays
              String-Parameter   oberer Index des String-Parameters

Deklaration: *function* Low(x);
Wirkung: Low liefert den niedrigsten Wert im Bereich des Arguments x zurück.
              x ist entweder eine Variablenreferenz oder ein Typbezeichner.
              Ergebnis:
              Ordinaltyp   niedrigster Wert im Bereich des Typs
              Array-Typ   niedrigster Wert im Bereich des Indextyps
              String-Typ   0
              offenes Array   0
              String-Parameter   0

Deklaration: *function* Round(x: *extended*): *longint*;
Wirkung: Runden des Wertes x zur nächsten ganzen Zahl. Liegt das Ergebnis
              außerhalb des Typs *longint*, so wird eine Exception **EInvalidOp**
              ausgelöst.

Deklaration: *function* Trunc(x: *extended*): *longint*;
Wirkung: Abschneiden des gebrochenen Teils von x. Liegt das Ergebnis
              außerhalb des Typs *longint*, so wird eine Exception **EInvalidOp**
              ausgelöst.

Bild 3.21 Transferroutinen

3.8.8   Übungen

Fragen

3.30   Wozu werden Prozedur- und Funktionsdeklaration benötigt? Was ist der Unterschied
         zwischen beiden?

3.31   Wie steuert die Routine *Close* den Programmablauf im Vergleich zur Routine *Exit*?

Aufgaben

3.32   Erläutern Sie Art und Wirkung folgender Routinen der Unit Math: *MaxValue*, *MinVa-
         lue*, *Mean*, *Sum*, *SumOfSquare*, *Poly*, *RandomRange*.

3.33   Studieren Sie das Delphi-Projekt ROUTINEN und schildern Sie Funktionsweise und
         Anwendung der *function* Chr (x: *byte*): *char*?

3.9 Ein- und Ausgabe in Object Pascal

Ein- und Ausgaberoutinen (E/A-Prozeduren) dienen zur Übertragung von Informationen zwischen dem Hauptspeicher (HS) eines Computers und seinen peripheren Geräten, Bild 3.22.

Für die Datenübertragung benötigen die E/A-Prozeduren bestimmte Informationen wie E/A-Medium, E/A-Liste und E/A-Format.

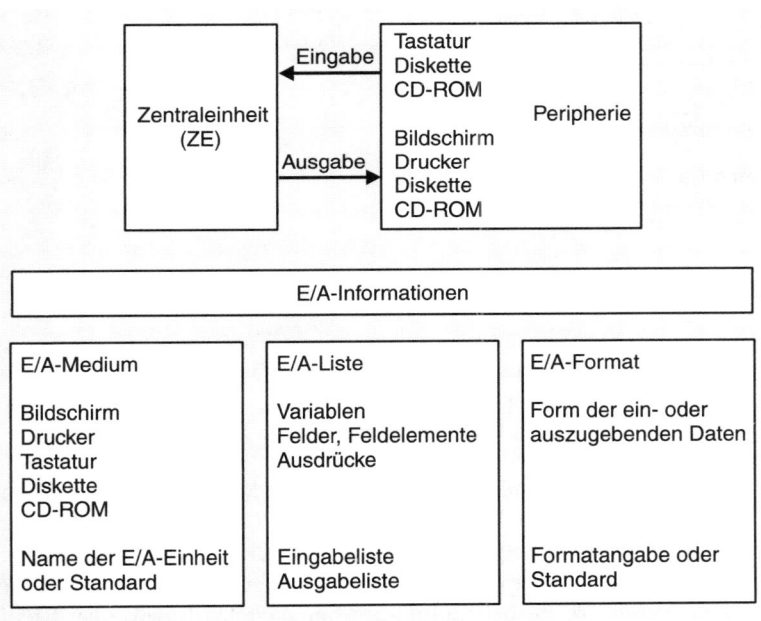

Bild 3.22 Ein- und Ausgabe (Prinzip)

In der Informatik spielt die **Datei** (File), Bild 3.23, eine dominierende Rolle. Eine Datei ist eine als Einheit unter einem Namen (Dateiname) abgespeicherte Menge logisch zusammengehörender Informationen (Eingabedatei, Ausgabedatei). Bestandteile von Dateien sind **Datensätze** (Records), die logische Informationseinheiten innerhalb einer Datei sind. Ein Datensatz wiederum besteht aus **Datenfeldern** (Fields). Datenfelder enthalten beispielsweise Zahlen, Zeichenketten oder auch logische Werte.

Die in Object Pascal verfügbaren E/A-Möglichkeiten sind editierbare Komponenten für die Bildschirm-E/A (Edit, StringGrid usw.) oder die Prozeduren read/readln und write/writeln für die Übertragung von Files zum/vom externen Speicher oder den Drucker. Mithilfe dieser spezifischen Fähigkeiten kann ein weiter Bereich des Datentransportes zwischen dem Hauptspeicher und externen Speichern bzw. E/A-Geräten abgedeckt werden. Beispiele für die E/A finden sich in allen Projekten, für Vektoren insbesondere im Projekt SUMMEN und für Matrizen im Projekt MATRIZEN.

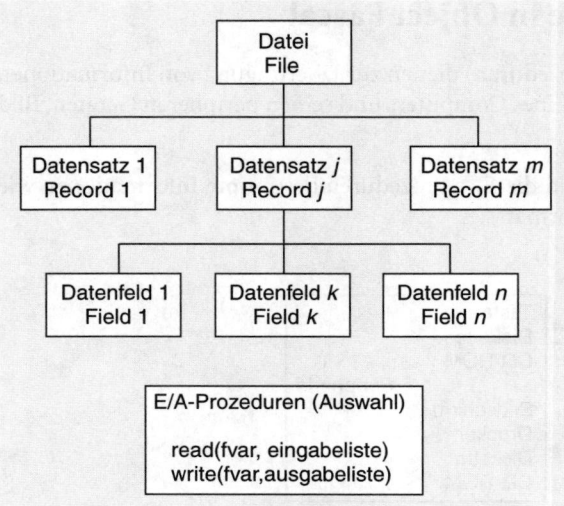

Bild 3.23   Bestandteile einer Datei

Für Dateien auf externen Datenträgern sind der **sequenzielle Zugriff** und der **Direktzugriff** auf die Sätze entsprechend organisierter Dateien möglich. Auf diese Möglichkeiten wird jedoch erst bei der Darstellung der Dateiverarbeitung, Abschnitt 4.6, eingegangen.

Für die Ausgabe über einen **Drucker** bietet Object Pascal die Möglichkeit, Daten ohne vorherige Typumwandlung auszugeben. Dafür werden der Typ *TextFile* und die Routinen *AssignPrn*, *Rewrite* und *CloseFile* bereitgestellt. Bevor der Drucker genutzt werden kann, muss deshalb in die *uses*-Anweisung der Quelltext-Formulardatei die Unit **Printers** aufgenommen werden. Die folgende Ereignisbehandlungsroutine zeigt das Prinzip. Gleichzeitig ist das erzeugte Druckbild angegeben.

```
procedure TForm1.DruckenClick(Sender: TObject);
   var Drucker: TextFile; n: integer; x: double;
begin
   AssignPrn(Drucker);
   Rewrite(Drucker);
   writeln(Drucker,'Heutiges Datum: ',DateToStr(Now));
   n:=12345; x:=12345.67;
   writeln(Drucker); writeln(Drucker,'n= ',n);
   // unformatierte Ausgabe.
   writeln(Drucker); writeln(Drucker,'x= ',x);
   // unformatierte Ausgabe.
   writeln(Drucker); writeln(Drucker,'x= ',x:12:3);
   // formatierte Ausgabe, 12 Ausgabepositionen, davon
   // 3 Dezimalstellen.
   CloseFile(Drucker)
end;
```

Bei der Ausführung des Projekts wird folgendes Druckbild erzeugt:

```
Heutiges Datum: 01.06.01
n=12345
x=1.23456700000000E+0004
x=□□□□12345.670
```

3.9.1 Übung

Aufgabe

3.34 Auf einem Drucker soll das folgende Druckbild ausgegeben werden:

```
Studiengang: Maschinenwesen

Name:
Vorname:
Note:
Datum:
...
```

Die Personendaten werden in einer strukturierten Variablen vom Typ *record* vereinbart (siehe Beispiel 2, Abschnitt 3.5.3), wobei der Name 20 und der Vorname max. 12 Zeichen lang sein soll. Als Datum wird das Rechnerdatum ausgegeben. Schreiben Sie die Prozedur mit lokalen Variablen.

4 Anwendungsprogrammierung mit Object Pascal unter Delphi

4.1 Weitere Object-Pascal-Anweisungen im Überblick

Zur Programmierung von bestimmten Anwendungen sind neben der bisher behandelten Ergibtanweisung und den Standardfunktionen und -prozeduren weitere Möglichkeiten erforderlich. Object Pascal enthält dafür einfache und strukturierte Anweisungen, Bild 4.1. Einfache Anweisungen enthalten keine weiteren Anweisungen. Zu ihnen gehören die schon bekannte Ergibtanweisung (Zuweisung), die Leeranweisung, Aufrufe von Prozeduren und Funktionen sowie die Sprunganweisung. Strukturierte Anweisungen sind aus anderen Anweisungen aufgebaut. Sie werden eingesetzt, wenn andere Anweisungen sequenziell, wiederholt oder in Abhängigkeit von einer Bedingung ausgeführt werden sollen. Zu ihnen gehören die Verbundanweisung, die bedingten Anweisungen, die Schleifenanweisungen, die Exception-Anweisungen und die *with*-Anweisung. Ihre Wirkungen und Besonderheiten werden anschließend beschrieben. Weitere Informationen befinden sich in der Online-Hilfe von Delphi und beispielsweise in [7], [19], [21].

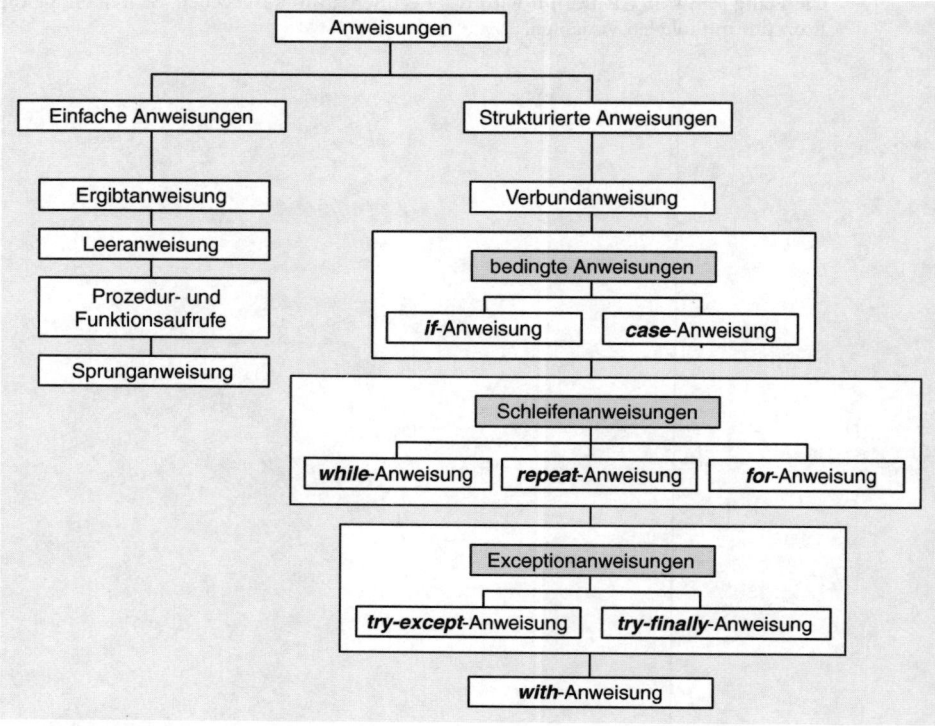

Bild 4.1 Object-Pascal-Anweisungen

4.1.1 Einfache Anweisungen

Leeranweisung

Eine Leeranweisung besteht aus keinem Symbol und führt demnach auch keine Operation aus. Sie wird dort erzeugt, wo nach der Object-Pascal-Syntax eine Anweisung erwartet wird, diese aber nicht vorhanden ist. Vor *end* steht laut Syntax kein Semikolon. Wird trotzdem eines gesetzt, so fügt der Compiler danach automatisch eine Leeranweisung ein.

Prozeduranweisung

Die Prozeduranweisung dient zum Aufruf einer Funktion oder einer Prozedur. Sie wird im Abschnitt 4.3, Unterprogrammtechnik, behandelt.

Sprunganweisung (*goto*-Anweisung)

Die *goto*-Anweisung übergibt die Programmsteuerung an die Anweisung, vor der die Marke steht. Die Marke muss im Deklarationsteil der Funktion oder Prozedur vereinbart worden sein. Sie kann ein Name oder eine natürliche Zahl im Bereich 0 . . . 9999 sein. Die markierte Anweisung muss ebenfalls im Block der Funktion oder Prozedur stehen.

Beispiel:
```
        var a,b, ...: double;
        label Marke, 555;
        begin
          :
        goto Marke;
          :
Marke: a:=b;
        end;
```

Sprunganweisungen widersprechen den Prinzipien der strukturierten Programmierung. Sie sollten mit größter Vorsicht nur dann eingesetzt werden, wenn sie zu einer deutlichen Vereinfachung des Programmtextes oder zur Senkung der Abarbeitungszeit führen!

4.1.2 Strukturierte Anweisungen

Verbundanweisung

Durch die Verbundanweisung können mehrere Anweisungen syntaktisch zu einer Einheit zusammengefasst werden. Sie muss überall dort verwendet werden, wo Object Pascal nur eine Anweisung zulässt. Vor *end* muss kein Semikolon stehen. Wird trotzdem eines angegeben, so setzt der Compiler danach automatisch eine Leeranweisung ein. Man sollte deshalb das Semikolon immer setzen, da man bei Programmänderungen dieses häufig vergisst und so leicht einen syntaktischen Fehler auslöst.

Beispiel:
```
begin                begin
  a:=b+c;              a:=b+c;
  y:=sin(a-x)          y:=sin(a-x); // Leeranweisung, vom Compiler erzeugt
end;                 end;
```

Bedingte Anweisungen (*if*- und *case*-Anweisung)

Object Pascal unterscheidet zwei Arten von bedingten Anweisungen, die *if*- und die *case*-Anweisung. Mit diesen können die bedingte Verarbeitung, die einfache Alternative und die mehrfache Alternative formuliert werden.

if-Anweisung

Die *if*-Anweisung dient zur Formulierung der bedingten Verarbeitung oder der Einfachverzweigung bzw. Alternative. Dafür existieren die folgenden zwei Formen.

> *if* logischer_ausdruck *then* anweisung1
> *if* logischer_ausdruck *then* anweisung1 *else* anweisung2

Die Anweisung nach *then* wird nur dann ausgeführt, wenn logischer_ausdruck wahr ist, sonst, wenn vorhanden, die nach *else* angegebene. Vor *else* darf **kein** Semikolon stehen! Da anweisung1 oder anweisung2 ihrerseits beliebige Anweisungen sein können, sind Schachtelungen möglich.

Bei Schachtelungen können die typischen Fälle

> *if* logischer_ausdruck1 *then*
> > *if* logischer_ausdruck2 *then* anweisung
> *if* logischer_ausdruck1 *then*
> > *if* logischer_ausdruck2 *then* anweisung1 *else* anweisung2

auftreten. Im ersten Fall wird anweisung nur dann ausgeführt, wenn sowohl logischer_ausdruck1 als auch logischer_ausdruck2 den Wahrheitswert *true* besitzen. In diesem Falle kann auch die alternative Schreibweise

> *if* logischer_ausdruck1 *and* logischer_ausdruck2 *then* anweisung

verwendet werden. Sind die logischen Ausdrücke Vergleiche, so müssen diese in Klammern gesetzt werden, da der logische Operator *and* die höhere Priorität besitzt.

> *if* (a>b) *and* (n<>m) *then* anweisung

Im zweiten Fall steht die Frage, welchem *if*-Zweig der *else*-Zweig zugeordnet wird. Hier gilt grundsätzlich die Regelung, dass ein *else*-Zweig immer zu der letzten Bedingung ohne *else*-Zweig gehört. Die genannte zweite Anweisung wird demnach wie nachfolgend angegeben interpretiert.

> *if* logischer_ausdruck1 *then*
> *begin*
> > *if* logischer_ausdruck2 *then* anweisung1 *else* anweisung2;
> *end*;

Anschließend werden im Bild 4.2 Beispiele für prinzipiell mögliche Fälle angegeben. Dabei sollen die Abkürzungen SB Strukturblöcke, also Anweisungsfolgen bedeuten.

Beispiel: **Geschachtelte Verzweigungen**

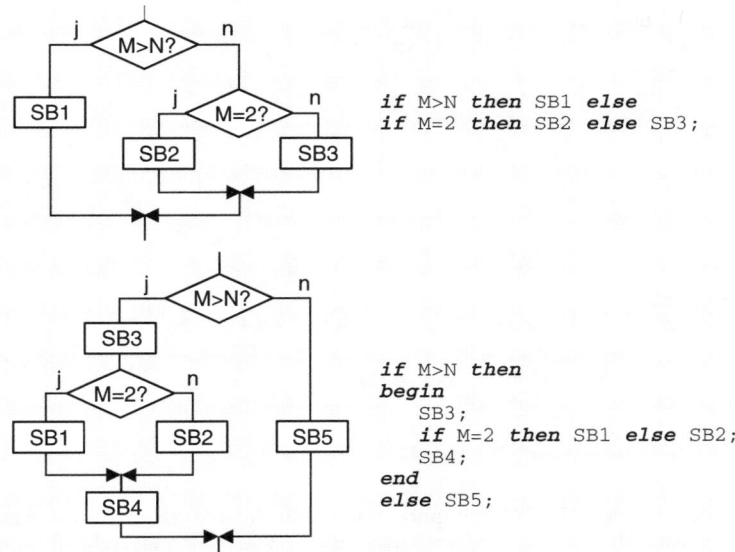

```
if M>N then SB1 else
if M=2 then SB2 else SB3;
```

```
if M>N then
begin
    SB3;
    if M=2 then SB1 else SB2;
    SB4;
end
else SB5;
```

Bild 4.2 Geschachtelte if-Anweisungen

Bestehen im oberen Fall die Strukturblöcke SB1, SB2 oder SB3 bzw. im unteren Fall SB1, SB2 oder SB5 aus mehreren Anweisungen, so müssen diese durch *begin* und *end* zu einer Verbundanweisung zusammengefasst werden.

case-Anweisung

Die *case*-Anweisung findet für die Mehrfachverzweigung oder Fallauswahl Anwendung.

```
case selektor of
    bereich1: anweisung1;
    bereich2: anweisung2;
        :
    [else anweisung]
end
```

Die *case*-Anweisung gestattet die Auswahl aus mehreren Anweisungen durch einen Selektor. Die Auswahl erfolgt durch die Bereiche bzw. den *else*-Zweig. Es wird die Anweisung ausgeführt, deren Bereich den Wert des Selektors enthält. Trifft das nicht zu, so wird, wenn vorhanden, die nach *else* stehende Anweisung abgearbeitet, sonst wirkt die *case*-Anweisung wie eine Leeranweisung. Der Selektor und die Elemente der Bereiche müssen vom Ordinaltyp sein.

Beispiel: **Umwandlung römischer Zahlen in Dezimalzahlen**

```
var Zeichen:     char;
    Zahl,z0,z1:  integer;
```

```
begin
  z0:=0; z1:=0; Zahl:=0;
  // Eingabe der ersten römischen Ziffer (Zeichen)
  // und gleichzeitige Ausgabe
  while Zeichen < > ' ' do
  begin
    case Zeichen of
      'M': z1:=1000;
      'D': z1:= 500;
      'C': z1:= 100;
      'L': z1:= 50;
      'X': z1:= 10;
      'V': z1:= 5;
      'I': z1:= 1
    end;
    if z0<z1 then Zahl:=Zahl-z0 else Zahl:=Zahl+z0; z0:=z1;
    // Eingabe der nächsten römischen Ziffer und Hinzufügen
    // zu den schon ausgegebenen
  end;
  Zahl:=Zahl+z0;
  // Ausgabe der Dezimalzahl Zahl
end.
```

Anmerkung 1: Der Algorithmus arbeitet nur dann korrekt, wenn wirklich die römischen Ziffern I, V, X usw. verwendet und die Vorschrift zum Aufbau römischer Zahlen eingehalten werden. Welche Erweiterungen wären deshalb für eine korrekte Arbeit des Algorithmus erforderlich, wenn er auch bei Eingabe von Kleinbuchstaben für die römischen Ziffern richtig arbeiten und die Eingabe der Ziffernfolgen auf syntaktische Zulässigkeit überprüft werden soll?

Anmerkung 2: Natürlich könnte man die *case*-Anweisung des obigen Beispiels auch durch eine Folge von *if*-Anweisungen oder durch eine verschachtelte *if*-Anweisung ersetzen. Letztere hätte die aufwendigere und unübersichtlichere Form

```
if Zeichen='M' then z1:=1000 else
if Zeichen='D' then z1:= 500 else
if Zeichen='C' then z1:= 100 else
if Zeichen='L' then z1:=  50 else
if Zeichen='X' then z1:=  10 else
if Zeichen='V' then z1:=   5 else
if Zeichen='I' then z1:=   1;
```

Anmerkung 3: In dem Beispiel wurde bereits die erst anschließend vorgestellte *while*-Anweisung für die wiederholte Abarbeitung eines Teils des Algorithmus verwendet.

Schleifenanweisungen (*while-*, *repeat-* und *for*-Anweisung)

Schleifen- oder Zyklenanweisungen dienen zur Steuerung der wiederholten Abarbeitung einer oder mehrerer Anweisungen.

Es werden unterschieden:

while-Anweisung	→	Abweiszyklus,
repeat-Anweisung	→	Nichtabweiszyklus,
for-Anweisung	→	Zählzyklus.

Die Anweisungen haben folgende Form:

> *while* logischer_ausdruck *do* anweisung
>
> *repeat* anweisung(en) *until* logischer_ausdruck
>
> *for* laufvariable:=anfangswert *to*   endwert *do* anweisung
>
> *for* laufvariable:=anfangswert *downto* endwert *do* anweisung

Die *while*-Anweisung (Abweiszyklus) wird so lange ausgeführt, wie logischer_ausdruck wahr ist, die *repeat*-Anweisung (Nichtabweiszyklus) so lange, bis er wahr ist. Für die *for*-Anweisung (Zählzyklus) gilt:

- laufvariable muss eine lokale Variable sein, also in dem sie benutzenden Block deklariert sein.
- laufvariable, anfangswert und endwert müssen vom gleichen Ordinaltyp sein, im üblichen Fall also vom *integer*-Typ.
- anfangswert und endwert können Ausdrücke sein, sie werden vor der Abarbeitung der *for*-Anweisung berechnet.
- laufvariable nimmt zuerst den anfangswert an, dann bei *to* den nächsthöheren, bei *downto* den nächstniedrigen usw. bis zum endwert. Damit wird jeweils die nach *do* stehende anweisung abgearbeitet.
- Ist für *to* (*downto*) zu Beginn die Bedingung
  > anfangswert $\leq$ ($\geq$) endwert
  nicht erfüllt, so wird anweisung nicht ausgeführt, da die *for*-Anweisung als Abweiszyklus realisiert ist.
- laufvariable darf in anweisung nicht geändert werden.
- laufvariable ist nach vollständiger Abarbeitung der *for*-Anweisung undefiniert.

Beispiel 1: **Summenbildung mit den verschiedenen Schleifenanweisungen: $s = \sum\limits_{i=1}^{n} x_i$**

Abweiszyklus

```
s:=0;                   oder   s:=0;
i:=0;                          i:=1;
while i<n do                   while i<=n do
begin                          begin
  i:=i+1;                        s:=s+x[i];
  s:=s+x[i];                     i:=i+1;
end;                           end;
```

Nichtabweiszyklus

```
s:=0;                   oder   s:=0;
i:=0;                          i:=1;
repeat                         repeat
  i:=i+1;                        s:=s+x[i];
  s:=s+x[i];                     i:=i+1;
until i=n;                     until i>n;
```

Zählzyklus

```
s:=0;                   oder   s:=0;
for i:=1 to n                  for i:=n downto 1
do s:=s+x[i];                  do s:=s+x[i];
```

Die hier angegebenen Möglichkeiten führen alle zum gleichen Ergebnis. Die intuitiv beste Lösung stellt dabei die erste Form des Zählzyklus dar, da sie die Summenbildung in der natürlichen Weise realisiert. Außerdem ist die Anzahl der Wiederholungen durch Anfangs- und Endwert des Zählers festgelegt. Beim Abweis- und Nichtabweiszyklus dagegen muss die Endebedingung abhängig vom Anfangswert des Zählers unterschiedlich definiert werden.

Beispiel 2: **Tabellierung (Herstellung einer Tabelle) der Funktion**

$$y = e^{-x} \cdot \sin|x| \qquad \text{für } x = a(h)b, \text{ wobei gilt: } h = (b - a)/m, \quad (m > 0, \text{ ganz})$$

```
:
var a, b, h, x, y: double;
    m, j:           integer;
begin
    :
    h:=(b-a)/m; x:=a;
    for j:=0 to m do
    begin
        x:=a+j*h; y:= exp(-x)*sin(abs(x));
        // Hier erfolgt Ausgabe und/oder Weiterverarbeitung von x und y
    end;
    :
end;
```

Beispiel 3: **Berechnung des Polynoms** $y = \sum_{i=0}^{n} a_i \cdot x^i, \quad n \leq 10$

Algorithmus:

$$y = a_n \cdot x^n + a_{n-1} \cdot x^{n-1} + \ldots + a_1 \cdot x + a_0$$

oder besser mit dem Hornerschema:

$$y = (\ldots ((a_n \cdot x + a_{n-1}) \cdot x + a_{n-2}) \cdot x \ldots + a_1) \cdot x + a_0$$

```
type VektorT = array [0..10] of double;
var a: VektorT; i,n: byte; x,y: double;
    :
begin
    // Eingabe von n (0 ≤ n ≤ 10), a[i] (0 ≤ i ≤ n) und x
    if n=0 then y:=a[n] else
    begin
        y:=a[n]*x+a[n-1]; if n>1 then for i:=n-2 downto 0 do y:=y*x+a[i];
    end;
    // Ausgabe und/oder Weiterverarbeitung des Polynomwertes y
end;
    :
```

Beispiel 4: **Matrixoperationen mit einer quadratischen n-reihigen Matrix X ($n \leq 10$)**

Gesucht: Summe der Elemente der Hauptdiagonalen $\rightarrow$ SH,

Summe der Elemente der Nebendiagonalen $\rightarrow$ SN.

$$X = \begin{pmatrix} x_{1,1} & \cdots & & x_{1,n} \\ & \ddots & & \\ \vdots & & x_{i,j} & \vdots \\ & & & \ddots & \\ x_{n,1} & \cdots & & x_{n,n} \end{pmatrix} \qquad SH = \sum_{i=1}^{n} x_{i,i}, \quad SN = \sum_{i=1}^{n} x_{n+1-i,i}$$

```
var X:        array [1..10,1..10] of double;
    SH,SN:    double;
    i,n,n1:   integer;
begin
```

```
    :                          :
    :                          n1:=n+1;
    SH:=0                      SH:=0;
    SN:=0                      SN:=0;
    for i:=1 to n do           for i:=1 to n do
    begin                      begin
      SH:= SH+X[i,i];            SH:=SH+X[i,i];
      SN:= SN+X[n+1-i,i]         SN:=SN+X[n1-i,i]
    end;                       end;
    :                          // Diese Lösung ist besser, da hier nicht
end;                           // wiederholt (n+1) berechnet wird.
```

Beispiel 5: **Bildung des Produkts der Elemente eines reellwertigen Vektors *v* der Länge *m*, $m \leq 20$**

Elemente mit dem Wert 0.0 sind auszuschließen, d. h. bei der Produktbildung nicht zu berücksichtigen.

$$p = \prod_{i=1}^{m} y_i$$

```
var v: array [1..20] of double;
    p: double;
    i,m: integer;
    :
p:=1.0;    // oder auch p:=1;
for i:=1 to m do if abs(v[i])>1E-6 then p:=p*v[i];
    :
```

Anmerkung: Der Test reellwertiger Größen auf Gleichheit ist meist wirkungslos.

Gründe:
- durch Stellenzahl begrenzte Genauigkeit,
- daraus resultierende Rundungsfehler.

Ausweg: Test auf eine hinreichend kleine Größe (Absolutwert!).

Beispiel 6: **Ausgabe von Zeichen (Prinzip)**

```
var a: char;
    :
for a:='A' to 'D' do        // Ausgabe von a → ABCD
for a:='D' downto 'A' do    // Ausgabe von a → DCBA
for a:='A' downto 'D' do    // Ausgabe von a → keine Ausführung!
```

Anmerkung: Entsprechend dem *ANSI*-Code bzw. dem *ASCII* gilt

'A' < 'B' < ... < 'Z'!

Beispiel 7:   **Berechnung eines Näherungswertes nach dem Newton-Verfahren entsprechend Abschnitt 2.3.4, Bild 2.11**

Der vollständige Algorithmus befindet sich im Projekt NEWTONVERFAHREN.

```
        :
i:=0;
x0:=a/n;
repeat
    x1:=((n-1)*x0+a/intpower(x0,n-1))/n;
    t:=abs(x1-x0)/(1+abs(x1));
    i:=i+1;
    x0:=x1;
until (t<=eps) or (i=k);
        :
```

Schachtelung von Zyklenanweisungen

1. Zyklenanweisungen heißen geschachtelt, wenn die eine *vollständig* in der anderen enthalten ist. Die umfassende heißt äußere, die umfasste innere Zyklenanweisung. Die Schachtelungstiefe ist beliebig.
2. Überlappungen von Zyklenanweisungen sind unzulässig!

Beispiel 1:   **Bildung der Summe $C = A + B$ von zwei reellwertigen Matrizen mit je m Zeilen und n Spalten, $(1 \leq m, n \leq 10)$**

```
const max=10;
type  MatrixT=  array [1..max,1..max] of double;
var   A,B,C:    MatrixT;
      m,n,i,j:  byte;
// Eingabe von m, n und der Elemente A[i,j], B[i,j]
// der Matrizen A und B
for i:=1 to m do
for j:=1 to n do
C[i,j]:=A[i,j]+B[i,j];
// Ausgabe und/oder Nutzung der Ergebnismatrix C
```

Beispiel 2:   **Bildung der Summen SPOS bzw. SNEG aller positiven bzw. negativen Elemente einer Matrix $\underline{Y}$ mit m Zeilen und n Spalten**

```
        :
SPOS:=0;
SNEG:=0;
for i:=1 to m do
for j:=1 to n do
begin
    H:=Y[i,j];
    if H>0 then SPOS:=SPOS+H;
    if H<0 then SNEG:=SNEG+H
end;
        :
```

Beispiel 3: **Aufsteigendes Sortieren eines Vektors *x* mit *n* Elementen mit dem Austauschverfahren**

Prinzip: Im ersten Durchlauf wird, falls erforderlich, das kleinste Element mit dem ersten ausgetauscht. Die weiteren Elemente werden dann sinngemäß in gleicher Weise behandelt.

```
for k:=1 to n-1 do
for j:=k+1 to n do
if x[j]<x[k] then
begin
    h:=x[k]; x[k]:=x[j]; x[j]:=h;
end;
```

Beispiel 4: **Lösung eines Gleichungssystems mit maximal 10 Unbekannten nach dem Gauß-Algorithmus *ohne* Pivotisierung**

Der Gauß'sche Algorithmus für die Lösung eines Gleichungssystems, Bild 4.3, setzt sich aus den wesentlichen Schritten Vorwärtselimination und Rückwärtssubstitution zusammen. Dabei wird das gegebene Gleichungssystem zunächst in ein äquivalentes in Dreiecksform umgewandelt, aus dem nachfolgend schrittweise die gesuchten Unbekannten ermittelt werden. Das Gauß-Verfahren versagt jedoch, falls das Diagonalelement

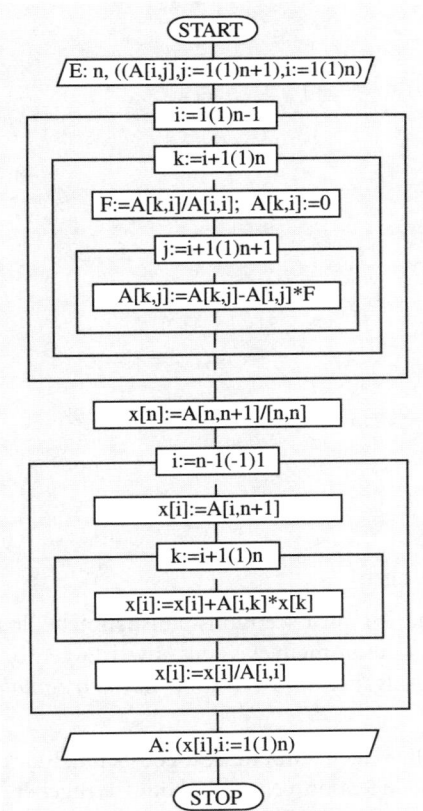

Bild 4.3
Strukturierter Entwurf (SEA)
für den Gauß-Algorithmus
ohne Pivotisierung

(Pivotelement) eines Eliminationsschrittes gleich null oder sehr klein ist, da in dann die Division durch null ein undefiniertes Ergebnis liefert oder durch einen sehr kleinen Nenner erhebliche Rundungsfehler auftreten. In diesem Fall muss vor Ausführung des Eliminationsschrittes diese Pivotzeile gegen eine der folgenden ausgetauscht werden. Der oben dargestellte Ausschnitt arbeitet *ohne* Pivotisierung. Die vollständige Lösung befindet sich im Projekt GLEICHUNGSSYSTEM. Dort ist auch der Gauß-Algorithmus *mit* Pivotisierung angegeben.

Object-Pascal-Programm (Ausschnitt):

```
        :
const nmax=10;
var   A:          array [1..nmax,1..nmax+1] of double;
      x:          array [1..nmax] of double;
      i,n,j,k:    integer;
      F:          double;
begin
// Lösung eines Gleichungssystems mit n Unbekannten nach Gauß
// Eingabe der Anzahl der Unbekannten, der Koeffizientenmatrix A
// und des Vektors der rechten Seite. Dieser wird in der letzten
// Spalte der Matrix A gespeichert.
// Vorwärtselimination
for i:=1 to n-1 do
for k:=i+1 to n do
begin
    F:=A[k,i]/A[i,i];
    A[k,i]:=0;
    for j:=i+1 to n+1 do A[k,j]:=A[k,j]-A[i,j]*F
end;

x[n]:=A[n,n+1]/A[n,n];

// Rückwärtssubstitution
for i:=n-1 downto 1 do
begin
    x[i]:=A[i,n+1];
    for k:=i+1 to n do x[i]:=x[i]-A[i,k]*x[k];
    x[i]:=x[i]/A[i,i]
end;

// Ausgabe und/oder Weiterverarbeitung der Ergebnisse
    :
end;
```

Exception-Anweisungen (*try*-Anweisungen)

Object Pascal bietet die Möglichkeit, gezielt auf Exceptions (Ausnahmebedingungen) zu reagieren. Dazu werden die in Bild 4.4 zusammengefassten Anweisungen bereitgestellt. Es gibt zwei Arten mit verschiedenen Aufgaben und Wirkungen, die *try-finally*- und die *try-except*-Anweisung.

Die **try-finally-Anweisung** dient zum Erzeugen eines Ressourcen-Schutzblocks. Die Aufgabe desselben besteht darin, zugewiesene Ressourcen auch dann freizugeben, wenn eine Exception auftritt. Der prinzipielle Aufbau hat die Form

> ***try***
>   // Zuweisen und Nutzung der Ressourcen
> ***finally***
>   // Freigabeteil (unbedingte Freigabe der Ressourcen)
> ***end***;
>   // gemeinsame Weiterführung

Tritt in den Anweisungen zwischen *try* und *finally* ein Fehler auf, so erfolgt sofort ein Sprung in den Freigabeteil. Die nach *finally* bis *end* stehenden Anweisungen werden ausgeführt. Das erfolgt jedoch auch dann, wenn kein Fehler auftrat.

Hinweis: Zur Unterdrückung der Systemreaktion auf einen Fehler muss die Standardeinstellung über das Menü TOOLS/DEBUGGER-OPTIONEN, Register SPRACH-EXCEPTIONS, BEI DELPHI-EXCEPTIONS STOPPEN, ausgeschaltet werden.

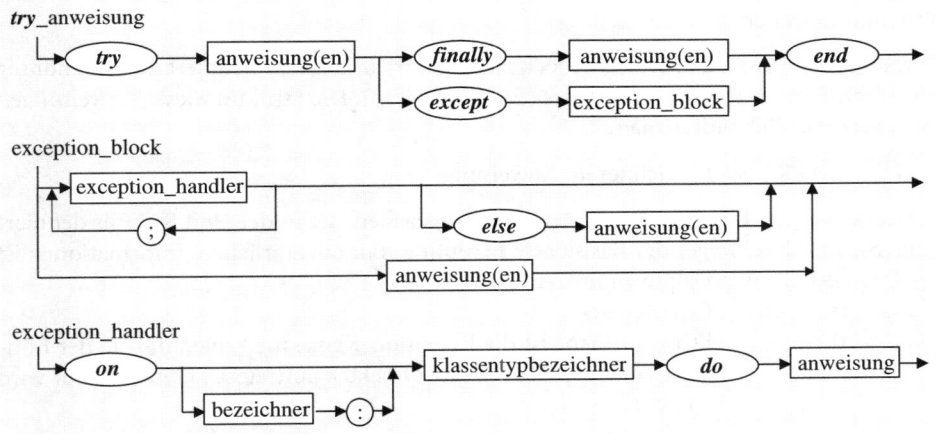

Bild 4.4   Exception-Anweisung

Die *try-except*-Anweisung dient zum Erzeugen einer Exception-Behandlungsroutine mit der Aufgabe, gezielte Reaktionen zu definieren und auszuführen, wenn in den geschützten Anweisungen ein Fehler auftritt.

Der prinzipielle Aufbau lautet

> ***try***
>   // geschützter Anweisungsblock (geschützte Anweisungen)
> ***except***
>   // Exception-Block (Reaktion auf Fehler in den geschützten Anweisungen)
> ***end***;
>   // gemeinsame Weiterführung

Tritt bei der Ausführung der geschützten Anweisungen zwischen *try* und *except* eine Exception auf, so wird die Steuerung sofort an den Exception-Block übergeben und das Programm versucht, die Fehler wie folgt zu behandeln:

- Besteht der Exception-Block lediglich aus einer Folge von Anweisungen ohne Exception-Handler, so wird die Steuerung an die erste Anweisung in der Liste übergeben.
- Stimmt einer der Excetion-Handler im Exception-Block mit der betreffenden Exception überein, so wird die Steuerung an diese Routine übergeben. Eine Übereinstimmung liegt vor, wenn der Typ in der Behandlungsroutine der Klasse der Exception oder eines ihrer Nachkommen entspricht.
- Wenn keine Behandlungsroutine existiert, so wird die Steuerung an die Anweisungen in der *else*-Klausel, falls vorhanden, übergeben.

Trifft keine dieser Bedingungen zu, wird die Suche im Exception-Block der zuletzt ausgeführten und noch nicht beendeten *try...except*-Anweisung fortgesetzt. Kann dort keine entsprechende Behandlungsroutine, *else*-Klausel oder Anweisungsliste gefunden werden, wird die nächste *try...except*-Anweisung durchsucht usw. Ist die Exception bei Erreichen der äußersten *try...except*-Anweisung immer noch nicht behandelt worden, wird das Programm beendet.

Jede *on*-Anweisung im Exception-Block zwischen *try* und *except* definiert die Behandlung eines bestimmten Klassenbezeichners (Exception-Typ). Die Struktur dieser Anweisungen zur Exception-Behandlung lautet:

> *on* Klassenbezeichner *do* Anweisung;

Anschließend sind einige Klassenbezeichner angegeben, die in der Unit SysUtils definiert sind. Sie sind Nachfolger der Basisklasse Exception. Für ausführlichere Informationen ist die Online-Hilfe von Delphi zu nutzen.

Klassenbezeichner	Erläuterung
EConvertError	EConvertError ist die Exception-Klasse für Fehler, die bei der Konvertierung von Strings und Objekten auftreten. EConvertError wird ausgelöst, wenn • eine Anwendung ohne Erfolg versucht, eine Ganzzahl, eine Gleitkommazahl, ein Datum oder eine Zeitangabe in einen String zu konvertieren oder umgekehrt. • eine Anwendung einer Formatierungsroutine ein ungültiges Argument übergibt.
EMathError	EMathError ist die Basis-Exception-Klasse für Fehler bei Berechnungen mit Gleitkommazahlen. EMathError wird nie selbst in der VCL ausgelöst. Folgende Exceptions stammen von EMathError ab:

Klassenbezeichner	Erläuterung
EInvalidArgument	der Parameter liegt außerhalb des zulässigen Wertebereichs
EInvalidOp	der Prozessor hat eine nicht definierte Anweisung oder eine unzulässige Operation festgestellt
EOverflow	Überlauf bei Gleitkommaoperation
EUnderflow	Unterlauf bei Gleitkommaoperation
EZeroDivide	Versuch der Division durch null

EDivByZero EDivByZero ist die Exception-Klasse für Fehler, die aus der Division einer Integer-Zahl durch null resultieren.

ERangeError ERangeError ist die Exception-Klasse für ganzzahlige Werte, die für den Typ, dem sie zugewiesen werden, zu groß sind. ERangeError wird ausgelöst, wenn

- der Wert eines ganzzahligen Ausdrucks die Bereichsgrenzen des ganzzahligen Typs überschreitet, dem er zugewiesen wird.
- im Quellcode versucht wird, auf ein Array-Element mithilfe eines Indexwertes zuzugreifen, der außerhalb der definierten Array-Grenzen liegt;

ERangeError wird nur ausgelöst, wenn die Bereichsprüfung mit $R+ aktiviert ist.

Im ersten Fall, Beispiel 1, werden die Anweisungen des Exception-Blocks stets ausgeführt, wenn im geschützten Anweisungsblock irgendein Fehler auftrat. Im zweiten Fall, Beispiel 2, kann in Abhängigkeit von der Fehlerart, beispielsweise eine Division durch null, festgelegt werden, welche Anweisungen dann ausgeführt werden sollen.

Beispiel 1:
```
// Eingabe des Wertes di aus dem Editierfeld Edit1.
// Fehlerbehandlungen bei syntaktischen Fehlern des Eingabewertes.
// Im Fehlerfall wird der ursprüngliche (aktuelle) Wert wieder
// gesetzt und das Editierfeld Edit1 erhält für die erneute Eingabe
// den Fokus.
   :
try
    di:=StrToFloat(Edit1.Text);
except
    Edit1.Text:=FloatToStr(di);
    Edit1.SetFocus;
    Exit;
end; :
```

Beispiel 2:
```
// Bei der Berechnung von y:=1/sqrt(x[i]) können folgende Fehler
// auftreten, auf die in der Ereignisbehandlungsroutine im
// Exception-Block durch Exception-Handler gezielt reagiert wird:
// 1. der Radikand x[i] ist negativ, Exceptionklasse EInvalidOp
// 2. der Radikand ist Null, Exceptionklasse EZeroDivide
// 3. der Index i liegt außerhalb der definierten Grenzen,
//    Exceptionklasse ERangeError
// 4. die eingegebene Zahl ist syntaktisch unkorrekt,
//    Exceptionklasse EConvertError
   :
procedure TForm1.ExceptionClick(Sender: TObject);
    type VektorT = array [1..5] of double;
    var x: VektorT;
        y: double;
        i: integer;
begin
   {$R+}
   try
     i:=SpinEdit1.Value;
     x[i]:=StrToFloat(Edit1.Text);
```

```
      y:=1/sqrt(x[i]);
except
  on EInvalidOp do
  begin
    ShowMessage('Radikand negativ, richtigen Wert eingeben!');
    Exit;
  end {EInvalidOp};
  on EZeroDivide do
  begin
    ShowMessage('Division durch null, y wird auf 1 gesetzt!');
    y:=1;
  end {EZeroDivide};
  on ERangeError do
  begin
    ShowMessage('Index i außerhalb der definierten Grenzen!');
    Exit;
  end {ERangeError};
  on EConvertError do
  begin
    ShowMessage('Konvertierungsfehler, gültige Zahl eingeben!');
    Exit;
  end {EConvertError};
end;
  Edit2.Text:=FloatToStrF(y,ffFixed,10,4);
end { TForm1.ExceptionClick };
  :
```

With-Anweisung

Die *with*-Anweisung dient dem bequemeren Zugriff auf Datenfelder von Records, Abschnitt 4.6.3, sowie auf Datenfelder, Eigenschaften und Methoden von Objekten, Kapitel 5. Der Zugriff zu den einzelnen Komponenten kann auf zwei verschiedene Arten erfolgen.

1. Angabe des Namens der *record*-Variablen, Abschnitt 4.6.3, bzw. des Namens des Datenfelds, der Eigenschaft oder der Methode eines Objekts, Kapitel 5, und durch einen Punkt getrennt des Bezeichners des gewünschten Elements (qualifizierter Bezeichner).
2. Verwendung der *with*-Anweisung, um nicht wiederholt den Namen der *record*-Variablen bzw. des Datenfelds, der Eigenschaft oder der Methode des Objekts angeben zu müssen.

Beispiel: Soll auf die Zeichenfläche (Canvas) der Zeichenbox PaintBox1 eine Linie mit dreifacher Strichstärke in der Farbe grün vom Punkt (x_1, y_1) nach (x_2, y_2) gezeichnet werden, so sind die folgenden prinzipiellen Formulierungen der erforderlichen Anweisungen möglich. Die Anweisungen für die grafische Darstellung selbst werden im folgenden Abschnitt 4.2 angegeben.

Formulierung 1
```
PaintBox1.Canvas.Pen.Color:=clGreen;
PaintBox1.Canvas.Pen.Width:=3;
PaintBox1.Canvas.MoveTo(x1,y1);
PaintBox1.Canvas.LineTo(x2,y2);
```

Formulierung 2
```
with PaintBox1.Canvas do
begin
  Pen.Color:=clGreen;
  Pen.Width:=3;
  MoveTo(x1,y1);
  LineTo(x2,y2)
end;
```

4.1.3 Standardprozeduren Break, Continue, Exit und Halt

Diese Standardprozeduren, Abschnitt 3.8.3, dienen zur Steuerung des Programmablaufs. Break und Continue können nur innerhalb von Schleifenanweisungen (*while*, *repeat*, *for*) aufgerufen werden. *Break* bewirkt, dass der Zyklus verlassen und mit der diesem Zyklus folgenden Anweisung fortgesetzt wird. Continue setzt den Zyklus mit dem nächsten Durchlauf fort. Die zwischen Continue und dem Ende des Zyklus stehenden Anweisungen werden in diesem Falle nicht verarbeitet. Exit entzieht der aktuellen Prozedur sofort die Programmsteuerung. Nach dem Aufruf von Exit wird die aufrufende Routine mit der nach dem Prozeduraufruf folgenden Anweisung fortgesetzt. Exit beschränkt sich nicht auf einen Block, sondern beendet die gesamte Prozedur. Halt beendet das Programm und übergibt die Steuerung an das Betriebssystem.

Beispiel 1: Die Werte eines ganzzahligen Vektors *n* mit 10 Elementen, deren Werte für dieses Beispiel 1 bis 10 sind, sollen, beginnend mit dem ersten Element, so lange addiert werden, bis die Summe > 11 geworden ist.

```
procedure TForm1.BreakButtonClick(Sender: TObject);
    var   Summe,i,j:      integer;
    const n: array [1..10] of integer=(1,2,3,4,5,6,7,8,9,10);
begin
    Summe:=0;
    for i:=1 to 10 do
    begin
       Summe:=Summe+n[i];
       if Summe>11 then Break;
       Edit1.Text:=' i='+IntToStr(i)+' Summe='+IntToStr(Summe);
    end;
    Edit2.Text:=' i='+IntToStr(i)+' Summe='+IntToStr(Summe);
end {TForm1.BreakButtonClick};
```

Beispiel 2: Die Werte eines ganzzahligen Vektors *n* mit 10 Elementen, deren Werte für dieses Beispiel 1 bis 10 sind, sollen, beginnend mit dem ersten Element, addiert werden, wobei jedoch die Elemente mit den Indizes 3 bis 6 auszuschließen sind.

```
procedure TForm1.ContinueButtonClick(Sender: TObject);
    var   Summe,i,j:      integer;
    const n: array [1..10] of integer=(1,2,3,4,5,6,7,8,9,10);
begin
    Summe:=0;
    for i:=1 to 10 do
    begin
       if i in [3..6] then Continue;
       Summe:=Summe+n[i];
    end;
    Edit3.Text:=' i='+IntToStr(i)+' Summe='+IntToStr(Summe);
end {TForm1.ContinueButtonClick};
```

Bild 4.5 enthält die Wirkung der Standardroutinen Break und Continue auf die Steuerung der *for*-Anweisung und die dadurch berechneten Werte.

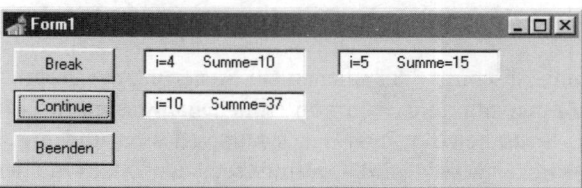

Bild 4.5 Wirkung der Standardroutinen Break und Continue

4.1.4   Projekt TRÄGER2

Im Abschnitt 2.3, Bild 2.6, wurde der strukturierte Entwurf für die Berechnung der Lagerkräfte A und B, der Durchbiegung y und des Biegemoments M eines durch eine Einzelkraft belasteten zweifach gelagerten Trägers angegeben [13]. Hier werden folgende Veränderungen gegenüber diesem Projekt TRÄGER1 vorgenommen:

- Namensänderung der Button- und LabeledEdit-Komponenten über den Objektinspektor
- Tests zur Sinnfälligkeit von Eingabedaten, Fehlerausgabe über ein modales Meldungsfenster mit der in der Unit Dialogs verfügbaren Routine

    procedure ShowMessage(*const* Msg: *string*)

- Formatierte Ausgabe der Ergebniswerte mit der im Abschnitt 3.8.4 beschriebenen Konvertierungsroutine FloatToStrF.

Die Formulierung für die Eingabe, Fehlerkontrolle, Berechnung und Ausgabe im *implementation*-Teil lautet:

```
procedure TForm1.Button1Click(Sender: TObject);
   var L,c,F,A,B,M,y,E,I: double;
begin
   // Eingabe von L, c und F
   // Fehlerbehandlung bei syntaktischen Fehlern der Eingabedaten
   // In dem Fall erhält das Eingabefeld den Fokus
   try L:=StrToFloat(Lagerabstand.Text);
   except Lagerabstand.SetFocus; Exit; end;
   try c:=StrToFloat(Kraftangriff.Text);
   except Kraftangriff.SetFocus; Exit; end;
   try F:=StrToFloat(Einzelkraft.Text);
   except Einzelkraft.SetFocus; Exit; end;
   // Fehlerbehandlung bei logischen Fehlern
   // Ausgabe einer Fehlermitteilung
   // Das Eingabefeld erhält den Fokus
   if (L<=0) or (c<0) or (c>L) then
   begin
      ShowMessage('Fehler: L<=0 oder c<0 oder c>L !');
      if L<=0 then Lagerabstand.SetFocus;
      if (c<=0) or (c>L) then Kraftangriff.SetFocus; Exit;
   end;
```

```
// Setzen der Werte von E und I
E:=200000; I:=125600;
// Berechnung von A, B, M und y
A :=F*(L-c)/L; B:=F-A;
M :=A*c; y :=F*sqr(c*(L-c))/(3*E*I*L);
// Ausgabe von A, B, M und y
LagerA.Text:=FloatToStrF(A,ffFixed,10,2);
LagerB.Text:=FloatToStrF(B,ffFixed,10,2);
Moment.Text:=FloatToStrF(M,ffFixed,10,2);
Durchbiegung.Text:=FloatToStrF(y,ffFixed,10,3);
end {TForm1.Button1Click};
```

Der vollständige Quelltext befindet sich im Projekt TRÄGER2.

4.1.5   Übungen

4.1   Ü-Projekt SORTAUSTAUSCH

Mit dem Austauschverfahren soll ein Vektor x mit n Elementen *absteigend* sortiert werden. Prinzip: Im ersten Durchlauf wird, falls erforderlich, das größte Element mit dem ersten ausgetauscht. Die weiteren Elemente werden dann sinngemäß in gleicher Weise behandelt. Der Algorithmus für das *aufsteigende* Sortieren wurde bereits weiter vorn angegeben. Zur Erzeugung der Testwerte des Vektors x soll die Funktion Random genutzt werden, die eine Zufallszahl innerhalb eines bestimmten Bereichs erzeugt.

> **function** Random [(Range: **integer**)];

Random gibt eine ganzzahlige Zufallszahl im Bereich $0 \leq X <$ Range zurück. Wird Range nicht angegeben, liefert Random einen Real-Wert im Bereich $0 \leq X < 1$.

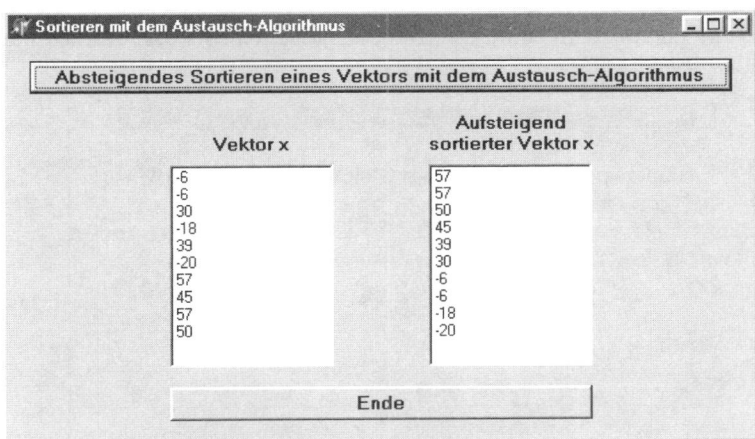

Bild 4.6   Oberfläche des Projekts SORTAUSTAUSCH

Die Oberfläche soll etwa das Aussehen wie in Bild 4.6 haben.

4.2   Ü-Projekt TASCHENRECHNER

Es ist ein Projekt zur Addition, Subtraktion, Multiplikation, Division und Potenzierung zweier Zahlen zu erstellen. Die Oberfläche soll etwa das Aussehen wie in Bild 4.7 haben.

Die Eingabe ungültiger Zahlen soll über die *try*-Anweisung abgefangen werden. Wird für einen Operanden eine Zeichenkette eingegeben, die nicht in das interne Zahlenformat umwandelbar ist, so soll das zu einer Fehlermeldung führen. Bei der Division ist zu testen, ob der Operand 2 ungleich 0 ist, bei der Potenzierung ob der Operand 1 größer 0 ist, falls er einen REAL-Typ besitzt.

Hinweis: Zur Unterdrückung der Systemreaktion auf einen Fehler muss die Standardeinstellung **BEI DELPHI-EXCEPTIONS STOPPEN** über das Menü **TOOLS/DEBUGGER-OPTIONEN**, Register **SPRACH-EXCEPTIONS**, ausgeschaltet werden.

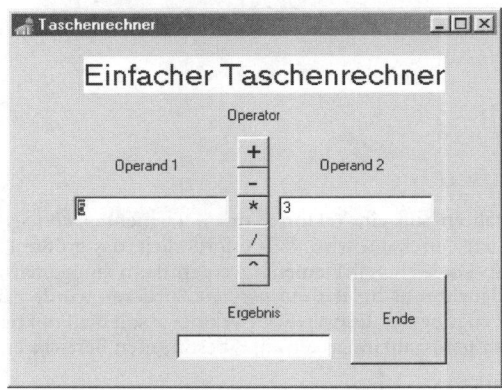

Bild 4.7
Oberfläche des Projekts
TASCHENRECHNER

4.3   Ü-Projekt QUADRATISCHE_GLEICHUNG

Für die Lösung der quadratischen Gleichung

$$y = x^2 + p \cdot x + q$$

ist ein Projekt zu entwickeln. Die Oberfläche soll etwa das Aussehen wie in Bild 4.8 haben.

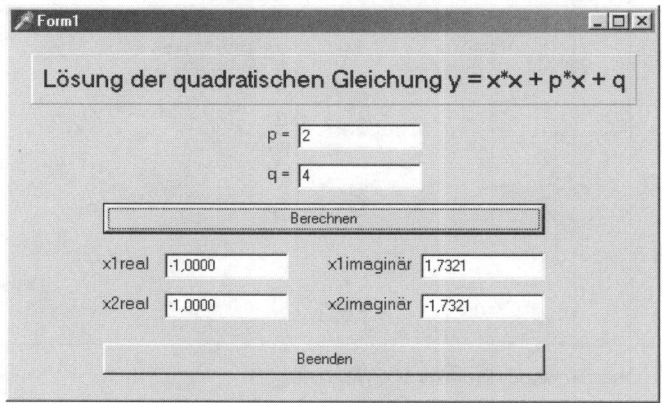

Bild 4.8   Oberfläche des Projekts QUADRATISCHE_GLEICHUNG

Mit der Diskriminante $D = p^2/4 - q$ ergeben sich folgende Lösungen:

- $D \geqq 0$: $y_{1/2} = -p/2 \pm \sqrt{D}$ reelle Lösung, für $D = 0$ Doppelwurzel
- $D < 0$: $y_{1/2} = -p/2 \pm \sqrt{|D|} \cdot i$ konjugiert komplexe Lösung

4.4   Ü-Projekt MIN_MAX_SUCHE

Ein Vektor **V** mit *n* Elementen enthalte ganzzahlige Daten des Typs *integer*. Die Deklaration laute

```
const n = 10;
var V: array [1..n] of integer;
```

Das zu entwerfende Projekt soll den Minimal- und den Maximalwert der Daten einschließlich ihrer Position im Vektor ermitteln. Sind gleiche Werte mehrfach vorhanden, so ist die Position des letzten Wertes zu bestimmen. Testwerte können wie beim Ü-Projekt SORTAUSTAUSCH mithilfe des Zufallszahlengenerators erzeugt werden.

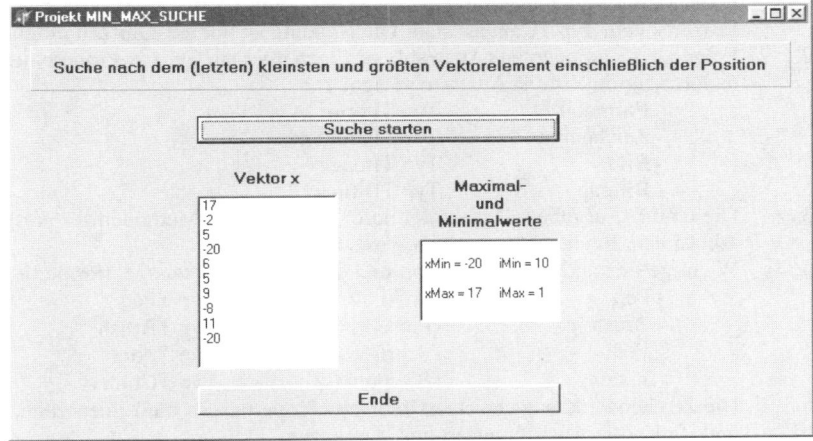

Bild 4.9 Oberfläche des Projekts MIN_MAX_SUCHE

4.2   Grafik-Programmierung mit Object Pascal

4.2.1   Einführung

Der nachfolgend verwendete Begriff Klasse wird im Kapitel 5, objektorientierte Programmierung, näher behandelt. Hier sei zunächst so viel angemerkt, dass eine Klasse die abstrakte Definition von Datenfeldern, Eigenschaften und Methoden ist. Wenn eine Instanz einer Klasse erstellt wird, wird diese Instanz als Objekt bezeichnet. Die Klassenstruktur von Delphi ist auszugsweise, im Abschnitt 1.3.1, Bild 1.24 dargestellt. Delphi stellt für verschiedene dieser Klassen (TForm, TBitmap, TImage, TPaintbox, ...) und damit auch für deren Objekte standardmäßig eine Zeichenfläche Canvas als Property (Eigenschaft) bereit, Bild 4.10. Diese ist vom Typ *TCanvas* und steht nur zur Laufzeit zur Verfügung. Für den Canvas existieren zum Zeichnen Methoden und Eigenschaften als Zeichenwerkzeuge. Die Methoden erlauben das Darstellen bestimmter geometrischer Formen (Linien, Kreise,

. . .), die Ausgabe von Text sowie die Arbeit mit Bitmaps. Die Eigenschaften legen die Spezifik der Zeichenwerkzeuge Pen (Stift), Brush (Pinsel) und Font (Schriftart) fest, indem beispielsweise für den Stift die Farbe, die Breite, der Stil und der Stiftmodus definiert werden können. Im einfachsten Fall kann direkt auf den Canvas des Formulars (Form) gezeichnet werden. Flexibler und empfehlenswert ist jedoch die Nutzung einer Zeichenbox (Paintbox) oder eines Bildes (Image), da diese Komponenten auf dem Formular beliebig verschoben werden können, ohne dass die Anweisungen zur Grafikausgabe geändert werden müssen. Der Grund liegt darin, dass sowohl die Paintbox als auch das Image ihren eigenen Canvas und damit ihr eigenes Koordinatensystem besitzen. Außerdem werden über die Grenzen desselben hinausragende Teile der Grafik automatisch abgeschnitten. Dieses Abschneiden wird auch als Klippen, Clipping oder Kappen bezeichnet.

1.	Unter Dephi findet die Grafik-Ausgabe auf dem Canvas (Zeichenfläche), einem Property vom Typ TCanvas, statt. Die Nutzung ist nur zur Laufzeit möglich.
2.	Folgende Komponenten (Auswahl) verfügen über ein Canvas-Property und sind dadurch für die Grafik-Ausgabe geeignet:

       - Formular   Typ TForm
       - Zeichenbox   Typ TPaintbox
       - Bild   Typ TImage
       - Bitmap   Typ TBitmap

3.	Die Grafik-Ausgabe selbst erfolgt durch vordefinierte Methoden zur Ausgabe von Linien, Rechtecken, Kreisen, Text, Bitmaps usw.
4.	Wichtige Bestandteile des Canvas sind die Zeichenwerkzeuge (Properties)

       - Pen   (Stift)   Typ TPen
       - Brush   (Pinsel)   Typ TBrush
       - Font   (Schriftarten)   Typ TFont
       - Pixels   (Bildpunkte)   Typ TColor

5.	Die Zeichenwerkzeuge besitzen ihrerseits Properties für die Linienbreite, -art und -farbe, die Ausfüllungsart und -farbe usw.
6.	Jeder Canvas besitzt sein eigenes Koordinatensystem. Der Ursprung (0,0) befindet sich in der linken oberen Ecke. Die x-Achse zeigt nach rechts, die y-Achse nach unten. Die Koordinaten sind ganzzahlig, Typ *integer*.

Bild 4.10   Grafik mit Object Pascal und Delphi

4.2.2   Methoden und Eigenschaften der Klasse TCanvas im Überblick

Bild 4.11 enthält eine Übersicht über die zur Laufzeit verfügbaren Methoden und Eigenschaften des Canvas. Diese werden anschließend detailliert genannt und an Beispielen erläutert. Im Projekt GRAFIKPRIMITIVE sind die verfügbaren Möglichkeiten vorgestellt, wobei in diesem Falle die Ausgabe direkt auf den Canvas des Formulars erfolgt.

Für jede der Eigenschaften existiert eine Voreinstellung, Bild 4.12. Diese ist so lange wirksam, wie keine Veränderungen vorgenommen wurden.

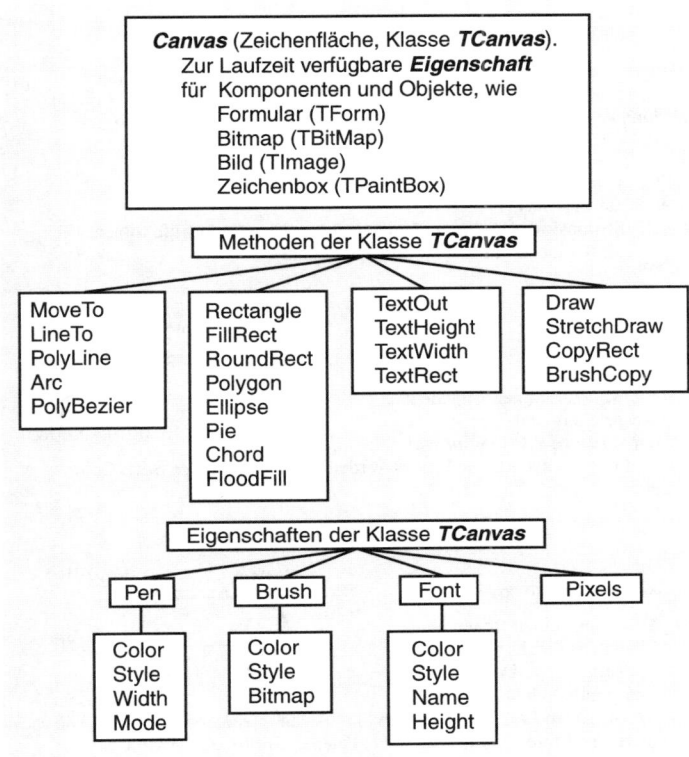

Bild 4.11 Methoden und Eigenschaften der Klasse TCanvas (Auswahl)

Standards	Pen	Brush	Font
Color	clBlack	clWhite	clBlack
Style	psSolid	bsSolid	[ ]
Width	1		
Name			MS Sans Serif
Height			-11 Pixel

Bild 4.12 Voreinstellungen von Eigenschaften der Klasse TCanvas (Auswahl)

4.2.3 Methoden der Klasse TCanvas

Die folgenden Bilder 4.13 bis 4.16 enthalten häufig benötigte Methoden für den Canvas, die für das Generieren und die Ausgabe von grafischen Darstellungen in Object Pascal verfügbar sind. Beispiele für die Nutzung dieser Methoden, einschließlich ihrer im Abschnitt 4.2.4 beschriebenen Eigenschaften, befinden sich in folgenden Projekten, wie beispielsweise GRAFIKPRIMITIVE, BEISPIELBILD, KOORDINATENTRANSFORMATION und weiteren.

Zeichnen einer Linie

procedure MoveTo(x1,y1: *integer*);
procedure LineTo(x2,y2: *integer*);

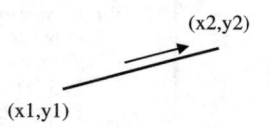

MoveTo(x1,y1) setzt den Stift (Pen) auf die Position (x1,y1).
LineTo(x2,y2) zeichnet von da aus bis (x2,y2) eine Linie.
Danach ist (x2,y2) die aktuelle Stiftposition. Dadurch können mehrere LineTo-Aufrufe folgen. Die
Linie wird mit dem aktuellen Stift (Color, Width, Style, Mode) gezeichnet.

Zeichnen einer Polylinie

procedure Polyline(P: *array of* TPoint);

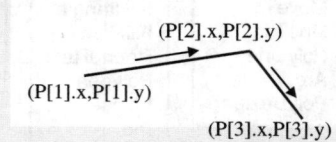

Polyline(P) zeichnet eine Folge von zusammenhängenden
Linien, die in dem Vektor P gespeichert sind. Der Typ
TPoint ist in Object Pascal durch *record* x,y: *longint end*;
definiert. Die Stiftposition wird nicht geändert. Die Linien werden mit dem aktuellen Stift (Color,
Width, Style, Mode) gezeichnet.

Zeichnen eines Ellipsenbogens

procedure Arc(x1,y1,x2,y2,x3,y3,x4,y4: *integer*);

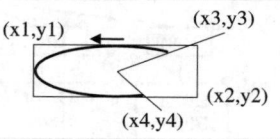

Arc(x1,y1,x2,y2,x3,y3,x4,y4) zeichnet einen Bogen längs
der Peripherie einer Ellipse, die in das durch (x1,y1) und
(x2,y2) definierte Rechteck festgelegt wird. Der Bogen
wird durch die jeweils im Ellipsenmittelpunkt beginnenden
und bis (x3,y3) und (x4,y4) verlaufenden Linien begrenzt und im Gegenuhrzeigersinn erzeugt. Die
Stiftposition wird nicht geändert. Die Linien werden mit dem aktuellen Stift (Color, Width, Style,
Mode) gezeichnet.

Zeichnen einer Gruppe kubischer Bezier-Kurven

procedure PolyBezier(*const* P: *array of* TPoint);

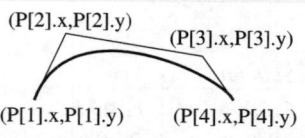

PolyBezier(P) zeichnet kubische Bezier-Kurven. Dafür muss
der Vektor P mindestens vier Elemente des Typs TPoint enthalten. Die Kurve verläuft durch den ersten und vierten Punkt,
die mittleren Punkte sind Steuerpunkte, die die Kurvenform verändern. Sollen weitere Kurven hinzugefügt werden, so sind jeweils drei neue Vektorelemente erforderlich, da der Endpunkt der vorherigen
Kurve zum Anfangspunkt der hinzugefügten wird. Die Stiftposition wird nicht geändert. Die Linien
werden mit dem aktuellen Stift (Color, Width, Style, Mode) gezeichnet.

Zeichnen eines Polygons

procedure Polygon(P: *array of* TPoint);

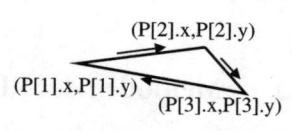

Polygon(P) zeichnet ein geschlossenes Polygon, indem erster
und letzter Punkt automatisch miteinander verbunden werden.
Die Stiftposition wird nicht geändert. Die Linien werden mit
dem aktuellen Stift (Color, Width, Style, Mode) gezeichnet und mit dem aktuellen Pinsel (Color,
Style, Bitmap) gefüllt..

Bild 4.13   Methoden der Klasse TCanvas (1)

Zeichnen eines Rechtecks

procedure Rectangle(x1,y1,x2,y2: *integer*); *overload*;
oder
procedure Rectangle(*const* Rect: TRect); *overload*;
function Rect(ALeft,ATop,ARight,ABottom: *integer*): TRect;

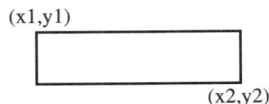

Zum Zeichnen eines Rechtecks gibt es zwei Methoden gleichen Namens. In der ersten werden die Koordinaten des oberen linken und des unteren rechten Punktes (x1,y1) und (x2,y2) direkt angegeben, in der zweiten über die Funktion Rect zugewiesen. Die Stiftposition wird nicht geändert. Die Linien werden mit dem aktuellen Stift (Color, Width, Style, Mode) gezeichnet und mit dem aktuellen Pinsel (Color, Style, Bitmap) gefüllt.

Zeichnen eines gefüllten Rechtecks

procedure FillRect(*const* Rect: TRect);

Wirkung wie bei Rectangle, jedoch ohne Rahmen.
Das Füllen erfolgt mit dem aktuellen Pinsel, wobei die obere und die linke, nicht aber die untere und die rechte Begrenzungslinie berücksichtigt werden. Die Stiftposition wird nicht geändert. Das Rechteck wird mit dem aktuellen Pinsel (Color, Style, Bitmap) gefüllt.

Zeichnen eines Rechtecks mit gerundeten Ecken

procedure RoundRect(x1,y1,x2,y2,x3,y3: *integer*);

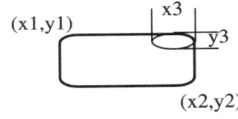

Das Rechteck wird durch die Koordinaten des oberen linken und des unteren rechten Punktes (x1,y1) und (x2,y2) bestimmt. Die Rundung der Ecken entspricht einer Ellipse der Breite x3 und der Höhe y3. Die Stiftposition wird nicht geändert. Die Linien werden mit dem aktuellen Stift (Color, Width, Style, Mode) gezeichnet und mit dem aktuellen Pinsel (Color, Style, Bitmap) gefüllt.

Zeichnen einer Ellipse

procedure Ellipse(x1,y1,x2,y2: *integer*);
Ellipse(x1,y1,x2,y2) zeichnet eine Ellipse innerhalb des durch (x1,y1) und (x2,y2) definierten Rechtecks. Die Stiftposition wird nicht geändert. Die Linien werden mit dem aktuellen Stift (Color, Width, Style, Mode) gezeichnet und die Fläche mit dem aktuellen Pinsel (Color, Style, Bitmap) gefüllt.

Zeichnen eines Ellipsensegments

procedure Pie(x1,y1,x2,y2,x3,y3,x4,y4: *integer*);
Pie(x1,y1,x2,y2,x3,y3,x4,y4) zeichnet eine Fläche längs der Peripherie einer Ellipse, die in das durch (x1,y1) und (x2,y2) definierte Rechteck festgelegt und die durch die jeweils im Ellipsenmittelpunkt beginnenden und Linien bis (x3,y3) und (x4,y4) im Gegenuhrzeigersinn geschlossen wird. Die Stiftposition wird nicht geändert. Die Linien werden mit dem aktuellen Stift (Color, Width, Style, Mode) gezeichnet und die Fläche mit dem aktuellen Pinsel (Color, Style, Bitmap) gefüllt.

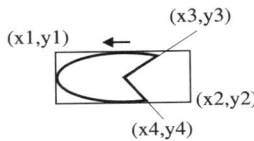

Bild 4.14   Methoden der Klasse TCanvas (2)

Zeichnen eines Ellipsenabschnitts

procedure Chord(x1,y1,x2,y2,x3,y3,x4,y4: *integer*);

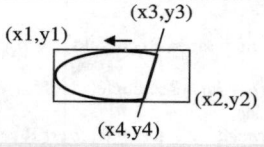

Chord(x1,y1,x2,y2,x3,y3,x4,y4) zeichnet eine Fläche längs der Peripherie einer Ellipse, die in das durch (x1,y1) und (x2,y2) definierte Rechteck festgelegt wird und die durch die von (x3,y3) bis (x4,y4) verlaufende Linie begrenzt wird. Der Abschnitt wird im Gegenuhrzeigersinn erzeugt. Die Stiftposition wird nicht geändert. Die Linien werden mit dem aktuellen Stift (Color, Width, Style, Mode) gezeichnet und die Fläche mit dem aktuellen Pinsel (Color, Style, Bitmap) gefüllt.

Füllen eines geschlossenen Bereichs

type TFillStyle=(fsSurface, fsBorder);
procedure FloodFill(x,y: *integer*; Color: TColor;
  FillStyle: TFillStyle);

Die Ausfüllung des geschlossenen Bereichs erfolgt ab der im Inneren desselben liegenden Position (x,y) entsprechend dem aktuellen Pinsel (Color, Style, Bitmap).

Die Art der Ausfüllung wird durch FillStyle festgelegt.
   fsBorder: Der Bereich wird ab (x,y) in alle Richtungen bis zum Rand mit der Farbe Color "geflutet".
   fsSurface: Der Bereich wird so lange gefüllt, wie er die Farbe Color besitzt.

Ausgabe von Text

procedure TextOut(x,y: *integer*; *const* Text: *string*);

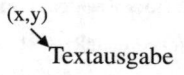

Der Text wird an der Position (x,y) mit den aktuellen Werten von TFont (Name, Height, Color, Style) ausgegeben.

Ausgabe von Text innerhalb eines Textrechtecks

procedure TextRect(Rect: TRect; x,y: *integer*; *const* Text: *string*);

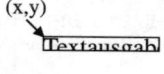

Der Text wird an der Position (x,y) mit den aktuellen Werten von TFont (Name, Height, Color, Style) ausgegeben und an den Grenzen des definierten Textrechtecks Rect abgeschnitten.

Ermittlung der Texthöhe in Pixeln

function TextHeight(*const* Text: *string*): *integer*;
Die Höhe des aktuellen Textes in Pixeln wird zurückgegeben.

Ermittlung der Textbreite in Pixeln

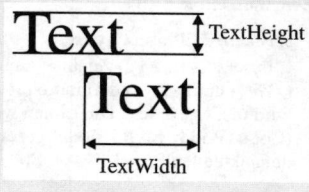

function TextWidth(*const* Text: *string*): *integer*;
Die Breite des aktuellen Textes in Pixeln wird zurückgegeben.

Bild 4.15   Methoden der Klasse TCanvas (3)

Um einen ersten Eindruck zu vermitteln, sei zunächst angenommen, dass auf die Zeichenfläche Canvas des Formulars Form1 ein Kreis mit der Standardausfüllung (weiß, voll ausgefüllt) und einer dreifach breiten roten Randlinie dargestellt werden soll. Der Mittelpunkt soll die Koordinaten (150,150) und der Radius den Wert 50 haben. Da der Kreis, Bild 4.14, durch das umschreibende Quadrat definiert wird, sind dessen Koordinaten (100,100) für die linke obere Ecke und (200,200) für die rechte untere. Die zugehörige Ereignisbehandlungsroutine hat die Form

```
procedure TForm1.KreisClick(Sender: TObject);
begin
    Canvas.Pen.Color:=clred; Canvas.Pen.Width:=3;
    Canvas.Ellipse(100,100,200,200);
end { TForm1.KreisClick };
```

oder mit Verwendung der *with*-Anweisung, Abschnitt 4.1.2,

```
procedure TForm1.KreisClick(Sender: TObject);
begin
    with Canvas do
    begin
        Pen.Color:=clred; Pen.Width:=3;
        Ellipse(100,100,200,200);
    end;
end { TForm1.KreisClick };
```

Zeichnen einer Bitmap auf den Canvas <u>ohne</u> Größenänderung

procedure Draw(x,y: *integer*; Graphic: TGraphic);

Draw zeichnet eine Grafik (Bitmap, Icon, Metafile) in der Originalgröße. Die linke obere Ecke des Rechtecks hat die Position (x,y).

Zeichnen einer Bitmap auf den Canvas <u>mit</u> Größenänderung

procedure StretchDraw(*const* Rect: TRect; Graphic: TGraphic);

StretchDraw zeichnet eine Grafik (Bitmap, Icon, Metafile) in das durch Rect angegebene Rechteck.

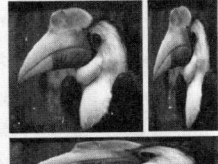

Zeichnen eines Ausschnittes einer Bitmap auf den Canvas <u>mit</u> Größenänderung

procedure CopyRect(Dest: TRect; Canvas: TCanvas;
                     Source: TRect);

CopyRect kopiert einen Teil eines Bildes in den Canvas. Dest bestimmt, in welchen Teil der Zeichenfläche das Quellbild kopiert werden soll. Source legt das Rechteck fest, das den zu kopierenden Teil der Zeichenfläche enthält.

Zeichnen einer Bitmap auf den Canvas <u>mit</u> Größen- und Farbänderung

procedure BrushCopy(*const* Dest: TRect; Bitmap: TBitmap;
                      const Source: TRect; Color: TColor);

BrushCopy kopiert einen Teil einer Bitmap von Source nach Dest, jeweils bestimmt durch das definierte Rechteck.
Color gibt an, welche Farbe im Bitmap durch die aktuelle Farbe des Pinsels ersetzt werden soll.

Bild 4.16 Methoden der Klasse TCanvas (4)

4.2.4   Eigenschaften der Klasse TCanvas

Die folgenden Bilder 4.17 bis 4.19 enthalten einige Eigenschaften für die Zeichenwerkzeuge Pen, Brush und Font des Canvas detaillierter.

Eigenschaft Pen (Klasse TPen)

property Pen: TPen;

Der Zeichenstift Pen dient zur Ausgabe von Linien mit folgenden Attributen:
- Color   (Farbe,   Typ TColor)
- Style   (Linienstil,   Typ TPenStyle)
- Width (Linienbreite, Typ *integer*)
- Mode   (Kopiermodus, Typ TPenMode)

Eigenschaft Brush (Klasse TBrush)

property Brush: TBrush;

Der Pinsel Brush dient zum Füllen von Flächen mit folgenden Attributen:
- Color   (Farbe,   Typ TColor)
- Style   (Füllungsstil,   Typ TBrushStyle)
- Bitmap (Bitmap-Muster, Typ TBitmap)

Eigenschaft Font (Klasse TFont)

property Font: TFont;

Die Eigenschaft Font dient zur Ausgabe von Text mit folgenden Attributen:
- Color   (Farbe,   Typ TColor)
- Style   (Schriftstil,   Typ TFontStyles)
- Name   (Schriftart,   Typ TFontName)
- Height (Schrifthöhe,   Typ *integer*)

Eigenschaft Pixels (Klasse TColor)

property Pixels[x,y: *integer*]: TColor;

Die Eigenschaft Pixels ermöglicht den direkten Schreib- und Lesezugriff auf jedes Pixel mit den Koordinaten (x,y), um entweder die Farbe zu setzen oder zu ermitteln.

Bild 4.17   Eigenschaften der Klasse TCanvas (1)

Eigenschaft Color (Klasse TColor)

property Color: TColor;

Die Eigenschaft Color legt die Hintergrundfarbe eines Formulars oder die Farbe eines Steuerelements oder eines Grafikobjekts fest.

Vorhandene Werte von Color (Auswahl)

clBlack	Schwarzc	clMaroon	Rotbraun	clGreen	Grün
clOlive	Olivgrün	clNavy	Marineblau	clPurple	Violett
clTeal	Petrol	clGray	Grau	clSilver	Silber
clRed	Rot	clLime	Limonengrün	clBlue	Blau
clFuchsia	Pink	clAqua	Karibikblau	clWhite	Weiß

Eigenschaft Width: integer;

property Width: *integer*;

Angabe der Linienbreite in Pixeln.

Eigenschaft Style (Klasse TPenStyle)

property Style: TPenStyle;

Angabe des Linientyps (Linienart), wobei folgende Werte zugelassen sind:

psSolid	Voll-Linie
psDash	Strich-Linie
psDot	Punkt-Linie
psDashDot	Strich-Punkt-Linie
psDashDotDot	Strich-Punkt-Punkt-Linie
psClear	unsichtbare Linie
psInsideFrame	Zeichnen der Linie innerhalb des Rahmens einer geschlossenen Form, die das einschließende Rechteck festlegt.

Anmerkung: Style ist nur wirksam für die Linienbreite Pen.Width=1.

Eigenschaft Mode (Klasse TPenMode), Auswahl

property Mode: TPenMode;

Die Eigenschaft Mode der Klasse TPen legt fest, wie der Stift Linien auf den Canvas zeichnet. Die folgenden Angaben beschreiben das Verhalten für ausgewählte Stiftmodi.

Modus	Pixelfarbe der Linie
pmNop	Bildschirmfarbe
pmNot	Inverse der Bildschirmfarbe
pmCopy	durch Color festgelegte Stiftfarbe
pmXor	Kombination aus Farben, die entweder im Stift oder im Bildschirm, nicht aber in beiden vorhanden sind.

Bild 4.18   Eigenschaften der Klasse TCanvas (2)

Eigenschaft Style (Klasse TBrushStyle)

property Style: TBrushStyle;

Die Eigenschaft Style eines Pinsels bestimmt die Muster des Pinsels zum Ausfüllen des Hintergrundes von geschlossenen grafischen Formen. Folgende Werte von Style sind möglich:

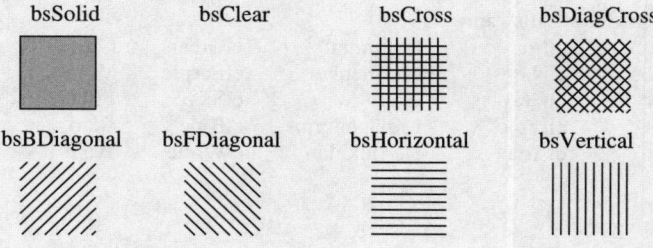

| bsSolid | bsClear | bsCross | bsDiagCross |
| bsBDiagonal | bsFDiagonal | bsHorizontal | bsVertical |

Eigenschaft BitMap (Klasse TBitMap)

property BitMap: TBitMap;

Zur Erzeugung von Mustern können während der Laufzeit definierte Bitmaps der Größe 8 Pixel * 8 Pixel benutzt werden.

Eigenschaft Name (Klasse TFontName)

property Name: TFontName;

Die Eigenschaft Name wählt aus dem vorhandenen Font die gewünschte Schriftart aus. Beispiel: Canvas.Font.Name:='Courier New';

Eigenschaft Style (Klasse TFontStyles)

property Style: TFontStyles;

Die Eigenschaft Style bestimmt, ob die Schriftart normal, kursiv, unterstrichen, fett usw. angezeigt wird. Folgende Werte sind zugelassen:

| fsBold | Schrift **fett** | fsItalic | Schrift *kursiv* |
| fsUnderline | Schrift <u>unterstrichen</u> | fsStrikeout | Schrift ~~durchgestrichen~~ |

Das Property Style ist ein Wertesatz. Dieser kann mehrere Werte enthalten. Beispielsweise kann eine Schrift durch Font.Style:=[fsBold,fsItalic] fett und kursiv dargestellt werden.

Eigenschaft Height (Typ integer)

property Height: *integer*;

Die Eigenschaft bestimmt die Höhe der Schriftzeichen in Pixeln. Ist der Wert negativ, wird der interne Abstand über den einzelnen Textzeilen nicht berücksichtigt.

Bild 4.19 Eigenschaften der Klasse TCanvas (3)

4.2.5   Projekt BEISPIELBILD

Im Projekt BEISPIELBILD soll exemplarisch die Ausgabe eines Rechtecks und einer Ellipse auf das Formular Form1, in die Zeichenbox Paintbox1 und das Bild Image1 angegeben werden. Damit wird die prinzipielle Vorgehensweise auch für andere Anwendungen gezeigt. Entsprechend Bild 4.20 soll zunächst ein gelbes Rechteck mit den Koordinaten x und y für den linken oberen Eckpunkt, der Breite b und der Höhe h dargestellt werden. Die Farbe der Umrandung sei schwarz, die Linienbreite 2. Danach soll eine hellrote Ellipse in dieses Rechteck eingepasst werden. Die Ausgabe auf dem Formular Form1 soll durch Anklicken des Buttons Formular, die in die Zeichenbox über den Button Paintbox und die des Bildes über den Button Image erfolgen. Bevor jedoch auf den Canvas der Komponenten Paintbox und Image gezeichnet werden kann, müssen diese dem Formular Form1 in der üblichen Art hinzugefügt werden. Die Komponente Paintbox befindet sich auf der Seite System der Komponentenpalette, die Komponente Image auf der Seite Zusätzlich.

Um die verfügbaren Zeichenflächen der Paintbox und des Image sichtbar zu machen, wurden sie weiß eingefärbt, sie besitzen sonst die Farbe des Formulars. Die Paintbox wurde in ihrer Standardgröße von 105 × 105 Pixeln nicht verändert, während das Image mit einer Größe von 170 × 170 Pixeln festgelegt wurde. Der Darstellung ist auch die Wirkung des Klippens zu entnehmen, über die Paintbox hinausragende Bildteile werden nicht gezeichnet.

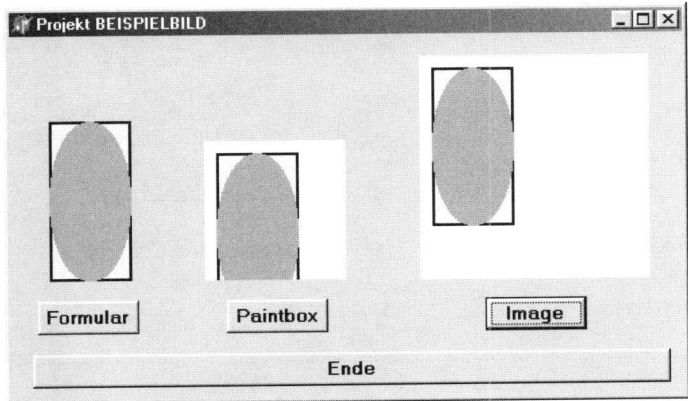

Bild 4.20   Grafik-Ausgabe auf das Formular, in die PaintBox und in das Image

Die nachfolgend angegebenen Ereignisbehandlungsroutinen sollen die prinzipielle Nutzung des Canvas des Formulars, der Paintbox und des Image skizzieren.

```
implementation
{$R *.DFM}

var x: integer= 10; y: integer= 10;
    b: integer= 60; h: integer=120;
```

```
procedure TForm1.FormularClick(Sender: TObject);
begin
   with Canvas do
   begin
      Pen.Width:=2; Pen.Color:=clBlack; Brush.Color:=clYellow;
      Rectangle(8*x,8*y,8*x+b,8*y+h);
      Brush.Color:=RGB(255,100,100);    Pen.Color:=Brush.Color;
      Ellipse(8*x,8*y,8*x+b,8*y+h);
   end;
end;


procedure TForm1.PaintboxClick(Sender: TObject);
begin
   with Paintbox1.Canvas do
   begin
      Brush.Color:=clWhite;             Pen.Color:=Brush.Color;
      Rectangle(0,0,Width,Height);
      Pen.Width:=2; Pen.Color:=clBlack; Brush.Color:=clYellow;
      Rectangle(x,y,x+b,y+h);
      Brush.Color:=RGB(255,100,100);    Pen.Color:=Brush.Color;
      Ellipse(x,y,x+b,y+h);
   end;
end;


procedure TForm1.ImageClick(Sender: TObject);
begin
   with Image1.Canvas do
   begin
      Brush.Color:=clWhite;             Pen.Color:=Brush.Color;
      Rectangle(0,0,Width,Height);
      Pen.Width:=2; Pen.Color:=clBlack; Brush.Color:=clYellow;
      Rectangle(x,y,x+b,y+h);
      Brush.Color:=RGB(255,100,100);    Pen.Color:=Brush.Color;
      Ellipse(x,y,x+b,y+h);
   end;
end;
```

Der vollständige Quelltext befindet sich im Projekt BEISPIELBILD.

Zusammenfassend sollen die Besonderheiten der Paintbox vom Typ TPaintbox und des Image vom Typ TImage angegeben werden. Bei einer Paintbox muss der Neuaufbau der Grafik explizit ausgelöst werden, wenn diese durch ein anderes Window verdeckt wurde und wieder sichtbar wird. Das erfolgt schnell und erfordert nur wenige Ressourcen. Das Image baut sich automatisch selbst durch eine Speicherbitmap im Hintergrund wieder auf. Das erfolgt jedoch langsamer und erfordert mehr Ressourcen. Das Image muss jedoch immer dann verwendet werden, wenn Grafiken der Typen TBitmap, TMetafile und TIcon genutzt werden. Für weitere Informationen wird auf die Online-Hilfe von Delphi verwiesen.

4.2.6 Projekt KOORDINATENTRANSFORMATION

Das Projekt soll die Transformation von Weltkoodinaten (WC, World Coordinate) in Gerätekoordinaten (DC, Device Coordinate) und umgekehrt demonstrieren. Dazu wird die Funktion $y = e^{-a \cdot x} \cdot \sin(x)$ in den Grenzen $x_a \leq x \leq x_e$ genutzt. Über eine grafische Mausklick-Eingabe sollen weiterhin beliebige Koordinatenwerte in Gerätekoordinaten ermittelt und als Weltkoordinaten angezeigt werden.

Im visuellen Entwurf werden die Komponenten (Paintbox, Button, Edit, Label) auf dem Formular platziert. Mit dem Objektinspektor werden die gewünschten Eigenschaften initialisiert (Caption, Color, Value, ...) und die Methodenköpfe für die Ereignisse Button1Click, Button2Click und OnMouseDown generiert.

In der Ereignisbehandlungsroutine Button1Click erfolgt zunächst die Berechnung der Funktion mit Speicherung aller reellwertigen x-y-Wertepaare in einem Vektor vom Typ TPointWC. Die Ereignisbehandlungsroutine TForm1.PaintBox1MouseDown liefert die ganzzahligen Gerätekoordinaten X und Y. Diese werden in Weltkoordinaten umgerechnet und dann mit der Konvertierungsroutine FloatToStrF über die Label-Eigenschaft Caption ausgegeben. Die Klickposition wird durch einen kleinen Kreis markiert. Diesen Sachverhalt zeigt Bild 4.21.

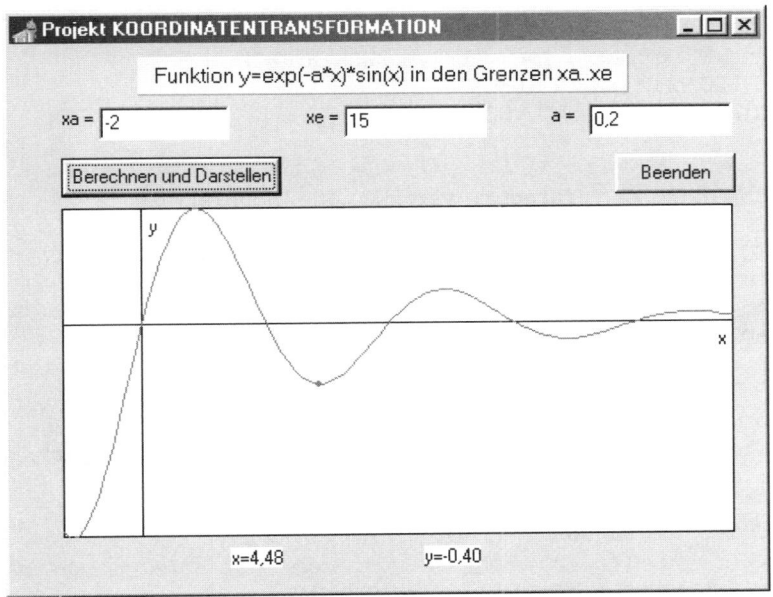

Bild 4.21 Oberfläche des Projekts KOORDINATENTRANSFORMATION

Das Problem besteht darin, die in Weltkoordinaten berechneten reellen Wertepaare x, y so zu transformieren, dass sie als Gerätekoordinaten auf dem Canvas der Paintbox ausgegeben werden können. Andererseits müssen die bei der grafischen Eingabe übergebenen Pixelwerte der Klickposition (Ereignis OnMouseDown) in reelle Weltkoordinaten umgerechnet werden. Diese Transformationen werden durch die deklarierten Prozeduren WCtoDC und DCtoWC realisiert. Die aktuelle Größe der Paintbox, des Formulars oder des Image, bDC und hDC, ist dabei über die Eigenschaften Width und Height verfügbar bzw. kann nach Wunsch gesetzt werden. Es sei noch darauf verwiesen, dass die in den Prozeduren WCtoDC bzw. DCtoWC verwendeten Größen bDC, hDC, xminWC, yminWC, xmaxWC und ymaxWC globale Größen sind, also vor Nutzung der Prozeduren deklariert und mit Werten belegt sein müssen. Anschließend ist der Implementation-Teil des Projekts angegeben. Den vollständigen Quelltext enthält das Projekt KOORDINATENTRANSFORMATION.

```
implementation
{$R *.DFM}

type PointWC = record x,y: double; end;
var p: array [1..301] of PointWC;
    xWC,yWC,xa,xe,a,xminWC,xmaxWC,yminWC,ymaxWC: double;
    xDC,yDC,bDC,hDC: integer;

procedure WCtoDC(xWC,yWC: double; var xDC,yDC: integer);
// WC nach DC
   var bWC,hWC: double;
begin
   bWC:=abs(xmaxWC-xminWC); hWC:=abs(ymaxWC-yminWC);
   xDC:=round(bDC/bWC*(xWC-xminWC));
   yDC:=round(hDC/hWC*(ymaxWC-yWC));
end {WCtoDC};

procedure DCtoWC(xDC,yDC: integer; var xWC,yWC: double);
// DC nach WC
   var bWC,hWC: double;
begin
   bWC:=abs(xmaxWC-xminWC); hWC:=abs(ymaxWC-yminWC);
   xWC:=bWC/bDC*xDC+xminWC; yWC:=ymaxWC-hWC/hDC*yDC;
end {DCtoWC};

procedure TForm1.PaintBox1MouseDown(Sender: TObject;
        Button: TMouseButton; Shift: TShiftState; X, Y: Integer);
   var xr,yr: double;
begin
   with PaintBox1.Canvas do
   begin
      Pen.Color:=clgreen; Brush.Color:=clgreen;
      Ellipse(X-2,Y-2,X+2,Y+2); // Markierung der Klickposition
   end;
   DCtoWC(X,Y,xr,yr);
   Label1.Caption:='x='+FloatToStrF(xr,ffFixed,6,2);
// formatierte Ausgabe von x
   Label2.Caption:='y='+FloatToStrF(yr,ffFixed,6,2);
// formatierte Ausgabe von y
end {TForm1.PaintBox1MouseDown};
```

```pascal
procedure TForm1.Button1Click(Sender: TObject);
   var i: integer;

begin
   bDC:=PaintBox1.Width;      hDC:=PaintBox1.Height;
   yminWC:=0; ymaxWC:=0;
   xa:=StrToFloat(Edit1.Text); // Eingabe xa
   xe:=StrToFloat(Edit2.Text); // Eingabe xe
   a :=StrToFloat(Edit3.Text); // Eingabe a
   Label1.Caption:='x= ';      // Ausgabe x-Wert löschen
   Label2.Caption:='y= ';      // Ausgabe y-Wert löschen

   for i:=1 to 301 do
   begin
      // Berechnung der Funktionswerte
      p[i].x:=xa+(i-1)*(xe-xa)*pi/300;
      p[i].y:=exp(-a*p[i].x)*sin(p[i].x);
      if p[i].y>ymaxWC then ymaxWC:=p[i].y;
      if p[i].y<yminWC then yminWC:=p[i].y;
   end;
   xminWC:=xa; xmaxWC:=xe;

   with PaintBox1.Canvas do
   begin
      Pen.Color := clblack; Brush.Color := clwhite;
      Rectangle(0,0,bDC,hDC);
      WCtoDC(xminWC,0,xDC,yDC); MoveTo(xDC,yDC);
      WCtoDC(xmaxWC,0,xDC,yDC); LineTo(xDC,yDC);
      WCtoDC(0,yminWC,xDC,yDC); MoveTo(xDC,yDC);
      WCtoDC(0,ymaxWC,xDC,yDC); LineTo(xDC,yDC);
      WCtoDC(0,ymaxWC,xDC,yDC); TextOut(xDC+5,yDC+5,'y');
      // Achsen beschriften
      WCtoDC(xmaxWC,0,xDC,yDC); TextOut(xDC-10,yDC+5,'x');
      Pen.Color := clred;
      WCtoDC(p[1].x,p[1].y,xDC,yDC); MoveTo(xDC,yDC);
      // 1.Punkt setzen

      for i:=2 to 301 do
      begin
         WCtoDC(p[i].x,p[i].y,xDC,yDC); LineTo(xDC,yDC);
         // Kurve zeichnen
      end;
   end;
end {TForm1.Button1Click};

procedure TForm1.Button2Click(Sender: TObject);
begin Close end {TForm1.Button2Click};

end {Koordinatentransformation_U}.
```

4.2.7   Projekt VIERGELENKGETRIEBE

Die Konstruktion und Berechnung von Getrieben ist eine oftmals auftretende Aufgabe für den Ingenieur [23]. Hier soll das Viergelenkgetriebe als Beispiel für die Grafikanwendung in Object Pascal genutzt werden. In den Bildern 4.22 und 4.23 sind die Algorithmen und die Oberfläche des Projekts VIERGELENKGETRIEBE dargestellt. Die während eines Umlaufes des Antriebsgliedes L_2 durch den Koppelpunkt C durchlaufene Bahn heißt Koppelkurve.

Das Projekt gestattet die Veränderung der Position von C und damit die Erzeugung verschiedener Koppelkurven. Der Quelltext ist dem Projekt VIERGELENKGETRIEBE zu entnehmen.

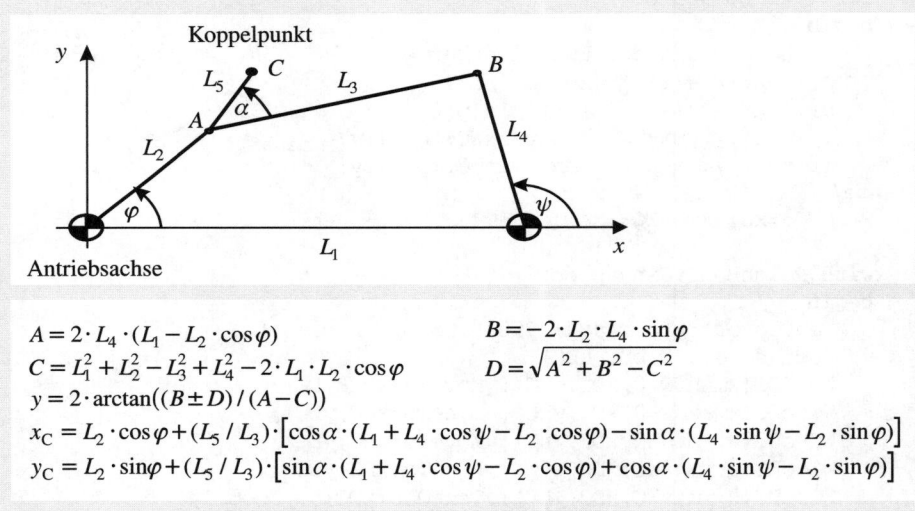

$$A = 2 \cdot L_4 \cdot (L_1 - L_2 \cdot \cos\varphi)$$

$$B = -2 \cdot L_2 \cdot L_4 \cdot \sin\varphi$$

$$C = L_1^2 + L_2^2 - L_3^2 + L_4^2 - 2 \cdot L_1 \cdot L_2 \cdot \cos\varphi$$

$$D = \sqrt{A^2 + B^2 - C^2}$$

$$y = 2 \cdot \arctan((B \pm D) / (A - C))$$

$$x_C = L_2 \cdot \cos\varphi + (L_5 / L_3) \cdot \left[\cos\alpha \cdot (L_1 + L_4 \cdot \cos\psi - L_2 \cdot \cos\varphi) - \sin\alpha \cdot (L_4 \cdot \sin\psi - L_2 \cdot \sin\varphi)\right]$$

$$y_C = L_2 \cdot \sin\varphi + (L_5 / L_3) \cdot \left[\sin\alpha \cdot (L_1 + L_4 \cdot \cos\psi - L_2 \cdot \cos\varphi) + \cos\alpha \cdot (L_4 \cdot \sin\psi - L_2 \cdot \sin\varphi)\right]$$

Bild 4.22   Viergelenkgetriebe und Algorithmen

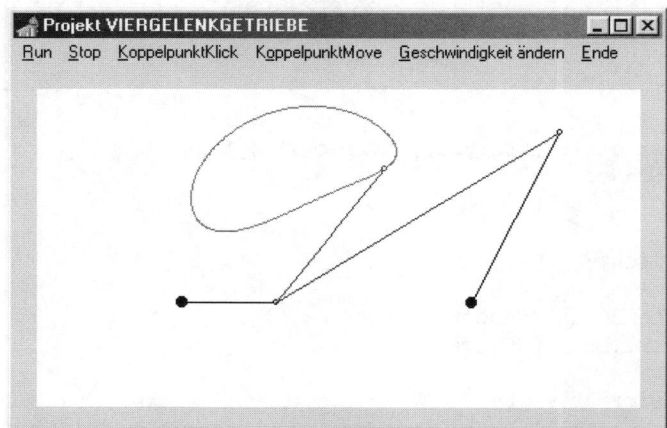

Bild 4.23
Oberfläche des Projekts
VIERGELENKGETRIEBE

4.2.8 Projekt FORMELINTERPRETER

Das Projekt zeigt die Ausgabe eines Funktionsverlaufes in einer PaintBox. Die Formel selbst kann in ein Editierfeld eingegeben werden und wird durch einen Formelinterpreter in die abarbeitungsfähige Form übertragen. Bild 4.24 zeigt die gewählte Oberfläche.

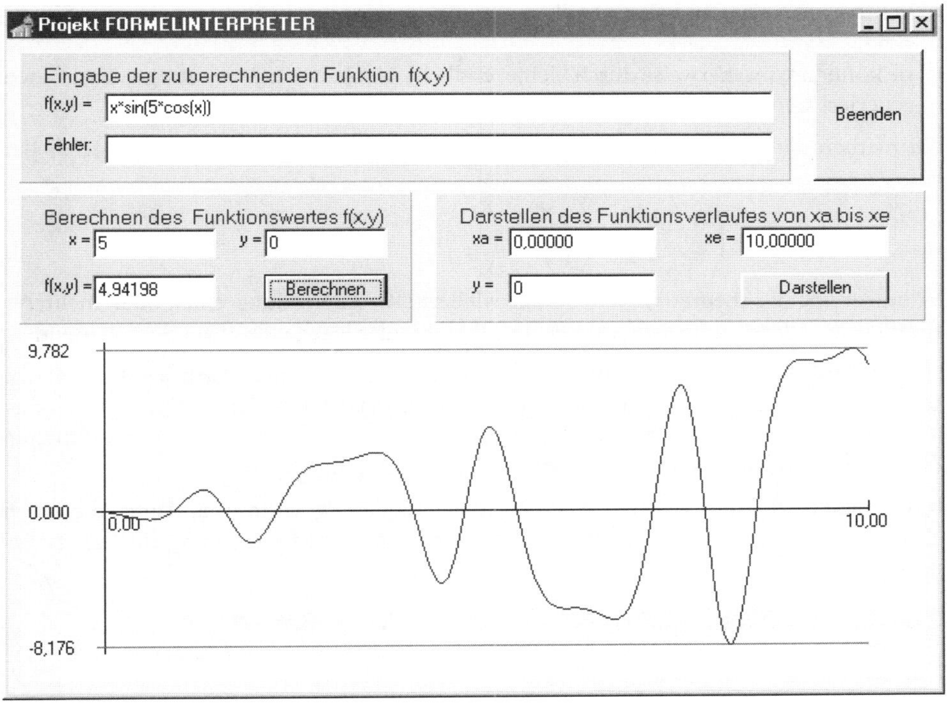

Bild 4.24 Oberfläche des Projekts FORMELINTERPRETER

Der Formelinterpreter zum Umsetzen der als Zeichenkette eingegebenen Funktion in die durch den Computer verarbeitbare Form, also die Interpretation der Zeichenkette Term, erfolgt mit der Funktion

```
type string78=string[78];
  :
function FktXY (Term: string78; x,y: double;
               var fehler: boolean;
               var FehlerText: string): double;
```

Die Zeichenkette Term kann die Operatoren +, −, *, / und ^ (Potenzierung, Basis muss ≧0 sein) sowie öffnende und schließende runde Klammern enthalten. Als Operanden sind die unabhängige Variable *x*, der Parameter *y* und Zahlenwerte sowie die Funktionen sqr, sqrt, exp, ln, abs, sin, cos, tan und cot zugelassen.

Der Quelltext des Formelinterpreters FktXY(...) und seine Nutzung befinden sich im Projekt FORMELINTERPRETER.

4.2.9   Projekt BARNSLEYFARN

Als Anwendung der Eigenschaft Pixels, Bild 4.17, soll hier der Barnsley-Farn in der 2-dimensionalen Form als Beispiel für ein Fraktal vorgestellt werden. Fraktale sind Erweiterungen klassischer Euklidischer Formen (Linien, Rechtecke, Kreise, . . .) mit den folgenden zwei Eigenschaften

- sichtbar gemacht, sind sie unendlich vergrößerbar mit einer Struktur in jeder Skalierung,
- sie können typischerweise durch kleine, endliche Mengen von Anweisungen und Daten generiert werden.

Ein mathematisches Modell von Fraktalen ist das iterierte Funktionensystem (IFS) der Form

$$\begin{pmatrix} x' \\ y' \end{pmatrix} = \begin{pmatrix} a & b \\ c & d \end{pmatrix} * \begin{pmatrix} x \\ y \end{pmatrix} + \begin{pmatrix} e \\ f \end{pmatrix}$$

Es beschreibt die theoretisch unendlich wiederholte Anwendung einer oder mehrerer kontraktiver affiner Transformationen, um Punkte oder Flächen in sich selbst abzubilden.

Für den 2-dimensionalen Barnsley-Farn wurden durch Micheal Barnsley 1985 die in Tabelle 4.1 aufgeführten Werte angegeben. Die in der letzten Zeile angegebene Wahrscheinlichkeit $p[i]$ bestimmt zusammen mit einer über einen Zufallsgenerator ermittelten Zufallszahl z, welche der vier affinen Abbildungen ausgeführt wird.

Das Projekt BARNSLEYFARN enthält den vollständigen Algorithmus und auch die Daten für den 3-dimensionalen Farn. Der 2- und 3-dimensionale Farn sind im Bild 4.25 dargestellt.

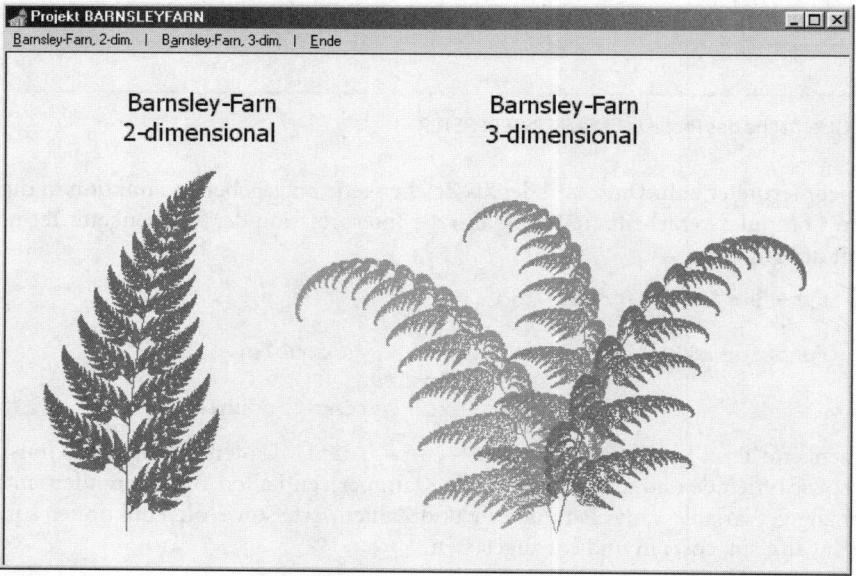

Bild 4.25   Ergebnisse des Projekts BARNSLEYFARN

Tabelle 4.1 Koeffizienten des IFS für den Barnsley-Farn

i	1	2	3	4
$a[i]$	0	0.197	-0.155	0.849
$b[i]$	0	-0.266	0.283	0.037
$c[i]$	0	0.226	0.26	-0.037
$d[i]$	0.16	0.197	0.237	0.849
$e[i]$	0	0	0	0
$f[i]$	0	1.6	0.44	1.6
$p[i]$	0.03	0.14	0.27	1.0

4.2.10   Projekt TRÄGER3

Das Projekt TRÄGER2 des Abschnittes 4.1.4 soll jetzt so erweitert werden, dass entsprechend Bild 4.26

- mehrere Kräfte F_i an den Positionen c_i angreifen,
- der Verlauf des Biegemomentes $M(x)$ und der Durchbiegung $y(x)$ grafisch dargestellt werden.

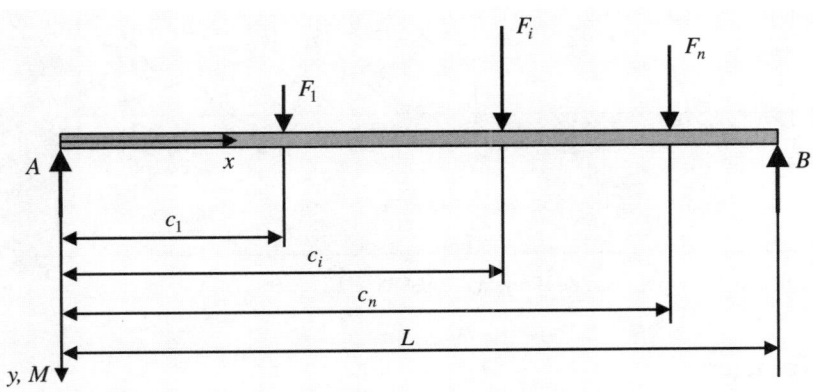

Bild 4.26 Projekt TRÄGER3, Belastung, Abmessungen

Der modifizierte Algorithmus lautet jetzt

- $B = \sum\limits_{i=1}^{n} F_i \cdot c_i / L \qquad A = F - B$

- $M_k = A \cdot c_k - \sum\limits_{i=1}^{k-1} F_i \cdot (c_k - c_i)$ \qquad für $k = 1 \ldots n$

- $y = \sum\limits_{i=1}^{n} \dfrac{F_i \cdot x \cdot (L - c_i) \cdot [c_i \cdot (2 \cdot L - c_i) - x^2]}{6 \cdot E \cdot I \cdot L}$ \qquad für $0 \leqq x \leqq c_i$

- $y = \sum\limits_{i=1}^{n} \dfrac{F_i \cdot c_i \cdot (L - x) \cdot [x \cdot (2 \cdot L - x) - c_i^2]}{6 \cdot E \cdot I \cdot L}$ \qquad für $c_i \leqq x \leqq L$

Das Bild 4.27 zeigt die Oberfläche mit Ergebnissen für den vor eingestellten Belastungsfall mit drei Einzelkräften. Der Quelltext ist dem Projekt TRÄGER3 zu entnehmen.

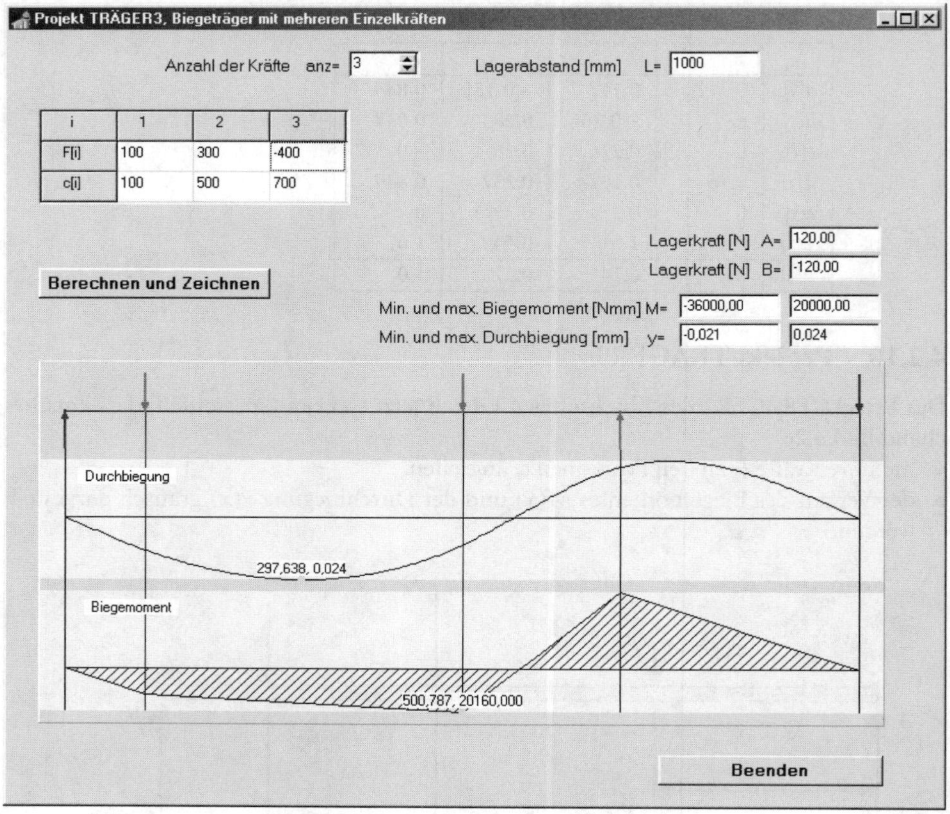

Projekt TRÄGER3, Biegeträger mit mehreren Einzelkräften   _ □ ×

Anzahl der Kräfte   anz= | 3   ⇕   Lagerabstand [mm]   L= | 1000

i	1	2	3
F[i]	100	300	-400
c[i]	100	500	700

Lagerkraft [N]   A= | 120,00

Lagerkraft [N]   B= | -120,00

Berechnen und Zeichnen

Min. und max. Biegemoment [Nmm] M= | -36000,00 | 20000,00

Min. und max. Durchbiegung [mm]   y= | -0,021 | 0,024

Durchbiegung

297,638, 0,024

Biegemoment

500,787, 20160,000

Beenden

Bild 4.27   Oberfläche und Ergebnisse des Projekts TRÄGER3

4.2.11   Übungen

4.5   Ü-Projekt STOPPUHR

Mithilfe der Komponenten Button, Label, Timer, Edit und PaintBox soll eine Stoppuhr mit analoger und digitaler Sekundenanzeige programmiert werden.

Im Einzelnen übernehmen die Komponenten folgende Funktionalität:
- Der Timer (Komponentenseite System) liefert im einstellbaren Intervall ein Ereignis. Er kann aktiviert (Enabled=*true*) und deaktiviert (Enabled=*false*) werden. Über die Eigenschaft Intervall wird festgelegt, in welchem zeitlichen Abstand das Ereignis ausgelöst wird (Voreinstellung: 1 000 ms).
- Die Paintbox von Seite System der Komponentenpalette wird auf dem Formular platziert. Auf den Canvas der Paintbox kann mit den im Abschnitt 4.2 angegebenen Methoden und Eigenschaften gezeichnet werden.
- Über das Ereignis OnPaint kann bereits beim Aufbau der Formularoberfläche das Zeichnen der Ausgangssituation (Kreis, Zeiger) realisiert werden.

Hinweise:
- Zur Berechnung des jeweiligen Zeiger-Peripheriepunktes ist die Anwendung der Winkelbeziehungen $x = radius \cdot sin(\varphi)$ und $y = radius \cdot cos(\varphi)$ günstig.

- Das Löschen des Zeigers kann durch Überschreiben mit der Hintergrundfarbe clBtnFace erfolgen.

In Bild 4.28 ist eine Oberfläche des Projekts dargestellt.

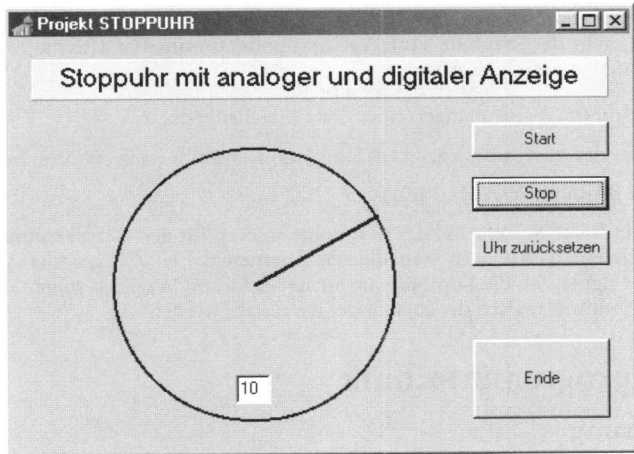

Bild 4.28 Oberfläche des Projekts STOPPUHR

Erweiterungen der Aufgabenstellung: Das Ü-Projekt ist hinsichtlich weiterer Funktionalität in mehrfacher Hinsicht erweiterbar, z. B. Beschriftung, Markierung des Zifferblattes, Entwicklung einer vollständigen Uhr mit Minuten- und Stundenzeiger.

4.6   Ü-Projekt WÜRFELSPIEL

Ein Projekt soll das Würfeln simulieren. Basierend auf n ganzzahligen Zufallszahlen aus dem Intervall [1 ... 6] wird das Auftreten der einzelnen Zahlen summiert. Da n die Werte unterschiedlicher Zufallszahlen annimmt, kann gezeigt werden, dass sich mit zunehmender Beobachtungszahl eine Gleichverteilung einstellt.

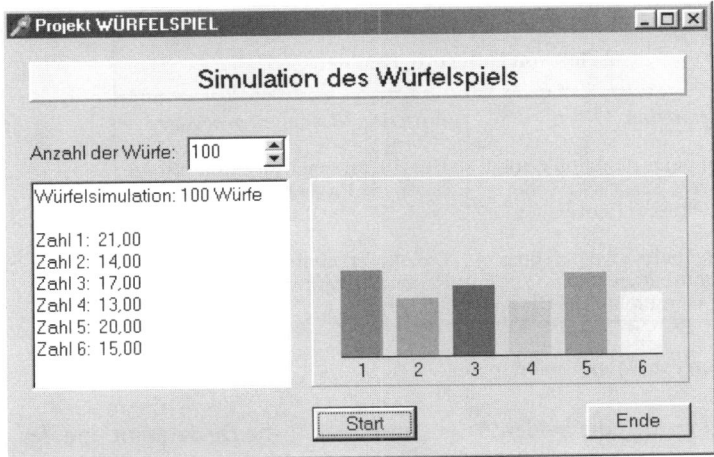

Bild 4.29 Oberfläche des Projekts WÜRFELSPIEL

Hinweise zur Programmierung:
- Benutze der Programmablaufplan aus Aufgabe 2.12, Abschnitt 2.3.5.
- Jeder Aufruf der Standardfunktion Random(*i*) liefert eine ganzzahlige Pseudo-Zufallszahl aus dem Intervall $[0..i-1]$.
- Wegen der einfachen Indexierung ist die Definition eines Vektors (v: **array** [1..6] **of** **integer**) als Summenspeicher günstig.
- Zur Ausgabe der Resultate kann eine Komponente vom Typ TMemo mit folgenden Methoden verwendet werden:
  Clear;   Löschen des Memofeldes
  Lines.Add (...);   Anhängen einer Zeile (Zeichenkette).

Das Fenster der Anwendung zeigt ein Simulationsergebnis nach 100 Würfen.

4.7   Ü-Projekt BARNSLEYFARN_MOD

Das Projekt BARNSLEYFARN des Abschnitts 4.2.9 ist für den 2-dimensionalen Farn so zu modifizieren, dass je nach Wahl die Koeffizienten $a[i]$ bis $f[i]$ geändert werden können. Dazu eignet sich die Komponente StringGrid. Zum Vergleich sollten der originale und der modifizierte Farn nebeneinander dargestellt werden.

4.3   Unterprogrammtechnik

4.3.1   Einführung

Ein Unterprogramm (UP, Modul) ist die separate Notation eines Algorithmus, der logisch Bestandteil eines umfassenden Algorithmus ist und von diesem mit einem entsprechenden Aufruf zur Abarbeitung gebracht wird. Hier sei darauf verwiesen, dass die bisher genutzten Ereignisbehandlungsroutinen ihrer Natur nach Prozeduren sind, die durch ein bestimmtes Ereignis aufgerufen und damit abgearbeitet werden. Da ein UP in einer oder mehreren Ereignisbehandlungsroutinen oder auch in einem anderen UP wiederholt aufgerufen werden kann, stellt die UP-Technik eine wichtige Strukturierungsform und Rationalisierungsmöglichkeit dar. Motive für die Anwendung der UP-Technik sind damit die Senkung des Programmier- und Testaufwandes, die Erzeugung einer übersichtlichen Programmstruktur (Modularstruktur) und die Einsparung von Speicherplatz.

Arten von Unterprogrammen	
Funktion, *function*	Prozedur, Verfahren, *procedure*
Der Aufruf einer Funktion erfolgt innerhalb von Ausdrücken oder durch eine Prozeduranweisung	Der Aufruf einer Prozedur erfolgt durch die Prozeduranweisung
Das/die Ergebnisse werden über den Funktionsnamen und Parameter vermittelt	Das/die Ergebnisse werden über Parameter vermittelt

Bild 4.30   Arten von Unterprogrammen

Im Bild 4.30 werden die beiden Arten, im Bild 4.31 die Deklaration und der Aufruf von Funktionen und Prozeduren angegeben und unterschieden. Unterprogramme müssen vor ihrer Nutzung (Aufruf, Aktivierung) deklariert (vereinbart) werden bzw. worden sein. Die im Abschnitt 3.8 genannten Standardfunktionen und -prozeduren sind bereits in Object Pascal deklariert und können damit sofort aufgerufen werden.

Deklaration und Aufruf von Unterprogrammen		
Art	*function*	*procedure*
Anzahl Parameter	0..n	0..n
Ergebnis-vermittlung	über den Namen der Funktion und Parameter (m Ergebnisse)	über Parameter (m Ergebnisse)
Form der Deklaration	*function* f[(fp[;fp]...)]:typ; deklarationsteil; anweisungsteil;	*procedure* p[(fp[;fp]...)]; deklarationsteil; anweisungsteil;
Form des Aufrufs	f[(ap,...)] in Ausdrücken oder als Prozeduranweisung	p[(ap,...)] Prozeduranweisung
Gültigkeits-bereich	Block, in dem die Deklaration erfolgte	
Legende:	f, p: Name der *function/procedure* fp, ap: formaler/aktueller Parameter	

Bild 4.31   Deklaration und Aufruf von Unterprogrammen

Einführendes Beispiel:

Summenbildung

Für die Bildung der Summe

$$s = \sum_{i=1}^{n} x_i \qquad (1 \leqq n \leqq 10)$$

sollen Unterprogramme als
- Funktion → *function*
- Prozedur → *procedure*

definiert und zur Berechnung von $a = \dfrac{1}{m} \sum_{i=1}^{m} y_i$ verwendet werden.

Der strukturierte Entwurf des Algorithmus wurde bereits im Abschnitt 2.3.3 angegeben. Nachfolgend sind zunächst die wesentlichen Vereinbarungen und Aufrufe einer Funktion und einer Prozedur in Object Pascal angegeben. Eine ausführlichere Erläuterung folgt anschließend.

Hinweis: Die Variable *Result* bei einem *function*-UP wird bei der Übersetzung als lokale Variable automatisch ohne explizite Deklaration generiert. Sie besitzt den Typ des Namens der Funktion und kann wie eine Variable benutzt werden. Beim Verlassen der Funktion wird der aktuelle Wert von *Result* dem *function*-Namen zugewiesen.

```
type VektorT=array [1..10] of double;
var  y: VektorT; i,m: integer; a: double;

function s(n: integer; const x: Vektor): double;
   var i: integer;
begin
   Result:=0;
   for i:=1 to n do Result:=Result+x[i]
end {s};

procedure Summe(n: integer; const x: Vektor; var s: double);
   var i: integer;
begin s:=0; for i:=1 to n do s:=s+x[i] end {Summe};

procedure TForm1.Button1Click(Sender: TObject);
begin
   // Eingabe der Werte von m und der Vektorelemente y[i]
   // für i=1..m
   // Mittelwertbildung mit der Funktion
   a:=s(m,y)/m;
   :
   // Mittelwertbildung mit der Prozedur
   Summe(m,y,a);
   a:=a/m;
   // Ausgabe und/oder Weiterverarbeitung des Mittelwertes
end;
```

■

4.3.2   Deklaration von Unterprogrammen

Die Deklaration oder Vereinbarung von UP erfolgt im Deklarationsteil und kann bzw. muss enthalten:

- Eingangsparameter, d. h. die Größen, mit denen der Algorithmus des UP abgearbeitet werden soll,
- den Algorithmus, der aus den Eingangsparametern das Ergebnis oder die Ergebnisse erzeugt,
- bei Funktionen den Funktionsnamen, dem ein Ergebnis zugewiesen wird. Weitere Ergebnisse können über Ausgangsparameter übermittelt werden,
- bei Prozeduren den Prozedurnamen sowie Ausgangsparameter, denen die Ergebnisse zugewiesen werden.

Die Prozedur- und Funktionsdeklarationen haben entsprechend Bild 4.31 das folgende prinzipielle Aussehen.

          procedure p[(fp[;fp]...)];   *function* f[(fp[;fp]...)]: typ;
          deklarationsteil;   deklarationssteil;
          anweisungsteil;   anweisungsteil;

Hier sind fp so genannte formale Parameter der Form

> name, ... : typ;
>
> *oder* **var** name, ... : typ;   *oder* **var** name, ... ;
> *oder* **const** name, ... : typ;   *oder* **const** name, ... ;
> *oder* **out** name, ... : typ;   *oder* **out** name, ... ;

Sie heißen der Reihe nach Wert-, Variablen-, Konstanten- und Ausgabeparameter. Ist der Typ angegeben, so handelt es sich um typisierte, sonst um untypisierte Parameter. Letztere werden jedoch nicht weiter behandelt. Gewünschte Informationen sind der Online-Hilfe von Delphi zu entnehmen.

typ muss durch einen vordefinierten oder vorher definierten Typnamen angegeben werden. Das einführende Beispiel Summenbildung zeigt dies für den formalen Vektor *x*.

Ein UP soll so allgemein formuliert sein, dass es mit weitestgehend frei wählbaren Bezeichnungen für die Ein- und Ausgangsparameter aufgerufen werden kann. Dem entspricht das Konzept der formalen und aktuellen Parameter. Für die formalen Parameter können Namen ebenso weitestgehend frei gewählt werden.

Formale Parameter werden bei der UP-Deklaration symbolisch für die Ein- und Ausgangsparameter verwendet. Es sind überwiegend Variablen, Feldnamen, Objekte oder Namen anderer UP. Sie werden beim Aufruf des UP durch die jeweils aktuellen Parameter ersetzt.

Eine Gesamtübersicht über die Parameterarten gibt Bild 4.32. Die wichtigsten davon werden im Folgenden beschrieben.

Bei den formalen und damit auch aktuellen Parametern wird zwischen Wert-, Variablen-, Konstanten- und Ausgabeparametern unterschieden.

Wertparameter belegen im UP eigenen lokalen Speicherplatz. Änderungen des Wertparameters im UP haben somit keine Auswirkungen auf den aktuellen Parameter.

Variablenparameter (Angabe von *var* vor dem formalen Parameter) übergeben die Adresse des aktuellen Parameters. Es wird also direkt mit dem aktuellen Parameter gearbeitet, im UP wird nicht nochmals Speicherplatz reserviert. Ergebnisparameter müssen deshalb Variablenparameter sein.

Beispiel: **Verhalten von Wert- und Variablenparametern**

```
var n,m: integer;

procedure WertVar(K: integer; var L: integer);
begin
   K:=K+1;
   L:=L+1;
end {WertVar};
   :
```

```
begin
   m:=1;
   n:=1;
   WertVar(m,n);
   // Ausgabe des Wertparameters liefert:      m = 1
   // Ausgabe des Variablenparameters liefert: n = 2
end;
```

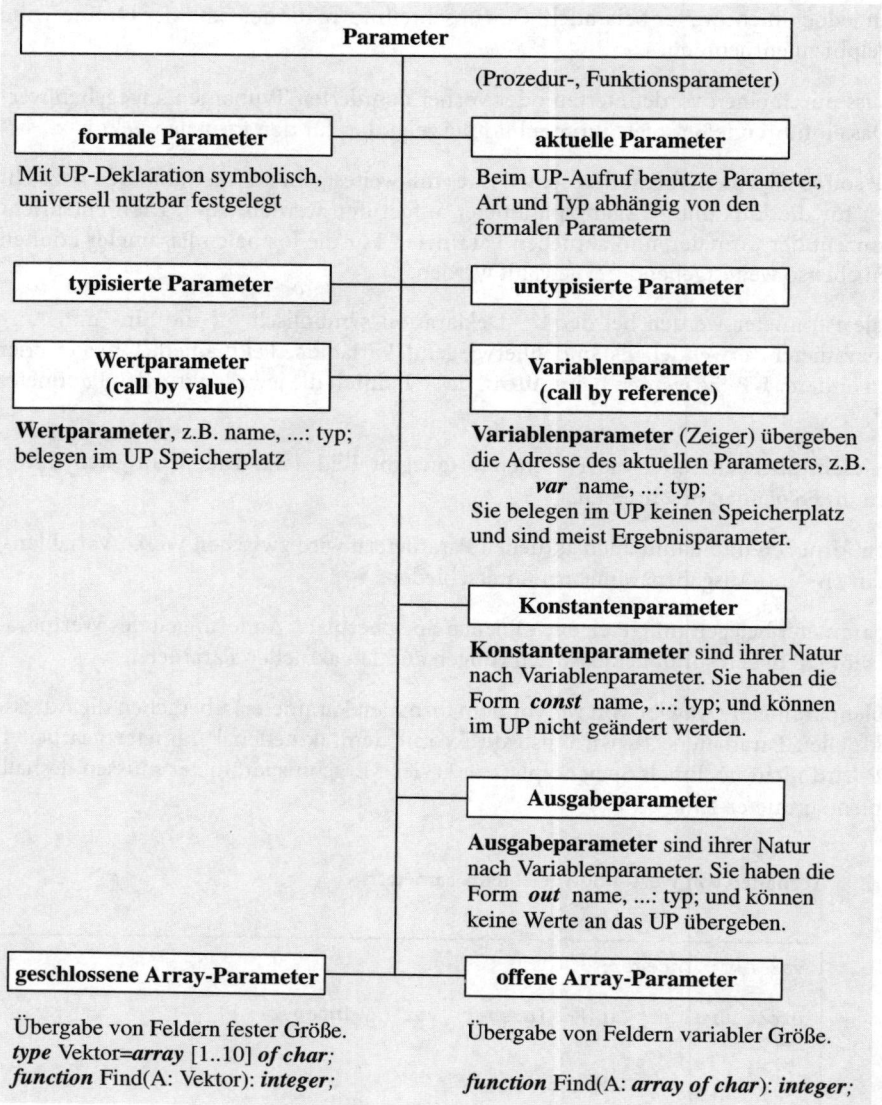

Bild 4.32   Übersicht zu Parameterarten

Konstantenparameter (Angabe von *const* vor dem formalen Parameter) sind der Natur nach Variablenparameter. Ihnen kann jedoch im Gegensatz zu Variablenparametern im UP kein neuer Wert zugewiesen werden. Beim Aufruf des UP werden die formalen Parameter über ihre Adresse durch die aktuellen Parameter ersetzt, mit denen dann der Algorithmus des UP abgearbeitet wird.

Ausgabeparameter (Angabe von *out* vor dem formalen Parameter) werden wie Variablenparameter behandelt. Im Unterschied zu diesen stellt ein Ausgabeparameter jedoch keine Eingabewerte bereit. Diese werden häufig in verteilten Objektmodellen, wie COM (Component Object Model) und CORBA (Common Object Request Broker Architecture) zur Schaffung universeller Softwarekomponenten angewendet.

Im Algorithmus neben den formalen Parametern weiterhin verwendete Variablen und Felder können lokale oder globale Größen sein. Lokale Größen sind solche, die im Vereinbarungsteil des UP deklariert wurden. Globale Größen sind jene, die im umschließenden Block vereinbart wurden.

Im Bild 4.33 sind für das einführende Beispiel Summenbildung nochmals die wesentlichen Aspekte bei der Deklaration von UP als strukturierter Entwurf und in Object-Pascal-Notation zusammengestellt.

UP-Deklaration als SEA und als Pascal-UP

Für die Bildung der Summe

$$s = \sum_{i=1}^{n} x_i$$

sollen UP als Funktion (*function*) und als Prozedur (*procedure*) definiert werden.

Neben den bisher verwendeten geschlossenen Array-Parametern gibt es auch offene Array-Parameter, Bild 4.32. Mit diesen ist es möglich, Felder verschiedener Größe an eine Prozedur oder Funktion zu übergeben. Die Syntax für die Deklaration von offenen Array-Parametern als formale Parameter lautet

> ***array of*** typ

Der aktuelle Parameter muss eine Variable vom angegebenen Typ oder eine Array-Variable mit Elementen von diesem Typ sein. Innerhalb des Unterprogramms verhält sich der formale Parameter so, als wäre er durch

> ***array*** [0..n-1] ***of*** typ

deklariert worden, wobei n die Anzahl der Elemente im aktuellen Parameter ist. Der Indexbereich des aktuellen Parameters wird also auf die Indizes 0 bis n-1 abgebildet. Wenn der aktuelle Parameter eine einfache Variable vom angegebenen Typ ist, so wird diese behandelt, als sei sie ein Array mit einem Element. Auf Elemente des formalen offenen Array-Parameters kann nur einzeln zugegriffen werden. Zuweisungen an das gesamte offene Array sind nicht zugelassen. Offene Array-Parameter können Wert-, Variablen-, Konstanten- oder Ausgabeparameter sein.

Die im Bild 4.33 vereinbarte Funktion zur Summenbildung könnte deshalb auch wie folgt geschrieben werden:

```
function s(n: integer; const x: array of double): double;
   var i: integer;
begin
   Result:=0;
   for i:=0 to n-1 do Result:=Result+x[i];
end {s};
```

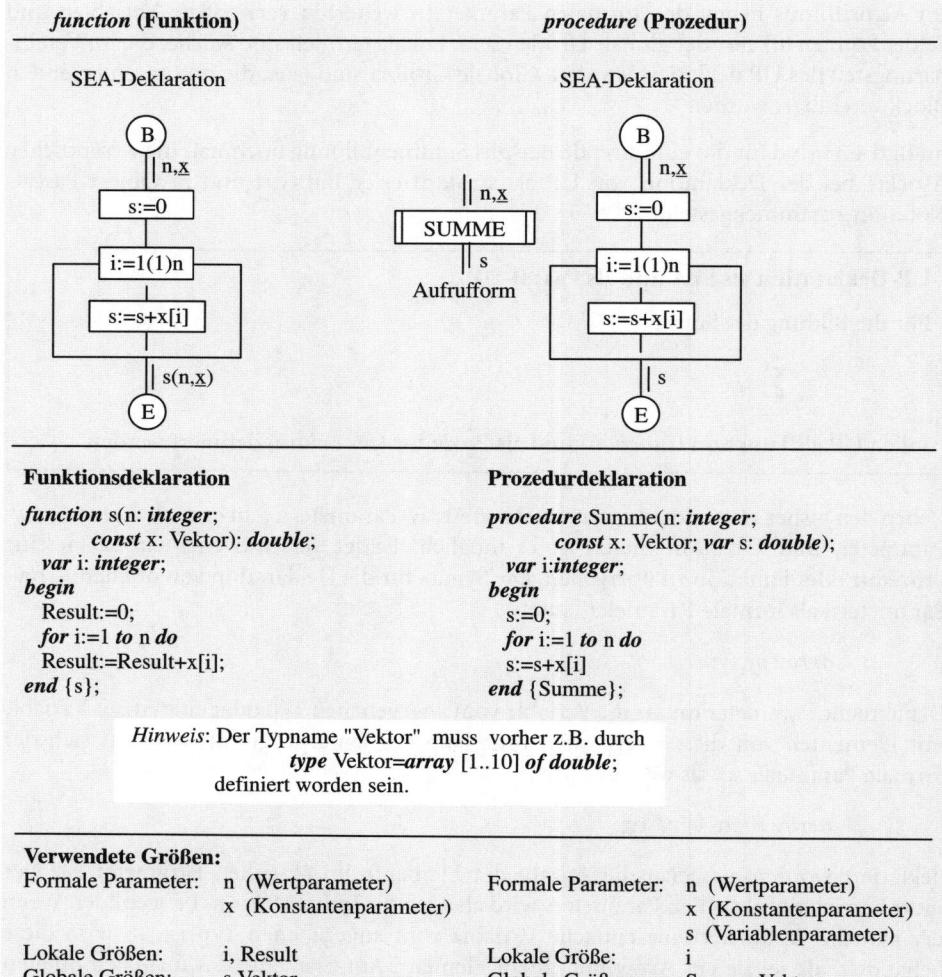

function (Funktion)   **procedure (Prozedur)**

SEA-Deklaration   SEA-Deklaration

Funktionsdeklaration   **Prozedurdeklaration**

function s(n: *integer*;   *procedure* Summe(n: *integer*;
       const x: Vektor): *double*;   *const* x: Vektor; *var* s: *double*);
var i: *integer*;   *var* i:*integer*;
begin   *begin*
   Result:=0;   s:=0;
for i:=1 *to* n *do*   *for* i:=1 *to* n *do*
Result:=Result+x[i];   s:=s+x[i]
end {s};   *end* {Summe};

Hinweis: Der Typname "Vektor" muss vorher z.B. durch
          type Vektor=*array* [1..10] *of double*;
          definiert worden sein.

Verwendete Größen:
Formale Parameter: n (Wertparameter)   Formale Parameter: n (Wertparameter)
                     x (Konstantenparameter)   x (Konstantenparameter)
                                                                   s (Variablenparameter)

Lokale Größen: i, Result   Lokale Größe: i
Globale Größen: s, Vektor   Globale Größen: Summe, Vektor

Bild 4.33   Deklaration von UP zur Summenbildung

Auf offene Array-Parameter können die folgenden Standardfunktionen angewendet werden:

Funktion	Rückgabewert
Low(x)	stets 0
High(x)	Integer-Wert, der die Anzahl der Elemente des aktuellen Parameters minus 1 angibt
SizeOf(x)	Integer-Wert, der die Anzahl der von einer Variablen oder einem Typ belegten Bytes zurück gibt

Ein offener Array-Parameter kann beim Aufruf des Unterprogramms auch direkt als offener Array-Konstruktor angegeben werden, also ohne vorher ein Feld zu deklarieren. Dazu sind die gewünschten Array-Elemente innerhalb eckiger Klammern als Liste anzugeben. Sollen beispielsweise mit der oben definierten Funktion die Werte 3, 4 und 5 summiert werden, so wäre das mit dem Funktionsaufruf

```
Summe:=s(3,[3,4,5]);
```

unmittelbar möglich. Die Übergabe offener Array-Konstruktoren ist jedoch nur an Wert- bzw. Konstantenparameter möglich.

4.3.3   Aufruf von Unterprogrammen

Der Aufruf oder die Aktivierung einer *function* erfolgt in Ausdrücken oder auch durch eine Prozeduranweisung, der der *procedure* nur durch die Prozeduranweisung. Dem n-ten aktuellen Parameter beim *function-* oder *procedure*-Aufruf entspricht der n-te formale Parameter bei der Deklaration. Zwischen aktuellen und formalen Parametern ist die im Bild 4.34 angegebene Korrespondenz zugelassen. Erfolgt der Aufruf einer Funktion durch eine Prozeduranweisung, so wird der Funktionswert ignoriert. Ergebnisse können in diesem Fall nur durch Parameter übergeben werden.

Beispiel: **UP-Aufruf als SEA und in Object Pascal**

Der Aufruf der UP zur Berechnung von

$$a = \frac{1}{m} \sum_{i=1}^{m} y_i$$

ist ebenfalls im Bild 4.34 gezeigt.

Empfehlung: Wenn nur ein Ergebnis erzeugt wird, sollte die Funktion wegen der einfacheren Nutzbarkeit durch den Aufruf in Ausdrücken bevorzugt werden.

Der Vollständigkeit halber sei darauf verwiesen, dass das Ergebnis einer Funktion nicht nur ein Wert sein muss. Das folgende Beispiel zeigt das exemplarisch für den Fall, dass der Ergebnistyp der Funktion ein ganzzahliger Vektor mit 3 Elementen ist.

```
type VektorTyp= array [1..3] of integer;
function Ergebnis(x: integer): VektorTyp;
begin
    Result[1]:=1*x; Result[2]:=2*x; Result[3]:=3*x;
end;
```

```
procedure TForm1.Button1Click(Sender: TObject);
begin
    Edit1.Text:=IntToStr(Ergebnis(5)[1])+' '
                +IntToStr(Ergebnis(5)[2])+' '
                +IntToStr(Ergebnis(4)[3]);
end;
```

Im Editierfeld Edit1 werden hier die Werte 5, 10 und 12 ausgegeben.

formaler Parameter	aktueller Parameter
Variable	Variable oder Feldelement gleichen Typs, "echter" Ausdruck gleichen Typs [*)]
Feldname	Feldname gleichen Typs
Funktions- oder Prozedurname	Funktion gleichen Typs oder Prozedur

[*)] Diese Korrespondenz ist nur möglich, wenn der formale und damit auch aktuelle Parameter ein Wertparameter ist!

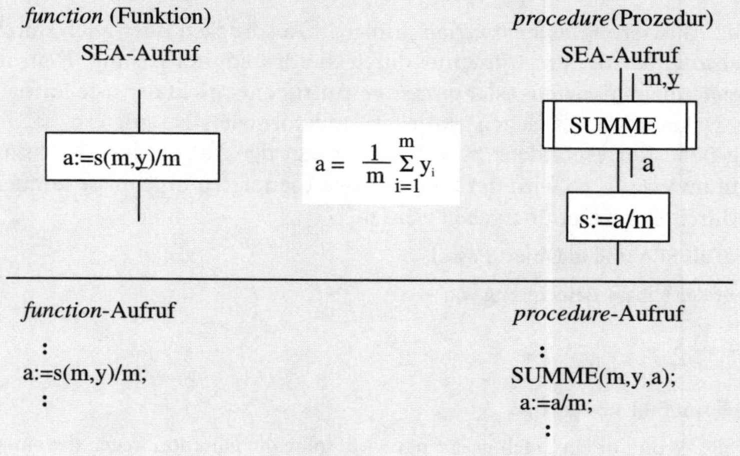

function (Funktion)

SEA-Aufruf

a:=s(m,y)/m

$$a = \frac{1}{m} \sum_{i=1}^{m} y_i$$

procedure (Prozedur)

SEA-Aufruf

m,y

SUMME

a

s:=a/m

function-Aufruf

⋮
a:=s(m,y)/m;
⋮

procedure-Aufruf

⋮
SUMME(m,y,a);
a:=a/m;
⋮

Bild 4.34 Mögliche Korrespondenz zwischen formalen und aktuellen Parametern, Aufruf von Unterprogrammen am Beispiel der Summenbildung

Syntax zur Unterprogrammtechnik (Auszug)

Wie der Definition der Syntax, Bild 4.35, zu entnehmen ist, besteht der Block einer Funktion oder Prozedur und damit auch der von Ereignisbehandlungsroutinen aus dem optionalen Deklarationsteil und dem Anweisungsteil. Die innerhalb des Deklarationsteils vereinbarten Größen gelten nur im gleichen Block und sind damit lokale Größen. Entsprechend sind alle außerhalb eines Blocks deklarierten Größen global. Diese gelten in allen folgenden Blöcken, falls dort nicht Größen mit dem gleichen Namen vereinbart wurden. In einem solchen Fall haben lokale Größen Vorrang. Da der Deklarationsteil einer Funktion oder Prozedur weitere lokale Funktions- und/oder Prozedurdeklarationen enthalten kann, können Schachtelungen von Blöcken entstehen. Dabei gilt, dass ein Name, der bereits in einem äußeren Block vergeben wurde, in einem inneren Block erneut vergeben werden kann. In einem solchen Fall ist der im äußeren Block vergebene Name im inneren nicht mehr bekannt. Der Gültigkeitsbereich eines Namens besteht ab dem Block, in dem er vereinbart wurde, sowie aus allen tiefer verschachtelten Blöcken, falls dort nicht eine neue Größe mit dem gleichen Namen vereinbart wurde. Bild 4.36 enthält ein Beispiel für die Schachtelung von Blöcken.

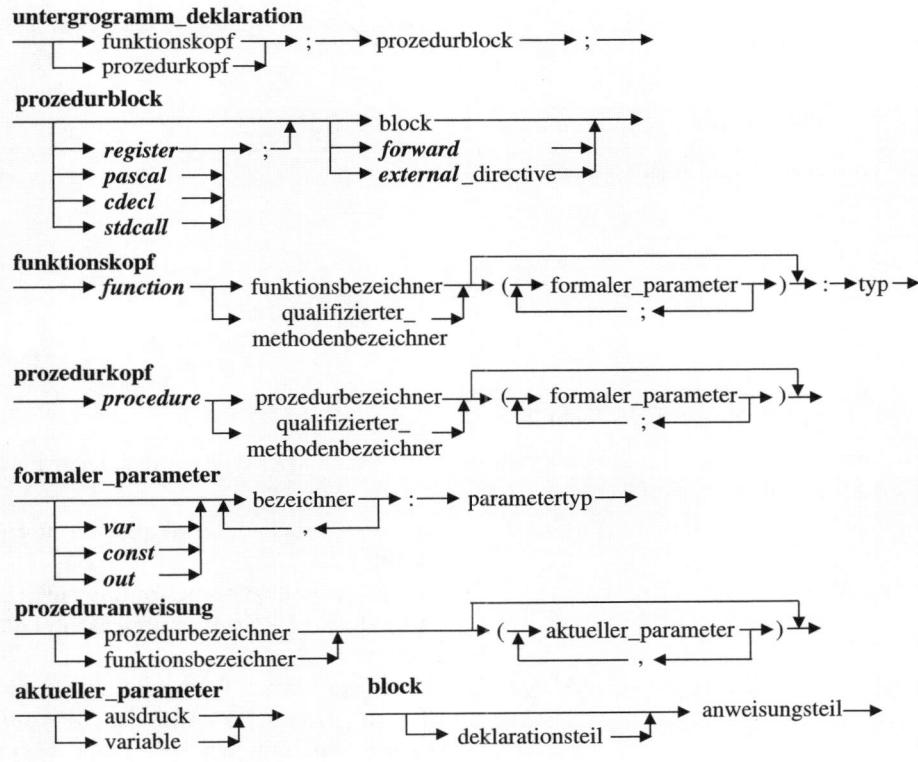

Bild 4.35   Syntax der Unterprogrammtechnik (Auszug)

Im Implementation-Teil ist viermal eine Variable n deklariert, einmal als globale Variable und dreimal innerhalb der Blöcke 1 bis 3 als lokale Variable. Diese vier Variablen sind trotz der gleichen Bezeichnung verschieden. Innerhalb der Blöcke kann nie auf die globale Variable *n* zugegriffen werden. Der Zugriff ist nur auf die im jeweiligen Block deklarierte Variable *n* möglich. Der Aufruf von UP1 in der Ereignisbehandlungsroutine führt deshalb zu einem undefinierten Ergebnis.

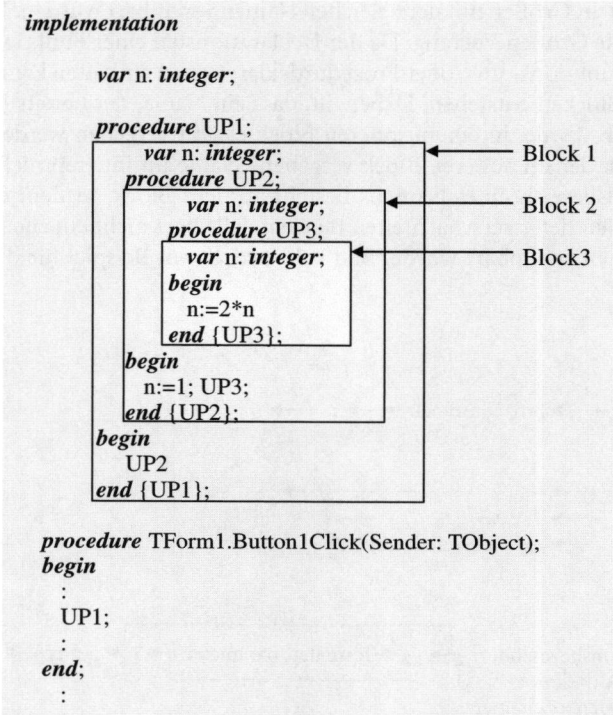

```
implementation

        var n: integer;

        procedure UP1;
                var n: integer;                        Block 1
            procedure UP2;
                    var n: integer;                    Block 2
                procedure UP3;
                        var n: integer;                Block3
                    begin
                        n:=2*n
                    end {UP3};
                begin
                    n:=1; UP3;
                end {UP2};
            begin
                UP2
            end {UP1};

    procedure TForm1.Button1Click(Sender: TObject);
    begin
        :
        UP1;
        :
    end;
        :
```

Bild 4.36
Schachtelung
von Blöcken

Anwendungsbeispiele zur UP-Technik

Anschließend sollen drei Anwendungsfälle der UP-Technik dargestellt werden. Diese können wie folgt charakterisiert werden:

Projekt MATRIZENMULTIPLIKATION: Eine Ereignisbehandlungsroutine ruft ein UP auf.

Projekt AUSGLEICHSGERADE: Eine Ereignisbehandlungsroutine ruft ein UP1 auf. Das UP1 ruft seinerseits ein UP2 auf.

Projekt NUMERISCHE_INTEGRATION_1:   Eine Ereignisbehandlungsroutine ruft ein UP1 auf. Dieses UP1 ruft das UP2 auf, welches seinerseits ein UP3 nutzt. Dabei ist UP3 formaler/aktueller Parameter von UP2.

Die Projekte werden in den folgenden Abschnitten 4.3.4 bis 4.3.6 ausführlicher behandelt.

4.3.4   Projekt MATRIZENMULTIPLIKATION

Das Projekt enthält die Deklaration einer Prozedur MatMul zur Matrizenmultiplikation. Der strukturierte Entwurf ist im Bild 4.37 dargestellt.

$$C_{(m, n)} = A_{(m, l)} \cdot B_{(l, n)}$$

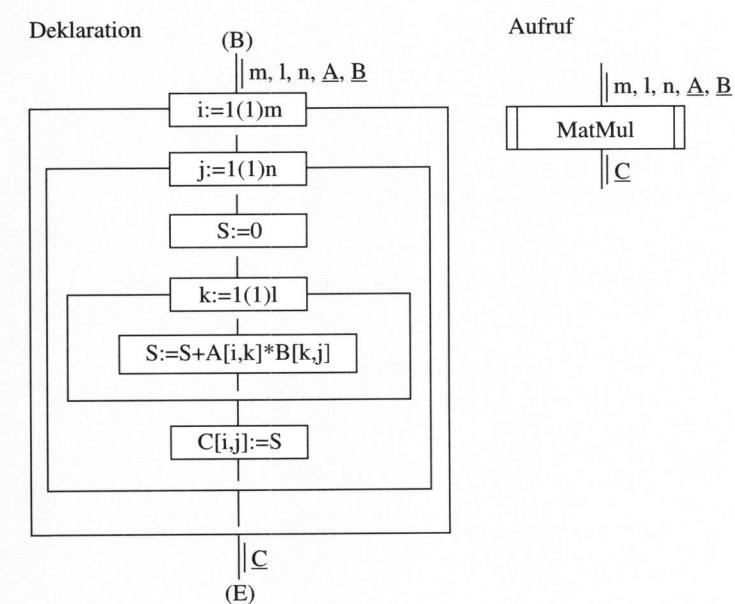

Bild 4.37 SEA für die Matrizenmultiplikation

Die Angabe $C_{(m,n)}$ bedeutet, die Matrix C besitzt m Zeilen und n Spalten. Die Elemente der Ergebnismatrix werden nach dem folgenden Algorithmus berechnet.

$$c_{i,j} = \sum_{k=1}^{l} a_{i,k} \cdot b_{k,j} \qquad (i = 1 \ldots m, \quad m, n \leqq 10, \quad j = 1 \ldots n)$$

Anschließend soll das Unterprogramm MatMul zur Berechnung von

$$Y_{(n,n)} = X_{(n,n)} \cdot X_{(n,n)} + X_{(n,n)}$$

benutzt werden.

Object-Pascal-Quelltext (Fragment)

```
    :
type   Bereich=    1..10;
       Matrix=     array [Bereich,Bereich] of double;
var    X,Y:        Matrix;
       n,i,j:      byte;
procedure MatMul(m,l,n: byte; const A,B: Matrix; var C: Matrix);
// UP zur Matrizenmultiplikation
var    i,j,k:      byte;
       S:          double;
begin
   for i:=1 to m do
   for j:=1 to n do
```

```
   begin
     S:=0;
     for k:=1 to l do S:=S+A[i,k]*B[k,j];
     C[i,j]:=S;
   end
end {MatMul};
  :
procedure TForm1.Button1Click(Sender: TObject);
begin
  :
  // Eingabe der Anzahl n der Zeilen der quadratischen Matrix X
  // und der Elemente x[i,j] (i=1..n, j=1..n) dieser Matrix

  MatMul(n,n,n,X,X,Y); // Zwischenergebnis Y=X*X

  for i:=1 to n do
  for j:=1 to n do
  y[i,j]:=y[i,j]+x[i,j]; // Endergebnis Y=X*X+X

  // Ausgabe und/oder Weiterverarbeitung der Elemente y[i,j]
  // (i=1..n, j=1..n) der Matrix Y

  :
end;
```

 Den vollständigen Quelltext für die Matrizenmultiplikation enthält das Projekt MATRI-
ZENMULTIPLIKATION.

4.3.5   Projekt AUSGLEICHSGERADE

Aus Messungen herrührende Werte besitzen stets Fehler, deren Größe durch Verfeinerung
des Messverfahrens wohl minimiert, nie aber ganz vermieden werden können. Zur ange-
näherten Wiedergabe dieser Werte als Formel werden oft Polynome genutzt. Von diesen
soll hier die Ausgleichsgerade (Regressionsgerade) als Sonderfall behandelt werden. Das
Problem besteht in der Berechnung der Koeffizienten a und b der Ausgleichsgeraden

$$\bar{y}(x) = a + b \cdot x.$$

Die Berechnung selbst soll in einem UP REGRES erfolgen. Dieses ist dann für den
Ausgleich von k Messwertpaaren

$$(n_i, M_i) \qquad (i = 1 \ldots k), \quad k \leq 50$$

durch die Ausgleichsgerade $\overline{M}(n) = u + v \cdot n$ anzuwenden. Der Algorithmus ist im Bild
4.38 angegeben und kann für Polynome höheren Grades relativ einfach erweitert werden.

Für die Bildung der Summen $s_x = \sum x_i$ und $s_y = \sum y_i$ soll die im Abschnitt 4.3.2 deklarierte
Funktion $s(n, x)$ verwendet werden.

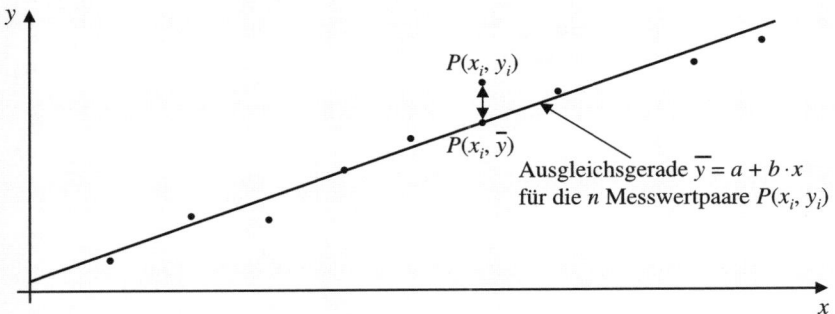

Algorithmus zur Berechnung der Koeffizienten a und b der Ausgleichsgeraden nach der Methode der kleinsten Fehlerquadratsumme von Gauß

Forderung: Die Summe $S = \sum_{i=1}^{n} [\bar{y}(x_i) - y_i]^2 = \sum_{i=1}^{n} [a + b \cdot x_i - y_i]^2$ soll zu einem Minimum werden.

Lösung:

$$\frac{\partial S}{\partial a} = 0 \quad \rightarrow \quad 2 \cdot \sum_{i=1}^{n} [a + b \cdot x_i - y_i] = 0$$

$$\frac{\partial S}{\partial b} = 0 \quad \rightarrow \quad 2 \cdot \sum_{i=1}^{n} [a + b \cdot x_i - y_i] \cdot x_i = 0$$

Aus diesen beiden Gleichungen ergeben sich die Koeffizienten zu

$$b = \frac{\sum x_i \sum y_i - n \cdot \sum x_i \cdot y_i}{(\sum x_i)^2 - n \cdot \sum x_i^2}$$

$$a = \left(\sum y_i - b \cdot \sum x_i\right)/n$$

Bild 4.38 Algorithmus für die Ausgleichsgerade

Anschließend ist der hier interessierende Ausschnitt für die Deklaration und Nutzung des UP REGRES angegeben.

```
   :
type  Vektor=array [1..50] of double;
var   n,M: Vektor;
      i,k: integer;
      u,v: double;

function s(n: integer; const x: Vektor): double;
   var i: integer;
begin
   Result:=0;
   for i:=1 to n do Result:=Result+x[i];
end {s};
```

```
procedure REGRES(n: integer; const x,y: vektor; var a,b: double);
   var i:                  integer;
       sx,sxx,sy,sxy,h: double;
begin
   sx:=s(n,x); sy:=s(n,y); sxx:=0; sxy:=0;
   for i:=1 to n do
   begin
       h:=x[i];
       sxx:=sxx+h*h; sxy:=sxy+h*y[i]
   end;
   b:=(n*sxy-sx*sy)/(n*sxx-sx*sx);
   a:=(sy-b*sx)/n
end {REGRES};

procedure TForm1.Button1Click(Sender: TObject);
begin
   :
   // Eingabe der Anzahl k der Vektorelementpaare
   // und der Vektorelemente n[i] und M[i], i=1..k

   REGRES(k,n,M,u,v); // Berechnung der Koeffizienten u und v

   // Weiterverarbeitung der Ausgleichsgeraden
end;
```

Der vollständige Quelltext befindet sich im Projekt AUSGLEICHSGERADE.

4.3.6   Projekt NUMERISCHE_INTEGRATION_1

Zur numerischen Integration mit der Simpson-Regel ist ein Unterprogramm IntSimps zu deklarieren und zur Berechnung von bestimmten Integralen mit einer geforderten Genauigkeit ε zu nutzen. Der Simpson-Algorithmus ist dem Bild 4.39 zu entnehmen. Das UP IntSimps soll zur Berechnung der Integrale

$$Q_1 = \int_0^\pi y_1(x)\,\mathrm{d}x \qquad \text{und} \qquad Q_2 = \int_\pi^{2\pi} y_2(x)\,\mathrm{d}x$$

mit

$$y_1(x) = \frac{4 \cdot \pi^2 \cdot x^3}{\left[(\pi + x)^2 + |\sin x|\right]^2}; \qquad y_2(x) = \frac{2 \cdot \pi - x}{3 - \cos x}$$

dienen.

Die im Bild 4.39 angegebene Formel für I liefert einen Näherungswert für das Integral, jedoch mit unbekannter Genauigkeit. Um eine geforderte Genauigkeit zu erreichen, wird die schon vom Newton-Verfahren, Abschnitt 2.3.4, her bekannte Strategie angewendet.
1. Berechnung von I_0 mit n Intervallen, n gerade.
2. Berechnung von I mit $2 \cdot n$ Intervallen.
3. Falls $T \leq \varepsilon$ mit $T = |I - I_0|/(1 + |I|)$ ist, so stellt I das Ergebnis dar. Anderenfalls ist $I_0 = I$ zu setzen und die Berechnung ab 2. zu wiederholen.

4. Zur Vermeidung von unendlichen Zyklen soll unabhängig von 3. die Berechnung nach k-maliger Wiederholung ebenfalls abgebrochen werden.

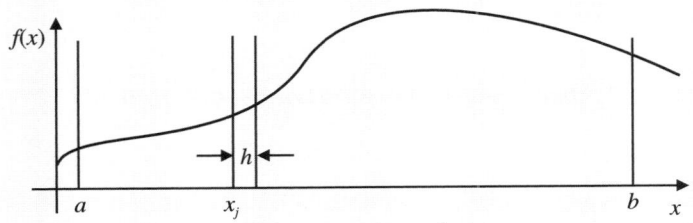

Für die numerische Integration von $\quad I = \int_a^b f(x)\,\mathrm{d}x$

lautet die allgemeine Form der Simpson-Regel mit der geraden Intervallanzahl n, der Intervallbreite $h = (b-a)/n$ und $x_j = a + j \cdot h$ wie folgt:

$$I \approx h \cdot \left\{ f(a) + 4 \cdot f(b-h) + f(b) + \sum_{j=1,3,5,\ldots}^{n-3} [4 \cdot f(x_j) + 2 \cdot f(x_j + h)] \right\}$$

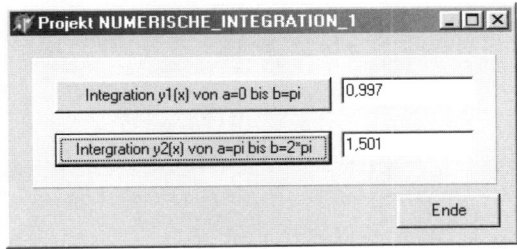

Bild 4.39 Algorithmus für die numerische Integration nach Simpson und einfache Testoberfläche

Die Berechnung von I_0 und I erfolgt mit der Funktion Simpson(…), die in der Prozedur IntSimps(…) wiederholt so lange aufgerufen wird, bis die Punkte 3 und/oder 4 erfüllt sind. Die Besonderheit dieser beiden Unterprogramme besteht darin, dass sie zur Integration beliebiger Funktionen der Form $f(x)$ genutzt werden sollen. Deshalb müssen diese als formale Parameter auftreten. Die geforderte Genauigkeit ε und die maximale Zyklenanzahl k (Anzahl der Verdopplungen von n) sind Eingabewerte.

```
type  Integrand=function(x: double): double; // Typ der Integranden
var   eps,Q1,T1,Q2,T2: double;
      z1,z2,k,n:       integer;

function y1(x: double): double;      // Erster Integrand
begin Result:=(4*x*sqr(x*pi))/sqr(sqr(pi+x)+abs(sin(x))) end {y1};

function y2(x: double): double;      // Zweiter Integrand
begin Result:=(2*pi-x)/(3-cos(x)) end {y2};
```

```pascal
function Simpson(fkt: Integrand; a,b: double; n: integer): double;
   var i:      integer;
       s,h,x: double;
begin
   h:=(b-a)/n; s:=fkt(a)+fkt(b); x:=a;
   for i:=1 to n-1 do
   begin
      x:=x+h; if odd(i) then s:=s+4*fkt(x) else s:=s+2*fkt(x)
   end;
   Result:=h*s/3 // möglich wäre auch: Simpson :=h*s/3
end {Simpson};

procedure IntSimps(fkt: Integrand; a,b,eps: double; n,k: integer;
                   var I,T: double; var z: integer);
   var s,x,h,I0: double;
begin
   if n mod 2 <> 0 then n:=n+1;
   I0:=Simpson(fkt,a,b,n);
   T:=1; z:=1;
   while (T>=eps) and (z<k) do
   begin
      n:=2*n;                    I:=Simpson(fkt,a,b,n);
      T:=abs(I-I0)/(1+abs(I)); z:=z+1; I0:=I
   end
end {IntSimps};

procedure TForm1.Button1Click(Sender: TObject);
begin {Anweisungsteil}
   // Eingabe von eps, k, n
   IntSimps(y1,0,pi,eps,n,k,Q1,T1,z1);
   IntSimps(y2,pi,2*pi,eps,n,k,Q2,T2,z2);
   // Ausgabe und/oder Weiterverarbeitung der Ergebnisse
end { TForm1.Button1Click };
```

Der vollständige Quelltext befindet sich im Projekt NUMERISCHE_INTEGRATION_1.

4.3.7 Rekursive Unterprogramme

Ruft sich eine Funktion oder Prozedur bei ihrer Deklaration im eigenen Anweisungsteil selbst auf, so spricht man von direkter Rekursion. Eine indirekte Rekursion ist durch den wechselseitigen Aufruf von UP bei ihrer Deklaration gekennzeichnet, Bild 4.40.

Am Beispiel der Fakultät $n! = 1 \cdot 2 \cdot \ldots \cdot n$ soll die direkte Rekursion erläutert werden. Die Berechnung erfolgt hier
1. durch die bekannte Iteration,
2. durch eine rekursive Funktion,
3. durch eine rekursive Prozedur.

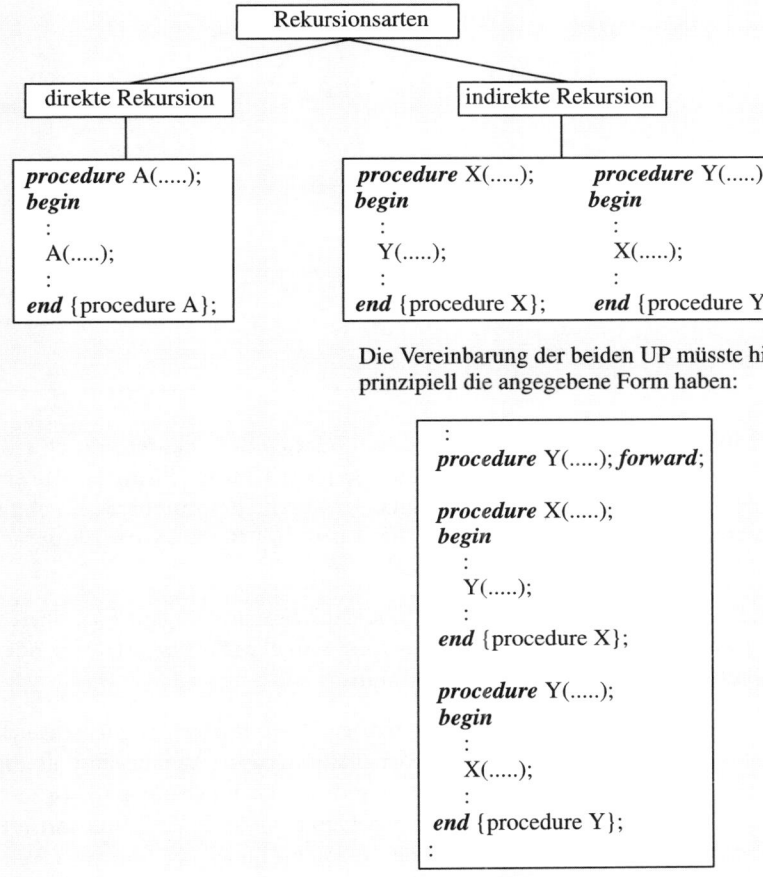

Bild 4.40   Rekursionsarten

```
var n:       integer;
    Fakult: double;

function Fakult1(k: integer): double;
// Berechnung der Fakultät mit Iteration
    var i: integer;
begin
    Result:=1; for i:=2 to k do Result:=i*Result;
end {Fakult1};

function Fakult2(k: integer): double;
// Berechnung der Fakultät mit rekursiver Funktion
begin
    if k=0 then Fakult2:=1 else Fakult2:=k*Fakult2(k-1)
end {fakult2};
```

```
procedure Fakult3(k: integer; var f: double);
// Berechnung der Fakultät mit rekursiver Prozedur
begin
   if k=0 then f:=1 else begin Fakult3(k-1,f); f:=k*f end
end {Fakult3};

procedure TForm1.Button1Click(Sender: TObject);

begin
   // Eingabe von n
   Fakult:=Fakult1(n); // Ausgabe von Fakult
   Fakult:=Fakult2(n); // Ausgabe von Fakult
   Fakult3(n,Fakult);  // Ausgabe von Fakult
end {TForm1.Button1Click};
```

Allgemein ist Rekursion die Definition eines Problems oder eines Verfahrens durch sich selbst. Ein rekursiver Algorithmus enthält also sich selbst als Einzelschritt. Damit ein solcher Algorithmus beendet wird, muss er einmal ein direkt bestimmbares Ergebnis enthalten. Die Rekursion lässt sich stets auf die meist benutzte Iteration zurückführen. Der vorstehende Quelltext enthält dafür ein Beispiel.

Es gibt jedoch typische Algorithmen, die sich mithilfe der Rekursion elegant formulieren lassen. Zu diesen gehört der Quicksort-Algorithmus, ein schnelles Sortierverfahren, oder das Romberg-Verfahren für die numerische Integration.

Beim Quicksort-Algorithmus werden die zu sortierenden Daten in zwei möglichst gleich große Gruppen aufgeteilt, sodass alle Elemente der ersten Gruppe kleiner sind als die der zweiten Gruppe. Anschließend wird rekursiv jede dieser Gruppen für sich sortiert. Werden die sortierten Gruppen wieder aneinander gehängt, so sind alle Daten sortiert. Der Quicksort-Algorithmus für das Sortieren der Elemente eines reellwertigen Vektors ist anschließend angegeben. In einer modifizierten Form wird dieser im Projekt GRUPPENLISTE im Abschnitt 4.6.4 für das Sortieren von Namen, die ihrerseits Elemente von Records sind, angewendet.

```
type RealVektorT=array [1..100] of double;

procedure QuickSort(var Vektor: RealVektorT; Anfang,Ende: integer);
   var i,j: integer; w,x: double;
begin
   i:= Anfang; j:= Ende; x:=Vektor[(Anfang + Ende) div 2];
   repeat
      while Vektor[i]<x do i:=i+1;
      while x<Vektor[j] do j:=j-1;
      if i<=j then
      begin
         w:=Vektor[i]; Vektor[i]:=Vektor[j];
         Vektor[j]:=w; i:=i+1; j:=j-1
      end
```

```
    until i>j;
    if Anfang <j then QuickSort(Vektor, Anfang,j);
    if i< Ende then QuickSort(Vektor,i, Ende)
 end {QuickSort};
```

Der Aufruf mit QuickSort(x,1,10) in einer Ereignisbehandlungsroutine würde die ersten zehn Elemente des Vektors *x* aufsteigend sortieren.

Das Romberg-Verfahren zur numerischen Integration zeichnet sich durch eine erhöhte Genauigkeit dadurch aus, dass von einer Folge von Trapezsummen ausgegangen wird, die sich bei fortgesetzter Halbierung des Integrationsintervalls ergibt. Der Algorithmus lautet für das folgende Integral

$$I = \int_a^b f(x)\, dx$$

$$h_i = \frac{b-a}{2^i} \qquad \text{mit} \quad (i = 1, 2, \ldots, m) \quad \text{und} \quad n = 2^{i-1}$$

$$I(h_i) = I(h_{i-1}/2) = \frac{h_{i-1}}{2} \cdot \left[\frac{f(a)}{2} + f\left(a + \frac{h_{i-1}}{2}\right) + f(a + h_{i-1}) \right.$$

$$+ f\left(a + \frac{3 \cdot h_{i-1}}{2}\right) + f(a + 2 \cdot h_{i-1}) + \ldots$$

$$\left. + f\left(a + (2 \cdot n - 1)\frac{h_{i-1}}{2}\right) + \frac{f(b)}{2} \right]$$

$$I(h_i) = I(h_{i-1}/2) = \frac{h_{i-1}}{2} \cdot \sum_{j=0}^{n-1} f\left(a + \frac{h_{i-1}}{2} + j \cdot h_{i-1}\right)$$

Substituiert man $I_{0,i} = I(h_i)$, $(i = 0, 1, 2, \ldots)$, so ergibt sich die Rekursionsformel

$$I_{k,i} = I_{k-1,i} + \frac{I_{k-1,i} - I_{k-1,i-1}}{4^k - 1} \qquad (k = 1, 2, \ldots, m \quad i = k, k+1, \ldots)$$

4.3.8 Erweiterungen der Unterprogrammtechnik

Bereits mit der Version Delphi 4 wurden gegenüber der klassischen Unterprogrammtechnik zwei neue Optionen bereitgestellt, die Nutzung von Standardparametern sowie das Überladen von Funktionen und Prozeduren.

Verwendung von Standardparametern

Im Prozedur- oder Funktionskopf können jetzt Standardparameter angeben werden. Diese müssen am Ende der Parameterliste stehen und sind nur für typisierte Wert- und Konstantenparameter zulässig. Die Angabe des Wertes für den Standardparameter erfolgt bei der Unterprogrammdeklaration mit dem Gleichheitszeichen hinter der Parameterdeklaration und einem Konstantenausdruck, der zum Typ des Parameters zuweisungskompatibel ist. Beim Aufruf des Unterprogramms können diese Standardparameter weggelassen oder durch andere ersetzt werden.

Beispiel:　　Die folgende Funktion Vektorsumme zur Bildung von

$$S = \sum_{i=1}^{n} a_i^{\text{Value}}$$

enthält den Standardparameter Value, dem bei der Deklaration der Wert 1 zugewiesen wurde. In der danach angegebenen Ereignisbehandlungsroutine TForm1.Button1Click wird obige Funktion einmal ohne und einmal mit Angabe des Standardparameters genutzt. Im ersten Fall werden einfach die ersten fünf Vektorelemente addiert, im zweiten Fall die mit dem Exponenten potenzierten Vektorelemente.

```
function Vektorsumme(n: integer; var A: array of double;
                     Value: byte = 1): double;
   var i: integer;
begin
   Result:=0;
   for i:=0 to n-1 do Result:=Result+IntPower(A[i],Value);
end;

procedure TForm1.Button1Click(Sender: TObject);
   var Vektor:        array [1..10] of double;
       i,Exponent:    byte; s: double;
begin
   for i:=1 to 10 do Vektor[i]:=i;
   s:=Vektorsumme(5,Vektor);              Edit1.Text:=FloatToStr(s);
   Exponent:=SpinEdit1.Value;
   s:=Vektorsumme(5,Vektor,Exponent);    Edit2.Text:=FloatToStr(s);
end;
```

Wie bereits erwähnt, müssen Parameter mit Standardwerten am Ende der Parameterliste angegeben werden. Sobald einem Parameter ein Standardwert zugewiesen wurde, müssen auch alle folgenden Parameter Standardwerte erhalten. Die folgende Deklaration wäre aus diesem Grund nicht zulässig:

```
procedure UP(N: byte = 1; S: string); // Syntaxfehler
begin
   :
end;
```

Wenn eine Routine mit Standardparameterwerten aufgerufen wird, müssen für alle Parameter nach dem ersten akzeptierten Standardwert ebenfalls Standardwerte existieren. Aufrufe der prinzipiellen Form Prozedur1(, , Wert) sind nicht zulässig. Beim Aufruf müssen Klammern angeben werden, auch wenn alle aktuellen Parameter Standardwerte sind. Um beim Aufruf der Prozedur

```
procedure Prozedur2(x: double = 1.0; n: integer = 0;
                    S: string = 'TUD');
begin
   :
end;
```

alle Standardwerte zu übernehmen, muss der Aufruf Prozedur2() lauten. Weitere Informationen können der Online-Hilfe von Delphi entnommen werden.

Überladen von Unterprogrammen

Ab der Version Delphi 4 ist es möglich, mehrere Unterprogramme mit identischen Namen im gleichen Gültigkeitsbereich zu deklarieren. Dieses Verfahren wird Überladen genannt. Überladene Unterprogramme müssen mit der Direktive *overload* deklariert werden und unterschiedliche Parameterlisten haben:

```
function Division(Zaehler,Nenner: double): double; overload;
begin Result := Zaehler/Nenner; end;
function Division(Zaehler,Nenner: integer): integer; overload;
begin Result := Zaehler div Nenner; end;

procedure TForm1.Button1Click(Sender: TObject);
    var n: integer;
        s: double;
begin
    s:=Division(5,3.0); // Ergebnis: s=1.6666666
    Edit1.Text:=FloatToStr(s);
    n:=Division(5,3);    // Ergebnis: n=1
    Edit2.Text:=IntToStr(n);
end;
```

Diese Deklarationen definieren zwei Funktionen mit dem gleichen Namen Division, allerdings mit Parametern unterschiedlichen Typs. Wenn Division aufgerufen wird, ermittelt der Compiler die zu verwendende Funktion durch Prüfung des übergebenen Parametertyps. Division(5,3.0) ruft beispielsweise die erste Funktion auf, da ein Argument reellwertig ist, Division(5,3) dagegen die zweite.

Überladene Routinen müssen hinsichtlich der Anzahl der Parameter oder der Typen dieser Parameter eindeutig sein. Die folgenden beiden Deklarationen führen deshalb zu einem Fehler bei der Compilierung:

```
            function Fkt(x: double): double; overload;
            function Fkt(var x: double): double; overload;
```

Wird ein überladenes Unterprogramm mit *forward* oder im Interface-Teil einer Unit deklariert, so muss die Parameterliste in der Definition im Implementation-Teil wiederholt werden.

Bei Verwendung von Standardparametern in überladenen Routinen müssen mehrdeutige Parametersignaturen vermieden werden.

Deklarationen: **procedure** Mehrdeutigkeit (k: **byte**); **overload**;

            ⋮

         procedure Mehrdeutigkeit (k: **byte**; m: **integer** = 0); **overload**;

            ⋮

Aufruf: Mehrdeutigkeit(n); // Welche der beiden Prozeduren würde aufgerufen?

Diese Zeilen führen zu einem Compilierungsfehler.

4.3.9   Übungen

4.8   Ü-Projekt INTERVALLSCHACHTELUNG

Zur Bestimmung von Nullstellen einer Funktion $f(x)$ ist die Methode der Intervallschachtelung zur sukzessiven Eingrenzung einer Nullstelle zusammen mit der grafischen Darstellung der Funktion anzuwenden. Die Grenzen, zwischen denen genau eine einfache Nullstelle liegt, sollen durch Mausklicks bestimmt werden. Sind a und b diese unteren und oberen Grenzen, so gilt $f(a) \cdot f(b) < 0$. Man berechnet nun den Wert $c = (b + a)/2$ in der Mitte des Intervalls $(b - a)$ und bestimmt $f(c)$. Ist $f(a) \cdot f(c) < 0$, so ist $b = c$ zu setzen, sonst $a = c$. Mit dieses Werten wird das Verfahren so lange wiederholt, bis $|(b - a)|$ gleich oder kleiner als ein vorgegebener Testwert ε ist.

4.9   Ü-Projekt ROMBERG_INTEGRATION

Der im Abschnitt 4.3.7 angegebene rekursive Algorithmus ist als iteratives Verfahren in diesem Projekt mit einer geeigneten Oberfläche zu implementieren.

4.4   Compiler-Befehle (Auswahl)

Mit Compiler-Befehlen kann das voreingestellte Verhalten des Compilers beeinflusst werden. Compiler-Befehle haben die Form von Kommentaren, die jedoch einer bestimmten Syntax genügen müssen. Ihr Gültigkeitsbereich kann global und lokal sein, aber nicht alle Befehle können sowohl global als auch lokal verwendet werden. Lokale Befehle können an jeder Stelle des Projekts bzw. der Unit stehen, sie beeinflussen nur einen Teil des Compiliervorgangs. Globale Befehle müssen vor dem Deklarationsteil des zu compilierenden Projekts bzw. der zu compilierenden Unit stehen, sie haben Einfluss auf den gesamten Übersetzungsprozess.

Ein Compiler-Befehl hat eine der beiden Formen

>   {$**buchstabe**+}   bzw.   {$**buchstabe**-}
>   {$**name on**}   bzw.   {$**name off**}

Vor und nach dem Währungssymbol ist kein Leerzeichen erlaubt, da sonst die Konstruktion als Kommentar interpretiert würde.

Für jeden Compiler-Befehl gibt es eine Voreinstellung (Standard), die so ausgewählt ist, dass das Programm möglichst schnell abläuft. Nachfolgend sind die Notationsmöglichkeiten und die Werte und Wirkungen einiger Befehle angegeben. Dabei ist der Standardwert jeweils an erster Stelle dargestellt.

Befehl	Wirkung
{$I + \| - }* *{$IOChecks on | off}	I/O-Prüfung durch das System (+ ja, - nein), lokal
{$R - \| +}* *{$RangeChecks off | on}	Überprüfung von Bereichsgrenzen und der Aufrufe virtueller Methoden (- nein, + ja), lokal
{$Q - \| +}* *{$OverFlowChecks off | on}	Überprüfung des arithmetischen Überlaufs (- nein, + ja), lokal
{$I Dateiname}* *{$INCLUDE Dateiname}	Include-Befehl zum Einbinden von Quelltext

Der erstgenannte Compilerbefehl {$I-} bzw. {$I+} kann dazu benutzt werden, bewusst die automatische Ein- und Ausgabekontrolle aus- und wieder einzuschalten. Standardmäßig überprüft das Laufzeitsystem die Typverträglichkeit des eingegebenen Wertes mit dem Typ der Variablen. Wird ein Verstoß festgestellt, so bricht das Programm mit einer Fehlerausschrift ab. Das wäre beispielsweise der Fall, wenn in der Eingabeliste eine *integer*-Variable m steht, für diese aber ein Wert vom REAL-Typ eingelesen werden soll. Object Pascal stellt eine globale Variable IOResult bereit, die auf Null gesetzt wird, wenn die Eingabe fehlerfrei ist. Diese kann zum Test auf ordnungsgemäßes Lesen/Schreiben benutzt werden. Allerdings stellt das Exception-Konzept mit der *try*-Anweisung, Abschnitt 4.1.2, von Object Pascal flexiblere Möglichkeiten bereit. Es sollte deshalb vorrangig angewendet werden.

{$R+} ist insbesondere während der Phase der Projektentwicklung wichtig, da dieser Befehl die Indexgrenzen von Feldern überwacht und damit die Fehlersuche wesentlich unterstützt. Auch der ordnungsgemäße Aufruf der im Kapitel 5, Objektorientierte Programmierung, behandelten virtuellen Methoden wird überwacht.

{$Q+} erzeugt Code, der den arithmetischen Überlauf bei INTEGER-Typen prüft. Auch dieser Befehl sollte während der Projektentwicklung genutzt werden.

Mit dem Include-Befehl {$I Dateiname} kann Object Pascal-Quelltext eingefügt werden, der sich in einer Datei auf einem beliebigen Datenträger und Pfad befindet.

Neben den hier genannten Compiler-Befehlen gibt es weitere mit einem ähnlichen Aufbau, beispielsweise für das Einbinden von Ressourcen mit dem Befehl {$R *.RES}, von grafischen Formulardateien mit {$R *.DFM} oder auch für die bedingte Compilierung. Weitere Angaben befinden sich in der Online-Hilfe von Delphi.

4.5   Units

4.5.1   Einführung

Object Pascal unterstützt die modulare Programmierung durch das Unit-Konzept. Units sind in sich abgeschlossene und bereits übersetzte Einheiten zu einem bestimmten Problemkreis. Sie können über die *uses*-Anweisung Projekten oder anderen Units verfügbar gemacht werden. Units werden oft auch als Bibliotheken bezeichnet. Sie können die Deklaration von Datentypen, Variablen, Funktionen, Prozeduren, Objekten und sogar eigenständige Anweisungsteile enthalten. Units werden wie normale Object-Pascal-Formulardateien unter

> unitname.*pas*

und nach der Übersetzung durch den Compiler unter

> unitname.*dcu*

im definierten oder aktuellen Laufwerk gespeichert. Dabei *muss* unitname mit dem im Quelltext verwendeten Namen der Unit übereinstimmen. In das Object-Pascal-Projekt oder andere Units werden sie durch die schon verwendete *uses*-Anweisung in der Form

> ***uses*** unitname, . . . ;

eingebunden. Object Pascal enthält eine große Anzahl von Standard-Units, von denen ein Teil in den bereits vorgestellten Projekten enthalten ist. Wird beispielsweise ein Projekt angelegt, so wird der durch Delphi erzeugten Unit unit1.*pas* automatisch die folgende *uses*-Anweisung hinzugefügt:

uses Windows, Messages, SysUtils, Classes, Graphics, Controls, Forms, Dialogs;

Unit	Inhalt
Windows	Deklarationen von Fenstern und deren Nutzungsmöglichkeiten
Messages	Bereitstellung strukturierter Typen für alle Windows-Nachrichten
SysUtils	Deklarationen für Exception-Klassen, String-, Datum-/Zeit- und Hilfe-Routinen
Classes	Deklarationen von Basisklassen, die durch Delphi genutzt werden
Graphics	Kapselung der Grafik-Schnittstelle (GDI) von Windows
Controls	Deklarationen für viele Steuerelementobjekte
Forms	Deklarationen für TForm und deren zugehörige Objekte, Typen und Methoden
Dialogs	Deklarationen für Standarddialoge und Routinen zur Anzeige von Meldungsfenstern

Besondere Bedeutung besitzt die Unit System. Sie stellt die Laufzeitbibliothek von Delphi selbst dar. Alle Projekte und Units verwenden automatisch diese Unit. Sie darf nie in einer *uses*-Anweisung aufgeführt werden.

4.5.2   Struktur, Implementierung und Nutzung von Units

```
Unit-Kopf             unit unit_name;
Interface-Teil        interface
                              uses_anweisung; ...
                              const_deklaration; ...
                              var_deklaration; ...
                              type_deklaration; ...
                              funktionskopf; ...
                              prozedurkopf; ...
Implementation-Teil   implementation
                              uses_anweisung; ...
                              const_deklaration; ...
                              var_deklaration; ...
                              type_deklaration; ...
                              unterprogramm_deklaration; ...
Initialization-Teil   initialization
                              anweisung; ...
Finalization-Teil     finalization
                              anweisung; ...
Unit-Ende             end.
```

Legende:
1. Der Interface-Teil bildet die Schnittstelle der Unit zur Projektdatei und zu anderen Units. Die genannten Größen sind öffentlich (**public**).
2. Der Implementation-Teil enthält die vollständige Deklaration der im Interface-Teil aufgeführten Funktionen und Prozeduren. Zusätzlich verwendete Größen sind nicht öffentlich (**private**).
3. Der Initialization-Teil ist optional und erlaubt das Einstellen bestimmter Werte und Bedingungen zu Beginn der Unit-Nutzung.
4. Der Finalization-Teil darf nur auftreten, wenn der Initialization-Teil vorhanden ist. Er stellt gewünschte Zustände und Bedingungen am Ende der Unit-Nutzung her.

Bild 4.41   Struktur einer Unit

Units sind autonom übersetzbare Programmeinheiten, die Deklarationen von Konstanten, Datentypen, Variablen, Objekten und Unterprogrammen enthalten können, aber auch Initialisierungen durchführen und diese am Ende wieder rückgängig machen können. Der prinzipielle Aufbau einer Unit ist in Bild 4.41 angegeben. Das Syntaxdiagramm einer Unit ist anschließend im Bild 4.42 dargestellt. Damit soll insbesondere gezeigt werden, dass viele der im Bild 4.41 aufgeführten Elemente optional sind, also je nach Problemstellung nicht vorhanden sein müssen.

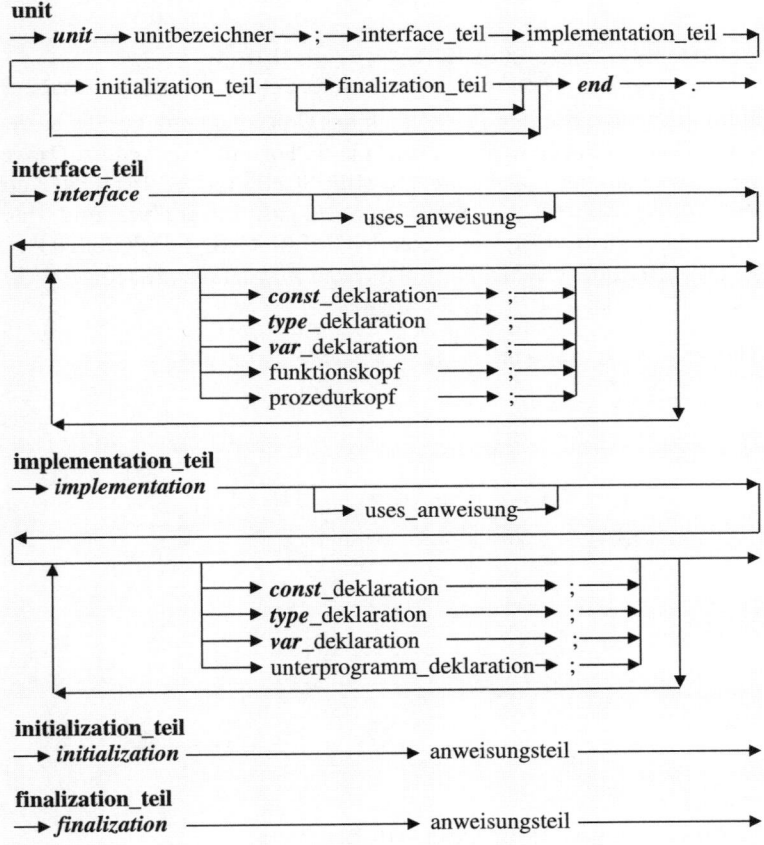

Bild 4.42   Syntax einer Unit

4.5.3   Projekt NUMERISCHE_INTEGRATION_2

Das Projekt NUMERISCHE_INTEGRATION_2 ist etwas umfangreicher und komplexer als die bisher vorgestellten Beispiele. Es soll einmal zur Berechnung der Integrale Q_1 und Q_2 entsprechend des Projekts NUMERISCHE_INTEGRATION_1, Abschnitt 4.3.6, dienen, andererseits aber auch die Möglichkeit bieten, den Integranden direkt über ein Editierfeld einzugeben. Das geschieht analog zu der Vorgehensweise im Projekt FOR-MELINTERPRETER des Abschnitts 4.2.8.

Der im Projekt NUMERISCHE_INTEGRATION_1 definierte Typ string78 und die Unterprogramme sollen jetzt Bestandteil einer Unit Integral werden, die im vorliegenden Projekt genutzt wird. Im Interface-Teil der Unit Integral tritt die Funktion Simpson(...) nicht auf, ist also außerhalb der Unit Integral nicht verfügbar. Das ist aber auch nicht erforderlich, da sie nur im Implementation-Teil der Unit durch die Prozedur IntSimps(...) aufgerufen wird.

Der Formelinterpreter zum Umsetzen der als Zeichenkette eingegebenen Funktion in die durch den Computer verarbeitbare Form, also die Interpretation der Zeichenkette, erfolgt mit der Funktion

```
function FktXY (Term: string78; x,y: double;
          var fehler: boolean; var FehlerText: string): double;
```

Diese ist im Abschnitt 4.2.8 angegeben und hier Inhalt der Unit Integrand. Für die beiden unterschiedlichen Aufgabenstellungen wird im Projekt je ein Formular verwendet. Das gesamte Projekt besteht damit aus der Projektdatei NUMERISCHE_INTEGRATION_2.dpr und den vier Units Integration_U1.pas, Integration_U2.pas, Integral.pas und Integrand.pas. Der vollständige Quelltext ist dem Projekt NUMERISCHE_INTEGRATION_2 zu entnehmen. Die Oberfläche des zweiten Formulars ist in Bild 4.43 dargestellt.

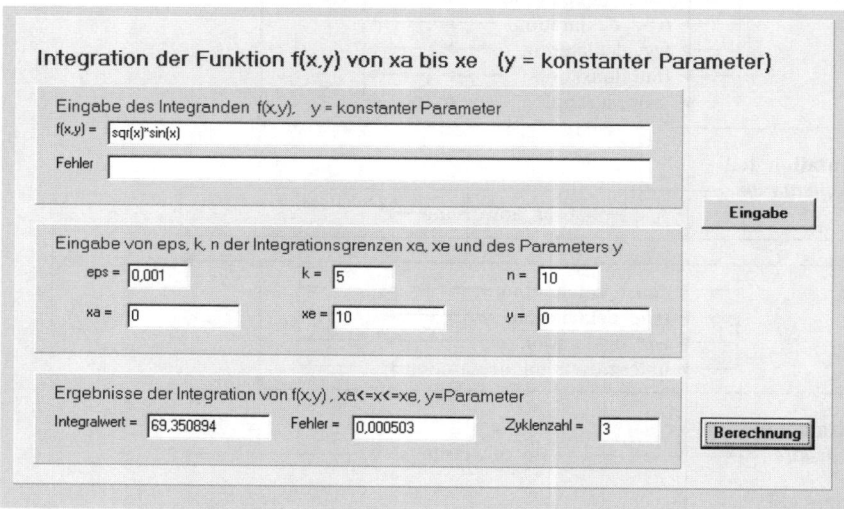

Bild 4.43   Zweite Oberfläche des Projekts NUMERISCHE_INTEGRATION_2

4.5.4   Projekt DIFFERENZIALGLEICHUNGEN

Differenzialgleichungen spielen in wissenschaftlich-technischen Anwendungen eine bedeutende Rolle [32], [40]. Charakteristisch dabei ist, dass nur eine kleine Anzahl dieser Differenzialgleichungen analytisch lösbar ist. Der überwiegende Teil kann nur durch numerische Verfahren integriert werden. Die Mathematik stellt deshalb auch eine Vielzahl solcher Lösungsverfahren bereit. Von diesen sollen im Projekt DIFFERENZIALGLEICHUNGEN die klassischen Verfahren von RUNGE-KUTTA für Differenzialgleichungen 1. Ordnung und von NYSTRÖM für Differenzialgleichungen 2. Ordnung vorgestellt und angewendet werden.

Runge-Kutta-Verfahren für gewöhnliche Differenzialgleichungen 1. Ordnung

Für die Differenzialgleichung 1. Ordnung $y' = f(x, y)$ ergibt sich ausgehend von einem Punkt x_i, y_i die Näherungslösung $y_{i+1} = y_i + k$ an der Stelle $x_{i+1} = x_i + h$ mit dem nachfolgend dargestellten Algorithmus.

$$k = h \cdot (k_1 + 2 \cdot k_2 + 2 \cdot k_3 + k_4)/6$$
$$k_1 = f(x_i, y_i)$$
$$k_2 = f(x_i + h/2, y_i + h \cdot k_1/2)$$
$$k_3 = f(x_i + h/2, y_i + h \cdot k_2/2)$$
$$k_4 = f(x_i + h, y_i + h \cdot k_3)$$

Mit einer gewählten Schrittweite h startet das Verfahren mit den Anfangswerten x_0, y_0. Daraus werden mit dem angegebenen Algorithmus x_1, y_1 usw. bis zur Integrationsgrenze x_{Ende} berechnet.

Die Wahl der Schrittweite h hat wesentlichen Einfluss auf die Genauigkeit des Ergebnisses. Dafür werden zwei Möglichkeiten genutzt, die lokale und die globale Schrittweitenanpassung. Im ersten Fall wird nach jedem Intergrationsschritt die Schrittweite neu bestimmt, während im zweiten Fall analog der Vorgehensweise im Projekt NUMERISCHE_INTEGRATION_1 die Schrittweite halbiert und erneut integriert wird. Für die lokale Schrittweitenanpassung wird mit einem gewählten Anfangswert h der erste Integrationsschritt ausgeführt. Danach wird

$$Q = \left| \frac{k_3 - k_2}{k_2 - k_1} \right|$$

berechnet. Falls $Q > 0.1$ ist, wird h halbiert und der letzte Integrationsschritt wiederholt (Genauigkeit), falls $Q < 0.025$ ist, so wird für den nächsten Schritt h verdoppelt. Die globale Schrittweitenanpassung wird, beginnend mit einer gewählten Schrittweite h, durch Schrittweitenhalbierung so lange durchgeführt, bis eine gewünschte Genauigkeit erreicht wurde. Zum Abfangen von Fehlern wird meist noch die Anzahl der Schrittweitenhalbierungen vorgegeben, bei deren Erreichen die Berechnung unbedingt abgebrochen wird. Im Projekt DIFFERENZIALGLEICHUNGEN wird die globale Schrittweitenanpassung genutzt.

Nyström-Verfahren für gewöhnliche Differenzialgleichungen 2. Ordnung

Für die Differenzialgleichung 2. Ordnung $y'' = f(x, y, y')$ ergibt sich ausgehend von einem Punkt x_i, y_i, y_i' die Näherungslösung $y_{i+1} = y_i + h \cdot y_i' + k$, $y_{i+1}' = y_i' + k'/h$ an der Stelle $x_{i+1} = x_i + h$ mit dem nachfolgend dargestellten Algorithmus.

$$k = (k_1 + k_2 + k_3)/3$$
$$k' = (k_1 + 2 \cdot k_2 + 2 \cdot k_3 + k_4)/3$$
$$k_1 = 0.5 \cdot h^2 \cdot f(x_i, y_i, y_i')$$
$$k_2 = 0.5 \cdot h^2 \cdot f(x_i + h/2, y_i + h \cdot y_i'/2 + k_1/4, (h \cdot y_i' + k_1)/h)$$
$$k_3 = 0.5 \cdot h^2 \cdot f(x_i + h/2, y_i + h \cdot y_i'/2 + k_1/4, (h \cdot y_i' + k_2)/h)$$
$$k_4 = 0.5 \cdot h^2 \cdot f(x_i + h, y_i + h \cdot y_i' + k_3, (h \cdot y_i' + 2 \cdot k_3)/h)$$

Mit einer gewählten Schrittweite h startet das Verfahren mit den Anfangswerten x_0, y_0, y_0'. Daraus werden mit dem angegebenen Algorithmus x_1, y_1, y_1' usw. bis zur Integrationsgrenze x_{Ende} berechnet.

Die Oberfläche des Projekts ist für die Lösung der Differenzialgleichung 2. Ordnung

$$y'' = k_1 \cdot \sin(\Omega \cdot x) - k_2 \cdot y - k_3 \cdot y'$$

mit $k_1 = 1$, $\Omega = \pi$, $k_2 = 1$ und $k_3 = 0.2$ in den Grenzen $0 \leqq x \leqq 15 \cdot \pi$ im Bild 4.44 angegeben. Der vollständige Quelltext kann dem Projekt DIFFERENZIALGLEICHUNGEN entnommen werden.

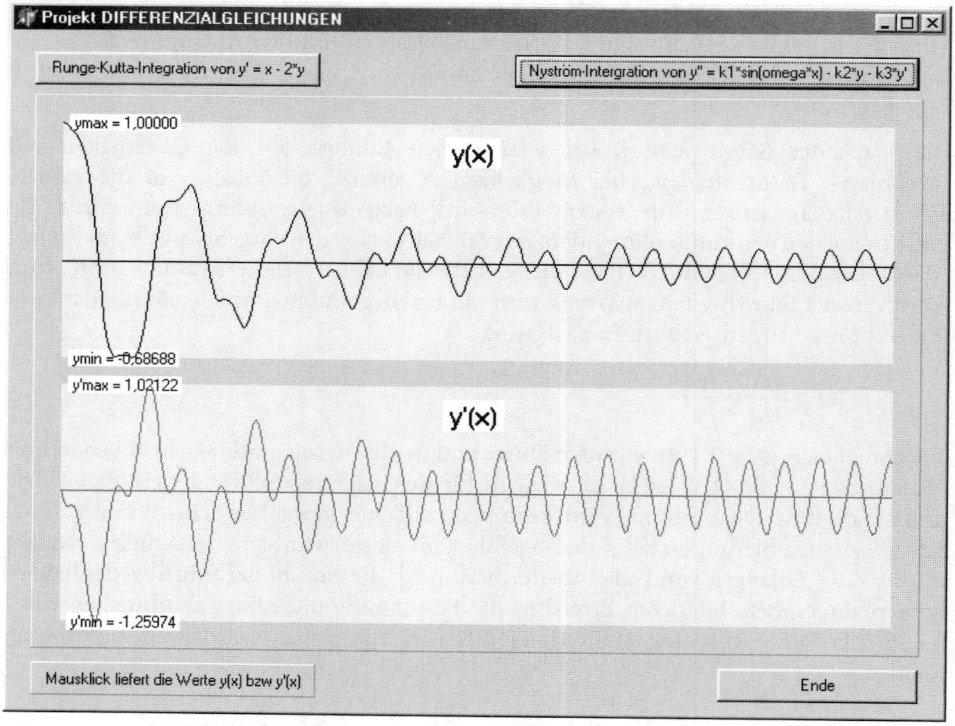

Bild 4.44 Oberfläche des Projekts DIFFERENZIALGLEICHUNGEN

4.5.5 Projekt KURVENDARSTELLUNGEN

In vielen Anwendungen unterschiedlicher Wissensgebiete steht oftmals die Aufgabe, durch eine gegebene Punktmenge eine interpolierende oder approximierende Kurve zu legen. Von den vielen Möglichkeiten sollen hier für die Interpolation das klassische Polynom und das kubische Spline und für die Approximation das Verfahren von Bézier genutzt werden. Im Bild 4.45 sind für über die Maus eingegebene und durch Linien verbundene Punkte die entstehenden Kurven gezeigt. Die zugrunde liegenden Algorithmen werden anschließend kurz vorgestellt.

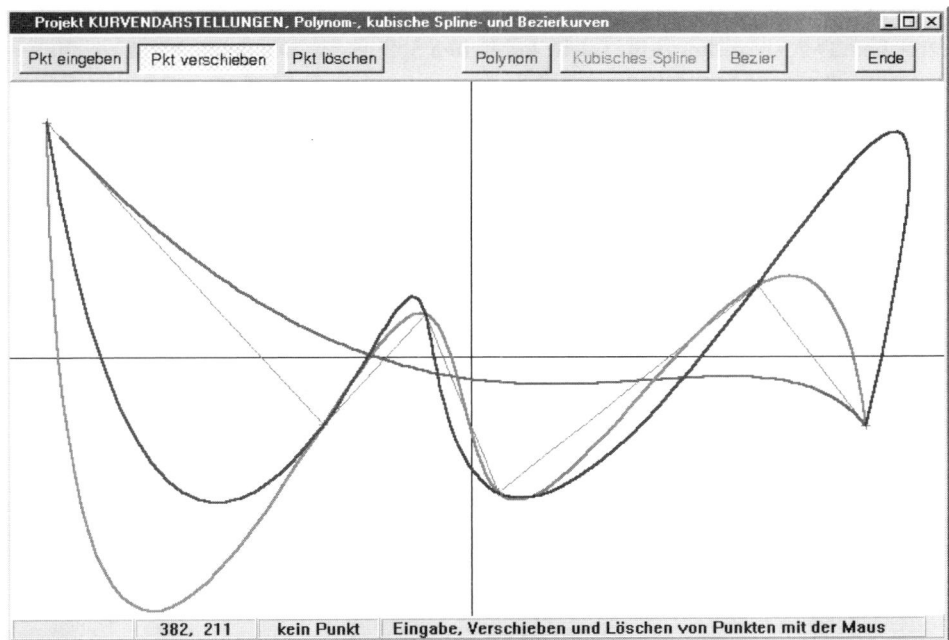

Bild 4.45 Oberfläche des Projekts KURVENDARSTELLUNGEN

Die Interpolation von $(n + 1)$ Punkten $p_0(t_0) \ldots p_n(t_n)$ erfolgt im einfachsten Fall durch ein Polynom n-ten Grades.

$$p(t) = \sum_{i=0}^{n} a_i \cdot t^i$$

Die Bestimmung der $(n + 1)$ Koeffizienten a_i, $i = 0 \ldots n$, führt auf ein Gleichungssystem mit $(n + 1)$ Unbekannten. Nachteile dieses Verfahrens sind hoher Rechenaufwand, Gefahr numerischer Probleme bei großem n und einer möglichen starken Oszillation der Interpolationskurve zwischen den Stützpunkten.

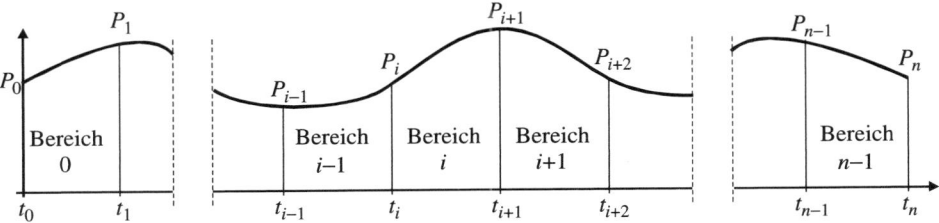

Als ein Ausweg bietet sich die abschnittsweise Interpolation der Punkte durch Polynome niedrigen Grades an. Der zu wählende Grad hängt von den Anforderungen an die darzustellende Kurve ab. Üblich ist die Wahl von Polynomen 3. Grades, die kubische Splines genannt werden. Mit diesem Ansatz ist es möglich, zwischen Kurvenabschnitten Stetigkeit im Funktionswert, in der 1. Ableitung (Steigung) und in der 2. Ableitung (Krümmung) zu erreichen. Der Algorithmus für solche kubischen Splines mit den gewählten Bezeichnungen ist nachfolgend angegeben.

Ansatz für den Bereich i:

$$
\begin{aligned}
f_i(t) \ &= P_i + a_i \cdot (t - t_i) + \quad b_i \cdot (t - t_i)^2 + \quad c_i \cdot (t - t_i)^3 \\
f_i'(t) \ &= \qquad a_i \qquad\qquad + 2 \cdot b_i \cdot (t - t_i) \ + 3 \cdot c_i \cdot (t - t_i)^2 \\
f_i''(t) \ &= \qquad\qquad\qquad\quad 2 \cdot b_i \qquad\qquad + 6 \cdot c_i \cdot (t - t_i) \\
f_i'''(t) \ &= \qquad\qquad\qquad\qquad\qquad\qquad\quad 6 \cdot c_i
\end{aligned}
\tag{4.1}
$$

$$
i = 0 \ldots (n - 1); \quad t_i \leqq t \leqq t_{i+1}
$$

Nach Substitution von $\Delta t_i = t_{i+1} - t_i$ und Einsetzen von (4.1) ergibt sich zunächst allgemein

$$
\begin{aligned}
f_i(t_i) \ &= P_i & f_i(t_{i+1}) \ &= P_i + a_i \cdot \Delta t_i + \quad b_i \cdot \Delta t_i^2 + \quad c_i \cdot \Delta t_i^3 \\
f_i'(t_i) \ &= a_i & f_i'(t_{i+1}) \ &= \qquad a_i \quad + 2 \cdot b_i \cdot \Delta t_i + 3 \cdot c_i \cdot \Delta t_i^2 \\
f_i''(t_i) \ &= 2 \cdot b_i & f_i''(t_{i+1}) \ &= \qquad\qquad 2 \cdot b_i \quad + 6 \cdot c_i \cdot \Delta t_i \\
f_i'''(t_i) \ &= 6 \cdot c_i & f_i'''(t_{i+1}) \ &= \qquad\qquad\qquad\qquad 6 \cdot c_i
\end{aligned}
\tag{4.2}
$$

Bedingung an der Grenze der Bereiche i und $i + 1$:

$$
\begin{aligned}
f_i(t_{i+1}) \ &= f_{i+1}(t_{i+1}) & &\rightarrow \quad \text{gleicher Funktionswert} \\
f_i'(t_{i+1}) \ &= f_{i+1}'(t_{i+1}) & &\rightarrow \quad \text{gleiche Steigung} \\
f_i''(t_{i+1}) \ &= f_{i+1}''(t_{i+1}) & &\rightarrow \quad \text{gleiche Krümmung}
\end{aligned}
\tag{4.3}
$$

Mit (4.2) und (4.3) hat man dann:

$$
\begin{aligned}
P_i + a_i \cdot \Delta t_i + \quad b_i \cdot \Delta t_i^2 + \quad c_i \cdot \Delta t_i^3 &= P_{i+1} \\
a_i \qquad + 2 \cdot b_i \cdot \Delta t_i + 3 \cdot c_i \cdot \Delta t_i^2 &= a_{i+1} \\
2 \cdot b_i \qquad + 6 \cdot c_i \cdot \Delta t_i &= 2 \cdot b_{i+1}
\end{aligned}
\tag{4.4}
$$

Mit den ersten beiden Gleichungen von (4.4) kann man b_i und c_i als Funktionen von a_i, a_{i+1} und P_i, P_{i+1} darstellen.

$$
\begin{aligned}
b_i &= \frac{3 \cdot (P_{i+1} - P_i) - \Delta t_i \cdot (2 \cdot a_i + a_{i+1})}{\Delta t_i^2} \\[2ex]
c_i &= \frac{-2 \cdot (P_{i+1} - P_i) + \Delta t_i \cdot (a_i + a_{i+1})}{\Delta t_i^3}
\end{aligned}
\tag{4.5}
$$

Substitution von $D_i = (P_{i+1} - P_i)/\Delta t_i$ und danach Einsetzen der Gleichungen (4.5) in die letzte Gleichung von (4.4) liefert mit $i = 0 \ldots (n - 2)$

$$
\Delta t_{i+1} \cdot a_i + 2 \cdot (\Delta t_i + \Delta t_{i+1}) \cdot a_{i+1} + \Delta t_i \cdot a_{i+2} = 3 \cdot (\Delta t_{i+1} \cdot D_i + \Delta t_i \cdot D_{i+1})
\tag{4.6}
$$

Aus (4.6) ergeben sich $(n - 1)$ Gleichungen für die $(n + 1)$ Unbekannten $a_0, \ldots, a_n$, mit denen dann auch $b_0, \ldots, b_{n-1}$ und $c_0, \ldots, c_{n-1}$ berechnet werden können. Die beiden noch fehlenden Gleichungen bestimmen sich aus geeigneten Bedingungen meist an den Rändern der kubischen Spline-Kurve.

Verbreitet ist die Nutzung der so genannten „not a knot condition" von DE BOOR.

$$f_0'''(t_1) = f_1'''(t_1)$$
$$f_{n-2}'''(t_{n-1}) = f_{n-1}'''(t_{n-1})$$

Diese Bedingung bedeutet, dass zwischen erstem und zweitem sowie zwischen vorletztem und letztem Kurvenbereich kein „echter Knoten" vorliegt, da hier die dritten Ableitungen gleich gesetzt werden. Mit (4.1) ergibt sich $c_0 = c_1$ und $c_{n-2} = c_{n-1}$ und mit (4.5) nach Zwischenrechnungen die beiden noch erforderlichen Gleichungen

$$\Delta t_1 \cdot a_0 + (\Delta t_1 - \Delta t_0) \cdot a_1$$
$$= \frac{\Delta t_1 \cdot (2 \cdot \Delta t_1 + 3 \cdot \Delta t_0) \cdot D_0 + \Delta t_0^2 \cdot D_1}{(\Delta t_0 + \Delta t_1)}$$
$$(\Delta t_{n-1} + \Delta t_{n-2}) \cdot a_{n-1} + \Delta t_{n-2} \cdot a_n$$
$$= \frac{\Delta t_{n-1}^2 \cdot D_{n-2} + \Delta t_{n-2} \cdot (2 \cdot \Delta t_{n-2} + 3 \cdot \Delta t_{n-1}) \cdot D_{n-1}}{(\Delta t_{n-1} + \Delta t_{n-2})}$$

(4.7)

Zur Berechnung der Koeffizienten a_i (und damit auch von b_i und c_i) erhält man ein tridiagonales Gleichungssystem der Form

$$\begin{pmatrix} K_{0,0} & K_{0,1} & 0 & 0 & 0 & \ldots & \ldots & 0 & 0 & 0 \\ K_{1,0} & K_{1,1} & K_{1,2} & 0 & 0 & \ldots & \ldots & 0 & 0 & 0 \\ 0 & K_{2,1} & K_{2,2} & K_{2,3} & 0 & \ldots & \ldots & 0 & 0 & 0 \\ & & & & & & & & & \\ 0 & \ldots & \ldots & \ldots & \ldots & 0 & K_{n-1,n-2} & K_{n-1,n-1} & K_{n-1,n} \\ 0 & \ldots & \ldots & \ldots & \ldots & 0 & 0 & K_{n,n-1} & K_{n,n} \end{pmatrix} \cdot \begin{pmatrix} a_0 \\ a_1 \\ a_2 \\ \\ a_{n-1} \\ a_n \end{pmatrix} = \begin{pmatrix} R_0 \\ R_1 \\ R_2 \\ \\ R_{n-1} \\ R_n \end{pmatrix}$$

Für solche Gleichungssysteme stellt die Mathematik effiziente Lösungsverfahren bereit.

Bézier-Kurven werden durch Kontrollpunkte gesteuert. Die Kontrollpunkte liegen, ausgenommen Anfangs- und Endpunkt, im Allgemeinen nicht auf der Bézier-Kurve. Damit approximiert die Bézier-Kurve die Kontrollpunkte.

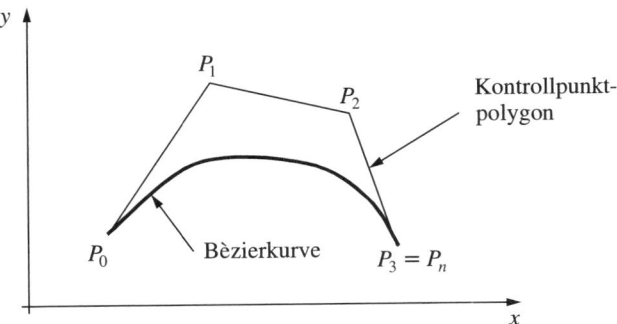

Für $(n + 1)$ gegebene Punkte $P_0, \ldots, P_n$ mit $P_i = (x_i, y_i, z_i)$ wird der Ansatz

$$P(t) = \sum_{i=0}^{n} B_{i,n}(t) \cdot P_i \qquad \text{mit} \quad 0 \leqq t \leqq 1$$

(4.8)

verwendet. Die Bernstein-Polynome $B_{i,n}(t)$ sind dabei wie folgt definiert:

$$B_{i,n}(t) = \binom{n}{i} \cdot t^i \cdot (1-t)^{n-i} = \frac{n!}{i! \cdot (n-1)!} \cdot t^i \cdot (1-t)^{n-i} \qquad (4.9)$$

Diese Bernstein-Polynome sind für die Bézier-Kurve Gewichtungsfunktionen bezüglich $P_0, \ldots, P_n$. Der Quelltext befindet sich im Projekt KURVENDARSTELLUNGEN.

4.5.6 Projekt FOURIERTRANSFORMATION

Fourier-Reihen stellen einen Sonderfall der Funktionenreihen dar [29], [34]. Die hier genutzten Funktionen haben die Form

$$f_n(x) = a_n \cdot \cos(n \cdot x) + b_n \cdot \sin(n \cdot x),$$

wobei a_n und b_n, $n = 0, 1, 2, \ldots$, die so genannten Fourier-Konstanten oder -Koeffizienten sind. Die trigonometrische oder Fourier-Reihe lautet

$$F(x) = a_0 + \sum_{n=1}^{\infty} [a_n \cdot \cos(n \cdot x) + b_n \cdot \sin(n \cdot x)]$$

Eine periodische Funktion $f(t)$ einer reellen Veränderlichen t ist dadurch gekennzeichnet, dass sich die Funktion nach Durchlaufen eines bestimmten Bereiches T der Veränderlichen t, der Periode T, in allen Einzelheiten wiederholt:

$$f(t + T) = f(t) \qquad \text{für alle } t$$

Für die rechnerische Behandlung ist es bequemer, die Periode durch Änderung des Maßstabs der t-Achse auf den festen Wert 2π zu transformieren, also durch Einführen einer neuen Veränderlichen x mit

$$x = \omega t \qquad \text{und} \qquad \omega = \frac{2\pi}{T}$$

Das ist durch ein einfaches Umbenennen der t-Achse erreichbar. Die Periodizitätsforderung lautet dann

$$f(x + 2\pi) = f(x) \qquad \text{für alle } x$$

Die einfachsten periodischen Funktionen mit der Periode 2π sind die Kreisfunktionen $\cos(n \cdot x)$ und $\sin(n \cdot x)$ mit $n = 1, 2, 3, \ldots$. Zur Berechnung der Fourier-Koeffizienten a_n und b_n gelten dann für eine analytisch bekannte Funktion $f(x)$ folgende Vorschriften:

$$a_0 = \frac{1}{2\pi} \int_0^{2\pi} f(x)\,\mathrm{d}x; \quad a_n = \frac{1}{\pi} \int_0^{2\pi} f(x)\cdot\cos(n\cdot x)\,\mathrm{d}x; \quad b_n = \frac{1}{\pi} \int_0^{2\pi} f(x)\cdot\sin(n\cdot x)\,\mathrm{d}x$$

Existiert die Funktion diskret als Punktfolge mit $N = 2 \cdot m$ Funktionswerten $f_i = f(x_i)$ an den äquidistanten Argumenten x_i, so gilt

$$a_0 = \frac{1}{N} \sum_{i=0}^{N-1} f_i \qquad\qquad a_{N/2} = \frac{1}{N} \sum_{i=0}^{N-1} (-1)^i \cdot f_i$$

$$a_n = \frac{2}{N} \sum_{i=0}^{N-1} f_i \cdot \cos(n \cdot x_i) \qquad b_n = \frac{2}{N} \sum_{i=0}^{N-1} f_i \cdot \sin(n \cdot x_i)$$

$$n = 1, 2, \ldots, N/2 - 1$$

Diese Form der Berechnung der Fourier-Koeffizienten bezeichnet man als diskrete Fourier-Transformation (DFT).

Die Darstellung periodischer Funktionen durch endliche oder unendliche Summen rein sinusförmiger, so genannter harmonischer Bestandteile, bezeichnet man auch als harmonische Analyse. Diese ist von Bedeutung für

- die Behandlung von Schwingungsvorgängen aller Art. Bei diesen handelt es sich in der Regel um das Einwirken zeitlich periodischer Erregungen, etwa mechanischer oder elektrischer Erschütterungen, auf mechanisch oder elektrisch schwingungsfähige Systeme. Das Verhalten eines solchen Systems unter Einwirken rein sinusförmiger Erregung ist meistens leicht zu übersehen und rechnerisch zu verfolgen. Der Einfluss der beliebigen periodischen Erschütterung wird dann, lineares Verhalten des Systems vorausgesetzt, durch einfaches Überlagern der Einflüsse der rein sinusförmigen Bestandteile der Erregung erhalten. Es kann danach insbesondere beurteilt werden, ob für das System, wenn schon nicht für die Grundschwingung, so doch vielleicht von einer der Oberschwingungen der Erregung her, die Gefahr der Resonanz besteht.

- die angenäherte Darstellung willkürlicher Funktionen. Die Darstellung willkürlicher für diesen Zweck periodisch fortgesetzt gedachter Funktionen durch meist unendliche trigonometrische Reihen spielt bei vielen theoretischen Aufgaben eine wichtige Rolle, so vor allem bei der Behandlung partieller Differenzialgleichungen zur Einarbeitung von Anfangsbedingungen, wie beispielsweise der Anfangsauslenkung einer schwingenden Saite, der Anfangstemperaturverteilung bei Wärmeausgleichsproblemen und Ähnlichem.

Bei der Fourier-Transformation wird unterschieden zwischen den Phasen Fourier-Analyse und Fourier-Synthese. Die erste Phase befasst sich mit der Bestimmung der Fourier-Koeffizienten, die zweite mit der Darstellung der Funktion $F(x)$.

Fourier-Analyse

Aufgabe der Analyse ist die Bestimmung der Fourier-Koeffizienten a_n und b_n entsprechend den oben angegebenen Integralen bzw. Summen. Die Funktion $f(x)$ kann dabei analytisch oder durch diskrete Punkte gegeben sein. Sind die Integrale nicht geschlossen lösbar, so kann man die Funktion $f(x)$ punktweise berechnen und dann mit der diskreten Fourier-Transformation (DFT) weiter verarbeiten. Eine besonders effektive Version ist die schnelle Fourier-Transformation (FFT). Hier handelt es sich um einen Algorithmus zur Ausführung der DFT, der durch Anwendung des Divide-and-Conquer-Paradigmas eine Zeitkomplexität der Ordnung $O(N \cdot \log_2 N)$ erreicht, während dieser bei der DFT nur die Größenordnung $O(N^2)$ besitzt. Voraussetzung für die Anwendung der FFT ist, dass $N = 2^m$ Funktionswerte $f(x)$ an äquidistanten Argumenten x vorliegen. Die FFT wird im Projekt FOURIERTRANSFORMATIONEN verwendet.

Fourier-Synthese

Aufgabe der Synthese ist die Berechnung der Funktionswerte $F(x)$ mit den bekannten Fourier-Koeffizienten a_n und b_n an beliebigen Positionen x.

Im Projekt FOURIERTRANSFORMATIONEN sind einige Fourier-Transformationen enthalten, von denen eine grafisch dargestellt ist, Bild 4.46.

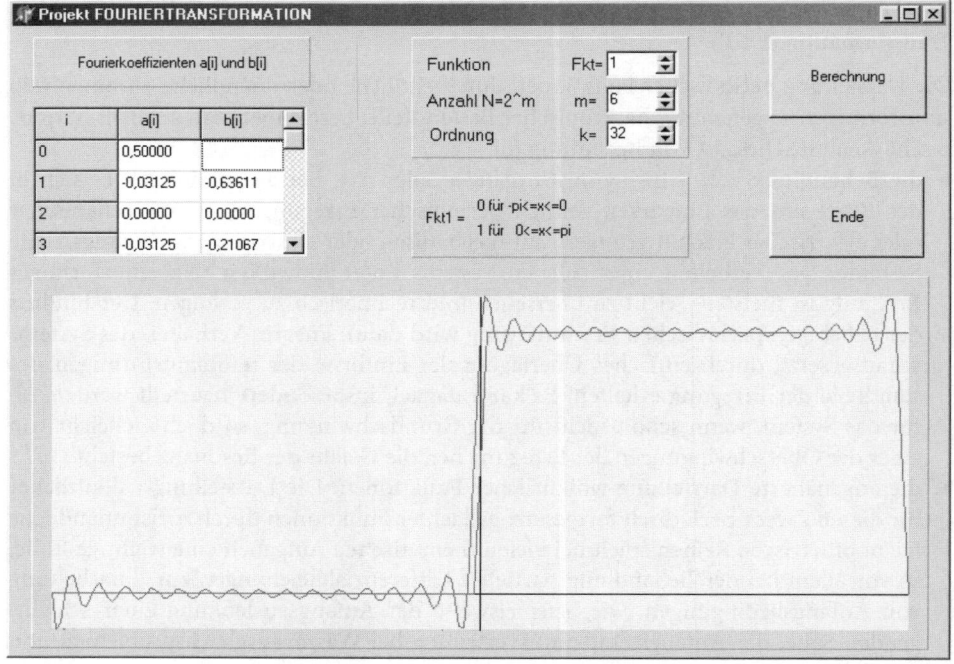

Bild 4.46   Oberfläche des Projekts FOURIERTRANSFORMATIONEN

4.5.7   Übungen

4.10   Projekt MATHEMATISCHE_VERFAHREN

Die in den beiden vorhergehenden Projekten DIFFERENZIALGLEICHUNGEN und KURVENDARSTELLUNGEN entwickelten Typen und Unterprogramme sind in einer Unit zusammenzufassen und an einem geeignet gewählten Beispiel zu testen.

4.11   Projekt KURVENDARSTELLUNGEN_MOD

Das Projekt KURVENDARSTELLUNGEN ist so zu modifizieren, dass die mit der Maus eingegebenen Daten in eine Datei gespeichert und bei Bedarf wieder eingelesen und dargestellt werden können. Dazu sind die im Abschnitt 4.6.5, Datentyp File, angegebenen Möglichkeiten zu nutzen.

4.6   Strukturierte Datentypen von Object Pascal

4.6.1   Datentyp Set

Der Datentyp *set* (Menge) ist eine Zusammenfassung von Daten desselben Ordinaltyps mit maximal 256 möglichen Werten. Die Ordinalwerte der oberen und unteren Grenzen des Basistyps müssen im Bereich $0 \ldots 255$ liegen. Ein Mengenkonstruktor, der einen Mengentypwert angibt, wird durch Ausdrücke in eckigen Klammern dargestellt. Jeder Ausdruck bestimmt einen Wert der Menge. Die leere Menge wird durch [ ] angegeben, sie ist zu allen *set*-Typen kompatibel.

Die Typdeklaration hat die Form

> **type** mengentypname = **set of** ordinaltyp;
> **var** mengenname, ...: mengentypname;

oder

> **var** mengenname, ...: **set of** ordinaltyp;

Eine Mengenvariable kann keinen, mehrere oder alle Werte der Menge enthalten.

Deklaration von Mengenvariablen

Mengenvariablen können als Wert Mengen annehmen, die zu ihrer Grundmenge gehören.

```
var Zeichen: set of char;
    Ziffern: set of 0..9;
    Tage:    set of (Mo,Di,Mi,Don,Fr,Sa,So);
    :
    Zeichen:=['a'..'z']; // Menge der Kleinbuchstaben
    Ziffern :=[2*3,5,0]; // Menge der Zahlen 6, 5, 0
    Tage:=[Sa,So];       // Menge der Tage Sa und So
```

Vergleich von Mengen

Für Mengen desselben Typs sind die Vergleichs- und Enthaltenseinsoperatoren

=	gleich	< >	ungleich
<=	Teilmenge	>=	Obermenge
in	Enthaltenseinsoperator		

zugelassen. Das Ergebnis ist ein logischer Wert. Wenn A und B Mengenoperanden sind, ergeben die Vergleiche folgende Ergebnisse:

A = B   ist nur dann *true*, wenn A und B genau dieselben Elemente enthalten.

A < > B ist nur dann *true*, wenn A und B nicht dieselben Elemente enthalten.

A <= B ist nur dann *true*, wenn jedes Element von A auch ein Element von B ist.

A >= B ist nur dann *true*, wenn jedes Element von B auch ein Element von A ist.

Der Enthaltenseinsoperator *in* liefert *true*, wenn der Wert ein ordinaler Typ und ein Element der Menge ist, andernfalls liefert der Operator *false*.

Mengenausdrücke und Ergibtanweisungen

Für Mengen desselben Grundtyps sind die Operationen

+	Vereinigung
*	Durchschnitt
−	Differenz

definiert.

Sind X, Y und Z Mengenvariablen desselben Grundtyps, so gilt

$Z := X + Y \rightarrow Z$ besteht aus den Elementen die in X *oder* Y enthalten sind.

$Z := X * Y \rightarrow Z$ besteht aus den Elementen die in X *und* Y enthalten sind.

$Z := X - Y \rightarrow Z$ besteht aus den Elementen die in X, *aber nicht* in Y enthalten sind.

```
Beispiel 1:  var X,Y,Z: set of 0..20;
                 k:      byte;
                 :
                 X:=[2,4,6];              Y:=[6,4,8];

                 Z:=X+Y;                  // Z=[2,4,6,8]
                 Z:=X+[ ];                // Z=X
                 Z:=X+[1,3,5];            // Z=[1..6]
                 k:=10; Z:=X+[k];         // Z=[2,4,6,10]

                 Z:=X*Y;                  // Z=[4,6]
                 Z:=X*[ ];                // Z=[ ]
                 Z:=X*[1,3,5];            // Z=[ ]
                 k:=2; Z:=X*[k];          // Z=[2]

                 Z:=X-Y;                  // Z=[2]
                 Z:=X-[ ];                // Z=X
                 Z:=X-[1,3,5];            // Z=X
                 k:=4; Z:=X-[k];          // Z=[2,6]
```

```
Beispiel 2:  var X,Y: set of 0..9;
                 L:     boolean;
                 :
                 X:=[2,4,6];              Y:=[6,4,8];
                 :
                 L:=[2,4]<=X;             // L=true
                 L:=Y<=Y;                 // L=true
                 L:=2 in [2,4];           // L=true
                 L:=1 in X;               // L=false
```

4.6.2   Projekt ZAHLENLOTTO

Das Projekt ZAHLENLOTTO zeigt die Definition und Nutzung von Mengen. Es wird eine
Zahlenmenge definiert, die die Zahlen von 1 bis 49 umfasst. Variablen dieses Datentyps
werden zur Auswahl, Ziehung und Durchschnittsbildung verwendet. Nach Eingabe von
6 Zahlen wird geprüft, ob diese verschieden sind und innerhalb der Menge 1..49 liegen,
anderenfalls erfolgt eine Fehlermeldung. Bei Korrektheit kann die Ziehung erfolgen,

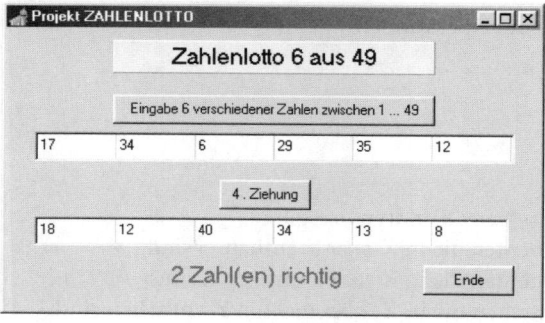

Bild 4.47 Oberfläche
des Projekts ZAHLENLOTTO

wobei mit der Standardfunktion Random 6 verschiedene Zufallszahlen ermittelt werden. Über Durchschnittsbildung wird auf Übereinstimmung geprüft, und das Resultat wird ausgegeben. Weitere Ziehungen auf Basis der gleichen Zahlen sind möglich, außerdem können neue Zahlen eingegeben werden. Bei der visuellen Gestaltung der Oberfläche wurde die Komponente StringGrid verwendet, da im Gegensatz zu Einzelkomponenten der indizierte Zugriff auf die Elemente auf einfache Art möglich ist. Bild 4.47 zeigt die aktuelle Oberfläche des Projekts ZAHLENLOTTO.

Der gesamte Quelltext befindet sich im Projekt ZAHLENLOTTO.

4.6.3 Datentyp Record

Der Datentyp *record* wird durch eine feste Anzahl von Komponenten, auch Datenfelder oder kürzer Felder genannt, gebildet. Diese können verschiedene Datentypen besitzen. Das ist ein Unterschied zum Datentyp *array*, der nur Elemente des gleichen Typs enthalten kann. Zu den Feldern eines Records kann über so genannte Feldbezeichner zugegriffen werden. Feldbezeichner können jedoch nicht berechnet werden, wie die Indizes bei *array*-Typen. Ihr Name wird bei der Variablendeklaration festgelegt und ist dann unveränderlich. Felder von Records können wiederum Records sein, wodurch Schachtelungen möglich sind. Das Syntaxdiagramm enthält Bild 4.48.

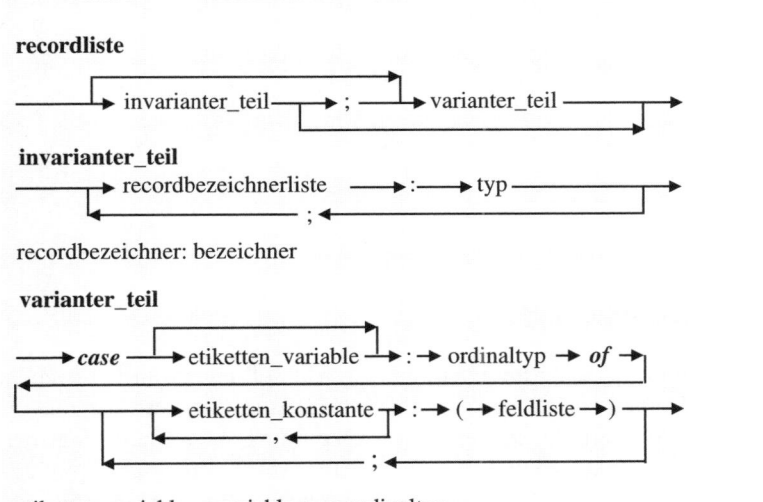

etiketten_variable: variable vom ordinaltyp
etiketten_konstante: konstante vom ordinaltyp

Bild 4.48 Syntax
des Datentyps Record

Der Zugriff zu den einzelnen Komponenten kann auf zwei verschiedene Arten erfolgen.
- Angabe des Namens der *record*-Variablen und durch einen Punkt getrennt den Bezeichner des gewünschten Datenfeldes (qualifizierte Bezeichner).
- Verwendung der *with*-Anweisung, um nicht wiederholt den Namen der *record*-Variablen angeben zu müssen.

Beispiel: Deklaration und Nutzung von zwei Prozeduren zur Addition komplexer Größen und zur Betragsbildung einer komplexen Größe. Da Object Pascal selbst keinen Typ *complex* enthält, muss er gesondert in einer Typdeklaration festgelegt werden.

```
    :
type complex = record
                  x,y: double
               end;
  var a,b: complex;
      c:   array [1..5] of complex;
      i:   integer;
      x:   double;

procedure cadd(a,b: complex; var c: complex);
begin
   c.x:=a.x+b.x;
   c.y:=a.y+b.y
end {cadd};

procedure cbetrag(a: complex; var c: double);
begin
   c:=sqrt(sqr(a.x)+sqr(a.y))
end {cbetrag};

begin
   for i:=1 to 5 do
   with c[i] do
   begin
      x:=i; y:=i*i;    // Ausgabe von x und y
   end;
   cadd(c[3],c[4],a); // Ausgabe von a
   cbetrag(c[1],x);   // Ausgabe von x
end;
```

4.6.4   Projekt GRUPPENLISTE

Zum Aufbau der Liste einer Gruppe im genannten Projekt soll ein Record verwendet werden, der aus *string*-Elementen (Name, Vorname, Straße und Ort) und der *integer*-Größe Alter besteht. Im Mittelpunkt der Oberflächengestaltung steht eine StringGrid-Komponente. Sie dient dem Eintrag der Datensätze, deren Anzahl durch die SpinEdit-Komponente eingestellt wird. Da die Beschriftung der Fixzellen im Entwurfsmodus nicht möglich ist, erfolgt diese programmtechnisch mit dem Ereignis OnFormActivate. Durch Mausklick auf den Button *Ausgabe der sortierten Folge* werden die Datensätze nach den Namen sortiert und anschließend neu in das StringGrid eingetragen. Das Sortieren wird durch die angegebene Prozedur QuickSort realisiert, die ihrerseits eine rekursive Prozedur Quick nutzt.

Das Projekt ist so angelegt, dass bereits mit dem Programmstart die Gruppenliste mit 5 Datensätzen des gezeigten Inhalts initialisiert wird. Diese sind noch nicht nach dem

Datenfeld „Name" der Records sortiert. Das erfolgt erst durch Klicken des entsprechenden Buttons. Die entwickelte Oberfläche mit der sortierten Datei ist im Bild 4.49 zu sehen.

```
type Adresse = record
                    Name:      string[15];
                    Vorname:   string[10];
                    Strasse:   string[20];
                    Ort:       string[15];
                    Alter:     byte;
                end;
     Feld = array [1..30] of Adresse;
var anz: integer; Gruppenliste: Feld; sort: boolean;

procedure Quicksort(var Gruppenliste: Feld; var anz: integer);
   procedure Quick(l,r: integer);
      var i,j: integer; x: string[15]; w: Adresse;
   begin
      i:=1; j:=r; x:=Gruppenliste[(l+r) div 2].Name;
      repeat
          while Gruppenliste[i].Name < x do i:=i+1;
          while x < Gruppenliste[j].Name do j:=j-1;
          if i <= j then
              begin
                  w:=Gruppenliste[i];
                  Gruppenliste[i]:= Gruppenliste[j];
                  Gruppenliste[j]:=w; i:=i+1; j:=j-1
              end
      until i > j;
      if l < j then Quick(l,j); if i < r then Quick(i,r)
   end {Quick};
begin Quick(1,anz) end {Quicksort};
```

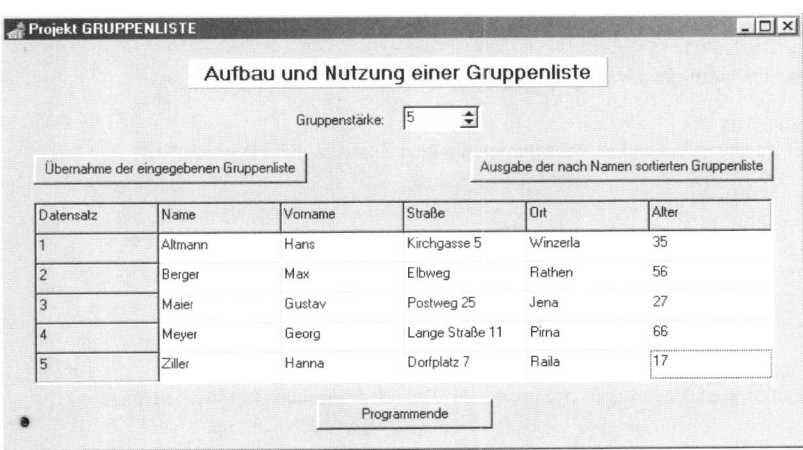

Bild 4.49   Oberfläche des Projekts GRUPPENLISTE

4.6.5   Datentyp File

Die Gesamtheit logisch zusammengehörender Daten, die auf einem externen Datenträger unter einem Namen gespeichert ist, wird File oder Datei genannt. Ein File kann eine beliebige Anzahl von Komponenten gleichen Typs enthalten. Der Komponententyp kann jeder Typ, *nicht* aber wieder ein *file*-Typ sein.

AssignFile(Filevariable,Filename)
"Filevariable" erhält "Filename" zugewiesen. Der Zugriff auf dieses externe File erfolgt dann über diese "Filevariable". Filename enthält den eigentlichen Dateinamen und ggf. das Laufwerk und das Verzeichnis.

Reset(Filevariable)
Das existierende File "Filevariable" wird eröffnet, der Filepointer wird auf die erste Filekomponente gesetzt. Diese hat die Nummer 0!

Rewrite(Filevariable)
Auf dem externen Datenträger wird ein File unter dem in der AssignFile-Anweisung angegebenen Filenamen erzeugt. Der Filepointer wird auf den Anfang gesetzt und das File wird zum Schreiben freigegeben.

Read(Filevariable,Satz)
Es werden der nächste Satz von der spezifizierten Datei gelesen und der Filepointer einen Satz weitergestellt.

Write(Filevariable,Satz)
Es werden der nächsteSatz in die spezifizierte Datei geschrieben und der Filepointer einen Satz weitergestellt.

Truncate(Filevariable)
Hinter der aktuellen Fileposition werden alle Sätze gelöscht. Die aktuelle Fileposition wird damit zum Fileende und EOF(Filevariable) wird auf *true* gesetzt.

Erase(Filevariable)
Das angegebene File wird gelöscht. Wurde es mit Reset oder Rewrite bereits geöffnet, so muss es vorher mit CloseFile geschlossen werden.

CloseFile(Filevariable)
Das angegebene File wird geschlossen und auf den externen Datenträger geschrieben.

Seek(Filevariable, Nr)
Der Filepointer im angegebenen File wird für den direkten Zugriff auf die Position Nr gesetzt.

FilePos(Filevariable)
Die ganzzahlige Funktion liefert die aktuelle Position des Filepointers.

FileSize(Filevariable)
Die ganzzahlige Funktion liefert die Anzahl der Sätze des Files.

EOF(Filevariable)
Die logische Funktion erhält den Wert *true*, wenn das Dateiende erreicht ist, sonst den Wert *false*.

Bild 4.50   Routinen für die Arbeit mit Files

Der Zugriff zu den einzelnen Komponenten kann sequenziell oder direkt erfolgen. Im ersten Fall spricht man von sequenziellen Dateien, im zweiten von Direktzugriffsdateien. Der Zugriffsmechanismus wird über einen Filepointer oder Filezeiger realisiert. Beim Lesen oder Schreiben wird dieser beim sequenziellen Zugriff um jeweils eine Komponente weitergestellt oder er wird beim Direktzugriff durch die spezielle Prozedur Seek(...) an die jeweils gewünschte Position gesetzt.

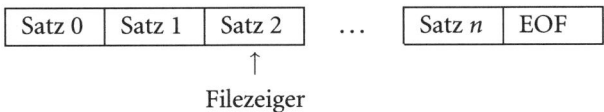

Filezeiger

Die Nutzung einer Datei erfolgt über eine Filevariable, die in der Form

> *var* Filevariable: *file of* typ;

deklariert werden muss. Bevor mit einer Datei gearbeitet werden kann, muss sie mit der Prozedur

> AssignFile(Filevariable, Filename)

geöffnet und nach der Nutzung mit

> CloseFile(Filevariable)

geschlossen werden. Filename enthält den eigentlichen Dateinamen und ggf. das Laufwerk und das Verzeichnis.

Zur Arbeit mit Files gibt es die im Bild 4.50 zusammengestellten und erläuterten Funktionen und Prozeduren.

Anmerkung: In Object Pascal existiert der spezielle vordefinierte Typ TextFile. Er dient zur Ausgabe von Text über den Drucker, Abschnitt 3.9, oder in eine Datei.

Beispiel: Schreiben der ganzen Zahlen 0 ... 255 (Typ *byte*) in eine Datei, die unter dem Namen Datei.dat auf dem aktuellen Laufwerk im aktuellen Verzeichnis angelegt werden soll. Anschließend sollen

1. das 100. Element gelesen und ausgegeben,
2. die Länge des Files bestimmt und ausgegeben

werden.

Die prinzipielle Lösung kann dem folgenden Implementation-Teil der Quelltext-Formulardatei entnommen werden.

```
implementation
{$R *.DFM}

var Datei1: file of byte;
    i:       byte;

procedure TForm1.Datei_ErzeugenClick(Sender: TObject);
begin
    AssignFile(Datei1,'Datei.dat'); Rewrite(Datei1);
    for i:=0 to 255 do write(Datei1,i); CloseFile(Datei1);
end;
```

```
procedure TForm1.ElementClick(Sender: TObject);
   var ElementNr,Element: byte;
begin
   ElementNr:=100;          AssignFile(Datei1,'Datei.dat');
   Reset(Datei1);           Seek(Datei1,ElementNr-1);
   Read(Datei1,Element);    Element1.Text:=IntToStr(Element);
   CloseFile(Datei1);
end;

procedure TForm1.DateilaengeClick(Sender: TObject);
begin
   AssignFile(Datei1,'Datei.dat'); Reset(Datei1);
   Laenge.Text:=IntToStr(FileSize(Datei1)); CloseFile(Datei1);
end;

procedure TForm1.EndeClick(Sender: TObject);
begin Close end;
end.
```

Das folgende Projekt enthält ein weiteres Beispiel für die Nutzung einer Datei.

4.6.6 Projekt DATEIARBEIT

Das Projekt DATEIARBEIT realisiert eine einfache Dateinutzung. Nach dem Eintrag des Dateinamens kann über das Menü „Datei (er)öffnen" entweder eine bestehende Datei geöffnet und angezeigt oder eine neue angelegt werden. Beim Untermenü „neue Datei anlegen" sind über die SpinEdit-Komponente die Satzanzahl vorzugeben, die Sätze in die StringGrid-Komponente einzutragen und per Mausklick in die Datei auszugeben. Eine bereits vorhandene Datei wird über das Untermenü „Datei öffnen und anzeigen" sichtbar gemacht.

Anschließend können über das Menü „Datei aktualisieren" Modifikationen an der Datei vorgenommen werden.
- Im Modus „Ändern" wird über SpinEdit auf einen Satz positioniert und dieser dann modifiziert in die Datei zurückgeschrieben.
- Im Modus „Anfügen" ist die Satzzahl der Erweiterungen einzugeben, die in StringGrid eingetragenen Sätze werden an die Datei angehängt.
- Im Modus „Löschen" kann jeweils ein Datensatz physisch gelöscht werden.

Nach der Aktualisierung erfolgt jeweils die Ausgabe der gesamten modifizierten Datei. Weitere Menüs des Projekts sind „Datei speichern" und „Ende", Bild 4.51.

Neben den komponentenspezifischen Ereignisbehandlungsroutinen sind folgende Methoden definiert, die im Projekt mehrfach aufgerufen werden:
- *LoeschStringGrid* zum Löschen der Felder der Komponente StringGrid,
- *SatzOp* zum Lesen *eines* Satzes aus der Datei und Schreiben in den StringGrid,
- *Dateianzeige* zum Lesen aller Sätze aus der Datei und Schreiben in den StringGrid und
- die Funktion *ExistDatei* zur Prüfung des Vorhandenseins der eingetragenen Datei.

Der vollständige Quelltext befindet sich im Projekt DATEIARBEIT.

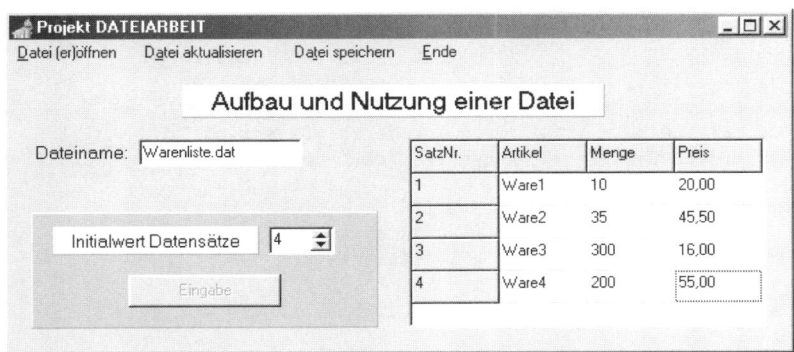

Bild 4.51   Oberfläche des Projekts DATEIARBEIT

4.6.7   Datentyp Variant

Variablen vom Datentyp *variant* können dynamisch, also während der Laufzeit, Werte verschiedener Typen annehmen. Alle Integer-Typen, reelle Typen, Strings, Zeichentypen und Boole'sche Typen sind zum Typ *variant* zuweisungskompatibel. Ausdrücke können explizit in eine Variante konvertiert werden. Der Typ *variant* wird am häufigsten in Situationen eingesetzt, in denen der tatsächlich zu verarbeitende Typ entweder oft wechselt oder während der Compilierung noch unbekannt ist. Die zugewiesenen Werte können *integer-*, *real-*, *boolean-* oder *string*-Typen, Datum-Uhrzeit-Werte sowie OLE-Automatisierungsobjekte sein. Der Compiler erzeugt automatisch Quelltext, der die notwendigen Typkonvertierungen durchführt. Außerdem können *variant*-Variable Arrays aufnehmen, deren Größe und Dimension wechseln und die Elemente eines der oben genannten Typen enthalten können. Mit den speziellen Variantenwerten *unassigned* wird angezeigt, dass einer *variant*-Variablen bislang noch keine Daten zugewiesen wurden und mit *null* werden unbekannte oder fehlende Daten gekennzeichnet. Variantenvariablen werden bei ihrer Erstellung stets auf *unassigned* initialisiert. Dies gilt immer, ganz gleich, ob eine Variantenvariable global, lokal oder Teil einer Struktur vom Typ *array, record* oder *class* (Objekttyp) ist. Variablen vom Typ *variant* besitzen damit eine größere Flexibilität als normale Variablen, belegen aber mehr Speicherplatz als diese und Operationen laufen deutlich langsamer ab. Generell sollte die Verwendung dieses Datentyps auf anders nicht zu lösende Sonderfälle beschränkt werden. Ausführlichere Angaben zu den Regeln für die Konvertierung von Varianten in andere Typen sind der Online-Hilfe von Delphi zu entnehmen.

Beispiel: Mögliche Verwendung von Variablen des Typs *variant* und Wirkung der automatischen Typenkonvertierung.

```
var v1, v2, v3, v4, v5: variant;
    n: integer;
    x: double;
    s: string;
    :
```

```
begin                     // Wirkungen
    v1 := 1;              // v1 ist jetzt vom integer-Typ
    v2 := 123.45;         // v2 ist jetzt vom real-Typ
    v3 := 'variant-Typ';  // v3 ist jetzt vom string-Typ
    v4 := '100';          // v4 ist jetzt vom string-Typ
    v5 := v1+v2+v4;       // v5 ist jetzt vom real-Typ, Wert=224.45
    :                     :
    n := v1;              // n = 1
    x := v2;              // x = 123.45
    s := v3;              // s = 'variant-Typ'
    n := v4;              // n = 100
    s := v5;              // s = '224.45'
end;
```

4.6.8   Übungen

4.12   Ü-Projekt VARIANT_TYP_DEMO

Zur Demonstration ist ein Projekt zu entwerfen, welches die Möglichkeiten des Datentyps *variant* zeigt.

4.13   Ü-Projekt DATEIARBEIT_MOD

Das Projekt DATEIARBEIT, Abschnitt 4.6.6, ist so zu modifizieren, dass der Warenbestand steigend oder fallend nach dem Preis sortiert wird.

4.7   Programmierung mit Pointern

4.7.1   Statische und dynamische Variable

In Anwendungsprojekten treten sehr häufig komplexe Datenstrukturen auf, die dadurch gekennzeichnet sind, dass sie während der Programmabarbeitung nicht nur die Werte ihrer Komponenten, sondern auch ihre Struktur ändern können. Für solche Datentypen sind während der Übersetzungszeit die Größe und die Verknüpfung des benötigten Speichers unbekannt. Deshalb wird ein grundlegend anderes Prinzip der Speicherverwaltung benutzt als bei den bisher vorgestellten Datentypen.

Man unterscheidet zwischen statisch verwaltetem Speicherplatz, beispielsweise für Variable und Parameter in Programmen und Prozeduren, und dynamisch verwaltetem Speicherplatz für die oben erwähnten komplexen Datenstrukturen. Für statische Parameter und Variable wird Speicherplatz während des Programmablaufs automatisch reserviert und freigegeben, der Programmierer muss sich um die Speicherverwaltung nicht kümmern. Da sich rekursive Unterprogramme selbst aufrufen, Abschnitt 4.3.7, kann dabei durchaus mehrfach Speicherplatz für eine im Quelltext nur einmal deklarierte Variable angelegt werden. Das wird durch das Prinzip des Stack (Stapel) möglich. Bei jedem Aufruf wird neuer Speicherplatz oben auf dem Stapel angelegt und bei Ende des Unterprogramms wieder freigegeben.

Beispiel:
```
function fac (n: integer): integer;
begin
    if n=0 then fac:=1 else fac:= n*fac(n-1);
end;
```

Bei einem Aufruf von fac(3) ergibt sich folgende Speicherbelegung nach dem Stapelprinzip:

↕   dynamisches Wachsen und Schrumpfen des Stack

0	← Wert für n in fac (0)
1	← Wert für n in fac (1)
2	← Wert für n in fac (2)
3	← Wert für n in fac (3)

Für dynamische Variable ist dieses einfache Schema nicht mehr ausreichend. Hier kann der Programmierer explizit Speicher anfordern, der über die Lebensdauer des aufrufenden Unterprogramms hinaus reserviert bleibt. Für diesen Zweck wird zur Laufzeit des Programms ein eigener Speicherbereich benutzt, den man Heap oder Halde nennt. Im Heap kann man beliebige Datenstrukturen aufbauen, indem man geeignete Speicheranteile anfordert und untereinander verknüpft, also in einem Speicherbereich die Adresse eines anderen Speicherbereichs einträgt. Speicheradressen stellen somit einen besonderen Datentyp dar. Man nennt Datenwerte, die Speicheradressen darstellen, Pointer oder Zeiger.

In vielen Programmiersprachen, so auch in Object Pascal, gibt es deshalb den typisierten statischen Pointer- oder Zeigertyp, der an den Typ der Daten gebunden ist, auf die er verweist. Es gibt jedoch auch den vordefinierten untypisierten Pointertyp, der zuweisungskompatibel zu Zeigern beliebigen Typs ist. Zur Erzeugung und Freigabe von dynamischen Variablen gibt es in Object Pascal spezielle Funktionen.

4.7.2 Zeigervariable

Dynamische Variable, d. h. Speicherbereiche auf dem Heap, werden während der Laufzeit des Projekts erzeugt und vernichtet. Sie können nicht wie normale Variablen deklariert werden, da sie erst ab einer Erzeugungsoperation zur Laufzeit existieren. Die zugehörigen Prozeduren in Object Pascal heißen

> *new*(zeigername)   und   *dispose*(zeigername)

Diese liefern nicht die dynamische Variable selbst, sondern einen Zeiger auf diese zurück. Der Zeigerwert ist die Adresse der Speichereinheit, in der die dynamische Variable gespeichert ist. Vor Anwendung obiger Prozeduren müssen die Zeigervariablen in einer Deklaration durch eine der beiden Möglichkeiten

> *var* zeigername: ^typ;

> *var* zeigername: *pointer*;

vereinbart werden. Die erste deklariert eine typisierte Zeigervariable, die auf einen Speicherbereich des angegebenen Typs verweist, die zweite erzeugt eine untypisierte Zeigervariable, die zu allen typisierten Zeigervariablen zuweisungskompatibel ist. Der

Zugriff auf den Speicherbereich, auf den die typisierte Zeigervariable verweist, wird als Dereferenzierung bezeichnet und hat die Form

zeigername^.

Eine untypisierte Zeigervariable kann nicht dereferenziert werden! Jede Zeigervariable kann den vordefinierten Wert *nil* (not in list) annehmen, der nirgendwohin verweist. Dieser Wert ist aber verschieden von allen Speicheradressen und kann deshalb bewusst verwendet werden, um beispielsweise das Ende einer Liste zu markieren. Ob eine Zeigervariable auf einen Speicherbereich verweist, kann dann durch

if zeigername< >nil *then* anweisung;

abgefragt werden. Grafisch stellt man die Beziehung zwischen einer Zeigervariablen und dem Speicherbereich, auf den sie verweist, oft als Pfeil dar wie in folgender Abbildung:

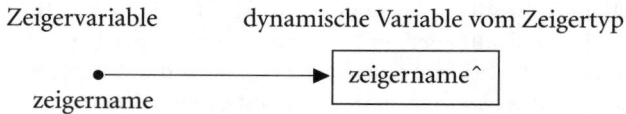

In Object Pascal gibt es auch die Möglichkeit, statische und dynamische Variable beliebig zu mischen. Dazu wird durch Referenzierung auch von statischen Variablen ein Zeigerwert erzeugt, der genau auf diese Variable zeigt.

```
   :
var IntVar: integer;
    PtrInt: ^integer;
   :
IntVar:=4;
PtrInt:=@IntVar;
   // Referenzierung von IntVar durch PtrInt
Label1.Text:=IntToStr(PtrInt^);
   // oder Label1.Text:=IntToStr(IntVar);
   :
```

Die beiden Varianten der Anweisung der letzten Zeile führen zum gleichen Ergebnis. Die Referenzierung statischer Variablen gilt allgemein als wenig empfehlenswerter Programmierstil. Durch die Möglichkeit, statische Variable indirekt über Zeigervariable zu ändern, entsteht die große Gefahr, den Überblick über die Funktionsweise des Programms zu verlieren. Manche Programmiersprachen wie das originale Pascal von N. WIRTH und das moderne Java verbieten deshalb auch diesen Gebrauch von Zeigervariablen.

Das Prinzip der Erzeugung, Nutzung und Freigabe einer dynamischen Variablen in Object Pascal zeigt der folgende Quelltext, Bild 4.52. Hier werden zunächst der *record*-Typ Artikel und dann ein typisierter Pointer DynVar deklariert. Eine dynamische Variable des Typs Artikel wird anschließend erzeugt, genutzt und danach wieder freigegeben.

Beispiel: **Dynamische Variable**

Das Zusammenspiel der statischen Zeigervariablen DynVar und der durch new(DynVar) erzeugten dynamischen Variablen DynVar^ ist ebenfalls in Bild 4.52 grafisch dargestellt.

> *type* Artikel = *record*
> Name: *string[20]*;
> Preis: *double*
> *end*;
> *var* DynVar: ^Artikel;
> *begin*
> {Erzeugen} new(DynVar);
> {Nutzung} DynVar^.Name:='Fachbuch'; DynVar^.Preis:=56.00;
> *with* DynVar^ *do*
> Label1.Text:= 'Name: '+Name
> +' Preis: '+ FloatToStrF(Preis,fffixed,6,2);
> {Freigabe} dispose(DynVar)
> *end* {Dynamische Variable};

Statische Variable, Zeigervariable	Zeiger auf die durch new(DynVar) erzeugte dynamische Variable DynVar^	Wert der dynamischen Variablen
Name: DynVar Typ: ^Artikel	(DynVar enthält die Adresse)	Name: DynVar^ Typ: Artikel

Bild 4.52 Dynamische Variable

4.7.3   Listen

Zeigervariablen erlauben insbesondere den Aufbau von Listen und Bäumen als typische dynamische Strukturen [30]. Listen werden in drei Implementierungsvarianten gegliedert: linear, zyklisch und doppelt verkettet, Bild 4.53. Bei der linear verketteten Liste enthält, bis auf das letzte, jedes Listenelement einen Verweis auf seinen Nachfolger. Das letzte Element enthält als Verweis den Wert *nil* oder den Verweis auf sich selbst. Die zyklische Verkettung ist dadurch charakterisiert, dass das letzte Listenelement einen Verweis auf das erste enthält. Eine doppelt verkettete Liste liegt dann vor, wenn jedes Element je einen Verweis auf seinen Nachfolger und Vorgänger besitzt.

Bei den einfachen Listen werden zwei spezielle Varianten unterschieden, die Schlange (Queue) und der Stapel (Stack, Keller). Bei der Schlange erfolgt das Einfügen und Entfernen von Listenelementen nur an extremen Positionen, allgemein am Listenkopf oder am Listenende. Die Schlange realisiert das FIFO-Prinzip (First In – First Out). Ein Stapel ist eine lineare Liste, bei der das Hinzufügen und Entfernen nur auf den Listenkopf beschränkt ist. Der Stapel realisiert das LIFO-Prinzip (Last In – First Out).

Hier soll näher nur auf die linear verkettete Liste eingegangen werden. Dafür gilt:
1. Es gibt genau ein Listenelement, das keinen Vorgänger hat → Listenanfang.
2. Es gibt genau ein Listenelement, das keinen Nachfolger hat → Listenende.
3. Die übrigen Listenelemente haben genau einen Vorgänger und einen Nachfolger.

204   4 Anwendungsprogrammierung mit Object Pascal unter Delphi

4. Alle Listenelemente sind vom Listenanfang aus durch Nachfolgerbildung erreichbar.
5. Die Anzahl der Listenelemente heißt Listenlänge.

Grundlegende Listenoperationen sind:
1. Initialisieren einer Liste
2. Anfügen eines Elements am Listenanfang und/oder Listenende
3. Durchlaufen einer bestehenden Liste und Löschen eines Elementes
4. Einfügen von Listenelementen vor oder nach einem Listenelement.

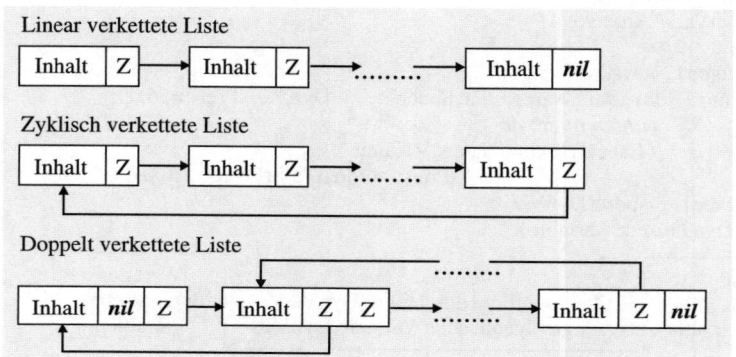

Bild 4.53
Verkettete
Listen

Die Funktionsweise und Notierung der einzelnen Listenoperationen werden in den Bildern 4.54 bis 4.57 detaillierter beschrieben. Die Struktur der Listenelemente ist hier bewusst einfach gewählt worden, um das Charakteristische zu verdeutlichen. Die Anwendung erfolgt dann mit einem modifizierten Listenelement im Rahmen des Projekts LINEAR_VERKETTETE_LISTE.

1. Initialisieren einer Liste

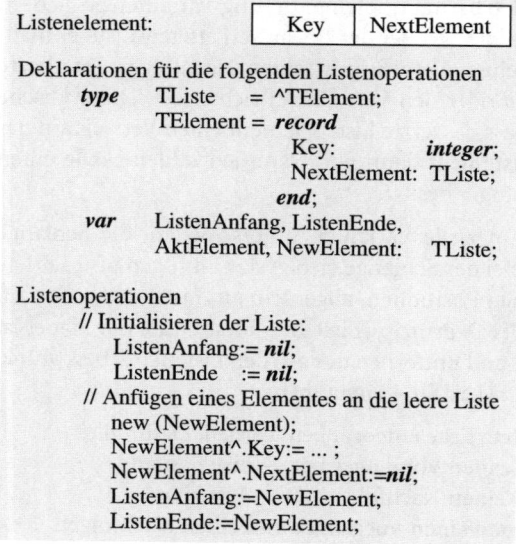

Bild 4.54   Initialisieren einer Liste

2. Anfügen eines Elements an den Listenanfang und das Listenende

```
// Anfügen eines Elements an den Anfang der nichtleeren Liste
new (NewElement);
NewElement^.Key:= ... ;
NewElement^.NextElement:=ListenAnfang;
ListenAnfang:=NewElement;
```

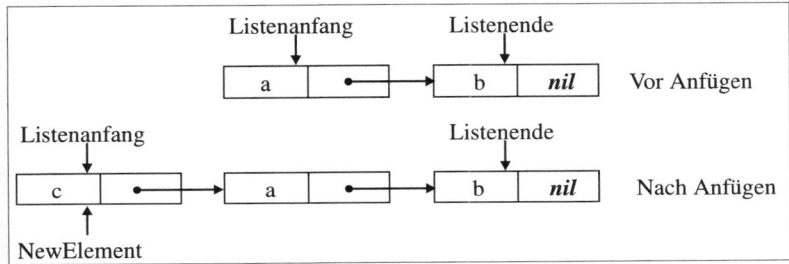

```
// Anfügen eines neuen Elementes an das Ende der nichtleeren Liste
new (NewElement);
NewElement^.Key:= ... ;
NewElement^.NextElement:=nil;
ListenEnde^.NextElement:=NewElement;
ListenEnde:=NewElement;
```

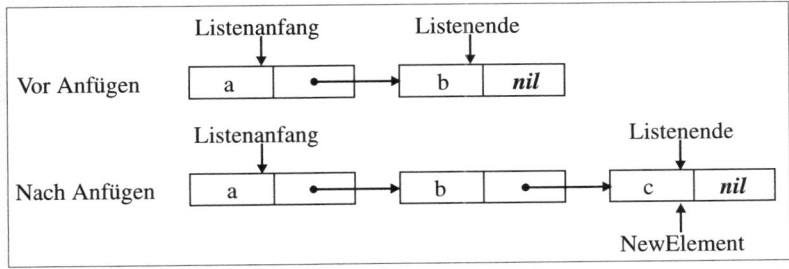

Bild 4.55 Anfügen eines Elements an den Listenanfang und das Listenende

3. Durchlaufen einer bestehenden Liste und Löschen eines Elementes (Bild 4.56)

Das Durchlaufen erfolgt in einer einfachen Schleife, die vom Listenanfang ausgeht und als Abbruchkriterium das Ende der Liste hat. Die Abbruchbedingung kann entweder, wie im folgenden Programmtext gezeigt, auf einen leeren „NextElement"-Eintrag prüfen oder die Variable ListenEnde verwenden, „*repeat ... until* AktElement=ListenEnde".

4. Einfügen eines Elements nach einem aktuellen Listenelement (Bild 4.57)

Beim folgenden Programmtext wird vorausgesetzt, dass die Variable AktElement auf ein Element der Liste zeigt. Das Einfügen wird durch Umhängen der Zeiger bewerkstelligt. Der NextElement-Zeiger von AktElement wird auf das neue Element gelegt, während der NextElement-Zeiger des neu eingefügten Elements auf den Rest der Liste, d. h. den alten NextElement-Zeiger von AktElement gesetzt wird. Falls es sich bei AktElement um das ListenEnde gehandelt hat, also NewElement^.NextElement=*nil* gilt, dann ist der ListenEnde-Zeiger zusätzlich auf NewElement, das neue letzte Element, zu setzen.

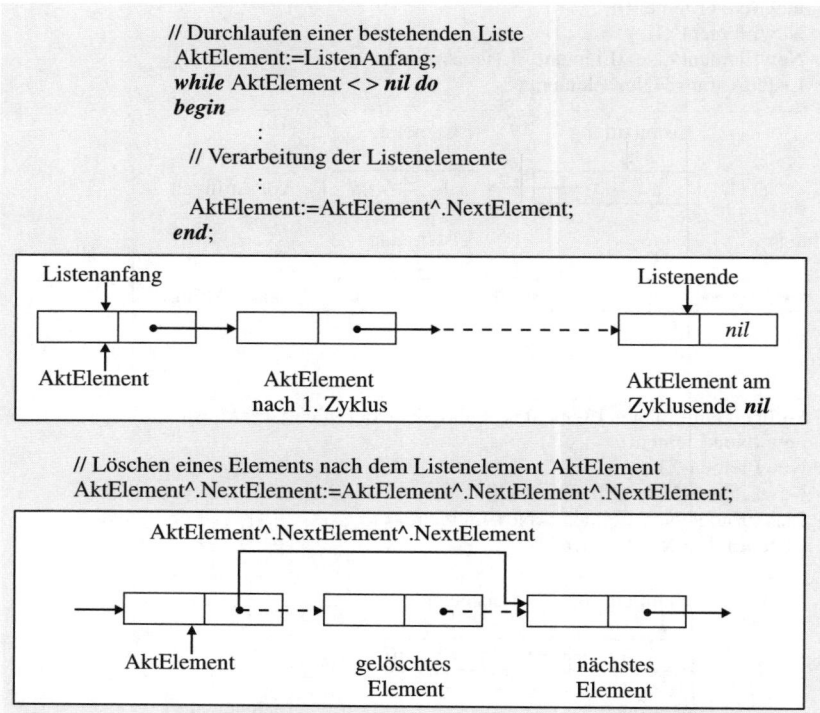

```
// Durchlaufen einer bestehenden Liste
AktElement:=ListenAnfang;
while AktElement < > nil do
begin
         :
   // Verarbeitung der Listenelemente
         :
   AktElement:=AktElement^.NextElement;
end;
```

```
// Löschen eines Elements nach dem Listenelement AktElement
AktElement^.NextElement:=AktElement^.NextElement^.NextElement;
```

Bild 4.56   Durchlaufen einer bestehenden Liste und Löschen eines Elementes

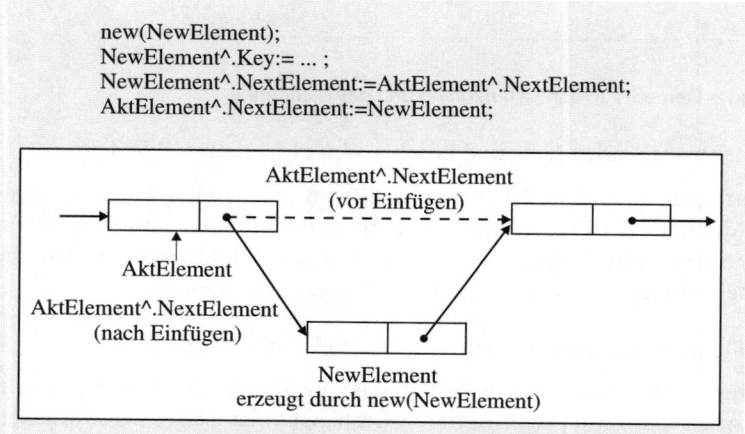

```
new(NewElement);
NewElement^.Key:= ... ;
NewElement^.NextElement:=AktElement^.NextElement;
AktElement^.NextElement:=NewElement;
```

Bild 4.57   Einfügen eines Elements nach einem aktuellen Listenelement

4.7.4   Projekt LINEAR_VERKETTETE_LISTE

Das folgende Projekt zeigt das Prinzip der Erzeugung und Nutzung einer linear verketteten Liste, Bild 4.58. Die Liste wird erzeugt, indem das jeweilige Element am Listenende angefügt wird. Außerdem enthält das Projekt die Möglichkeiten des Löschens eines Listenelements, der Sortierung der Listenelemente nach dem Schlüssel und der Anzeige der aktuellen Liste.

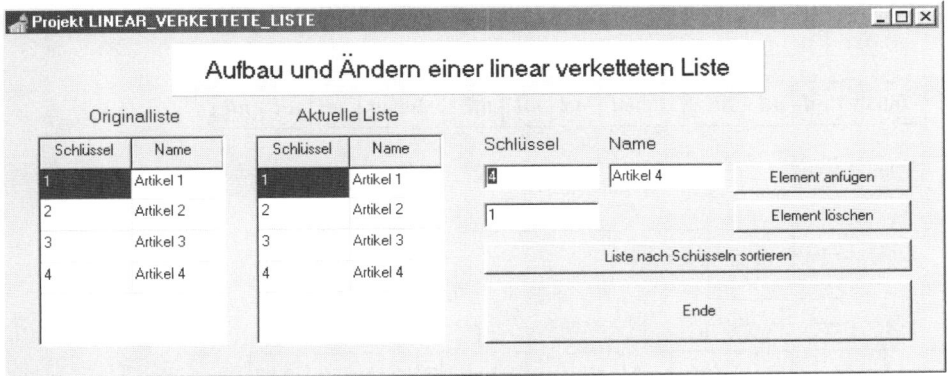

Bild 4.58 Oberfläche des Projekts LINEAR_VERKETTETE_LISTE

Das Projekt realisiert eine verkettete Liste in korrekter Weise, ist aber nicht korrekt in der Art und Weise wie die Schlüssel-Einträge behandelt werden, da es die mehrfache Eingabe eines gleichen Schlüssels zulässt. Im Übungsprojekt Ü_Projekt LINEAR_VERKETTETE_LISTE_MOD, Abschnitt 4.7.6, besteht deshalb die Aufgabe, diese Zusatzanforderung an die Listenrealisierung umzusetzen.

Hinweis: Die Struktur des Listenelementes ist hier gegenüber den bisher demonstrierten Listenoperationen um das Feld Name (String von 25 Byte Länge) erweitert worden.

Listenelement:	Key	Name	NextElement

Den vollständigen Quelltext enthält das Projekt LINEAR_VERKETTETE_LISTE.

4.7.5   Bäume

Bäume sind weitere grundlegende dynamische Datenstrukturen, Bild 4.59. Sie entstehen, wenn ein Eintrag mehrere Nachfolger hat. Ein Baum ist deshalb eine Struktur mit endlich vielen Knoten, wobei der erste Knoten (root, Wurzel) keinen Vorgänger und jeder andere genau einen Vorgänger und beliebig viele Nachfolger haben kann. Knoten ohne Nachfolger heißen Blätter des Baums. Hat ein Vorgänger je zwei Nachfolger, so heißt der Baum binär. Auch für Bäume gibt es verschiedene Implementierungsvarianten mit Nachfolger- und Vorgängerverknüpfung oder mit durch Listen realisierter flexibler Zahl von Nachfolgern.

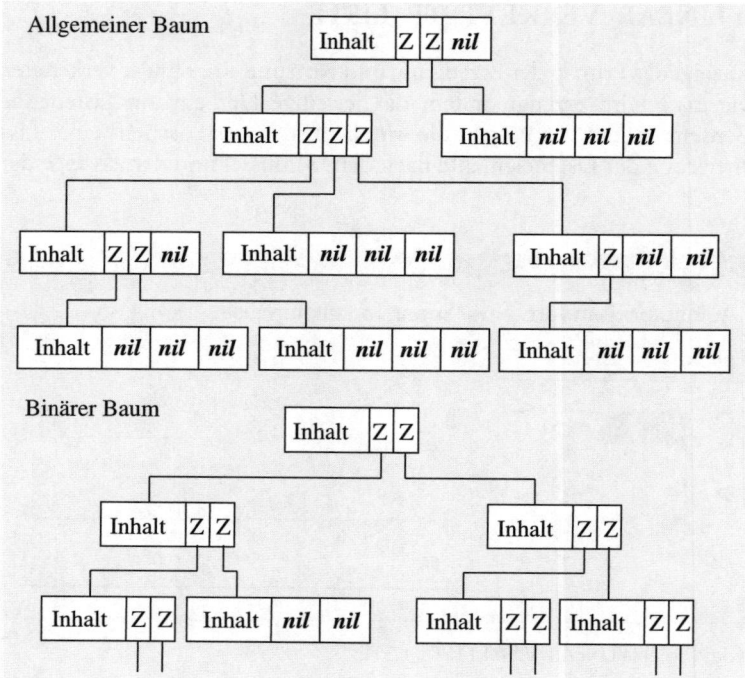

Bild 4.59 Bäume

4.7.6   Übungen

4.14   Ü-Projekt LINEAR_VERKETTETE_LISTE_MOD

Das Projekt LINEAR_VERKETTETE_LISTE, Abschnitt 4.7.4, ist so zu modifizieren, dass die mehrfache Eingabe des gleichen Schlüssels nicht möglich ist.

4.15   Ü-Projekt LINEAR_VERKETTETE_LISTE_SUCHE

Das Ü-Projekt LINEAR_VERKETTETE_LISTE_MOD ist nunmehr so zu modifizieren, dass der Datensatz mit einem bestimmten Schlüssel gesucht und ausgegeben wird.

5 Objektorientierte Programmierung mit Object Pascal

In der historischen Entwicklung der Programmiersprachen ist zu erkennen, dass das Abstraktionsniveau stetig stieg. Anfangs wurde in purer Maschinensprache programmiert, dann kamen einfache Hilfssprachen zum Erstellen von Maschinenprogrammen hinzu (Assemblersprachen), die z. B. symbolische Werte statt direkter Zahlenangaben erlaubten. Moderne Programmiersprachen werden oft als **problemorientiert** bezeichnet, weil sie völlig von den Details der unterliegenden Maschine abstrahieren und dem Programmierer erlauben, sich auf sein fachliches Problem zu konzentrieren. Pascal ist eine der bekanntesten problemorientierten Programmiersprachen.

Neben dem Abstraktionsniveau wird ab einer gewissen Größe der zu erstellenden Programme auch die Frage wesentlich, wie die interne Struktur eines großen Programms ist. Große Programmsysteme bestehen aus Bestandteilen, die in sich wieder in Bestandteile strukturiert sind, ähnlich wie komplexe Maschinen. Wesentliche Konzepte zur Strukturierung von Programmen wurden bereits vorgestellt, nämlich die Technik der Unterprogramme (**prozedurale Programmierung**) und die Technik der unabhängigen Übersetzungseinheiten (Units in Object Pascal), die als **modulare Programmierung** bezeichnet wird. In den 80er-Jahren entstand, aufbauend auf frühen Ideen, z. B. der Sprache **Simula**, und motiviert durch die Aufgabe, komplexe grafische Benutzungsoberflächen zu programmieren, eine neue Idee zur Strukturierung von Programmen, die **Objektorientierung**. Die Programmiersprache Object Pascal unterstützt, wie ihr Name bereits verrät, dieses Prinzip als Ergänzung zu den bewährten Strukturen von Pascal. Andere moderne Programmiersprachen, z. B. Java [20], beruhen in noch stärkerem Maß auf Objektorientierung als Grundprinzip. Im Folgenden werden die Grundprinzipien der objektorientierten Programmierung mit Object Pascal erläutert. Eine kleine Warnung ist hier jedoch angebracht: Objektorientierung bedeutet einen grundsätzlichen Paradigmenwechsel und eine erneute Steigerung des Abstraktionsniveaus im Vergleich zu bisher betrachteten Konzepten. Es ist also unbedingt notwendig, dass alle bisher diskutierten Konzepte verstanden sind, bevor man sich mit der Idee der Objektorientierung näher auseinander setzt!

Die Ideen der Objektorientierung bieten die Basis für die Technik der so genannten **Softwarekomponenten**, die eine moderne hochökonomische Softwareproduktion durch Einsatz von Halbfertigfabrikaten (Bausteinen) ermöglicht [35]. Das Programmiersystem Delphi stellt einen eigenen Komponentenmechanismus bereit, auf den im Folgenden, aufbauend auf der Objektorientierung, genauer eingegangen wird.

In jüngerer Zeit hat die Objektorientierung auch Einzug gehalten in die Techniken der **Systemanalyse**, also in die der Programmierung vorangehende genaue Analyse eines Problembereichs. Für weitere Informationen zu diesem Thema sei auf [11] verwiesen.

5.1   Klassen und Objekte

5.1.1   Grundkonzepte der Objektorientierung

Das Konzept der objektorientierten Programmierung wird durch die drei grundlegenden
Begriffe

- Datenkapselung
- Vererbung
- Polymorphie

geprägt, die im Folgenden näher erläutert werden.

Im üblichen Sprachgebrauch bezeichnen Objekte eigenständige Einheiten mit einer definierten Grenze gegenüber ihrer Umwelt und einer eigenen Identität. Objekte haben
bestimmte strukturelle Eigenschaften, sie können insbesondere aus Teilobjekten zusammengesetzt sein. Objekte sind Gegenstand von Aktionen, die von der Umgebung ausgelöst
werden. Die wesentliche Idee ist hier, dass ein Objekt eine gewisse Menge an Informationen
(interne Daten, Teilobjekte) in sich einschließt und der Umgebung nur eine bestimmte
Menge an Operationen auf diesen Informationen anbietet, ohne die Informationen selbst
preiszugeben. Hier werden also Daten in ganz enger Weise mit den darauf arbeitenden
Operationen verbunden und sozusagen „verkapselt": das Prinzip der **Datenkapselung**.

Objekte, die bestimmte Eigenschaften haben, werden oft zu einem Begriff zusammengefasst. Dabei werden sowohl die innere Struktur als auch die Reaktionsfähigkeit der
Objekte berücksichtigt. In objektorientierten Programmiersprachen heißen diese Klassi-
fikationsbegriffe **Klassen** oder auch **Objekttypen**. Beispielsweise kann es viele Objekte
geben, die alle der Klasse „Fahrzeug" zugehören. Eine Klasse beschreibt die strukturellen
und operationalen Eigenschaften eines Objekts vollständig. Dies ist möglich und auch
erforderlich, da programmiersprachliche Objekte in einer künstlich geschaffenen Welt
aus ihren Beschreibungen konstruiert werden. Ein wesentliches Prinzip zur Beherrschung
komplexer Anwendungsfelder ist die Schaffung von Begriffshierarchen, d. h. die Benutzung von Ober- und Unterbegriffen. Dieses Prinzip kennt man aus der Alltagssprache,
wo z. B. „Fahrzeuge" unterschieden werden in „Kraftfahrzeuge" und „muskelgetriebene
Fahrzeuge", und die „Kraftfahrzeuge" wieder in „PKW" und „LKW". In objektorientierten
Programmiersprachen spricht man hier vom Prinzip der **Vererbung** zwischen Klassen und
bezeichnet eine allgemeinere Klasse als **Oberklasse** oder **Vorfahr**, eine speziellere Klasse
als **Unterklasse** oder **Nachkomme**. Der Begriff der Vererbung wurde deshalb gewählt,
weil eine speziellere Klasse im Prinzip alle Eigenschaften der Oberklasse „erbt" (und meist
weitere speziellere Eigenschaften definiert).

Das dritte grundlegende Prinzip der Objektorientierung, **Polymorphie**, ist auf der hier
noch sehr abstrakten Diskussionsebene nicht ganz leicht zu verstehen. Polymorphie heißt
vom griechischen Ursprung des Wortes her „Vielgestaltigkeit" und bezeichnet die Tatsache,
dass eine Operation, die auf einem Objekt ausgelöst wird, in einer Oberklasse definiert
ist, aber in der spezifischen Unterklasse ganz speziell interpretiert wird. Zum Beispiel ist
der Vorgang der „Inbetriebnahme" eine sinnvolle Operation auf allen Fahrzeugen (also
in der Oberklasse definiert), die Inbetriebnahme eines Fahrrads, eines PKWs oder eines
LKWs gestaltet sich aber im Detail ganz verschieden. Zweck der Polymorphie ist es, dass
andere Programmteile mit Objekten ohne Kenntnis der speziellen Unterklasse und ihrer

spezifischen Eigenschaften in einfacher Weise kooperieren können. Technisch führt das zu einem neuen Aufrufmechanismus für Prozeduren (dynamische Bindung), der weiter unten ausführlicher erklärt wird.

Objektorientierte Programmiersprachen wie z. B. Object Pascal übernehmen diese prinzipielle Vorstellung von Objekten in folgender Art und Weise:

Objekte bestehen aus **Datenfeldern, Eigenschaften** und **Methoden. Datenfelder** sind lokale Variablen, die den objekteigenen Speicher bilden und alle Daten enthalten, die das Objekt beschreiben. Auf diese Daten kann innerhalb des Objekts direkt oder von außerhalb nur durch objekteigene **Methoden** zugegriffen werden. Methoden sind sehr ähnlich zu Unterprogrammen (Prozeduren und Funktionen), sind jedoch jeweils nur lokal für die Objekte einer bestimmten Klasse definiert.

Eigenschaften (engl. *properties)* gibt es nicht in allen objektorientierten Programmiersprachen. Eigenschaften sind für den Anwender gleichwertig zu Datenfeldern. Hinter einer Eigenschaft stehen jedoch intern Methoden, die bei Zugriff auf die Eigenschaft (Lesen oder Schreiben) aufgerufen werden. Im Sinne der Objektorientierung stellen Eigenschaften kein wesentlich neues Konzept dar, da ja die entsprechenden Methoden auch direkt aufgerufen werden könnten. Besondere Bedeutung bekommen Eigenschaften für Objekte, die als Komponenten eines Programms eingesetzt werden. Eigenschaften sind (wenn sie „veröffentlicht" sind) während der Entwurfszeit durch den Objektinspektor oder zur Laufzeit durch das Programm veränderbar. Beispiele von Eigenschaften sind der Titel oder die Größe eines Formulars, die Schriftart, die Farbe eines Buttons usw. Die gesamte interaktive Programmierumgebung in Delphi, die weiter oben erläutert wurde, basiert auf Objekten (z. B. Form-, Button-Objekte) mit verkapseltem Zustand und von außen manipulierbaren Eigenschaften.

Methoden sind Unterprogramme (*function, procedure, constructor, destructor*), die mit den objekteigenen Daten und Eigenschaften arbeiten. Das erfolgt durch **Botschaften** (Nachrichten, Mitteilungen, Messages) an das Objekt, die Methodenaufrufen entsprechen.

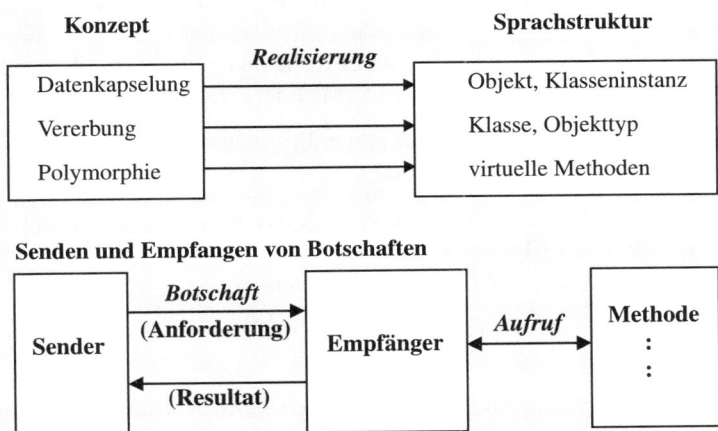

Bild 5.1 Konzept, Sprachstruktur, Senden und Empfangen von Botschaften

Die Gesamtheit aller ausführbaren Operationen, die Funktionalität eines Objekts, wird durch die verfügbaren Eigenschaften und Methoden bestimmt. Die Methodenliste (Methodeninterface) stellt die Schnittstelle nach außen dar.

Bild 5.1 fasst wichtige Prinzipien der objektorientierten Programmierung nochmals grafisch zusammen. Das Objekt (Empfänger) führt eine Operation (Eigenschaft, Methode) dann aus, wenn es durch eine Botschaft (Nachricht) dazu veranlasst wird. Sender (Auslöser) von Botschaften sind ihrerseits Objekte oder Ereignisbehandlungsroutinen.

5.1.2   Syntax für Klassen und Objekte in Object Pascal

Klassen bestimmen den Datenspeicher, die Eigenschaften und die Methoden, die ein Objekt besitzt. Sie müssen in der prinzipiellen Form

> *type* klassenbezeichner = *class* [(vorfahr)]
>
> > [datenfeldliste]
> >
> > [eigenschaftenliste]
> >
> > [methodenliste]
>
> *end*;

deklariert werden.

Anmerkung: Obwohl bei folgenden Klassendeklarationen nach *class* kein Vorfahr angegeben ist, wird in Object Pascal standardmäßig eine vordefinierte Basisklasse (**TObject**) als Vorfahr benutzt. Die genannten Listen können dabei noch bestimmte Zugriffsrechte besitzen. Auf diese wird im Abschnitt 5.3.1 eingegangen. Die Syntax für die Deklaration ist auszugsweise in Bild 5.2 angegeben.

Die **Datenfeldliste** enthält Variablen der deklarierten Klasse mit Angabe ihres Typs. Diese Variablen sind zur jeweiligen Klasse lokal. Auf sie kann nur durch Methoden der gleichen Klasse oder einer Unterklasse zugegriffen werden. Variablen mit dem gleichen Bezeichner können deshalb in anderen Klassen auftreten, da sie auch dort wieder lokal zu dieser Klasse sind. Erfolgt das jedoch in einer abgeleiteten Klasse, so werden die entsprechenden Variablen des Vorfahren überschrieben und sind dann nicht mehr direkt, sondern nur noch über den mit dem Klassennamen qualifizierten Bezeichner erreichbar.

Die **Eigenschaftenliste** enthält die zur Klasse gehörenden Eigenschaften. Deren Deklaration und Nutzung wird im Abschnitt 5.3.4 behandelt.

Die **Methodenliste** gibt die Köpfe der Funktionen, Prozeduren, Konstruktoren und Destruktoren an, die innerhalb dieser Klasse deklariert und verwendet werden sollen. Abschnitt 5.1.3 diskutiert Konstruktoren und Destruktoren genauer.

Bild 5.2 gibt einen Überblick über die wichtigsten syntaktischen Elemente der Klassendeklaration in Object Pascal.

Ein erstes Beispiel für eine Klassendeklaration ist die folgende Klasse **TLocation**, die eine bestimmte Stelle (Lokation) in einem Zeichenbereich repräsentiert. Datenfelder für ein solches Objekt sind integer-Werte für die x- und y-Koordinate der betreffenden Stelle.

Damit ist die Deklaration zunächst sehr ähnlich zu einem record-Datentyp. Ein wesentlicher Unterschied zum **record** besteht nun darin, dass die Deklaration ebenfalls Methoden enthält, hier zum Auslesen der x- und y-Werte sowie zum Initialisieren dieser Werte.

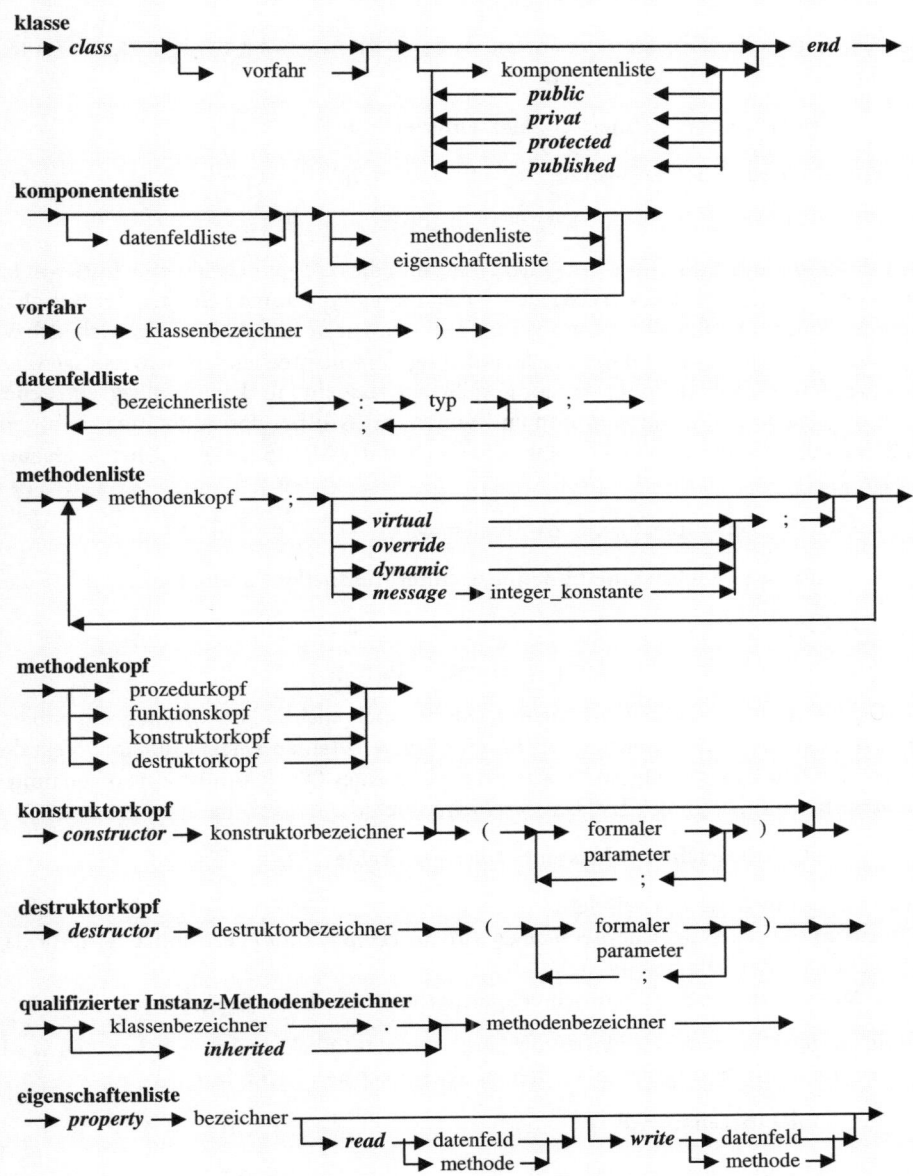

Bild 5.2 Syntax für die Deklaration der Klasse (Auszug)

```
type TLocation = class
                X,Y: integer;
                procedure Init(XInit,YInit: integer);
                function GetX: integer;
                function GetY: integer;
            end {TLocation};
```

Die Deklaration der Objekte oder Instanzen einer Klasse erfolgt dann in der in Object Pascal üblichen Art und Weise durch

var objektbezeichner, ... : klassenbezeichner;

Im Beispiel wären also z. B. folgende Deklarationen möglich:

```
var zentrum, ecke_NW: TLocation;
```

Für jede Klasse und damit für jedes Objekt (Instanz) dieses Typs existiert eine Liste von Eigenschaften und Methoden, auf die jedes Objekt dieses Typs durch Senden einer Botschaft zugreifen kann. Die Botschaft stimmt mit dem Namen der gewählten Eigenschaft bzw. Methode überein und veranlasst die Ausführung der entsprechenden Anweisungen. Da auch die Methodenbezeichner lokal zur jeweiligen Klasse sind und damit in verschiedenen (auch abgeleiteten) Klassen vorkommen können, müssen bei der Benutzung, also dem Senden einer Botschaft, sowohl der Objekt- als auch der Methodenbezeichner angegeben werden.

Eine Botschaft an ein Objekt lautet damit allgemein

objektbezeichner.methodenbezeichner[(aktueller Parameter, ...)];

Konkrete *Beispiele* sind:

```
zentrum.Init(30,40); i := ecke_NW.GetX;
```

Die Deklaration eines Objekts bedeutet jedoch noch nicht, dass wirklich ein Objekt existiert. Es wird nur der Speicherplatz für eine Referenz (einen Zeiger) auf ein Objekt des entsprechenden Typs bereitgestellt. Zur Erzeugung eines Objekts muss ein so genannter **Konstruktor** aufgerufen werden. Das geschieht durch die Anweisung

objektbezeichner:=klassenbezeichner.Create

Diese Anweisung bewirkt zweierlei:
1. In einem speziellen Speicherbereich, er wird als **Heap** (Halde) bezeichnet, wird für das Objekt Speicherplatz bereitgestellt.
2. Die Adresse auf diesen dynamischen Speicherbereich wird zurückgeliefert.

Um diesen Speicherplatz wieder freizugeben, wenn das Objekt nicht mehr benötigt wird, muss ein **Destruktor** aufgerufen werden, in der einfachsten Form durch

objektbezeichner.Free

unter Verwendung eines standardmäßig bereitgestellten Destruktors.

Nähere Ausführungen zur Thematik Konstruktoren und Destruktoren enthält der folgende Abschnitt.

5.1.3 Konstruktoren und Destruktoren

Bei der Erzeugung eines neuen Objekts kann man zwei verschiedene Aufgaben unterscheiden: Das Objekt muss *erzeugt* werden (Speicherplatzreservierung, Adressvergabe) und die lokalen Datenfelder müssen *initialisiert* werden (Festlegung der Anfangswerte). Die Erzeugung eines Objektes kann prinzipiell nur durch das Laufzeitsystem erfolgen, und hierfür ist die spezielle Methode **Create** vorgesehen. Technisch gesprochen ist **Create** ebenfalls Methode einer Klasse, und zwar als Konstruktor der vordefinierten Klasse **TObject**, die wie erwähnt automatisch Oberklasse aller im Programm definierten Klassen ist.

Für die praktische Programmierung sind nun drei Wege möglich, die Erzeugung und die Initialisierung miteinander zu verbinden:

Möglichkeit 1: Nutzung des direkt oder indirekt ererbten Konstruktors der Basisklasse **TObject** in der bisher verwendeten Form

> **objektbezeichner:=klassenbezeichner.Create**

Da der Standard-Konstruktor parameterlos ist, können keine speziellen Werte für die Datenfelder des neuen Objektes übermittelt werden. Die Datenfelder des Objekts werden also mit Standwerten, d. h. null bzw. Leerzeichen initialisiert.

Möglichkeit 2: Deklaration eines eigenen Konstruktors, der spezielle Parameter besitzt, etwa um Anfangswerte einzustellen. Dieser muss dann für die eigentliche Erzeugung des Objekts auf den Konstruktor des Vorfahren zurückgreifen. Prinzipiell sieht eine solche Deklaration wie folgt aus, hier wieder am Beispiel **TLocation**:

```
type TLocation = class
            X,Y : integer;
            constructor Create(XInit,YInit: integer);
            ...
        end;

constructor TLocation.Create(XInit,YInit: integer);
begin
  inherited Create;
  X:=XInit;
  Y:=YInit;
end;
```

Es ist zu beachten, dass die neue Methode mit dem speziellen Schlüsselwort **Create** deklariert wurde, da sie eine vollständige Konstruktorfunktionalität enthält (einschließlich Speicherreservierung). Der Aufruf der **Create**-Methode des Vorfahren erfolgt mit dem Schlüsselwort *inherited* („ererbt").

Bei dieser Deklaration ist es möglich, den (benutzerdefinierten) Konstruktor nun mit Parametern aufzurufen, z. B. in

```
zentrum := TLocation.Create(50,30);
```

Möglichkeit 3: Die dritte Möglichkeit besteht schließlich darin, die Erzeugung des Objekts wie im ersten Fall mit dem parameterlosen Standard-Konstruktor durchzuführen und die

Initialisierung dann durch eine spezielle Initialisierungsprozedur, die kein Konstruktor mehr sein muss, zu erledigen. Dies war bei der ersten Klassendeklaration für TLocation bereits mit der Methode Init vorgesehen.

```
type TLocation = class
                  X,Y: integer;
                  procedure Init(XInit,YInit: integer);
                  ...
              end;

procedure TLocation.Init(XInit,YInit: integer);
begin X:=XInit; Y:=YInit;
end;
```

Die Erzeugung und Initialisierung des Objekts würde dann in diesem Fall wie folgt aussehen:

```
zentrum := TLocation.Create;
zentrum.Init(50,30);
```

Von dieser Möglichkeit wird in den folgenden Beispielprojekten Gebrauch gemacht.

Hinweis: Jedes Objekt muss explizit durch Aufruf des entsprechenden Konstruktors erzeugt und ggf. initialisiert werden. Eine indirekte Erzeugung über eine Ergibtanweisung, etwa in der Form

```
var Objekt1, Objekt2: klassenbezeichner;
    :
    Objekt1:=klassenbezeichner.Create;
    Objekt2:=Objekt1;
    :
```

ist *nicht* möglich!

Sind Objekte nicht erzeugt worden, so erscheint eine Fehlermitteilung „Zugriffsverletzung bei Adresse ...". Eine Weiterarbeit ist dann erst nach der Fehlerbeseitigung möglich.

Destruktoren sind für eine ordnungsgemäße Freigabe des durch Objekte belegten Speichers (**Heap**) erforderlich. Dafür ist bereits in der Basisklasse **TObject** der virtuelle Destruktor **Destroy** vordefiniert. **Destroy** sollte jedoch nicht direkt, sondern indirekt über die Methode **Free** (auch aus **TObject**) aufgerufen werden, da diese vor dem Aufruf von **Destroy** überprüft, ob das freizugebende Objekt überhaupt existiert, der Zeiger also den Wert $\neq$ ***nil*** besitzt. Im Allgemeinen ist es fast immer ausreichend, Objekte mit der Standardmethode **Free** freizugeben. Es besteht aber prinzipiell auch die Möglichkeit, benutzerdefinierte Destruktoren zu deklarieren. Dabei ist darauf zu achten, dass als letzte Anweisung der Aufruf der Methode **Destroy** des Vorfahren durchgeführt wird.

5.1.4   Projekt OOP_DEMO1

Die Grundprinzipien der objektorientierten Programmierung werden nun an Beispielen erläutert. Das erste Beispiel ist bewusst sehr einfach gewählt, um die Prinzipien und Wirkungsweise der Objektorientierung möglichst gut erkennen zu lassen. Inhaltlich handelt es sich um die Darstellung von Punkten und Rechtecken auf der Zeichenfläche, also eine einfache Anwendung der Funktionen der Grafikprogrammierung mit Object Pascal. Allerdings wird nun Wert darauf gelegt, alle über ein Zeichenobjekt verfügbare Information als ein geschlossenes Objekt abzulegen (Datenkapselung). Das Projekt OOP_DEMO1 besitzt eine sehr einfache Oberfläche, die es über Menüs („OOP1" bis „OOP4") erlaubt, vier verschiedene Befehlssequenzen aufzurufen und Schritt für Schritt (mittels eines „Weiter"-Knopfes) abzuarbeiten. Bild 5.3 enthält die Oberfläche des Projekts (an einer Stelle während der Abarbeitung von „OOP4"). Der Programmcode für die Oberfläche wird hier nicht gezeigt, er findet sich im Projekt OOP_DEMO1.

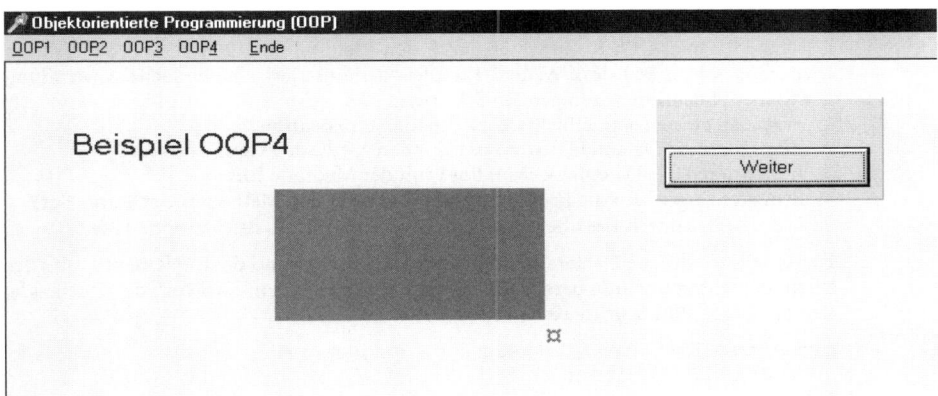

Bild 5.3   Oberfläche des Projekts OOP_DEMO1

Für diese Beispiele soll Ausgangspunkt die Tatsache sein, dass die Ausgabeposition eines Zeichens auf dem Canvas des Formulars durch die Koordinaten X und Y beschrieben wird. Hierzu verwenden wir die bereits weiter oben eingeführte Klasse **TLocation**.

```
type TLocation = class
                   X,Y: integer;
                   procedure Init(XInit,YInit: integer);
                   function GetX: integer;
                   function GetY: integer;
                 end {TLocation};
```

Bisher war nur von der Deklaration der Methodenköpfe die Rede, jedoch muss selbstverständlich auch eine Implementierung für die deklarierten Methoden angegeben werden. Dies erfolgt prinzipiell wie bei anderen Prozeduren und Funktionen, siehe Abschnitt 4.3. Allerdings ist bei Methoden, die in Klassen deklariert sind, der Name der Methode allein nicht ausreichend als Bezeichner. In verschiedenen Klassen können ja z. B. durchaus Methoden mit gleichem Namen vorkommen. Deshalb muss der Methodenbezeichner bei der Methodendeklaration durch seine Klasse in der Form

klassenbezeichner.methodenbezeichner

qualifiziert werden.

Die Deklaration der Methoden der Klasse TLocation lautet damit wie folgt:

```
procedure TLocation.Init(XInit,YInit: integer);
begin X:=XInit; Y:=YInit end {TLocation.Init};

function TLocation.GetX: integer;
begin GetX:=X end {TLocation.GetX};

function TLocation.GetY: integer;
begin GetY:=Y end {TLocation.GetY};
```

Beispiel: **Beispielablauf OOP1**

Das erste Beispiel **OOP1**, aufrufbar durch den Menüpunkt „OOP1" und dann durch
wiederholtes Drücken des „Weiter"-Knopfes, demonstriert eine einfache Anwendung
der Klasse **TLocation** mit folgenden Schritten:
1. Erzeugen eines neuen Objekts **Pos1** der Klasse **TLocation**
2. Zugriff auf die Datenfelder von **Pos1** mit den Methoden **GetX** und **GetY**
3. Initialisieren der Datenfelder von **Pos1** mit der Methode **Init**
4. Erneuter Zugriff auf die Datenfelder von **Pos1** mit den Methoden **GetX** und **GetY**
5. Freigabe des durch **Pos1** belegten Speicherplatzes mittels der Methode **Free**.

Der Quelltext, der die Deklaration der Klasse **TLocation** und die Implementierung der
Methoden enthält, wurde bereits weiter oben wiedergegeben. Hier nun der Quellcode,
der die obigen fünf Schritte realisiert:

```
procedure TForm1.OOP1Click(Sender: TObject);
    var Pos1: TLocation;
begin
    ClearScreen;
    with Canvas do
      begin
        Font.Color:=clNavy;
        TextOut(50,50,'Beispiel OOP1');
        Warten; TextOut(50,200,'Erzeugen des Objekts Pos1');
        // Erzeugen des Objekts Pos1
                Pos1:=TLocation.Create;
        // Zugriff auf die Datenfelder X und Y
        // des Objekts Pos1
        Warten; TextOut(50,250,'Datenfelder X und Y des Objekts
                     Pos1:');
                TextOut(500,250,IntToStr(Pos1.GetX)+' '
                     +IntToStr(Pos1.GetY));
        Warten; TextOut(50,300,'Initialisieren des Objekts Pos1
                     mit (33,44)');
        // Initialisieren der Datenfelder X und Y des Objekts Pos1
                Pos1.Init(33,44);
        // Zugriff auf die Datenfelder X und Y des Objekts Pos1
        Warten; TextOut(50,350,'Datenfelder X und Y des Objekts
                     Pos1:');
                TextOut(500,350,IntToStr(Pos1.GetX)+' '
                     +IntToStr(Pos1.GetY));
      end;
    Pos1.Free;
    Label1.Caption:='OOP1 beendet';
end {TForm1.OOP1Click};
```

Zu beachten ist hier, dass die Prozedur **Warten** keine inhaltliche Bedeutung hat, sondern nur zur schrittweisen Steuerung des Ablaufs dient. Hier hält das Programm an, bis der Knopf „Weiter" gedrückt wird. Details hierzu sind dem Projekt OOP_DEMO1 direkt zu entnehmen. Die verschiedenen **TextOut**-Aufrufe dienen nur dazu, die Ergebnisse des Ablaufs auf dem Bildschirm zu veranschaulichen.

Der Ablauf des Projekts liefert die erwarteten Ergebnisse: Nach der Erzeugung des Objekts Pos1 sind die Datenfelder mit 0 vorbelegt; nach Initialisierung weisen sie die zugewiesenen Werte 33 und 44 auf.

5.1.5 Übungen

5.1 Entwerfen Sie Klassendeklarationen für die folgenden geometrischen Formen: Kreis, Linie, Rechteck, Quadrat, Kubus, Würfel. Welche Ähnlichkeiten und Überlappungen mit der Klasse **TLocation** bestehen?

5.2 Geben Sie die Deklaration und Implementierung der folgenden zusätzlichen Methoden für die Klasse **TLocation** an:
- Eine Methode zur Bestimmung des Abstands zwischen zwei Positionen (nach euklidischer Metrik).
- Methoden, die bestimmen, ob eine gegebene Position links/rechts/oberhalb/unterhalb einer anderen gegebenen Position liegt.

5.2 Vererbung und Polymorphie

5.2.1 Vererbung

Ein Grundprinzip der Objektorientierung ist die Vererbung. Eine Klasse, die von einer anderen Klasse erbt, oder auch „abgeleitet wird", übernimmt alle Datenfelder, Eigenschaften und Methoden der Oberklasse. Die Unterklasse kann natürlich spezielle Datenfelder, Eigenschaften und Methoden hinzufügen. Sie kann sogar zu einem gewissen Grad die ererbten Methoden der Oberklasse verändern; dieser Aspekt soll aber im Moment noch ausgeklammert bleiben und erst weiter unten diskutiert werden.

Eine Klasse könnte prinzipiell **mehrere Vorfahren** und **mehrere Nachkommen** haben. Bei Object Pascal wurde die Festlegung getroffen, dass eine Klasse nur *einen* direkten Vorfahren, aber beliebig viele Nachkommen haben kann. Dadurch ergeben sich ketten- oder baumstrukturierte Klassenhierarchien. Die weitere Behandlung der Projekts OOP_DEMO1 wird nun eine solche Unterklassenhierarchie an einem konkreten Beispiel einführen.

Beispiel: **Beispielablauf OOP2**

Der zweite Beispielablauf soll die gespeicherten Positionen auch auf dem Bildschirm sichtbar machen. Zu diesem Zweck wird eine Unterklasse **TPoint** der Klasse **TLocation** gebildet, die (wie jede Unterklasse) alle Informationen der Oberklasse erbt, in diesem Falle also die X- und Y-Koordinaten. Darüberhinaus enthält jedes **TPoint**-Objekt die Information über die Farbe, in der es dargestellt werden soll. Dementsprechend benötigt **TPoint** eine erweiterte Initialisierungsmethode, die auch einen Parameter für die Farbe enthält. Mit der Methode **SetColor** kann die Farbe nachträglich geändert werden.

Um einen Punkt auf der Oberfläche sichtbar zu machen, muss man ihm (dem betreffenden Objekt) die Botschaft **Show** schicken – ein typisches Beispiel für die objektorientierte Denkweise mit striktem Lokalitätsprinzip. Mit **Hide** wird der Punkt wieder unsichtbar gemacht. Schließlich gibt es eine Methoden zum Kopieren und Verschieben von Punkten. Hier ist die Deklaration von **TPoint**:

```
TPoint = class(TLocation)
          PColor: TColor;
          procedure Init(XInit,YInit:integer; Color: TColor);
          procedure Show;
          procedure Hide;
          procedure SetColor(Color: TColor);
          procedure Copy(NewX,NewY: integer);
          procedure Move(NewX,NewY: integer);
        end {TPoint};
```

Die Implementierung der Methode Init besteht in einem Aufruf der ererbten Methode **Init** (aus **TLocation**) und einer zusätzlichen Zuweisung des initialen Wertes für das Datenfeld **PColor**:

```
procedure TPoint.Init(XInit,YInit: integer; Color: TColor);
begin
    inherited Init(XInit,YInit);
    PColor:=Color
end {TPoint.Init};
```

Die Methode **Show** zum Anzeigen eines Punktes verwendet ein Sonderzeichen in einer Textausgabe (**TextOut**), um die Position des Punktes auf der Zeichenfläche auszugeben. Das Zeichen ¤ wurde aufgrund seiner passenden Form für diesen Zweck ausgewählt. Es handelt sich hier um das so genannte „unbestimmte Währungszeichen", das in der international standardisierten Erweiterung ISO-8859-1 (Latin) für den ASCII-Zeichencode mit der Nummer 164 bezeichnet wird. Über diese Nummer lässt sich das Sonderzeichen auch in Delphi ausgeben, wie in der Methode Show verwendet.

```
procedure TPoint.Show;
begin
    with Form1.Canvas do
    begin
        Font.Color:=PColor;
        Brush.Color:=Form1.Color;
        TextOut(X,Y,#164);
    end;
end {TPoint.Show};
```

Zur Erinnerung an die Grafik-Programmierung: Die Zuweisung an **Font.Color** setzt die Farbe für folgende Textausgaben, die Zuweisung an **Brush.Color** die Hintergrundfarbe der Textausgabe. Die folgenden Anweisungen geben drei Punkte auf dem Bildschirm aus:

```
P1:=TPoint.Create; P1.Init(200,100,clRed); P1.Show;
P2:=TPoint.Create; P2.Init(250,150,clGreen); P2.Show;
P3:=TPoint.Create; P3.Init(300,200,clBlue); P3.Show;
```

Bild 5.4 zeigt, wie sich die drei Punkte auf dem Bildschirm präsentieren.

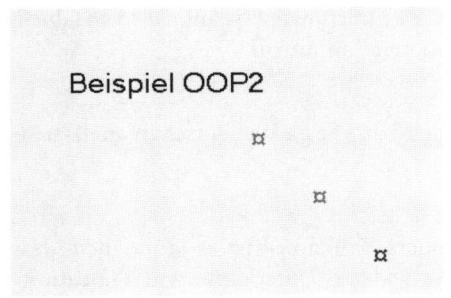

Beispiel OOP2

Bild 5.4 Darstellung
von **TPoint**-Objekten
mit der Show-Methode

Die restlichen Methoden von **TPoint** sind weitgehend analog. Punkte werden unsichtbar gemacht (**Hide**), indem der Zeichenvorgang mit der Farbe des Hintergrunds wiederholt wird. Punkte werden kopiert, indem die die X- und Y-Datenfelder neu initialisiert werden:

```
procedure TPoint.Copy(NewX,NewY: integer);
  begin
    X:=NewX; Y:=NewY; Show
  end {TPoint.Copy};
```

Bei der Methode **Copy** ist zu beachten, dass das betrachtete Objekt nicht als Objekt kopiert wird; im Sinne des Objektes ist es eher eine Verschiebe-Operation. Da aber auf der Oberfläche das Abbild des Punktes an der ursprünglichen Position erhalten bleibt, ist der optische Effekt eine Verdopplung des Punktes. Die Methode **Move**, die ein echtes Verschieben erlaubt, wird weiter unten (OOP3 und OOP4) genauer diskutiert.

Zunächst sind noch einige Experimente zu Ober- und Unterklassen interessant. Hier gelten strenge Regeln für die Zuweisungskompatibilität. Erste Regel ist:

Eine Variable einer Oberklasse kann Objekte einer beliebigen Unterklasse aufnehmen.

Im Beispiel OOP2 wird das wie folgt demonstriert:

```
var Pos1: TLocation;
    P1: TPoint;
    ...
Pos1 := P1;
```

Diese Zuweisung ist zulässig und nach der Zuweisung enthält **Pos1** dieselbe Objektreferenz wie **P1**. Alle Botschaften an **P1** richten sich also an dasselbe Objekt wie Botschaften an **P1**.

Die umgekehrte Zuweisung ist nicht möglich. Ein Versuch der Zuweisung

```
P1 := Pos1;
```

liefert eine Fehlermeldung des Compilers. Das entspricht der zweiten Regel:

Eine Variable einer Unterklasse kann keine Objekte der Oberklassen aufnehmen.

Es gibt eine Ausnahme von dieser Regel: Durch eine explizite Typkonversion (Cast) kann eine solche Zuweisung ermöglicht werden; dieses Hilfsmittel ist aber mit Vorsicht zu verwenden.

Interessant ist, dass die beiden Variablen **Pos1** und **P1** nun, obwohl sie auf das selbe Objekt zeigen, dennoch verschiedene „Sichten" repräsentieren. Ein Aufruf

```
P1.Hide;
```

ist problemlos möglich und macht den Punkt unsichtbar. Die gleiche Botschaft an dasselbe Objekt mit

```
Pos1.Hide;
```

jedoch führt zu einer Fehlermeldung des Compilers. Prinzipiell ist es ja möglich, dass dieser Variablen auch andere Objekte (z. B. einer anderen Unterklasse von **TLocation**) zugewiesen sein könnten, die die Operation **Hide** nicht unterstützen!

Beispiel: **Beispielablauf OOP3**

Da nun die wichtigsten Sprachelemente eingeführt sind, können wir beginnen, anspruchsvollere grafische Operationen zu realisieren. Im Beispielablauf OOP3 des Projekts OOP_DEMO1 wird eine echte Verschiebe-Operation für Punkte demonstriert. Dazu dient die bereits oben erwähnte Methode **Move**:

```
procedure TPoint.Move(NewX,NewY: integer);
   begin
      Hide; X:=NewX; Y:=NewY; Show
   end {TPoint.Move};
```

Move funktioniert genau wie die Methode **Copy**, entfernt aber das originale Abbild des Punktes. Spätestens an dieser Stelle wird ein praktisches Experiment mit dem Delphi-Projekt dringend empfohlen!

Beispiel: **Beispielablauf OOP4**

Als Beispiel eines weniger trivialen grafischen Elements sollen nun Rechtecke eingeführt werden. Ein Rechteck kann als eine Unterklasse **TRectangle** von **TPoint** aufgefasst werden, bei dem die aus **TPoint** geerbten Koordinaten die Position der linken oberen (NW-)Ecke angeben und die ererbte Farbe die Füllfarbe des Rechtecks. Neu hinzugefügt werden Datenfelder für die Breite und die Höhe des Rechtecks.

```
TRectangle = class(TPoint)
            B, H: integer;
            procedure Init(XInit,YInit,BInit,HInit:integer;
                           Color:TColor);
            procedure Show;
            procedure Hide;
            procedure ExtendTo(P: TPoint);
         end {TRectangle};
```

Die Initialisierung eines Rechtecks erfolgt genau analog zu der Initialisierungsmethode von **TPoint**. Die **Show**- und **Hide**-Methoden müssen selbstverständlich für Rechtecke anders aussehen und stellen einfache Übungen in Grafikprogrammierung dar.

```
procedure TRectangle.Show;
   var R: TRect;
   begin
      with Form1.Canvas do
      begin
         R := Rect(X,Y,X+B,Y+H);
         Brush.Color := PColor;
         FillRect(R);
```

```
      end;
  end {TRectangle.Show};
```

Anmerkung: Der Typ **Rect** und die Prozeduren **Rect** und **FillRect** sind Standard-Bestandteile der Grafikprimitive von Object Pascal. Die hier eingeführten geometrischen Objekte bieten jedoch ein wesentlich höheres Abstraktionsniveau als die Grafikprimitive, eben durch das Prinzip der Datenkapselung. So enthält ein Rechteck-Objekt alle für seine Darstellung wesentlichen Informationen in sich (Farbe, Position, Breite Höhe) und kann leicht in nur einem dieser Aspekte verändert (also z. B. an eine andere Position verschoben) werden, wie man im Folgenden sehen wird.

Interessant aufgrund ihrer Einfachheit ist noch die Methode **ExtendTo**, die ein gegebenes Rechteck so verändert, dass ein gegebener Punkt zur rechten unteren Ecke des Rechtecks wird. Hier müssen die neue Breite und Höhe aus den Koordinaten des gegebenen Punktes und den eigenen Koordinaten errechnet werden.

```
  procedure TRectangle.ExtendTo(P: TPoint);
    begin
      B := P.getX-X;
      H := P.getY-Y;
    end {TRectangle.ExtendTo};
```

In diesem Stile lassen sich komplexe Klassenhierarchien für grafische Objekte aufbauen. Bild 5.5 zeigt die bisher erreichte Klassenstruktur in einer grafischen Übersicht. Dieses Diagramm verwendet die internationale Standardnotation für die Darstellung objektorientierter Softwarestrukturen, die Unified Modeling Language (UML). Für Details zur UML siehe z. B. [11]; hier nur eine Kurzerläuterung: Jeder Kasten enspricht einer Klasse, die Vererbungsstruktur wird durch Pfeile mit „hohler" Spitze dargestellt. Innerhalb des Kastens gibt es drei Unterbereiche: Zuerst wird der Name der Klasse angegeben, dann die Datenfelder, dann die Methoden.

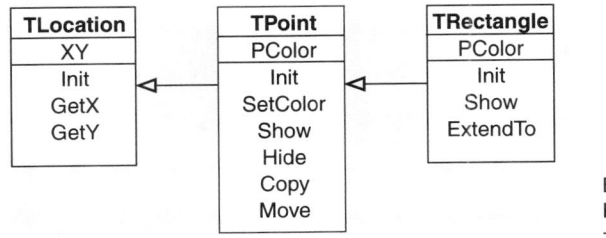

Bild 5.5
Klassenstruktur
zu OOP_DEMO1

5.2.2   Polymorphie und dynamische Bindung

Unter Polymorphie (Vielgestaltigkeit) versteht man die Tatsache, dass die gleiche Botschaft an Objekte unterschiedlicher Klassen auch unterschiedliche Wirkungen haben kann. Im obigen Beispielprojekt wurden etwa die Botschaften Show und Hide definiert, die je nach Zielobjekt sehr verschiedene Aktionen auslösen. Polymorphie ist ein spezielles Konzept der Objektorientierung, das mit einem neuen Typ von Unterprogrammen arbeitet, **virtuellen** (oder **dynamischen**) **Methoden** im Gegensatz zu den bisher betrachteten **statischen**

Methoden. Der Unterschied zwischen statischen und virtuellen Methoden besteht in der technischen Realisierung des Bindens, also in der Art und Weise des Ersetzens eines Methodenbezeichners durch einen Prozeduraufruf.

Statische Methoden

Eine **statische Methode** wird anhand der deklarierten Klasse eines Objektes zur Compilationszeit ausgewählt. Man spricht deshalb auch von **früher Bindung**. Ohne dass dies explizit angegeben wurde, enthielten alle bisher deklarierten Klassen statische Methoden. Am Beispielablauf OOP4 des Projekts OOP_DEMO1 kann man jedoch bereits ein typisches Problem erkennen, das sich aus der Nutzung statischer Methoden ergibt und die nur durch die Anwendung **virtueller Methoden** (im Projekt OOP_DEMO2) und der damit verbundenen **späten Bindung** bequem überwunden werden können.

Beispiel: **Beispielablauf OOP4 (Nachtrag)**

Leser, die das Projekt OOP_DEMO1 an dieser Stelle bereits selbst erprobt haben, werden gesehen haben, dass ein letzter Schritt des Beispielablaufs OOP4 bisher nicht erläutert wurde. Dort wird versucht, ein Rechteck zu verschieben, und zwar mit der Methode **Move**. Das sollte bei Betrachtung der Klassenstruktur (siehe Bild 5.5) möglich sein, da die Klasse **TRectangle** die Methode **Move** von **TPoint** erbt. Deshalb ist es zulässig, die Botschaft **Move** an Rechtecke zu senden.

Im letzten Schritt des Ablaufs besteht zunächst ein blaues Rechteck (Objekt R1) mit den Koordinaten (200, 100), Breite 200 und Höhe 100, das in der linken Hälfte von Bild 5.6 zu sehen ist (zusammen mit einem grünen Punkt an der rechten unteren Ecke des Rechtecks, also an (400, 200)). Nun wird die folgende Anweisung ausgeführt:

```
R1.Move(300,200);
```

Das Ergebnis ist in der rechten Hälfte der Bild 5.6 zu sehen. Der Effekt ist durchaus unerwartet und jedenfalls sehr verschieden vom Verschieben des blauen Rechtecks an eine neue Position.

 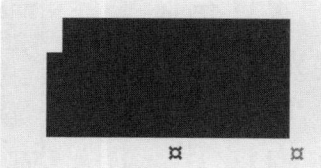

Bild 5.6   Misslungenes Verschieben eines Rechtecks bei statischer Bindung

Der beobachtete Effekt lässt sich erklären, wenn man den Quelltext der Methode Move zu Rate zieht:

```
procedure TPoint.Move(NewX,NewY: integer);
   begin
      Hide; X:=NewX; Y:=NewY; Show
   end {TPoint.Move};
```

Move wird zwar auf einem **TRectangle**-Objekt aufgerufen, ist aber in der Oberklasse **TPoint** deklariert. Die interessante Frage ist nun, welche Bedeutung genau die Aufrufe der Methoden **Hide** und **Show** in der **Move**-Methode haben.

Bei statischen Methoden kann zwar der gleiche Methodenname (sogar mit gleichen formalen Parametern) für verschiedene Klassen verwendet werden, die Auflösung, welcher Programmcode tatsächlich aufgerufen wird, geschieht jedoch statisch (wie der Name sagt), das heißt zur Übersetzungszeit. Zum Zeitpunkt der Übersetzung der Klasse **TPoint** ist vollkommen eindeutig, dass sich die **Hide**- und **Show**-Aufrufe auf die ebenfalls in dieser Klasse deklarierten Methoden beziehen, also auf **TPoint.Hide** und **TPoint.Show**. Beim Versuch, das Rechteck zu bewegen, wurden die **Hide**- und **Show**-Methoden für Punkte auf das Rechteck angewendet. Das ist deutlich in Bild 5.5 zu sehen: Das Ausblenden eines Punktes (realisiert durch Schreiben eines Textzeichens in Hintergrundfarbe) hinterlässt den Ausschnitt in der linken oberen Ecke des Rechtecks, das Einblenden des Rechtecks an der Zielstelle erzeugt den blauen Punkt unterhalb des Rechtecks. Bild 5.7 veranschaulicht das Zugriffsschema nochmals.

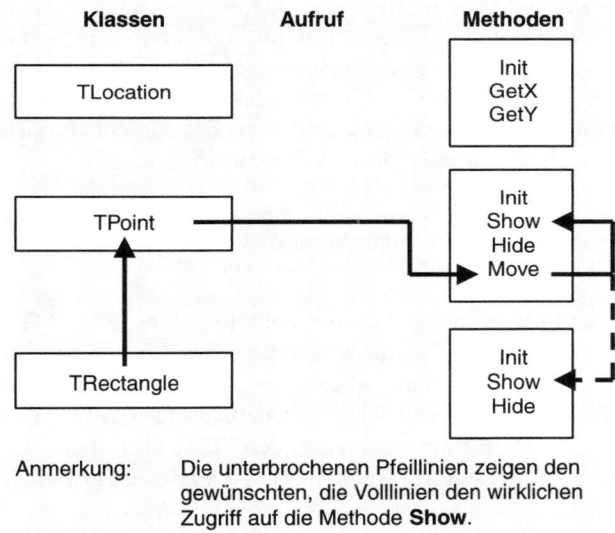

Bild 5.7 Zugriff auf die Methode **Move**

Das Beispiel zeigt deutlich, dass eine statische Festlegung der aufgerufenen Methode für objektorientierte Programmierung nicht angemessen ist.

Virtuelle Methoden

Der Unterschied zwischen **statischen** und **virtuellen** Methoden besteht in den folgenden beiden wesentlichen Fakten:

1. Eine **statische** Methode wird anhand der deklarierten Klasse eines Objekts bereits zur **Übersetzungszeit** des Projekts ausgewählt und gebunden (**frühe Bindung**).
2. Eine **virtuelle** Methode wird anhand der aktuellen Klasse eines Objekts erst zur **Laufzeit** des Projekts ausgewählt und gebunden (**späte Bindung**).

In Object Pascal gibt es virtuelle und statische Methoden, deshalb sind spezielle Schlüsselwörter nötig, um virtuelle Methoden zu kennzeichnen. Andere objektorientierte Programmiersprachen, wie z. B. Java oder Smalltalk, kennen ausschließlich virtuelle Methoden. In

Object Pascal sind virtuelle Methoden dadurch gekennzeichnet, dass in der Deklaration der Klasse nach dem Prozedur- bzw. Funktionskopf das Schlüsselwort *virtual* bzw. *override*, gefolgt von einem Semikolon, steht.

Das Schlüsselwort *virtual* bei einer Methodendeklaration besagt, dass diese Methode nicht statisch gebunden wird, sondern dass Unterklassen speziellere Versionen dieser Methode festlegen können. Das Schlüsselwort *override* kommt zum Einsatz, wenn eine Unterklasse tatsächlich eine speziellere Version einer virtuellen Methode deklariert und damit, wie man sagt, die Methodendefinition *überschreibt*.

Ist eine Methode einmal als virtuell deklariert, so müssen alle abgeleiteten Klassen folgende Bedingungen erfüllen:

- Soll eine virtuelle Methode überschrieben werden, so muss das mit Angabe der Standarddirektive *override* erfolgen. In diesem Fall muss die Parameterliste völlig, also auch bezüglich der Bezeichnungen der formalen Parameter, identisch sein.
- Wird eine virtuelle Methode wieder mit *virtual* deklariert, so wird eine *neue* virtuelle Methode erzeugt, die mit der vorherigen in keinem Zusammenhang steht. In diesem Fall muss deshalb auch die Parameterliste nicht identisch sein.

Hinweis: Object Pascal kennt auch das Schlüsselwort *dynamic* zur Kennzeichnung dynamischer Methoden. Der Effekt von *dynamic* ist im Wesentlichen identisch zu *virtual*, weshalb wir uns hier auf eine der beiden Möglichkeiten konzentrieren.

Die Realisierung dieser Prinzipien der Polymorphie erfolgt über eine **VMT** (Virtual Method Table, virtuelle Methodentabelle), die bei der Erzeugung der Objekte für jede Klasse einmal angelegt wird. Die VMT enthält neben weiteren Angaben die Adresse der durch *virtual* bzw. *override* deklarierten virtuellen Methoden. Jeder Zugriff auf diese Methoden erfolgt über den in jedem Objekt der entsprechenden Klasse als Datenfeld gespeicherten **VMT-Pointer** (Zeiger), der diese Adresse enthält. Bild 5.8 zeigt das grundlegende Prinzip der Realisierung.

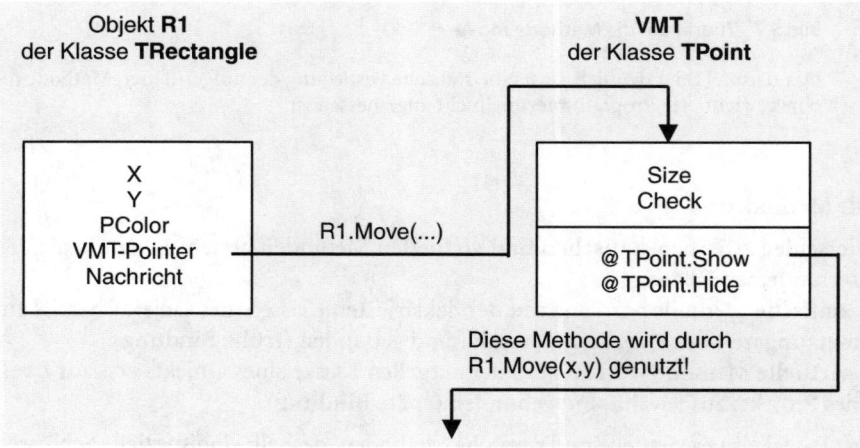

Bild 5.8   Zugriffsmechanismus über die VMT

5.2.3   Projekt OOP_DEMO2

Das Beispielprojekt OOP_DEMO2 ist in seiner Grundstruktur eine Kopie von OOP_DEMO1. Allerdings wurden die Klassen **TPoint** und **TRectangle** nun so verändert, dass Show und Hide in der Klasse **TPoint** jetzt mit *virtual* als virtuelle Methoden deklariert sind und damit die späte Bindung realisieren. Deshalb müssen diese Methoden in der von **TPoint** abgeleiteten Klasse **TRectangle** als *override* deklariert werden, damit sie dort überschrieben werden. Dadurch wird es möglich, dass die in **TPoint** deklarierte Methode Move die richtigen Methoden **Show** und **Hide** findet, wenn sie von einem Objekt der Klasse **TRectangle** aufgerufen wird.

Die tatsächlichen Änderungen am kopierten Quellcode sind minimal und bestehen nur in der Einfügung von vier Schlüsselwörtern. Die neuen Deklarationen der Klassen **TPoint** und **TRectangle** lauten nun wie folgt:

```
Beispiel:    TPoint=      class(TLocation)
                             PColor: TColor;
                             procedure Init(XInit,YInit:integer;
                                             Color: TColor);
                             procedure SetColor(Color: TColor);
                             procedure Show; virtual;
                             procedure Hide; virtual;
                             procedure Copy(NewX,NewY: integer);
                             procedure Move(NewX,NewY: integer);
                           end {TPoint};


             TRectangle= class(TPoint)
                             B, H: integer;
                             procedure Init(XInit,YInit,BInit,HInit:integer;
                                             Color:TColor);
                             procedure Show; override;
                             procedure Hide; override;
                             procedure ExtendTo(P: TPoint);
                           end {TRectangle};
```

Nicht alle Methoden müssen als virtuell deklariert werden. Die Methode **SetColor** in der Klasse **TPoint** ist ein Beispiel für sinnvolle statische Bindung. Der Inhalt dieser Methode soll auch in Unterklassen unverändert bleiben. Generell ist es empfehlenswert, das Überdefinieren von Methoden mit Vorsicht zu handhaben und Methoden nur überzudefinieren, wenn es sich tatsächlich um eine in einem gewissen Sinne identische Semantik handelt. Bei **Show** und **Hide** ist eine einheitliche Semantik gegeben (Anzeigen und Ausblenden der Objekte), deshalb ist eine Überdefinition hier angebracht.

Das Projekt OOP_DEMO2 zeigt zusätzlich einige weitere Programmiertechniken, mit denen die Grundlagen für das Programmieren interaktiver Grafik-Editoren (wie z. B. CAD-Systemen) verständlich werden.

Zunächst wird eine weitere Klasse **TCircle** eingeführt, in Analogie zu den Rechtecken. Damit hat die Klasse **TPoint** nun zwei Unterklassen. Das Programm enthält neben den bekannten Abläufen OOP1 bis OOP4 einen neuen Beispielablauf OOP5, der die Verwendung dieser Klasse demonstriert.

Beispiel:
```
TCircle= class(TPoint)
         R: integer;
         procedure Init(XInit,YInit,RInit:integer;
                        Color:TColor);
         procedure Show; override;
         procedure Hide; override;
       end {TCircle};
```

Zum Abschluss dieser Beispielreihe werden noch die Grundprinzipien demonstriert, wie Benutzerinteraktion in objektorientiert strukturierte grafische Anwendungen eingebunden werden kann. Auch diese Funktionalität ist im Beispielablauf OOP5 des Projekts OOP_DEMO2 realisiert.

Die Aufgabenstellung ist es hier, die grafischen Objekte auf vom Benutzer mit der Maus ausgelöste Ereignisse reagieren zu lassen, z. B. durch eine Farbänderung oder Bewegung. In Object Pascal gibt es vordefinierte Ereignisbehandlungsprozeduren für Mausereignisse. Beim Drücken der Maustaste auf einem Formular Form1 wird die Prozedur **Form1.FormMouseDown** aufgerufen und unter anderem die aktuellen Koordinaten des Mauszeigers übergeben. Analog wird beim Loslassen der Maustaste **Form1.FormMouseUp** aufgerufen.

Wie kann nun die globale Ereignisbehandlung des Formulars mit den individuellen Grafikobjekten verbunden werden? Eine elegante Technik hierzu ist, in den Grafikobjekten selbst wieder Ereignisbehandlungsprozeduren vorzusehen. Zu diesem Zweck kann man die Klasse **TLocation** als Oberklasse aller unserer Grafikobjekte um zwei zusätzliche Methoden erweitern, die virtuell deklariert sind, damit jede Unterklasse individuell auf die Ereignisse reagieren kann.

Beispiel:
```
TLocation= class
           X,Y: integer;
           procedure Init(XInit,YInit: integer);
           function GetX: integer;
           function GetY: integer;
           procedure MouseDown(XM,YM:integer); virtual;
           procedure MouseUp(XM,YM:integer); virtual;
         end {TLocation};
```

Andererseits soll nicht jede Unterklasse gezwungen werden, die neuen Methoden zu implementieren, deshalb wird in **TLocation** eine triviale Standardbehandlung für die Methoden vorgesehen. Objekte der Klassen, die die neuen Methoden nicht überschreiben, reagieren dann nicht auf Mausereignisse.

Beispiel:
```
procedure TLocation.MouseDown(XM,YM:integer);
  begin
  end {TLocation.MouseDown};

procedure TLocation.MouseUp(XM,YM:integer);
  begin
  end {TLocation.MouseUp};
```

Um die Ereignisbehandlung tatsächlich auszulösen, muss eine zentrale Verwaltungsinstanz geschaffen werden, die alle an Ereignissen interessierten Objekte kennt. Im Allgemeinen wird man hierfür wieder spezielle Verwaltungsklassen schreiben; für unser Beispiel soll zunächst eine einfache globale Liste von Objekten genügen. In einem Feld werden die Referenzen auf diejenigen Objekte gehalten, die bei Ereignissen benachrichtigt werden wollen. Diese Objekte müssen vom Typ **TLocation** oder einer Unterklasse davon sein, denn nur solche Objekte sehen die Ereignisbehandlung vor. Ein interessiertes Objekt muss explizit bei dieser Liste registriert werden.

Beispiel:
```
const MaxObj = 10;

var
    ObjectRegister : array [1..MaxObj] of TLocation;
    NumRegObjects : integer = 0;

procedure RegisterObject (o: TLocation);
begin
    NumRegObjects:=NumRegObjects+1;
    ObjectRegister[NumRegObjects]:=o;
end {RegisterObject};
```

Die Ereignisbehandlung des Formulars besteht nun einfach darin, alle interessierten Objekte „anzurufen" und ihnen die Nachricht zuzustellen, dass ein Mausereignis eingetreten ist.

Beispiel:
```
procedure TForm1.FormMouseDown
    (Sender: TObject; Button: TMouseButton;
     Shift: TShiftState; X, Y: Integer);
var i:integer;
begin
    for i:=1 to NumregObjects do
        ObjectRegister[i].MouseDown(X,Y);
end {FormMouseDown};

procedure TForm1.FormMouseUp
    (Sender: TObject; Button: TMouseButton;
     Shift: TShiftState; X, Y: Integer);
var i:integer;
begin
    for i:=1 to NumregObjects do
        ObjectRegister[i].MouseUp(X,Y);
end {FormMouseUp};
```

Das hier verwendete Prinzip der Benachrichtigung interessierter Objekte ist von sehr allgemeiner Gültigkeit und kann an verschiedensten Stellen in der objektorientierten Programmierung benutzt werden, wo man an flexiblen, leicht anpassbaren Lösungen interessiert ist. Man spricht hier von einem **Entwurfsmuster**, das unter dem Namen **Observer** (Beobachter) bekannt ist. In [12] findet sich ein umfangreicher Katalog solcher Entwurfsmuster (leider mit Beispielen in der Sprache C++), der eine gute Inspirationsquelle für den Entwurf interaktiver Programme darstellt.

Die konkrete Reaktion einzelner Klassen von Grafikobjekten auf Mausereignisse kann nun individuell festgelegt werden. Im Folgenden modifizieren wir die Klasse **TCircle** so, dass ein registriertes Kreisobjekt beim Anklicken sein Farbe zu schwarz verändert und anschließend mit der Maus an eine beliebige Stelle versetzt werden kann. Dazu wird bei **MouseDown** bestimmt, ob sich das Ereignis auf das aktuelle Objekt bezieht (also innerhalb des Objekts stattfand) und bei **MouseDown** wird das Objekt mit Move an die aktuellen Mauskoordinaten verschoben.

Beispiel:

```
TCircle= class(TPoint)
        ...
        procedure MouseDown(XM,YM:integer); override;
        procedure MouseUp(XM,YM:integer); override;
        end {TCircle};


procedure TCircle.MouseDown(XM,YM:integer);
    begin
        if (X-R<=XM) and (XM<=X+R) and (Y-R<=YM) and (YM<=Y+R) then
            SetColor(clBlack);
    Show;
end {TCircle.MouseDown};


procedure TCircle.MouseUp(XM,YM:integer);
    begin
        if PColor = clBlack then
            Move(XM,YM);
    end {TCircle.MouseUp};
```

Selbstverständlich lässt das hier beschriebene Programm eine Reihe von Fragen offen; dennoch sind die wichtigsten Grundprinzipien interaktiver Grafikprogrammierung im Beispiel enthalten. Ergänzende Programmieraufgaben und ein komplexeres Beispiel ähnlicher Bauart sind in den anschließenden Übungen beschrieben.

5.2.4   Übungen

5.3   Ü-Projekt OOP_DEMO2_ERWEITERT

Ergänzen Sie das obige Projekt OOP_DEMO2 um folgende Funktionalitäten:
- Echte Selektion: Ein Grafikobjekt soll seine Farbe nur dann zu schwarz ändern, wenn die Maustaste gedrückt ist; beim Loslassen der Maustaste soll die ursprüngliche Farbe des Objekts wieder erscheinen und das Objekt wieder ortsfest sein.
- Mausgesteuertes Vergrößern und Verkleinern: Bei einem Mausklick in der Nähe des Rands eines Grafikobjekts soll nicht das Objekt verschoben werden, sondern seine Größe mit der Maus eingestellt werden können.

5.4   Ü-Projekt OOP_DEMO3

Mit diesem Projekt sollen geometrische Figuren erzeugt und bewegt werden. Folgende geometrischen Formen sind dabei zu realisieren: Kreis, Kreisring, gelochter Kreisring, quadratischer Rahmen. Bild 5.9 zu dieser Übung zeigt die erwünschten Formen, Bild 5.10 eine mögliche Klassenhierarchie.

Über eine menügesteuerte Anwendung soll es möglich sein, die drei Figuren einzublenden bzw. auszublenden und sie entweder längs eines programmgesteuerten Pfades automatisch oder manuell durch Klicken und Ziehen mit der Maus zu bewegen. Bild 5.11 zeigt eine mögliche Oberfläche hierzu.

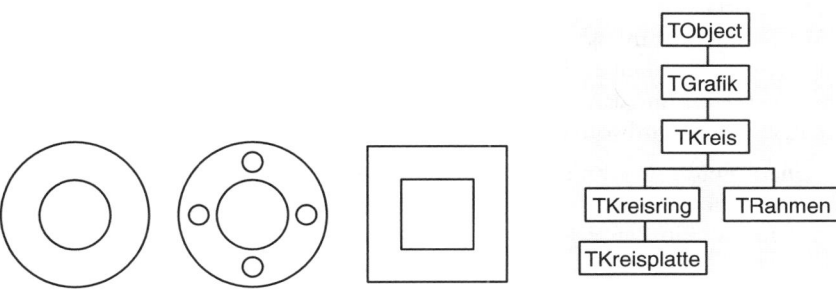

Bild 5.9 Geometrische Formen   Bild 5.10 Klassenhierarchie

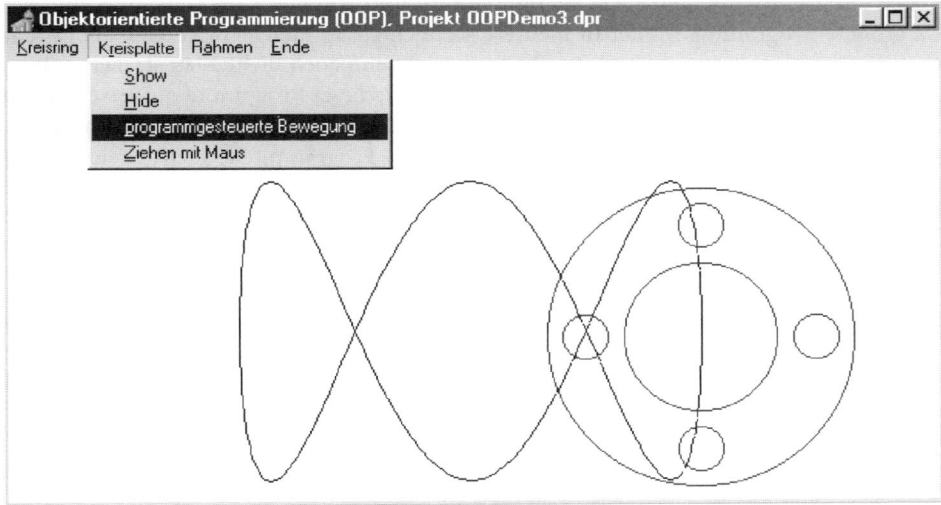

Bild 5.11 Oberfläche des Projekts OOP_DEMO3

5.3 Fortgeschrittene Konzepte der Objektorientierung

5.3.1 Zugriffsrechte

Klassen bestehen aus Datenfeldern, Eigenschaften und Methoden. Bestimmte Aussagen können in gleicher Weise über alle diese verschiedenen Bestandteile getroffen werden, zum Beispiel Aussagen darüber, welche anderen Objekte auf diese Bestandteile zugreifen dürfen. In der Literatur hat sich in diesem Zusammenhang der Begriff **Klassenkomponente** (als Oberbegriff von Datenfeld, Eigenschaft und Methode) eingebürgert. Dieser Begriff ist etwas unglücklich gewählt, da der Begriff **Komponente** eine sehr spezielle und ganz andere Bedeutung trägt, siehe Abschnitt 5.4.

Wie der Syntax für die Deklaration einer Klasse, Bild 5.2, zu entnehmen ist, können Klassenkomponenten (Datenfelder, Eigenschaften, Methoden) mit den Attributen *public*, *private*, *protected* oder *published* versehen sein. Diese Attribute definieren die **Sichtbarkeit** der betreffenden Klassenkomponente, das heißt die Zugriffsrechte für andere Objekte.

Jedes dieser Sichtbarkeitsattribute gilt bis zur nächsten solchen Angabe oder bis zum Ende der Klassendefinition und umfasst so einen Abschnitt innerhalb der Klassendefinition, der mehrere Klassenkomponenten enthalten kann. In jedem Sichtbarkeitsabschnitt müssen zunächst die Datenfelder und danach die Eigenschaften und Methoden angegeben werden. Eine andere Reihenfolge wird vom Compiler nicht akzeptiert.

Auf alle in einem **public**-Abschnitt deklarierten Klassenkomponenten kann ohne Einschränkung zugegriffen werden. Ist keine Sichtbarkeitsangabe vorhanden, so gelten die **public**-Zugriffsrechte. Ein Beispiel dafür ist die Deklaration der Klasse **TForm1** in der Quelltext-Formulardatei *unit1.pas*, die von Delphi automatisch erzeugt wird.

In einem **private**-Abschnitt deklarierte Klassenkomponenten können nur innerhalb **derselben Unit** genutzt werden, in der sie deklariert wurden. Außerhalb der Unit, in der die Klasse deklariert wird, sind sie jedoch unbekannt und können nicht verwendet werden. Da größere Programme immer in mehrere sachlich zusammengehörige Units aufgeteilt sind, ergibt sich mit dieser Regelung ein gewisser (wenn auch nicht allzu starker) Schutz dagegen, dass andere Programmteile bzw. die Autoren dieser Programmteile versehentlich oder missbräuchlich an den Daten der aktuellen Unit Verfälschungen vornehmen. Da auch lesender Zugriff nicht erlaubt ist, werden andere Programmteile gezwungen, offiziell freigegebene Schnittstellen zu benutzen, anstelle direkt auf Interna der Unit zuzugreifen. Damit kann die Stabilität des Programmsystems gegen Änderungen deutlich erhöht werden.

Nach der Deklaration der Klasse **Klasse1** in der folgenden Unit **Zugriffsrechte** können die Methode **UP1** und das Datenfeld **V1** nur innerhalb der Unit **Zugriffsrechte** verwendet werden. Spricht man diese in einem Projekt an, das diese Unit benutzt, gibt der Compiler die Fehlermeldung „Feldbezeichner erwartet" aus. Dagegen können **UP2** und **V2** sowohl in der Unit Zugriffsrechte als auch in jedem diese benutzenden Projekt verwendet werden.

Beispiel:
```
unit Zugriffsrechte;
interface
type Klasse1 = class
                      private
                         V1: byte;
                         procedure UP1;
                      public
                         V2: byte;
                         procedure UP2;
                      end;
          :
     implementation
          :
     procedure Zugriffstest;
        var Objekt: Klasse1;
     begin
        Objekt.V1 := 123;
          :
     end {Zugriffsrechte}.
```

Klassenkomponenten in einem **protected**-Abschnitt können wie Klassenkomponenten aus einem **private**-Abschnitt innerhalb der Unit beliebig verwendet werden. Im Gegensatz zu *private*-Klassenkomponenten sind sie aber auch außerhalb der Unit noch in jedem **Nachfolger** der Klasse bekannt. Damit sind Klassenkomponenten aus einem *protected*-Abschnitt nur vor einem Benutzer der Klasse verborgen. Sie können jedoch von einem Entwickler verwendet werden, der einen Nachfolger der Klasse definiert.

Ändert man im obigen Beispiel das Zugriffsrecht von *private* auf *protected*, können **UP1** und **V1** sowohl in der Unit Zugriffsrechte als auch in jedem Nachfolger von **Klasse1** angesprochen werden, unabhängig davon, in welcher Unit dieser Nachfolger definiert wird. Außerhalb eines Nachfolgers ist in einer anderen Unit kein Zugriff auf *protected*-Klassenkomponenten möglich.

Für Klassenkomponenten in einem *published*-Abschnitt gelten dieselben Sichtbarkeitsregeln wie für *public*-Klassenkomponenten. Der einzige Unterschied zwischen beiden ist der, dass für *published*-Klassenkomponenten Laufzeitinformationen angelegt werden, die der komponentenbasierten Programmentwicklung dienen. Diese Informationen verwendet nämlich der **Objektinspektor**, um die Eigenschaften von selbstdefinierten Delphi-Komponenten, die in die Komponentenpalette übernommen wurden, während der Entwurfszeit anzuzeigen. *Published* definiert somit kein eigenes Zugriffsrecht. Stattdessen wird festgelegt, ob eine Eigenschaft einer definierten Delphi-Komponente im Objektinspektor angezeigt wird oder nicht. Man verwendet *published* deswegen vor allem im Kontext von selbstdefinierten Delphi-Komponenten (siehe auch Abschnitt 5.4). Als Datentypen für *published*-Klassenkomponenten können nur Klassentypen oder Eigenschaften verwendet werden.

5.3.2   Abstrakte Klassen und Methoden

Gelegentlich tritt bei der Konstruktion von Klassenhierarchien der Fall auf, dass eine Methode in einer Oberklasse deklariert wird, es aber nicht möglich ist, dort eine allgemeine Implementierung für die Methode vorzusehen. Das heißt, die Implementierung wird auf die Unterklassen verschoben. Die Oberklasse schreibt ihren Unterklassen nur vor, dass jede Unterklasse genau die deklarierte Methode implementieren muss; und dies wird vom Compiler auch erzwungen. Ein praktisches Beispiel für diesen Fall kann man in der Klasse **TLocation** sehen, wo man eventuell vorschreiben möchte, dass jede Unterklasse spezifische Ereignisbehandlungsmethoden für die Mausereignisse vorsieht, statt eine triviale Standardbehandlung vorzusehen.

Eine virtuelle Methode, die nur zu dem Zweck deklariert wird, die Implementierung in den Unterklassen zu erzwingen, heißt **abstrakte Methode**. Object Pascal kennt ein spezielles Schlüsselwort *abstract* für diesen Fall. (Derselbe Name und dasselbe Schlüsselwort werden übrigens in Java benutzt, während solche Methoden in C++ z. B. **pure virtual** genannt werden.) Ein einleuchtendes Beispiel für eine abstrakte Methode wird sich aus dem nächsten Projekt ergeben.

Klassen, die abstrakte Methoden enthalten, sind keine vollwertigen Klassen, da es nicht möglich ist, Instanzen von solchen Klassen zu erzeugen – es fehlt ja die Implementierung bestimmter Methoden. Man nennt solche Klassen **abstrakte Klassen** und viele Programmiersprachen kennzeichnen abstrakte Klassen durch ein spezielles Schlüsselwort. Dies ist in Object Pascal nicht nötig; die Deklaration von Methoden als abstrakt genügt.

5.3.3   Projekt BAUTEILE

Das folgende Projekt dient verschiedenen Zwecken gleichzeitig:
- Es soll gezeigt werden, dass Objektorientierung auch für Probleme weit abseits von grafischer Programmierung und von Benutzungsoberflächen ein leistungsstarkes Hilfsmittel darstellt.
- Das Konzept der abstrakten Methoden soll an einem Beispiel erläutert werden.
- Es soll ein Anwendungsbeispiel für Zugriffsrechte gegeben werden.
- Das Prinzip der klaren Trennung von Oberfläche und fachlichem Kern soll illustriert werden.

Zweck des zu entwickelnden Programms ist die Verwaltung von beliebigen Bauteilen und Baugruppen. Es gelten folgende Voraussetzungen:
- Jedes Bauteil hat eine Bauteilenummer und einen Preis
- Ein Bauteil kann ein (atomares) Element oder eine Baugruppe sein. Eine Baugruppe besteht wieder aus mehreren (beliebig vielen) Bauteilen.
- Für ein Element ist der Preis direkt festgelegt, für Baugruppen berechnet er sich aus der Summe der Preise der enthaltenen Bauteile.

Für die Implementierung des Projekts konzentrieren wir uns hier ausschließlich auf das fachlichen Modell und betrachten keine Fragen der Benutzungsoberfläche. Eine einfache Benutzungsoberfläche zum Projekt ist im Projekt BAUTEILE enthalten, sodass ein praktisches Experimentieren mit der Implementierung möglich ist. Im Projekt BAUTEILE findet sich auch eine eigene Unit namens **Bauteile_Liste**, die Verwaltung von Bauteile-Objekten nach Bauteilnummern übernimmt. Diese Unit verwendet übrigens *keine* Konzepte der Objektorientierung (sondern verkettete Listen), um die Mischung verschiedener Programmierstile je nach Anwendungsgebiet zu illustrieren, die in Object Pascal möglich ist.

Im Folgenden wird systematisch eine Klassenstruktur aus der gegebenen Aufgabenstellung abgeleitet, die letztlich eine eigenständige Unit definiert, die den fachlichen Kern der Aufgabenverwaltung bezeichnet. Prinzipiell ist es möglich, eine beliebige Art von Benutzungsoberfläche über dieses so genannte „Modell" der fachlichen Aufgabe zu legen.

Die Klassenstruktur entspricht der Begriffsstruktur der Aufgabenstellung. Kernbegriff ist „Bauteil". Wir entnehmen der Aufgabenstellung, dass jedes Bauteil eine Bauteilnummer hat und einen Preis. Der Preis allerdings ist nicht fest für ein Bauteil gegeben, sondern wird bei zusammengesetzten Bauteilen (Baugruppen) aus Einzelpreisen errechnet. Wir können also eine Klasse für Bauteile anlegen, mit der Bauteilnummer als Datenfeld und einer Methode, die den Preis errechnet. Dies sind die allgemeinsten Anforderungen an Bauteile. Die Methode **gibPreis**, die den Preis errechnet, wird in den Unterklassen implementiert und muss deshalb virtuell sein. Außerdem kann man keine sinnvolle Implementierung in der Oberklasse finden, sodass die Methode außerdem abstrakt ist. Das ergibt insgesamt die folgende Klassendeklaration:

```
type TBauteil = class
               public
                   bauteilNr: string;
                   function gibPreis: integer;virtual;abstract;
               end {TBauteil};
```

Bauteile zerfallen laut Aufgabenstellung in zwei Unterkategorien: atomare Bauelemente und zusammengesetzte Baugruppen. Jeder dieser beiden Begriffe führt zu einer Unterklasse von **TBauteil**. Elemente tragen keine weitere spezielle Information (jedenfalls in unserer stark vereinfachten Aufgabenstellung) als den individuellen Preis, der als Datenfeld gehalten werden kann. Natürlich muss es auch einen Weg zur Erzeugung von Elementen geben. Wir definieren deshalb einen benutzerdefinierten Konstruktor (in diesem Fall wählen wir also Möglichkeit 2 gemäß Abschnitt 5.1.3). Die Methode **gibPreis** der Oberklasse wird überschrieben (das ist notwendig, weil diese Methode abstrakt in der Oberklasse ist). Wegen der Existenz dieser öffentlichen Zugriffsmethode kann das Datenfeld für den Preis privat gehalten werden.

```
TElement = class(TBauteil)
       private
           preis: integer;
       public
           constructor Create(n: string; p: integer);
           function gibPreis: integer;override;
       end {TElement};
```

Schließlich muss es eine Klasse für zusammengesetzte Bauteile, die Baugruppen geben. Auch hier gibt es eine private Information, nämlich die Liste der enthaltenen Bauteile. Wie in der Aufgabenstellung angegeben, kann es sich hier um eine beliebige Mischung aus atomaren Elementen und weiteren Baugruppen handeln. Das lässt sich aber sehr einfach dadurch erreichen, dass wir eine Liste (hier konkret ein Array) von Referenzen auf Objekte des Typs **TBauteil** anlegen. Es gibt zwar keine Instanzen der Klasse **TBauteil**, aber Instanzen der Unterklassen davon. Es ist noch zu klären, wie die Liste der enthaltenen Bauteile gefüllt wird. Das kann entweder im Konstruktor geschehen oder über eine separate Methode. Im Folgenden wird eine eigene Methode **bauteilHinzu** vorgesehen, da dies die flexiblere Lösung ist. Neben der obligatorischen Implementierung von **gibPreis** wäre es für Baugruppen auch sinnvoll, die Anzahl der enthaltenen Unterbauteile zu erfahren, also geben wir auch hierfür eine Methode an (**gibAnzahl**).

```
TBaugruppe = class(TBauteil)
               private
                   bauteile: array of TBauteil;
               public
                   constructor Create(n: string);
                   procedure bauteilHinzu (b: TBauteil);
                   function gibPreis:integer;override;
                   function gibAnzahl: integer;
               end {TBauteil};
```

Die soeben durchgeführte Analyse des Problembereichs zeigte eine Struktur, die sich in der Praxis sehr oft bei hierarchisch strukturierten Gegenständen zeigt. Auch hier gibt es eine allgemeine Beschreibung der Idee als so genanntes **Entwurfsmuster**. Im Katalog von [12] heißt das hier verwendete Muster **Composite** (Komposit).

Sobald die Grundstruktur der Klassen festliegt, gestaltet sich das Ausprogrammieren der Implementierung erfreulich übersichtlich. Hier sind die Implementierungen obiger Methoden durchweg wohl selbsterklärend. Zu beachten ist, dass die Methoden **gibPreis** und **gibAnzahl** konsequent Gebrauch von der Möglichkeit rekursiver Methodenaufrufe in Object Pascal machen (und dass dies die eleganteste Lösung für die Aufgabe ist). Bei der Implementierung von **gibAnzahl** gibt es im Prinzip zwei mögliche Lösungen (und die Aufgabenstellung hat nicht festgelegt, welche zu realisieren ist). Die Anzahl kann entweder die Anzahl direkt enthaltener Bauteile oder die rekursiv ermittelte Anzahl direkt oder indirekt enthaltener Elemente bedeuten. Für die Lösung wurde die zweite Alternative gewählt.

Beispiel:

```
constructor TElement.Create(n: string; p: integer);
begin
    bauteilNr := n;
    preis := p;
end {TElement.Create};

function TElement.gibPreis: integer;
begin
    gibPreis := preis;
end {TElement.gibPreis};

constructor TBaugruppe.Create(n: string);
begin
    bauteilNr := n;
end {TBaugruppe.Create};

procedure TBaugruppe.bauteilHinzu(b: TBauteil);
begin
    SetLength(bauteile,Length(bauteile)+1);
    bauteile[High(bauteile)] := b;
end {TBaugruppe.bauteilHinzu};

function TBaugruppe.gibPreis: integer;
var i,p: integer;
begin
    p := 0;
    for i:=0 to High(bauteile) do
        p := p + bauteile[i].gibPreis;
        gibPreis := p;
end {TBaugruppe.gibPreis};

function TBaugruppe.gibAnzahl: integer;
var i,a: integer;
begin
a := 0;
for i:=0 to High(bauteile) do
    if bauteile[i] is TBaugruppe then
        a := a + TBaugruppe(bauteile[i]).gibAnzahl
    else a := a+1;
    gibAnzahl := a;
end {TBaugruppe.gibAnzahl};
```

Zusammengenommen ergeben die obigen Deklarationen und Implementierungen eine vollständige, in sich geschlossene Realisierung des fachlichen Problems auf sehr hoher

Abstraktionsebene. Die Gestaltung der Benutzungsoberfläche ist, wie gesagt, völlig unabhängig vom Entwurf des fachlichen Kerns, was zur Änderungsfreundlichkeit der Software beiträgt.

5.3.4 Eigenschaften (Properties)

Das Konzept der **Eigenschaften** in Object Pascal hat mehrere verschiedene Anwendungen. Die häufigste Anwendung ist die Definition von öffentlichen (**published**) Eigenschaften für Delphi-Komponenten, die mit dem Objektinspektor eingestellt werden (siehe Abschnitt 5.4). Unabhängig davon sind Eigenschaften aber interessante „Zwitterwesen" zwischen Datenfeldern und Methoden, die bei richtigem Einsatz zur Änderungsfreundlichkeit und Lesbarkeit eines Programms gut beitragen können.

Einer Eigenschaft kann ein Wert zugewiesen und sie kann wie eine Variable in einem Ausdruck verwendet werden. Insofern ist eine Eigenschaft aus der Sicht nutzender Objekte völlig gleichwertig zu einem Datenfeld. Eine Eigenschaft realisiert aber eine ganz spezielle Form der Datenkapselung. Es bleibt nämlich der Klasse, die die Eigenschaft definiert, überlassen, ob wirklich nur ein Datenfeld für die Eigenschaft vorgesehen ist, oder ob die Realisierung über Methodenaufrufe erfolgt. Außerdem ermöglicht das Konzept der Eigenschaften eine feinere Beschränkung der Zugriffrechte durch die Deklaration von Lese- und Schreibrechten.

Die Syntax einer Eigenschaftsdeklaration ist wie folgt:

> **property** Eigenschaftsname : Eigenschaftstyp
>
> **read** Methode/Datenfeld1 **write** Methode/Datenfeld2

Wenn mit einer Eigenschaft
- ein **Datenfeld** zum Lesen (**read**) verbunden ist, wird der Wert dieses Datenfeldes ausgelesen, wenn die Eigenschaft in einem Ausdruck verwendet wird.
- eine **Methode** zum Lesen (**read**) verbunden ist, wird diese Methode aufgerufen, wenn die Eigenschaft in einem Ausdruck verwendet wird.
- ein **Datenfeld** zum Schreiben (**write**) verbunden ist, wird der an die Eigenschaft zugewiesene Wert diesem Datenfeld zugewiesen, wenn der Eigenschaft ein Wert zugewiesen wird.
- eine **Methode** zum Schreiben (**write**) verbunden ist, wird diese Methode aufgerufen, wenn der Eigenschaft ein Wert zugewiesen wird.

Die Angaben nach **read** oder **write** müssen Datenfelder oder Methoden aus derselben Klasse oder aus einem Vorgänger sein. Eine **Property** kann nicht als eigenständige Variable, sondern nur als Klassenkomponente definiert werden. Eine Eigenschaft muss mindestens eine **read**- oder **write**-Angabe enthalten. Wenn eine Eigenschaft nur eine **read**-Angabe enthält, kann diese nur gelesen werden, und wenn sie nur eine **write**-Angabe enthält, kann sie nur beschrieben werden.

Wird nach **read** oder **write** ein Datenfeld angegeben, muss dieses denselben Datentyp haben wie die Eigenschaft. Wird nach **read** eine Methode angegeben, muss das eine Funktion ohne Parameter sein, deren Funktionswert denselben Datentyp hat wie die Eigenschaft. Der Funktionswert dieser Funktion ist dann der Wert, den die Eigenschaft zuweist, wenn sie gelesen wird. Wird nach **write** eine Methode angegeben, muss das eine Prozedur mit einem einzigen Wert- oder Konstantenparameter sein, der denselben Datentyp hat wie die Eigenschaft. Bei einer Zuweisung an die Eigenschaft wird dann diese Prozedur mit dem Wert als aktuellem Parameter aufgerufen, der zugewiesen wird.

Beispiel:
```
type TKlasse = class
              private
                x: double;
                procedure SetWert(w: double);
              public
                property Wert: double read x write SetWert;
              end;
     :
procedure TKlasse.SetWert(w: double);
begin x := sqr(w); end;
```

In der Klasse **TKlasse** wird eine Eigenschaft Wert vom Typ *double* definiert. Durch die Angabe *read* x wird festgelegt, dass der Wert der Variablen x gelesen wird, durch die *write* **SetWert**, dass bei der Wertzuweisung an die Eigenschaft Wert die Prozedur SetWert aufgerufen wird.

Die definierte Klasse **TKlasse** kann wie folgt verwendet werden:

```
procedure TForm1.Button1Click(Sender: TObject);
    var Objekt: TKlasse;
        a:       double;
begin
    Objekt := TKlasse.Create;
    Objekt.Wert :=17; { führt zum Aufruf von SetWert (17) }
    a:= Objekt.Wert; { a:= 289 }
        :
end;
```

Die Methoden zum Lesen oder Schreiben einer Eigenschaft können virtuell sein. Damit kann die Verwendung einer Eigenschaft in einem Nachfolger mit anderen Operationen als im Vorgänger verbunden sein. Außerdem kann eine Eigenschaft mit einem Datenfeld durch eine Eigenschaft mit Lese- und Schreibmethoden überschrieben werden.

Eine als *published* gekennzeichnete Eigenschaft wird im **Objektinspektor** angezeigt, wenn die Komponente in die Komponentenpalette installiert wird. Allerdings können nur solche Eigenschaften als *published* gekennzeichnet werden, deren Datentyp ein ordinaler Datentyp, ein Gleitkommatyp (außer *real*), ein String, eine kleine Menge (mit einem Basistyp von weniger als 15 Elementen), ein Klassentyp oder ein Methodenzeiger ist.

5.3.5   Projekt KREISEIGENSCHAFTEN

Anhand eines Beispiels zur Berechnung von Kreisgrößen soll eine typische Anwendung von Eigenschaften gezeigt werden. Die Funktionalität ist nach dem Prinzip der Schichtenarchitektur in zwei Units gegliedert. Die Benutzungsoberfläche befindet sich in der Formular-Unit **Eigenschaften_U**. Die objektorientierten Klassen für Kreise (in der Softwarearchitektur auch als das „Modell" hinter der Oberfläche bezeichnet) in der Unit **Eigenschaften_KreisModell**.

Die Oberfläche soll das in Bild 5.12 gezeigte Design besitzen. Im Rahmen der Ereignisse **RadiusButtonClick**, **UmfangButtonClick** und **FlaecheButtonClick** werden die entsprechenden Texteigenschaften der Edit-Komponenten gelesen, konvertiert und als Eigenschaften des in der Unit Eigenschaften_KreisModell definierten Objekttyps **TKreis** gespeichert. Dazu ist es erforderlich, innerhalb des Ereignisses **FormCreate** eine Instanz von **TKreis** zu erzeugen. Die Prozedur **Auffrischen** überträgt die aktuellen Eigenschaften des Objekts an die Komponenten **RadiusEdit**, **UmfangEdit** und **FlaecheEdit**.

Der Zusammenhang zur Unit **Eigenschaften_KreisModell** wird durch Einfügen in die *uses*-Anweisung der Unit **Eigenschaften_U hergestellt**.

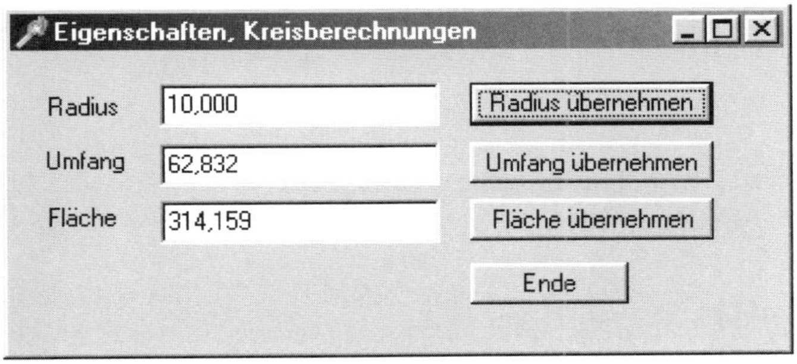

Bild 5.12 Oberfläche des Projekts KREISEIGENSCHAFTEN

Der Quelltext von **Eigenschaften_U.pas** hat folgendes Aussehen, wobei die Deklarationen der einzelnen Textfelder (**RadiusEdit**, **UmfangEdit**, **FlaecheEdit**) und der Knöpfe (**RadiusButton**, **UmfangButton**, **FlaecheButton**) hier weggelassen wurden.

```
unit Eigenschaften_U;
interface
uses ..., Eigenschaften_KreisModell;
...

implementation

var
    Kreis: TKreis;

procedure Auffrischen;
begin
    Form1.RadiusEdit.Text:=
            FloatToStrF(Kreis.Radius,ffFixed,6,2);
    Form1.UmfangEdit.Text:=
            FloatToStrF(Kreis.Umfang,ffFixed,6,2);
    Form1.FlaecheEdit.Text:=
            FloatToStrF(Kreis.Flaeche,ffFixed,6,2);
end;
```

```
procedure TForm1.RadiusButtonClick(Sender: TObject);
begin Kreis.Radius:=StrToFloat(RadiusEdit.Text);
   Auffrischen;
end;

procedure TForm1.UmfangButtonClick(Sender: TObject);
begin Kreis.Umfang:=StrToFloat(UmfangEdit.Text);
   Auffrischen;
end;

procedure TForm1.FlaecheButtonClick(Sender: TObject);
begin Kreis.Flaeche:=StrToFloat(FlaecheEdit.Text);
   Auffrischen;
end;

procedure TForm1.EndeButtonClick(Sender: TObject);
begin Close;
end;

procedure TForm1.FormCreate(Sender: TObject);
begin Kreis:=TKreis.Create;
end;

end {Eigenschaften_U}.
```

In der Unit **Eigenschaften_KreisModell** ist die Klasse **TKreis** definiert. Es sind die drei privaten Eigenschaften **Radius**, **Umfang** und **Flaeche** vereinbart, aber mit **r** nur *ein* privates Datenfeld, auf das die drei Eigenschaften mit entsprechender Umrechnung zugreifen. Das ist möglich und auch sinnvoll, um Redundanz und Inkonsistenz zu vermeiden. Jeder Zugriff auf die Eigenschaft löst die mit dieser Eigenschaft vereinbarte read- (bei Lesezugriff) und write-Methode (bei Schreibzugriff) aus. Im Falle der Eigenschaft **Radius** besteht die Methode nur aus einfachem Lesen und Schreiben des Datenfeldes **r**. Jeder Lesezugriff auf Umfang löst die Funktion **GetUmfang** aus, sie errechnet den Umfang unter Verwendung des Datenfeldes **r** und gibt ihn als Funktionswert zurück. Jeder Schreibzugriff auf Umfang ruft die Prozedur **SetUmfang(u)** auf, die aus dem übergebenen Parameter für den Umfang den Wert des Datenfeldes **r** errechnet und speichert. Für die Eigenschaft **Flaeche** sind die Mechanismen analog.

Nach dem Programmstart kann in jedes der drei Edit-Felder ein Wert eingegeben werden. Die Anzeige in den übrigen Feldern wird sofort nach Anklicken des zugehörigen Buttons aktualisiert.

```
unit Eigenschaften_KreisModell;

interface

type TKreis = class
   private
      r: double;
      function GetUmfang: double;
```

```
        procedure SetUmfang(u: double);
        function GetFlaeche: double;
        procedure SetFlaeche(f: double);
    public
        property Radius:
            double read r write r;
        property Umfang:
            double read GetUmfang write SetUmfang;
        property Flaeche:
            double read GetFlaeche write SetFlaeche;
    end;


implementation


function TKreis.GetUmfang: double;
begin GetUmfang:=2*pi*r; end;


procedure TKreis.SetUmfang(u: double);
begin r:=u/2/pi; end;


function TKreis.GetFlaeche: double;
begin GetFlaeche:=pi*r*r; end;


procedure TKreis.SetFlaeche(f: double);
begin r:=sqrt(f/pi); end;


end.
```

5.3.6 Übungen

5.5 Ü-Projekt WUERFELEIGENSCHAFTEN

Erstellen Sie in Analogie zum Projekt KREISEIGENSCHAFTEN ein Projekt, bei dem es möglich ist, die folgenden Parameter eines Würfels wahlweise festzulegen, wobei die anderen Parameter automatisch berechnet werden:
- Kantenlänge
- Volumen
- Seitenfläche
- Oberfäche.

Zur Konsistenzsicherung soll intern nur einer dieser Parameter gespeichert werden und die anderen Parameter mit dem Eigenschafts-Mechanismus davon abgeleitet werden.

5.6 Ü-Projekt BAUTEILE_OBERFLAECHE

Erstellen Sie eine alternative Benutzungsoberfläche für das Projekt BAUTEILE, wobei die Unit Bauteile_Modell unverändert zu benutzen ist. Die Benutzungsoberfläche soll Gebrauch von Menüs und separaten Dialogfenstern für die verschiedenen Eingabe- bzw. Abfragevorgänge machen.

5.7 Ü-Projekt FAHRZEUGREGISTER

Erstellen Sie in Analogie zum Projekt BAUTEILE eine objektorientierte Implementierung für den fachlichen Kern eines Fahrzeugregisters. Das Register soll die folgenden Arten von Fahrzeugen umfassen: Mopeds, Motorräder, PKW und LKW. Für jedes Fahrzeug gibt es ein amtliches Kennzeichen, einen Halter und eine Versicherungsnummer. Bei allen Fahrzeugen außer Mopeds ist die Angabe einer Führerscheinnummer des Halters und des Hubraums notwendig. Bei PKW ist die Zahl der Sitzplätze festzuhalten, bei LKW die zulässige Zuladung. Über Fahrzeughalter sind Name, Adresse und Alter zu speichern. Es sollen Anfragen zu Fahrzeugen (über Kennzeichen) möglich sein, es soll aber auch möglich sein, über den Halternamen alle zugelassenen Fahrzeuge des Halters zu erfragen.

5.4   Delphi-Komponenten

5.4.1   Einordnung

Software-Komponenten sind ganz allgemein Bausteine für Programme, die dafür vorgesehen sind, dass aus ihnen ohne Veränderung des Quellcodes größere Programme zusammengesetzt werden können. Meist werden Komponenten als compilierte Programme ausgeliefert, sodass der Quellcode dem Komponentenanwender (der selbst wieder Programme baut) nicht zugänglich ist. Es gibt derzeit verschiedene Technologien, die es ermöglichen, Softwarebausteine innerhalb eine vorgegebenen Infrastruktur und Entwicklungsumgebung zusammenzusetzen und auf die konkret gewünschten Zwecke anzupassen. Als Technologien von hoher aktueller Bedeutung auf dem Markt sind hier insbesondere zu nennen: Microsoft COM+ (und neuerdings die .NET-Architektur), Java Beans und Enterprise Java Beans. Eine allgemeine Übersicht zum Thema Softwarekomponenten findet sich unter anderem in [35] und in [15]. Das Programmiersystem Delphi stellt seit längerem ebenfalls ein Komponentenkonzept bereit (und ermöglicht darüber hinaus die Integration von Komponenten der Microsoft-Technologien). Im Folgenden soll das originäre Komponentenkonzept von Delphi kurz vorgestellt werden.

Komponenten sind in Delphi spezielle Objekte, die dadurch ausgezeichnet sind, dass sie bereits zur Entwurfszeit eines Projekts aus der Komponentenpalette in ein Formular eingefügt werden können. Weiterhin besteht die Möglichkeit, für diese Komponenten über den Objektinspektor bestimmte Eigenschaften zu setzen (Seite **Eigenschaften**) und Ereignisse zu nutzen (Seite **Ereignisse**). Beispiele sind die bekannten Komponenten **Button**, **Edit**, **Label** usw., die bereits standardmäßig in Delphi zur Verfügung stehen.

Es kann jedoch sinnvoll sein, weitere Komponenten von Fremdherstellern einzubinden, um die Entwicklung von Programmen eines speziellen Anwendungsgebiets zu erleichtern. Ein Beispiel sind hier etwa Komponenten zur Steuerung von Aktoren und Sensoren in einer Gerätesteuerungsanwendung. Ebenfalls kann es oft sinnvoll sein, eigene Komponenten zu entwickeln, wenn bestimmte Standardfunktionalität immer wieder benötigt wird. Im Folgenden wird beschrieben,

- wie die Installation einer neuen Komponente (ob zugekauft oder selbst geschrieben) in die Delphi-Umgebung geschieht;
- wie Komponenten so zu entwickeln sind, dass sie problemlos in die Komponentenpalette installiert werden können.

Im Folgenden werden zwei spezielle Komponenten GETRIEBE und ERZEUGUNGSDATUM vorgestellt. Die Komponente GETRIEBE dient zur Demonstration des ersten Punkts, also der Installation und Nutzung einer zusätzlichen Komponente. Der Quellcode von GETRIEBE ist zu kompliziert, um ihn hier zu erläutern, für Interessierte ist der Code aber über die Webseite verfügbar. Bei ERZEUGUNGSDATUM ist es möglich, den gesamtem

Quellcode leicht zu überschauen. An dieser Komponente werden Entwicklungsprinzipien, Package-Bildung und die Aufnahme in die Komponentenpalette gezeigt. Schließlich erfolgt die Nutzung beider Komponenten im Projekt SCHUBKURBELGETRIEBE.

5.4.2 Komponente GETRIEBE

 Zur Demonstration der prinzipiellen Vorgehensweise bei der Entwicklung soll die Komponente GETRIEBE dienen. Das Getriebe ist zusammen mit den grundlegenden Algorithmen für den Koppelpunkt K in Bild 5.13 dargestellt. Es gibt eine Anzahl von Parametern, die das Getriebe beschreiben (l_2, l_3, l_5, a und α). Eine Drehung der Schubkurbel bedeutet ein Verschieben des Schlittens auf der horizontalen Achse (d. h. ein bestimmter Zustand der Drehung kann entweder durch einen Wert für den Winkel φ oder durch einen Wert für s angegeben werden). Die erste Formel beschreibt den Zusammenhang zwischen φ und s bei gegebenen Getriebeparametern. Bei einer solchen Drehung beschreibt der Koppelpunkt K eine Kurve auf der Fläche (Koppelkurve). Die beiden weiteren Formeln beschreiben die x- und y-Koordinate von K in Abhängigkeit von den Getriebeparametern und dem aktuellen Drehungszustand. Die Komponente GETRIEBE ist in der Lage, diese Kurve auf der Basis der drei Formeln grafisch anzuzeigen.

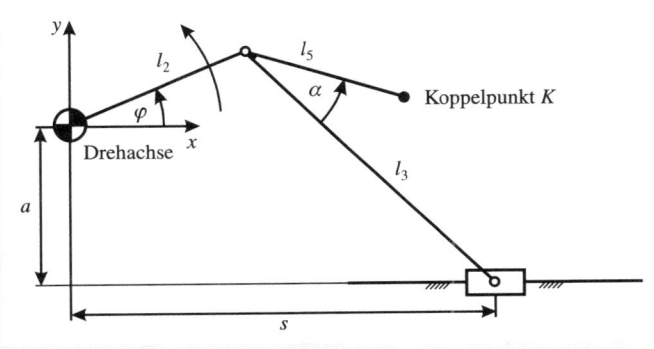

$$s = l_2 \cdot \cos\varphi + \sqrt{l_3^2 - a^2 - l_2 \cdot \sin\varphi \cdot (2a + l_2 \cdot \sin\varphi)}$$

$$x_K = l_2 \cdot \cos\varphi + (l_5 / l_3) \cdot \left[\sin\alpha \cdot (a + l_2 \cdot \sin\varphi) + \cos\alpha \cdot (s - l_2 \cdot \cos\varphi)\right]$$

$$y_K = l_2 \cdot \sin\varphi - (l_5 / l_3) \cdot \left[\cos\alpha \cdot (a + l_2 \cdot \sin\varphi) - \sin\alpha \cdot (s - l_2 \cdot \cos\varphi)\right]$$

Bild 5.13 Getriebe und Algorithmen

Die Getriebekomponente erfüllt im Detail folgende Aufgaben:
- Im Objektinspektor sind die geometrischen Daten des Schubkurbelgetriebes als Eigenschaften bereits zur Entwurfszeit einstellbar.
- Die Komponente enthält Methoden zur Darstellung, zum Lauf, zum Anhalten des Schubkurbelgetriebes und zur Positionsänderung des Koppelpunktes K, die dann in dem Projekt, in das diese Komponente eingefügt wurde, genutzt werden können.

Im Folgenden interessieren wir uns nicht weiter für den Quelltext, der diese Formeln in eine Visualisierung umsetzt (der Programmcode ist auf der Webseite verfügbar), sondern betrachten die Installation der fertigen Komponente.

Seit der Version 3 des Delphi-Systems gibt es so genannte **Pakete** (*packages*), die unter anderem dazu verwendet werden können, Komponenten in kompakter Weise zu verpacken und weiterzugeben. Seit Delphi 4 wird zusätzlich zwischen **Entwurfszeitpackages** und **Laufzeitpackages** unterschieden, wobei erstere bei der Enzwicklung zum Einsatz kommen und letztere dynamisch beim Ablauf des Programms nachgeladen werden. Für unsere Zwecke interessieren wir uns für ein Entwurfszeitpackage, das (möglicherweise zusammen mit vielen anderen Komponenten) die Komponente GETRIEBE enthält. Ein Package tritt als Datei mit der Endung .bpl in Erscheinung. Auf der Webseite zu diesem Buch steht eine solche Package-Datei mit dem Namen **GetriebePk.bpl** zur Verfügung.

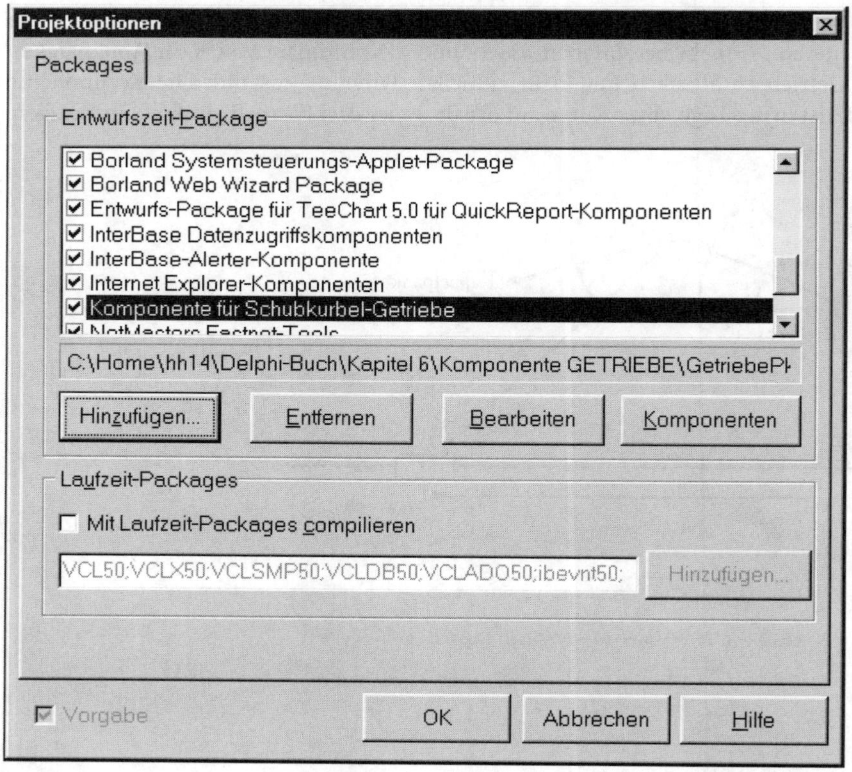

![Dialog Projektoptionen]

Bild 5.14   Dialog zur Installation einer Komponente

Die Komponente soll nun in die Komponentenpalette eingebunden werden. Jede Komponente enthält die Information, wo sie in der Komponentenpalette erscheinen soll. Standardmäßig erscheinen neue benutzerdefinierte Komponenten unter dem Tabulator **Beispiele** in der Komponentenpalette. Um die neue Komponente einzubinden, verwendet man die Funktion **Packages installieren** aus dem Menü **KOMPONENTE**. Bild 5.14 zeigt das entsprechende Dialogfenster. In diesem Fenster wird mit **Hinzufügen** die bpl-Datei, in unserem Beispiel **GetriebePK.bpl**, ausdewählt, worauf die Liste mit der neuen Komponente ergänzt wird, wie in Bild 5.14 gezeigt.

Mit dem Klicken von „OK" ist die Installation bereits abgeschlossen. Die Komponentenpalette enthält nun unter dem Tabulator **Beispiele** ein neues Element (ganz rechts), das der Getriebekomponente entspricht, wie in Bild 5.15 gezeigt.

Bild 5.15 Komponentenpalette mit Komponente GETRIEBE

Mit der Installation in der Palette kann die Komponente in gleicher Weise wie Buttons, Menüs etc. auf einem Formular platziert werden. Die folgende Bild 5.16 zeigt den Objektinspektor mit seinen beiden Seiten **Eigenschaften** und **Ereignisse** für eine aktuelle Komponente vom Typ **TGetriebe**.

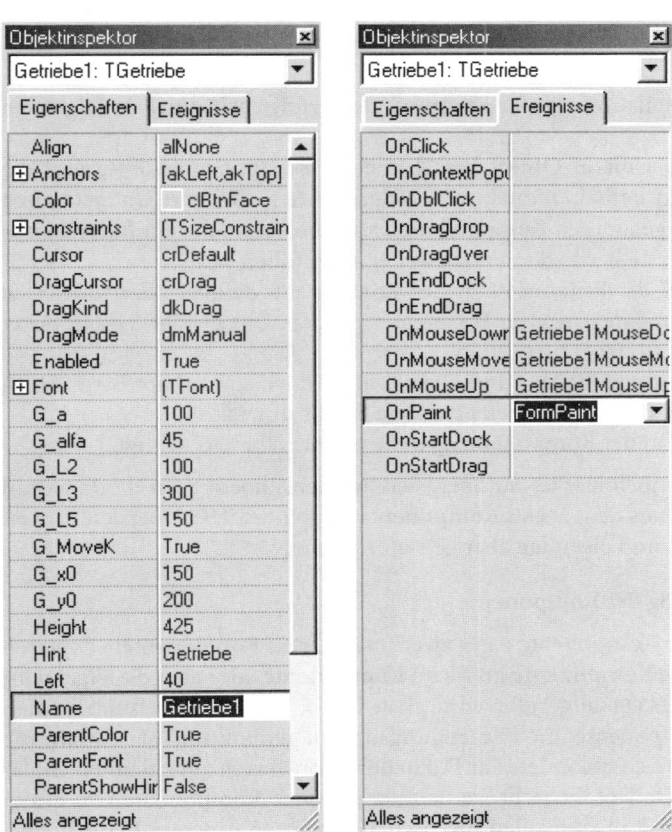

Bild 5.16 Objektinspektor für eine aktuelle Komponente vom Typ **TGetriebe**

5.4.3   Komponente ERZEUGUNGSDATUM

Möchte man selbst eine eigene Komponente mit Delphi entwickeln, die wie oben gezeigt installiert und verwendet werden kann, dann ist im Wesentlichen eine Klasse mit speziellen Eigenschaften zu schreiben. Im Folgenden wird dies an einer sehr einfachen Komponente demonstriert, die nur das Erzeugungsdatum (Übersetzungszeit) des Programms ausgibt. Darüber hinaus soll die Komponente zur Entwurfszeit (mit dem Objektinspektor) so konfigurierbar sein, dass man einen beliebigen Text als Vorspann zu dieser Datumsinformation definieren kann. Eine solche Komponente kann an manchen Stellen sinnvoll sein, z. B. in einem Informationsdialog über ein Programm.

Um eine Klasse als Komponente einsetzen zu können, müssen bei deren Entwicklung die folgenden Bedingungen erfüllt werden:
1. Die Komponente muss direkt oder indirekt von der Klasse **TComponent** abgeleitet werden.
2. Die entwickelte Komponente muss zur Aufnahme in die Komponentenpalette durch Delphi registriert werden. Dazu existiert die Prozedur **Register**.
3. Alle Eigenschaften und Ereignisse, die im Objektinspektor sichtbar sein sollen, müssen das Zugriffsrecht *published* besitzen, sofern nicht schon ihre Vorfahren dieses Zugriffsrecht haben.

Die Entwicklung und Installation eigener Komponenten erfolgt prinzipiell in folgenden Schritten:
1. Programmierung einer Unit in Object Pascal, die die Komponentenklasse und die Registrierungs-Prozedur enthalten muss. Das Delphi-System stellt zur Unterstützung dieses Schritts einen so genannten **Komponentenexperten** bereit, der ein Rahmenprogramm für diese Unit erstellt, das dann noch weiter auszufüllen ist.
2. Erstellen einer Bilddatei, die die Ikone der neuen Komponente definiert. Es handelt sich hier um eine Ressourcendatei (*.dcr*) in Form einer Bitmap. Das Delphi-System bietet hierzu einen Bildeditor.
3. Erzeugen eines (Entwurfszeit-)Pakets und übersetzen in die installierbare Form. Hierbei wird man durch das Delphi-Werkzeug **Package Editor** unterstützt.
4. Schließlich Installation in der Komponentenpalette wie oben bereits gezeigt.

Schritte 3 und 4 können noch stärker automatisiert werden, indem man die Funktion **Komponente installieren** aus dem Menü **Komponente** verwendet. Der Übersichtlichkeit halber werden die Schritte im Folgenden aber getrennt gezeigt.

Schritt 1: Programmierung der Komponente

Für die Entwicklung einer Komponente ist es zweckmäßig, den Komponenten-Experten zu benutzen, der über **Neue Komponente** im Menü **Komponente** oder über die allgemeine **Neu**-Funktion im Menü **DATEI** aufgerufen wird, siehe Bild 5.17. Für das Beispiel wurden der Klassenname der Komponente mit **TErzeugungsdatum** gewählt und als Vorfahr die Klasse **TCustomLabel**, die sich besonders zur Darstellung von Texten auf einem Formular eignet. Diese Auswahl sollte wohlbedacht werden, da die neue Komponente von ihrem Vorfahr eine größere Anzahl an sinnvollen Eigenschaften erbt, in unserem Beispiel etwa zur Größenveränderung und zur Einstellung des gewünschten Zeichensatzes. Für die Komponente GETRIEBE von oben wurde als Vorfahr **TPaintBox** gewählt, da diese einen eigenen Canvas, ein eigenes Koordinatensystem und Mechanismen zur Positionierung und Größeneinstellung besitzt. Der Name der Unit bestimmt den Dateinamen (*.pas*-Datei); hier kann auch das Verzeichnis eingestellt werden, wo die Datei abgelegt wird. Mit der voreingestellten und hier nicht geänderten Angabe zur Palettenseite (Beispiele) wird bestimmt, wo sich die Komponente nach ihrer Installation befindet.

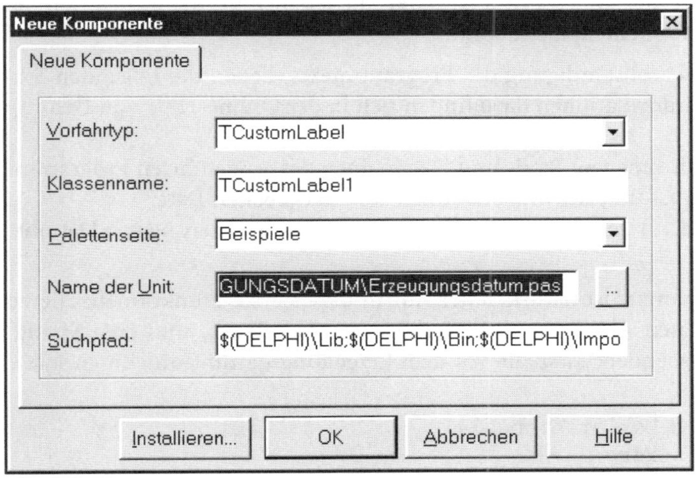

Bild 5.17 Komponenten-Experte

Nach Bestätigung mit „OK" wird das folgende Gerüst für die Komponenten-Unit erzeugt, welches dann entsprechend den inhaltlichen Forderungen an die Unit auszufüllen ist.

Beispiel:
```
unit Erzeugungsdatum;
interface
uses
    Windows, Messages, SysUtils, Classes, Graphics, Controls, Forms,
    Dialogs, StdCtrls;

type
    TErzeugungsdatum = class(TCustomLabel)
    private
        { Private-Deklarationen }
    protected
        { Protected-Deklarationen }
    public
        { Public-Deklarationen }
    published
        { Published-Deklarationen }
    end;

procedure Register;

implementation

procedure Register;
begin
```

```
        RegisterComponents('Beispiele', [TErzeugungsdatum]);
    end;

    end.
```

■

Besonders zu beachten ist hier die Prozedur **Register**, die letztlich für die Installation der Komponente in der Komponentenpalette sorgt.

Als Hilfsmittel bei der Vervollständigung des Programmtexts dienen die folgenden Systemfunktionen (nähere Informationen dazu finden sich in der Online-Hilfe von Delphi):

- **ParamStr(0)** zur Ermittlung von Pfad- und Dateinamen des ausgeführten Programms
- **FileAge(...)** für Datums- und Zeitinformationen zur angegebenen Datei
- **FileDateToDateTime(...)** und **FormatDateTime(...)** zur Konvertierung von Datums- und Zeitwerten.

Das Kernstück des Programms ist natürlich der Aufruf dieser Systemfunktionen. Hierzu deklarieren wir im privaten Abschnitt eine Methode (**SetLabelText**) und eine **String**-Variable, die den auszugebenden Vorspann vor dem Erzeugungsdatum aufnehmen soll.

```
    private
        { Private-Deklarationen}
        Prefix: string;
        procedure SetLabelText;
```

Im Implementierungsteil ruft nun die Prozedur **SetLabelText** die Systemfunktionen auf:

```
    procedure TErzeugungsdatum.SetLabelText;
        var Datum: TDateTime;
    begin
        Datum:=FileDateToDateTime(FileAge(ParamStr(0)));
        Caption:=Prefix+FormatDateTime('dd.mm.yyyy',Datum);
    end {TErzeugungsdatum.SetLabelText};
```

Wann aber wird diese Prozedur aufgerufen? Selbstverständlich bereits beim Erzeugen der Komponente. Also deklarieren wir einen öffentlichen Konstruktor, der SetLabelText aufruft. Außerdem sollte er die Initialisierung der Vorfahr-Klasse unverändert durchführen.

```
    constructor TErzeugungsdatum.Create(AOwner: TComponent);
    begin
        inherited Create(AOwner);
        SetLabelText;
    end;
```

Um den Vorspanntext im Objektinspektor einstellbar zu machen, deklarieren wir eine veröffentlichte (**published**) Eigenschaft **PrefixText**.

```
    published
        { Published-Deklarationen }
        property PrefixText: string read Prefix
                                    write SetPrefixText;
```

Hier kommen nun die Mechanismen der Eigenschaften (siehe Abschnitt 5.3.4) zum Einsatz. Beim Lesen der Eigenschaft wird einfach der Text der lokalen (privaten) Variable **Prefix** übernommen. Aber beim Schreiben, d. h. der Veränderung des Textes im Objektinspektor (oder auch zur Laufzeit durch andere Objekte), muss unbedingt der angezeigte Text angepasst werden. Deshalb wird in diesem Fall eine Methode **SetPrefixText** aufgerufen, die dies übernimmt und gleichzeitig den Wert von **Prefix** ändert.

```
procedure TErzeugungsdatum.SetPrefixText(Text: string);
begin
    Prefix:=Text;
    SetLabelText;
end {TErzeugungsdatum.SetPrefixText};
```

Der vollständige Quelltext der Komponenten-Unit ist wie immer auf der Webseite zu finden.

Schritt 2: Erstellen einer Bilddatei für die Ikone

Soll die neu entwickelte Komponente durch eine eigene Ikone symbolisiert werden, so ist ein Bild mithilfe des **Bildeditors** zu erstellen. Dieser ist über das Menü TOOLS | BILDEDI-TOR erreichbar. Die Ikone wird aus 24 × 24 Pixeln generiert. Bild 5.18 zeigt den Bildeditor und die Ikonen für beide hier behandelten Komponenten.

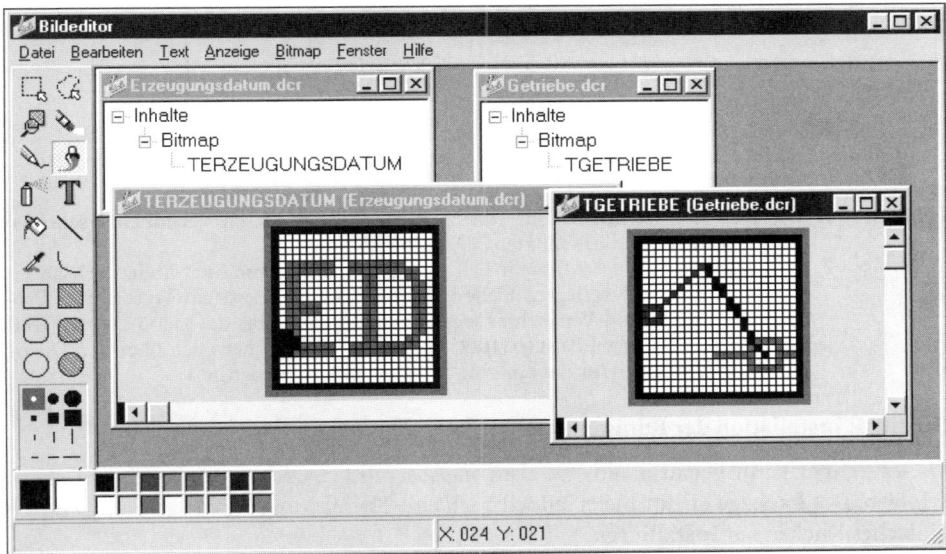

Bild 5.18   Bildeditor mit Ikonen

Im Bildeditor muss die Ikone entsprechend der zugehörigen Komponentenklasse benannt werden. Damit es im Rahmen der anschließenden Installation in der Komponentenpalette sichtbar wird, muss die Ressourcen-Datei im gleichen Verzeichnis wie die Komponente unter deren Namen mit der Erweiterung *.dcr* gespeichert werden. Bei falscher Verfahrensweise oder wenn keine eigene Ikone erzeugt wurde, wird automatisch die der Vorfahrklasse verwendet, bei der Komponente GETRIEBE also die **TPaintBox**-Ikone und bei ERZEU-GUNGSDATUM die von **TCustomLabelText**.

Schritt 3: Erzeugen eines Pakets

Um eine Komponente in ein installierbares Paket zu überführen, benutzt man am besten den **Package Editor** von Delphi. Dieser Editor hilft vor allem bei der Erstellung einer Beschreibungsdatei (*.dpk*), die alle zum Paket gehörigen Bestandteile zusammenfasst. Außerdem wird, so noch nicht geschehen, der Compiler aufgerufen, um das Programm der Komponente zu übersetzen. Selbstverständlich kann dieser Schritt erst abgeschlossen werden, wenn keine Übersetzungsfehler auftreten.

Der **Package Editor** ist (unter anderem) erreichbar über das Menü NEU mit anschließender Auswahl von **Package**. Bild 5.19 zeigt das Dialogfenster, nachdem die Komponente ERZEUGUNGSDATUM (genauer ihre Quelltext-Datei) mit **Hinzufügen** ausgewählt wurde. Es werden zwei Dateien angezeigt; die zweite ist die Bitmap-Datei für die Ikone. Mit **Speichern unter** wird der Name für das Paket gewählt, hier **ErzDatum**. Dieser Name muss verschieden von denen aller enthaltenen Komponenten sein!

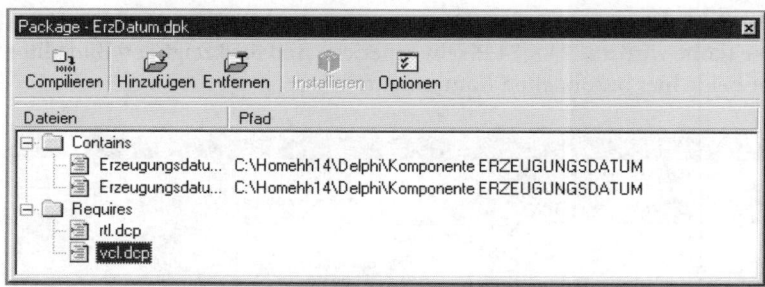

Bild 5.19
Package Editor

Hinweis: 1. Die Bild 5.19 ist mit Delphi-Version 6 erstellt, bei älteren Versionen erscheinen andere Namen für die benutzten Pakete (bei „Requires").
2. Das erzeugte Paket (in diesem Fall eine Datei **ErzDatum.bpl**) findet sich an einer vom System festgelegten Stelle wieder. Dies wird meist ein Verzeichnis „Projects/BPL" im Delphi-Verzeichnis sein. Dieser Ort kann über das Menü TOOLS | UMGEBUNGSOPTIONEN | BIBLIOTHEK eingestellt werden, aber auch über den Dialog der Projektoptionen für das einzelne Paket verändert werden.

Schritt 4: Installation der Komponente

Dieser Schritt kann genau analog zu dem in Abschnitt 5.4.2 beschriebenen Verfahren erfolgen. Der **Package Editor** bietet jedoch auch eine Kurzfassung für diesen Schritt durch einfaches Klicken auf **Installieren**.

Nutzung der Komponente

Nach der Installation kann die Komponente ERZEUGUNGSDATUM in einem beliebigen Anwendungsprogramm eingesetzt werden, indem sie über die Palette ausgewählt, auf dem Formular platziert und mit dem Objektinspektor konfiguriert wurde. Bild 5.20 zeigt eine solche Instanz der Komponente, nachdem sie auf das Formular platziert wurde, der Zeichensatz vergrößert und als Prefix-Wert der Text „Erzeugt am" eingegeben wurde. Interessant zu sehen ist, dass die Komponente sofort bei ihrer Platzierung den Konstruktor ausführt und deshalb ein Erzeugungsdatum anzeigt – und zwar das Datum, zu dem das aufrufende Programm compiliert wurde, also das Delphi-Entwicklungssystem! Sobald das Programm übersetzt und gestartet wird, zeigt die Komponente zur Laufzeit das Übersetzungsdatum des Anwendungsprogramms an.

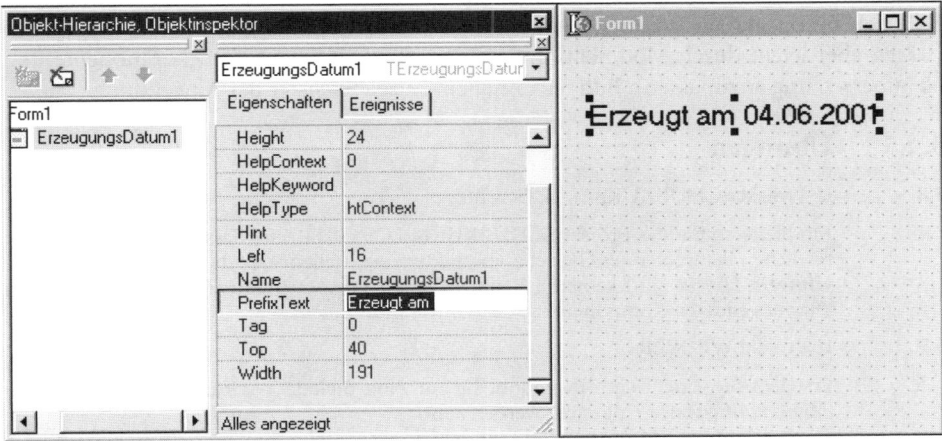

Bild 5.20 Nutzung der Komponente ERZEUGUNGSDATUM

Die Komponente ERZEUGUNGSDATUM wurde auch im Projekt SCHUBKURBELGE-TRIEBE genutzt, siehe den nächsten Abschnitt.

5.4.4   Projekt SCHUBKURBELGETRIEBE

Das nachstehende Projekt ist ein Beispiel für die Anwendung vieler in diesem Kapitel gezeigten Programmiertechniken. Es sind beide oben diskutierten Komponenten eingebunden und es werden Techniken der interaktiven Grafikprogrammierung verwendet. Das

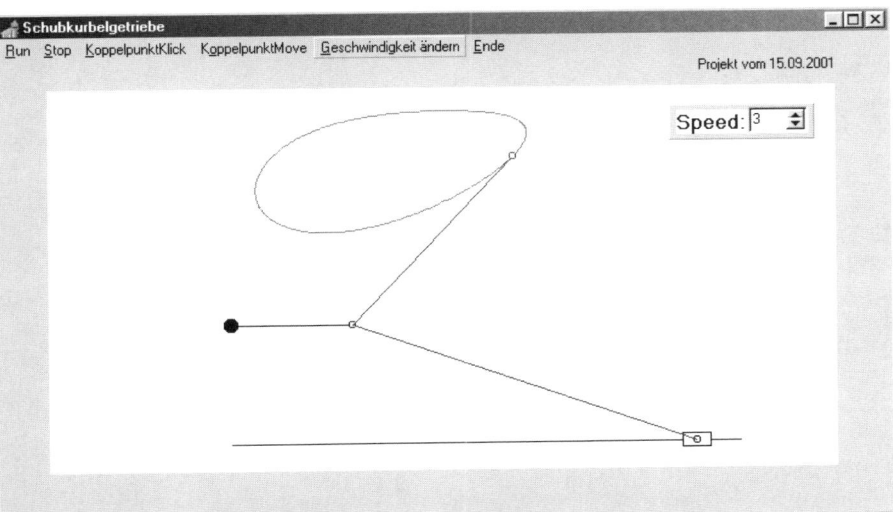

Bild 5.21 Oberfläche des Projekts Schubkurbelgetriebe.dpr

Programm erlaubt es, die Simulation des Getriebes interaktiv zu starten und anzuhalten, die Geschwindigkeit der Simulation einzustellen und einige der Parameter interaktiv zu verändern. Die Lage des Koppelpunktes K kann durch Mausklick oder Ziehen mit der Maus neu festgelegt werden. Damit werden indirekt die Parameter l_5 und α aus Bild 5.13 neu bestimmt; die anderen Parameter sind in diesem Programm fest vorgegeben (wären aber leicht durch Modifikation der Eigenschaften der Getriebekomponente und Neuübersetzung anzupassen). Bild 5.21 zeigt ein Ausgabefenster der Anwendung.

5.4.5   Übungen

5.8   Ü-Projekt SCHUBKURBELGETRIEBE2

Modifizieren Sie das Projekt SCHUBKURBELGETRIEBE so, dass es möglich wird, die restlichen Parameter des Getriebes interaktiv einzustellen, z. B. durch ein Dialogfenster. *Hinweis:* Hierzu sind keinerlei Kenntnisse der Komponentenentwicklung notwendig! Die verwendeten Komponenten sollen unverändert bleiben.

5.9   Ü-Projekt WECKER

Erstellen Sie eine Delphi-Komponente für eine digitale Weckuhr, bei der über den Objektkonfigurator eingestellt werden kann
- ob Sekunden-, Minuten- und Stundenfelder angezeigt werden
- welche Trennzeichen für die Felder verwendet werden (z. B. „ : ")
- mit welcher Häufigkeit die Uhranzeige aktualisiert werden soll
- welcher Zeitpunkt eine Aktion auslösen soll und was diese Aktion ist

Die Verwendung der Komponente ist in einem Beispielprojekt zu demonstrieren.

6 Datenbankprogrammierung unter Delphi

6.1 Einführung

6.1.1 Zweck und Geschichte von Datenbanksystemen

In sehr vielen Anwendungen müssen große Mengen strukturierter Daten dauerhaft zum Zugriff bereitgestellt werden. Für diesen Zweck sind die bisher behandelten Programmiertechniken weitgehend untauglich, da für einen effizienten Zugriff spezielle Datenstrukturen benötigt werden, die bei der Beendigung des Programms verschwinden. Datenbanken befassen sich mit so genannten **persistenten**, das heißt das Programmende überlebenden, Datenbeständen. Um auf solche Datenbestände effizienten Zugriff zu erlangen, existieren spezielle und systemnahe Softwaresysteme, die so genannten **Datenbanksysteme (DBS)**. Ein Datenbanksystem besteht aus möglicherweise vielen und sehr großen **Datenbanken (DB)** und dem **Datenbankmanagementsystem (DBMS)**. Eine Datenbank ist ein integrierter Bestand an persistenten Nutzer- und Beschreibungsdaten; das DBMS ist vergleichbar mit einem Spezial-Betriebssystem zur Verwaltung dieser Daten.

Typische Eigenschaften eines Datenbanksystems sind:
- Für die Daten wird ein **Schema** definiert, dem alle abgelegten Datensätze folgen müssen. Dazu wird oft eine spezielle **Datendefinitionssprache** verwendet.
- Es gibt Operationen zum Einlesen und Ausgeben großer Datenmengen.
- Eine spezielle **Anfragesprache** dient zur gezielten Abfrage bestimmter Daten, eine **Manipulationssprache** zur Änderung des Datenbestandes. Diese Sprachen können auch in Programmiersprachen integriert werden.
- Es existiert ein **Transaktionskonzept**, das es erlaubt, logisch zusammengehörende Modifikationen zusammenzufassen und vor Inkonsistenzen durch den parallelen Zugriff vieler Benutzer auf den gleichen Datenbestand zu schützen.
- Es bestehen spezielle Mechanismen zur Sicherstellung der **Integrität** des Datenbestandes (z. B. Vollständigkeit, Widerspruchsfreiheit).

Die Prinzipien zur Konstruktion von Datenbanksystemen haben sich im Verlauf der Geschichte schrittweise weiterentwickelt. Folgende Generationen sind zu unterscheiden (nach [36]):
1. Generation (50er-Jahre): Sequenzielle Dateisysteme, insbesondere auf Magnetbändern
2. Generation (60er-Jahre): Wahlfreier Zugriff auf Dateisysteme durch relativ große Festplatten
3. Generation (70er-Jahre): So genannte „prärelationale" DBS, insbesondere hierarchische DBS (z. B. das System IMS von IBM) und netzwerkstrukturierte DBS (z. B. nach dem internationalen CODASYL-Standard)
4. Generation (80er-Jahre): Relationale DBS, in denen alle Daten in matrixartig organisierten Tabellen untergebracht sind und eine solide mathematische Theorie als Basis für den flexiblen und effektiven Zugriff dient
5. Generation (90er-Jahre): So genannte „postrelationale" DBS, z. B. objektorientierte DBS, objektrelationale DBS, Multimedia-DBS

Die relationalen Datenbanksysteme haben schon in diesem Überblick eine sehr dominierende Stellung. Diese hat sich im Lauf der Entwicklung weiter gefestigt, da eine Ablösung der relationalen DBS durch Systeme der 5. Generation in der Praxis weitgehend ausgeblieben ist. Auch heutzutage, nach 2000, sind überwiegend relationale Datenbanksysteme im Gebrauch, vereinzelt auch noch aus historischen Gründen hierarchische Systeme. Die objektorientierten Datenbanksysteme, die eine direkte Ablage von Objektstrukturen aus objektorientierten Programmen anbieten, können sich nur schwer gegen so genannte objektrelationale Lösungen durchsetzen, die auch Objekte auf relationale Datenbanken abbilden.

Bei den relationalen Datenbanksystemen kann man weiter unterscheiden zwischen Systemen, die für lokalen Einsatz (auf PCs) und solchen, die für eine verteilte Architektur (mit zentralen Datenbankservern) ausgelegt sind. Typische Beispiele für kommerzielle Server-Datenbanksysteme sind Oracle, Sybase, DB2 (IBM). Im Bereich lokaler PC-Datenbanksysteme sind Beispiele für bekannte Systeme: Access (Microsoft), Paradox (Borland) und dBASE IV.

Die Speicherung und Bearbeitung von Datensätzen in einer Datenbank erfolgt durch verschiedenartige Software, sowohl Spezialsoftware für Datenbanken (z. B. zum Erstellen relativ einfacher Anwendungen) als auch in einer beliebigen Programmiersprache geschriebene Anwendungssoftware. Deshalb ist die Einbindung von Datenbanken in Programmiersprachen ein wichtiges Thema. Das Programmiersystem Delphi unterstützt das **relationale** Datenmodell. Die **Borland Database Engine** (BDE) stellt hierbei sehr wirksame Mittel für die Datenbankarbeit bereit. Die BDE fungiert als Schnittstelle zwischen den physischen Datenbanktabellen und deren Verarbeitung in Delphi. Unterstützt werden mehrere Typen von Datenbanktabellen, u. a. die führenden PC-Systeme dBASE IV, Paradox, Access, aber auch Server-Datenbanksysteme.

In diesem Kapitel wird eine allgemeine Einführung in das Gebiet der relationalen Datenbanken gegeben, und es wird speziell die Arbeit mit Datenbanken in Delphi diskutiert.

6.1.2   Theoretische Grundlagen

Relationen und Tabellen

Zum Verständnis der grundlegenden Ideen relationaler Datenbanken dient folgendes Beispiel eines Schemas für Datensätze:

Vorname (String 10), Nachname (String 10), Alter (Integer)

Eine Menge D von Datensätzen nach diesem Schema kann man mathematisch als dreistellige **Relation** auffassen:

$$D \subseteq String\ 10 \times String\ 10 \times Integer$$

Die Theorie relationaler Datenbanksysteme befasst sich mit mathematischen Operationen auf solchen Relationen, z. B. Projektion, Vereinigung, Komposition.

Tabellen dienen als effiziente Implementierung von Relationen. Ein konkreter Datenbestand nach obigem Schema könnte etwa durch folgende Tabelle gegeben sein:

Vorname (String 10)	Nachname (String 10)	Alter (Integer)
Anna	Schmitt	20
Bernhard	Müller	25
Christoph	Maier	30

Zeilen sind **Datensätze** des jeweiligen Schemas, Spalten sind **Datenfelder** des jeweiligen Schemas. Alle Einträge in einer Spalte sind vom selben, im Schema festgelegten **Datentyp** (oder **Feldtyp**).

Anfragen

Jede Frage nach der Extraktion spezieller Informationen aus einer relationalen Datenbank kann als eine Operation verstanden werden, die eine Relation auf eine andere Relation abbildet. Zum Beispiel ist die Anfrage nach den Nachnamen aller Personen, die über 20 Jahre alt sind, auf folgende Operationen zurückzuführen:

- Wähle in der Tabelle nur die Zeilen aus, bei denen der Alter-Eintrag > 20 ist (Selektion).
- Blende in der resultierenden Tabelle die Spalten für Vorname und Alter aus (Projektion).

Die praktische Bedeutung der Rückführung beliebig komplexer Anfragen auf wenige relationale Operationen ist, dass moderne Datenbanksysteme diese Operationen (und ihre Kombination in Anfragesprachen) extrem effizient unterstützen können, sodass sie auch auf fast beliebig großen Datenbeständen ohne nennenswerten Effizienzverlust ausgeführt werden können. Andererseits ist bei kleinen Datenbeständen ein erheblicher Effizienzverlust festzustellen, wenn auf eine Datenbankspeicherung umgestellt wird. Datenbanken sind also nur ab einer gewissen Größe des Datenbestands wirtschaftlich sinnvoll.

6.1.3 Grundkonzepte des relationalen Datenbanksystems Paradox

Wie bereits erwähnt, unterstützt Delphi mehrere relationale Datenbanksysteme. Das Datenbanksystem Paradox bietet einen großen Umfang an Feldtypen, insbesondere die Datentypen Grafik und Memo (freier Text). Paradox soll deshalb die Grundlage für die Beispiele der folgenden Abschnitte bilden. Zunächst werden einige Aspekte von Paradox näher vorgestellt.

Feldtypen von Paradox

Tabelle 6.1 gibt eine Auswahl der in Paradox-Tabellen zulässigen Feldtypen an. Die Tabelle enthält bereits einige Hinweise auf die Bedienung des Programms, mit dem Tabellenstrukturen angelegt werden (Delphi-Datenbankoberfläche).

Paradox-Nutzerdateien

Wenn eine Paradox-Datenbankstruktur angelegt worden ist, wird jede Tabelle in einer Datei mit dem Dateityp *.db* abgelegt, die bei der Dateneingabe mit Datensätzen gefüllt und so schrittweise erweitert wird. Bei Vereinbarung der erweiterten Feldtypen **Memo**, **Grafik**

Tabelle 6.1   Feldtypen in Paradox

Typ	Beschreibung
Alpha (**A**)	Zeichenketten mit einer Maximallänge von 255 Zeichen
Zahl (**N**)	Numerisches Feld mit max. 15 signifikanten Stellen
Währung (**W**)	Numerisches Feld mit max. 6 Stellen + /DM/
Integer (**I**)	Ganzzahliger Wert (intern 32 Bit mit VZ)
Logik (**L**)	Logischer Wert, der *true* oder *false* annehmen kann
Datum (**D**)	Datumswert in der Form tt.mm.jjjj
Zeit (**Z**)	Zeitwert in der Form hh:mm:ss (aktuelles Datum über Leertaste)
Zähler (**+**)	Integerwert, der mit jedem neuen Satz inkrementiert wird
Grafik (**G**)	Speichern und Anzeige von BitMap-Grafiken
Memo (**M**)	Unformatierte Texte
Binär (**B**)	Binär-Informationen

und **Binär** wird eine weitere Datei (Dateityp *.MB*) angelegt, in der größere Datenmengen Aufnahme finden können (so genannte **Binary Large Objects = BLOBs**). Die Zuordnung ist über Verweise geregelt.

Weitere Dateien sind u. a. vom Dateityp *.PX, .XG0* und *.YG0*, die für Primär- und Sekundärindizierung angelegt werden. Der Dateityp *.qbe* wird für Anfrage-Dateien verwendet.

Hinweis: Beim Kopieren von Datenbanktabellen sind sämtliche Dateien zu berücksichtigen, sonst ist mit Datenverlust zu rechnen bzw. keine Weiterarbeit möglich.

Satzzeiger-Prinzip

In vielen Datenbanken ist ein Datenzugriff in über das Satzzeiger-Prinzip realisiert. Der Satzzeiger markiert einen aktuellen Datensatz der Tabelle, wodurch der Zugriff zu den Datenfeldern dieses Satzes ermöglicht wird. Delphi ermöglicht die Verwendung von Satzzeigern. Die aktuelle Position des Satzzeigers kann in Delphi durch die in Tabelle 6.2 aufgeführten Methoden geändert werden. Die logische Funktion **EOF** (End of File), stellt fest, ob das Dateiende erreicht ist.

Tabelle 6.2   Satzzeiger-Methoden

Methode	Position des aktuellen Satzzeigers
First	Setzen auf den 1.Datensatz
Next	Nächster Datensatz
Last	Letzter Datensatz
Prior	Datensatz um 1 Position zurück
BOF	Boole'sche Abfrage, ob Dateibeginn (Zeiger auf 1.Datensatz)
EOF	Boole'sche Abfrage, ob Dateiende erreicht

6.2 Nutzung des Werkzeugs Datenbankoberfläche

6.2.1 Einsatzzweck der Datenbankoberfläche

Um konkret mit Datenbanken arbeiten zu können, bietet die Delphi-Programmierumgebung eine Reihe von mitgelieferten Werkzeugen. Das Werkzeug **Datenbankoberfläche** dient zur interaktiven Arbeit mit Datenbeständen (nach Paradox-Regeln) und hat zunächst noch nichts mit der Programmierung in Object Pascal zu tun. In diesem Abschnitt werden einige Grundoperationen mit der Datenbankoberfläche von Delphi vorgestellt. Das Werkzeug selbst wird von Delphi aus über den Punkt DATENBANKOBERFLÄCHE des Menüs TOOLS gestartet, ist aber ein eigenständiges Programm und wird auch in einem eigenen Fenster dargestellt.

Eine einfache Nutzung der Delphi-Datenbankoberfläche sieht wie folgt aus:
1. Anlegen der Struktur einer Paradox-Datenbanktabelle.
2. Dateneingabe und -änderung (so genannter **Edit-Modus**)
3. Anfragen mit Bedingungen
4. Sortieren und Indexieren mit Primär- und Sekundärschlüsseln.

Diese Schritte sollen nun für eine Beispieltabelle **Stahlsorten.db** erfolgen.

6.2.2 Beispieltabelle STAHLSORTEN

Die Beispieltabelle STAHLSORTEN enthält wesentliche Informationen über Baustahlsorten. Selbstverständlich handelt es sich hier nicht um einen wirklich praktisch nutzbaren Datenbestand, sondern nur um Beispieldaten, die einen praktischen Anwendungsfall illustrieren sollen.

Die Tabelle STAHLSORTEN enthält folgende Datenfelder
- **EN_Bezeichnung**: Typ Alphanumerisch (10 Zeichen),
  Bedeutung: Bezeichnung nach Europäischer Norm EN 10 025 (1993)
- **Werkstoffnr**: Typ Alphanumerisch (10 Zeichen)
- **Streckgrenze**: Typ Integer, Maßeinheit N/mm^2
- **Zugfestigkeit_min**: Typ Integer, Maßeinheit N/mm^2
- **Zugfestigkeit_max**: Typ Integer, Maßeinheit N/mm^2
- **Bruchdehnung_min**: Typ Integer, Maßeinheit %
- **Bruchdehnung_max**: Typ Integer, Maßeinheit %

Schritt 1: Anlegen der Struktur einer Paradox-Datenbanktabelle

Um eine Paradox-Tabelle anzulegen, sind die folgenden Schritte in der **Datenbankoberfläche** erforderlich.
- Menü DATEI | NEU | TABELLE
- Tabellentyp „Paradox" mit „OK" bestätigen
- Im Dialogfenster über **Feldname**, **Typ**, **Größe** die Struktur aller Datensätze der Tabelle definieren
- Bei **Speichern unter** Tabellennamen (**Stahlsorten.db**) eintragen.

Bild 6.1 zeigt diesen Arbeitsschritt.

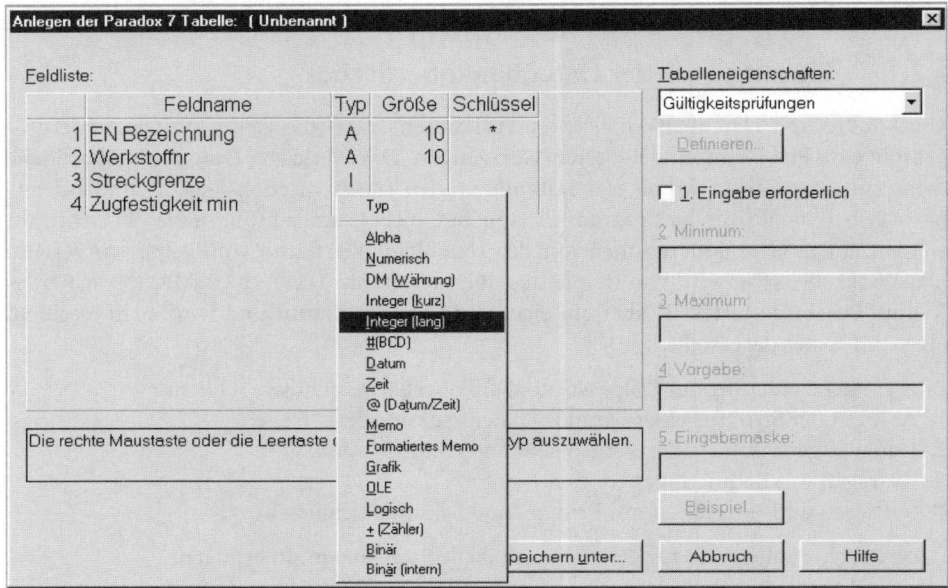

Bild 6.1   Anlegen einer Tabellenstruktur

Schritt 2: Dateneingabe und/oder -änderung

Der Edit-Modus der **Datenbankoberfläche** setzt eine bereits definierte Struktur der Datensätze voraus, die in einer Tabelle gespeichert ist. Anschließend können neue Datensätze eingegeben und bereits vorhandene geändert oder gelöscht werden, dabei werden jedoch nur einfache Feldtypen unterstützt. Um Daten zu editieren, öffnet man die Tabelle (über das Datei-Menü) und wählt im Menü TABELLE die Funktion DATEN EDITIEREN. Bild 6.2 zeigt das Dialogfenster und die im Weiteren vorausgesetzten Datensätze.

Hinweis: Die Arbeit mit dem Werkzeug erleichtert sich deutlich, wenn man das „Arbeitsverzeichnis" (Menü DATEI) den eigenen Bedürfnissen entsprechend einstellt.

Tabelle : Stahlsorten.DB							
Stahlsorten	EN Bezeichnung	Werkstoffnr	Streckgrenze	Zugfestigkeit min	Zugfestigkeit max	Bruchdehng min	Bruchdehng max
1	E295	1.005	295	470	610	18	20
2	E335	1.006	335	570	710	14	16
3	E360	1.007	360	670	830	10	11
4	S235J2W	1.8961	235	360	440	25	25
5	S235JR	1.0037	235	340	470	24	26
6	S235JRW	1.896	235	360	440	25	25
7	S275JR	1.0044	275	410	560	20	22
8	S355J2G1W	1.8963	355	510	610	22	22
9	S355JR	1.0045	355	490	630	20	22
10	S355M	1.8823	355	450	600	22	22
11	S355ML	1.8834	355	450	600	22	22
12	S460N	1.8901	460	550	720	17	17

Bild 6.2   Dateneingabe und/oder -änderung

Schritt 3: Abfragen mit Bedingungen

Der wichtigste Zweck einer Datenbank ist natürlich, die gespeicherten Daten wieder abrufen zu können, und zwar genau die Daten, die einer bestimmten Fragestellung entsprechen. Dieser Vorgang heißt bei Datenbanken **Anfrage** (bzw. in der Terminologie des Delphi-Systems **Abfrage**). Die **Datenbankoberfläche** enthält dazu die Möglichkeit, eine Abfrage durch einfaches Ausfüllen eines Formulars zusammenzustellen (**Query by Example, QBE**).

Die Formulierung einer QBE-Abfrage wird in Bild 6.3 gezeigt und umfasst folgende Schritte:

- Menü DATEI | NEU | QBE-ABFRAGE und Tabelle wählen (**Stahlsorten.db**)
- Abfrage zusammenstellen: Felder anklicken und unter den Feldern Bedingungen eintragen
- Menü ABFRAGE | ABFRAGE STARTEN
- Das Ergebnis wird angezeigt und kann als neue Tabelle abgespeichert werden.

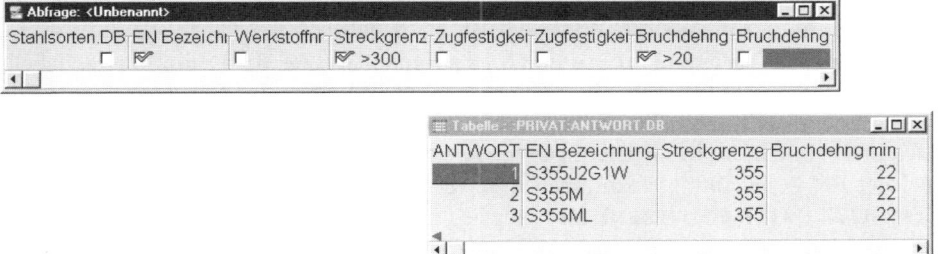

Bild 6.3   Abfragen mit Bedingungen

Die in Bild 6.3 illustrierte Abfrage lautet: „Gib mir alle Stahlsorten (und zwar deren EN-Bezeichnung, Streckgrenze und minimale Bruchdehnung), bei denen die Streckgrenze > 300 N/m^2 liegt und die Bruchdehnung > 20 % ist." Diese Bedingungen erfüllen nur noch drei der eingegebenen Stahlsorten.

Man erkennt bei dieser Abfrageformulierung wieder das Grundprinzip der relationalen Operationen. Das Anklicken der Felder, die in der Ausgabetabelle angezeigt werden sollen, entspricht einer Projektion (Reduktion der Spalten), die Angabe der Bedingungen bei den Feldern einer Selektion (Reduktion der Zeilen).

Schritt 4: Sortieren und Indexieren von Datensätzen

Selbstverständlich ermöglicht die **Datenbankoberfläche** auch das Sortieren von Tabellen nach einer Kombination von Sortiermerkmalen. Dazu steht im Menü TOOLS | TABEL-LENOPERATIONEN | SORTIEREN ... ein entsprechender Dialog bereit.

Typisch für Datenbanken ist allerdings eine andere, mehr implizite Form der Sortierung. Um in großen Datenbeständen ausgewählte Datensätze schnell wiederzufinden, müssen spezielle Datenstrukturen angelegt werden (balancierte Baumstrukturen), die den effizienten Zugriff über ein bestimmtes Feld ermöglichen. Eine solche Datenstruktur heißt **Index**. Paradox kann auch Tabellen bearbeiten, die keinen Index besitzen (und in diesem

Fall ist die oben erwähnte Sortierfunktion besonders sinnvoll). Der Normalfall bei großen Datenbeständen ist aber, dass mindestens ein Index existiert. Von besonderer Bedeutung ist der **Primärindex**, der Voraussetzung für viele fortgeschrittene Datenbankoperationen (z. B. Verknüpfung von Tabellen, siehe Abschnitt 6.5) ist. Ein Primärindex ist dadurch bestimmt, dass eine bestimmte Auswahl von Datenfeldern als **Schlüsselfelder** markiert werden (auch **Primärschlüssel**, engl. **primary key** genannt). Die Schlüsselfelder müssen so gewählt werden, dass sie die Datensätze *eindeutig* kennzeichnen, das heißt es darf keine zwei Datensätze mit gleichem Wert für das Schlüsselfeld geben. Häufig wird man genau ein Feld zum Schlüsselfeld erklären, typischerweise wird das eine Produktnummer, Bestellnummer, Kennziffer oder ähnliches sein, also Information, die auch im täglichen Gebrauch der eindeutigen Identifikation von Daten dient. Wenn keines der Schlüsselfelder in allen Situationen eindeutig ist, muss ein neues Schlüsselfeld mit einer laufenden Nummer definiert werden. Hierfür gibt es in Paradox den Feldtyp „Zähler" (mit „+" abgekürzt, siehe Bild 6.1). Ein Zählerfeld wird beim Eintragen eines neuen Datensatzes automatisch erhöht.

In der **Datenbankoberfläche** kann man die Schlüsselfelder bereits beim Anlegen der Tabellenstruktur definieren, und zwar durch Doppelklick (oder Eingabe von X) in der Spalte **Schlüssel**, siehe Bild 6.1. An Bild 6.1 sieht man, dass bei der Definition der Tabelle *Stahlsorten.db* von vornherein die EN-Bezeichnung als Schlüsselfeld definiert wurde. Das hat zwei sichtbare Konsequenzen: Erstens wird die Tabelle immer automatisch aufsteigend nach EN-Bezeichnungen sortiert angezeigt; zweitens ist es unmöglich, zwei Stahlsorten mit gleicher EN-Bezeichnung einzutragen. Der Versuch, dies zu tun, etwa im Editiermodus (TABELLE | DATEN EDITIEREN), führt zur Fehlermeldung „Indexfehler".

Da der gleiche Datenbestand oft nach mehreren Suchkriterien durchsucht wird, besteht die Möglichkeit, weitere Indizes anzulegen, **Sekundärindizes**. Das Grundprinzip ist hier, dass ein Sekundärindex nur zur Beschleunigung von Anfragen dient, die über bestimmte Nicht-Schlüsselfelder formuliert werden. Andererseits verbraucht jeder zusätzliche Index erheblich Speicherplatz und verlangsamt die allgemeinen Operationen auf der Tabelle etwas. In der **Datenbankoberfläche** werden Sekundärindizes über einen Dialog definiert, der durch die Auswahlliste „Tabelleneigenschaften" (rechts oben in Bild 6.1), Unterpunkt „Sekundärindizes definieren" zu erreichen ist. Allerdings können Sekundärindizes in der **Datenbankoberfläche** nicht direkt genutzt werden; die Nutzung bleibt Anwendungsprogrammen vorbehalten.

Das Anlegen von Primär- und Sekundärindizes und andere strukturändernde Operationen sind prinzipiell auch für bestehende Datenbanktabellen möglich. Zu diesem Zweck verwendet man in der **Datenbankoberfläche** den Befehl TOOLS | TABELLENOPERATIONEN | UMSTRUKTURIEREN ... und gelangt dann in das gleiche Dialogfenster wie beim Anlegen der Tabellenstruktur (siehe Bild 6.1).

6.2.3   Übungen

6.1   Definieren Sie eine Tabellenstruktur zum Abspeichern von Informationen über Städte. Es sollen mindestens folgende Informationen enthalten sein: Stadtname, Bundesland, Hauptstadt ja/nein, Einwohnerzahl, Telefonvorwahl. Geben Sie einen kleinen Beispieldatenbestand über den Editiermodus der **Datenbankoberfläche** ein.

6.2	Definieren Sie Abfragen über die Stadt-Datenbank, z. B. nach allen in der Datenbank bekannten Hauptstädten von Bundesländern, oder nach allen Städten über einer gewissen Einwohnerzahl.
6.3	Legen Sie einen Primärschlüssel für die Tabelle fest. Diskutieren Sie, ob sich eines der vorhandenen Datenfelder hierfür eignet oder ob ein spezielles Zählerfeld notwendig ist.

6.3 Datenbanksprache SQL

6.3.1 Definition und Übersicht

SQL (**Structured Query Language**) ist eine Kommandosprache für Datenbanksysteme. Sie stellt einen internationalen Standard (ISO) auf diesem Gebiet dar. SQL besteht aus vier Teilsprachen:

QL	**Query Language**	(Abfragesprache)
DDL	**Data Definition Language**	(Datendefinition)
DML	**Data Manipulation Language**	(Datenmanipulation)
DCL	**Data Control Language**	(Datensicherheit)

Der Name SQL ist also nicht glücklich gewählt (da die QL nur eine Teilsprache ist).

Die Sprache SQL ist ausgesprochen komplex und Gegenstand eigenständiger Lehrbücher, z. B. [25]. Hier wird nur ein sehr knapper tabellarischer Überblick über die Sprache gegeben und beschrieben, wie sich SQL in die Konzepte von Delphi einpasst.

Tabelle 6.3 gibt einen Überblick zu den wichtigsten QL-Anweisungen:

Tabelle 6.3   SQL-Abfragesprache QL

SQL-Anweisung	Bedeutung
SELECT	Auswahl der Spalten und Festlegung der Anordnung
WHERE	Formulierung des Auswahlkriteriums für Datensätze
EXPRESSIONS	numerischer Ausdruck als WHERE-Kriterium
ORDERBY	Vorschrift für eine physische Sortierung
GROUPBY	Gruppierung von Datensätzen
JOIN	Verknüpfung der Daten mehrerer Tabellen
SUBQUERY	Verschachtelung von Abfragen

Tabelle 6.4 gibt einen Überblick zu ausgewählten Anweisungen der Datendefinitionssprache DDL:

Tabelle 6.4   SQL-Datendefinitionssprache DDL

SQL-Anweisung	Bedeutung
CREATE TABLE	Tabellendefinition mit Angabe der Datentypen
CREATE INDEX	Erstellung eines Index zum logischen Sortieren
DROP TABLE	Löschen der angegebenen Tabelle
DROP INDEX	Löschen des angegebenen Index
ALTER TABLE	Umstrukturierung von Tabellen
VIEWS	Erzeugung virtueller Datensätze aus mehreren Tabellen

Tabelle 6.5 gibt einen Überblick zu den wichtigsten Anweisungen der Datenmanipulationssprache DML:

Tabelle 6.5   SQL-Datenmanipulationssprache DML

SQL-Anweisung	Bedeutung
INSERT	Einfügen eines neuen Datensatzes
UPDATE	Ersetzen eines Wertes in den Datensätzen
DELETE	Löschen von Datensätzen gemäß Bedingung
COMMIT	Übernahme der Änderungen seit letztem COMMIT
ROLLBACK	Änderungen rückgängig machen

Mit den Anweisungen der Datensicherheitssprache DCL können Lese- und Schreibrechte hinsichtlich des Zugriffs zu den Datenbanktabellen vergeben werden.

6.3.2   Anwendung von SQL mit Delphi

Bei der Arbeit mit der Delphi-Datenbankoberfläche hat man bereits die Möglichkeit, eine SQL-Abfrage zu generieren und auch zu speichern. Das ist eine gute Möglichkeit, sich mit den Prinzipien der SQL-Syntax vertraut zu machen. Zu diesem Zweck wiederholen wir Schritt 3 aus Abschnitt 6.2.2 (Erzeugen einer QBE-Anfrage) und wählen aus dem Menü ABFRAGE den Punkt SQL ANZEIGEN. Daraufhin wird in einem eigenen Fenster angezeigt, wie sich die gerade erstellte Abfrage in der SQL-Abfragesprache formulieren lässt.

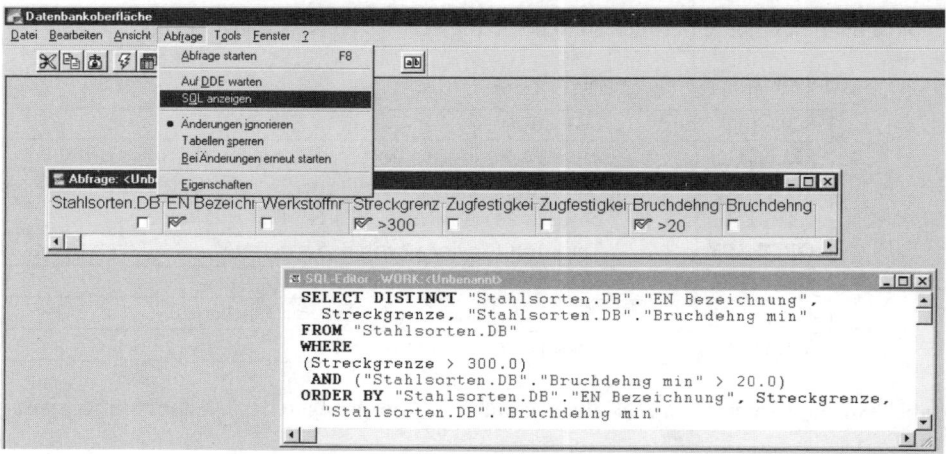

Bild 6.4   Generierung von SQL-Abfragen

An dem Beispieltext sieht man die Grundstruktur von SQL-Anfragen. Nach SELECT werden die auszugebenden Datenfelder angegeben, dann folgt mit FROM die Angabe der zu benutzenden Tabelle(n) und schließlich mit WHERE ein logischer Ausdruck für die Selektion der Datensätze. Die ORDER BY-Klausel dient nur zur Sortierung des Ergebnisses und ist nicht unbedingt erforderlich. Einfache Namen für Datenfelder können in SQL ohne weitere Vorkehrungen erwähnt werden (z. B. **Streckgrenze**), sobald Sonderzeichen in den Namen enthalten sind (z. B. bei **EN Bezeichnung** ein Leerzeichen), müssen die Namen in Anführungszeichen eingeschlossen werden.

Es gibt in Delphi auch die Möglichkeit, komplexe handgeschriebene SQL-Abfragen in Programmen einzusetzen. Dies kann bequem mithilfe der Datenbank-Komponente **Query** realisiert werden. Dies führt jedoch bereits in den nächsten Abschnitt, der die Programmierung von Delphi-Anwendungen mit Datenbank-Komponenten behandelt.

6.4 Programmierung mit Delphi-Datenbank-Komponenten

Für die praktische Anwendung von Datenbanken ist die **Datenbankoberfläche** nicht ausreichend. Wesentlich mehr Möglichkeiten bietet die direkte Nutzung von in Delphi geschriebenen Anwendungsprogrammen, die Datenbankfunktionen ansprechen. Für die Entwicklung solcher Anwendungen stellt Delphi spezielle Komponenten zur Verfügung, so genannte **Datenbank-Komponenten**. Dennoch ist das Werkzeug Datenbankoberfläche hilfreich, denn Grundaufgaben wie die Strukturerstellung, die Eingabe von (einfachen) Datentypen, experimentelle Abfragen, das physische Sortieren und das Anlegen von Indizes werden am besten mit der **Datenbankoberfläche** vorgenommen. Weitergehende Operationen werden in der Regel mithilfe der Datenbank-Komponenten programmiert.

6.4.1 Übersicht über ausgewählte Datenbank-Komponenten

Die Komponenten für die Datenbankarbeit können unterschieden werden in visuelle (d. h. zur Laufzeit des Programms an der Oberfläche sichtbare) und nichtvisuelle Komponenten. Dementsprechend sind die Datenbank-Komponenten in Delphi unter den Seiten **Datenzugriff** (nichtvisuelle Komponenten) und **Datensteuerung** (visuelle Komponenten) der Komponentenpalette angeordnet. Eine Auswahl ist in den folgenden Tabellen zusammengestellt. Dabei werden nur die Komponenten erläutert, die in den Beispielen dieses Abschnittes verwendet werden, und es wird nur ein kleiner Ausschnitt der möglichen Eigenschaften und Methoden erklärt. Weitere Information findet sich in der Delphi-Online-Hilfe.

Komponenten für den Datenzugriff

 Table

Beschreibung:	Ermöglicht den Zugriff auf Daten in einer Datenbanktabelle oder direkt auf jeden Datensatz und jedes Feld der zugrunde liegenden Datenbanktabelle. Eine Tabellenkomponente kann auch mit einer Untermenge der Datensätze in einer Datenbanktabelle arbeiten. Dazu werden Bereiche und Filter verwendet.	
Eigenschaften:	DatabaseName	Verzeichnis(!), in dem die Datenbank steht, der diese Datenmenge zugeordnet ist.
	TableName	Name der Datenbanktabelle (*.db*)
	IndexName	Name des verwendeten Sekundärindex
	Active	Angabe (***true***), ob die Datenmenge geöffnet ist
Methoden:	Edit	Bearbeiten der Daten (Edit-Modus für aktuellen Datensatz einschalten)

Post	Schreibt einen geänderten Datensatz in die Datenbank zurück
Close	Tabelle schließen
First, Next, …	siehe Abschnitt 6.1.3

DataSource

Beschreibung: **DataSource** stellt eine Verbindung zwischen einer Datenmengen-Komponente (z. B. einer Tabellenkomponente) und den datensensitiven Steuerelementen in einem Formular bereit. Nur über eine **DataSource** können die der Datenmenge zugrunde liegenden Daten angezeigt und bearbeitet werden (Pipeline-Prinzip, siehe nächster Abschnitt).

Eigenschaften: DataSet   Angabe der Datenmenge, auf die sich die **DataSource**-Komponente bezieht

Query

Beschreibung: Über **Query** kann mithilfe von SQL-Anweisungen auf Tabellen in einer Datenbank zugegriffen werden. Der Zugriff auf mehrere Tabellen ist möglich, auch auf eine Untermenge der Zeilen und Spalten der zugrunde liegenden Tabellen, um nicht alle Zeilen und Spalten abrufen zu müssen.

Eigenschaften: DatabaseName   Verzeichnis(!), in dem die Datenbank steht, der diese Datenmenge zugeordnet ist.

DataSource   Festlegung der Datenquelle, der aktuelle Feldwerte entnommen werden, um sie in gleichnamige Parameter in die SQL-Anweisung der Abfrage aufzunehmen.

Active   Angabe (***true***), ob die Datenmenge geöffnet ist.

SQL   Text der SQL-Anweisung für die Abfrage.

Komponenten für die Datensteuerung

DBGrid

Beschreibung: **DBGrid** dient zur tabellarischen Anzeige und Bearbeitung von Datensätzen einer Datenbanktabelle oder einer Abfrage. Anwendungen haben die Möglichkeit, im Datengitter Daten einzufügen, zu löschen und zu bearbeiten oder sie einfach nur anzuzeigen. Mit dem Datenbank-Navigator (siehe nächste Komponente) ist es dem Benutzer möglich, sich durch das Gitter zu bewegen. Eingaben im Datengitter werden erst dann in der zugrunde liegenden Datenmenge gespeichert, wenn ein Wechsel zu einem anderen Datensatz erfolgt oder die Anwendung beendet wird.

Eigenschaften: DataSource   Name der **DataSource**-Komponente

DBNavigator

Beschreibung: **DBNavigator** ermöglicht beim Bearbeiten oder Anzeigen der Daten die Steuerung des Satzzeigers in der Datenmenge. Sobald der Benutzer in eines der Steuerfelder klickt, wird die entsprechende Aktion (vorwärts, rückwärts gehen etc.) in der verbundenen Datenmenge durchgeführt. Die folgenden Steuerfelder (Schalter) werden in der Komponente **DBNavigator** angezeigt:

◄	◄	►	►►	+	–	▲	✓	✗	↺
1	2	3	4	5	6	7	8	9	10

1 (Erster): Wechselt zum ersten Datensatz in der Datenmenge, deaktiviert die Schalter Erster und Vorheriger und aktiviert die Schalter Nächster und Letzter, falls diese deaktiviert sind.

2 (Vorheriger): Wechselt zum vorherigen Datensatz und aktiviert die Schalter Nächster und Letzter, falls diese deaktiviert sind.

3 (Nächster): Wechselt zum nächsten Datensatz und aktiviert die Schalter Erster und Vorheriger, falls diese deaktiviert sind.

4 (Letzter): Wechselt zum letzten Datensatz in der Datenmenge, deaktiviert die Schalter Nächster und Letzter und aktiviert die Schalter Erster und Vorheriger, falls diese deaktiviert sind.

5 (Einfügen): Fügt einen neuen Datensatz *vor* dem aktuellen Datensatz ein und ändert den Modus der Datenmenge in Einfüge- und Editiermodus.

6 (Löschen): Löscht den aktuellen Datensatz und macht die nächste Zeile zum aktuellen Datensatz.

7 (Bearbeiten): Versetzt die Datenmenge in den Bearbeitungsmodus, sodass der aktuelle Datensatz geändert werden kann.

8 (Eintragen): Schreibt die Änderungen des aktuellen Datensatzes in die Datenbank.

9 (Abbrechen): Bricht die Änderungen des aktuellen Datensatzes ab, setzt die Anzeige des Datensatzes auf den Zustand vor der Änderung zurück und deaktiviert die Modi **dsInsert** und **dsEdit**, falls diese aktiv sind.

10 (Aktualisieren): Aktualisiert die gepufferten Daten in der verbundenen Datenmenge. Bei **Query**-Komponenten ist dieser Schalter nur aktiviert, wenn die Eigenschaft **Request-Live** den Wert *true* hat.

| *Eigenschaften:* | DataSource | Name der **DataSource**-Komponente |
| | VisibleButtons | Aufklappbare Liste von Einzeleigenschaften, mit denen jeder einzelne der obigen Schalter ausgeblendet werden kann. |

DBText

Beschreibung:		Mit **DBText** kann der Inhalt eines Feldes des aktuellen Datensatzes einer Datenmenge in einem Formular angezeigt werden. Die Feldwerte können mit diesem Objekt jedoch *nicht* geändert werden.
Eigenschaften:	DataSource	Name der **DataSource**-Komponente
	DataField	Bezeichnet das Feld, dessen Wert vom Datenbank-Textobjekt angezeigt wird.

DBEdit

Beschreibung:		**DBEdit** dient zur Bearbeitung eines Datenbankfeldes. Die Eigenschaft Text enthält den Inhalt des Feldes. **DBEdit**-Objekte erlauben nur einzeiligen Text. Wenn das Feld Daten enthält, die sich über mehrere Zeilen erstrecken, muss ein **DBMemo**-Objekt verwendet werden. **DBEdit** kann eine Maske verwenden, um die Eingabe auf Daten zu beschränken, die für das Datenbankfeld gültig sind.
Eigenschaften:	DataSource	Name der **DataSource-Komponente**
	DataField	Bezeichnet das Feld, dessen Wert vom Datenbank-Textobjekt angezeigt wird.

DBMemo

Beschreibung:		**DBMemo** dient der Bearbeitung oder Anzeige eines Feldes, das umfangreichen Text enthält. Die Eigenschaft Text des **DBMemo**-Objekts repräsentiert den Inhalt des Feldes. **DBMemo** unterstützt mehrzeilige Texte. Daher eignet sich dieses Objekt für lange alphanumerische Felder oder Text-BLOBs.
Eigenschaften:	DataSource	Name der **DataSource**-Komponente
	DataField	Bezeichnet das Feld, dessen Wert vom Datenbank-Textobjekt angezeigt wird.
Methoden:	LoadMemo	Übernahme des Memo-Textes
	Clear	Löschen des gesamten Textes im Eingabefeld

DBImage

| *Beschreibung:* | | **DBImage** repräsentiert den Inhalt eines Grafikfeldes und zeigt in einem Formular Grafiken an, die in einer Datenmenge gespeichert sind. |

Eigenschaften:	DataSource	Name der **DataSource**-Komponente
	DataField	Bezeichnet das Feld, dessen Wert angezeigt wird.
	Picture	Repräsentiert die Grafik, die angezeigt wird.
Methoden:	Picture.LoadFromFile	Laden der Grafikdatei in den Container
	Picture.LoadPicture	Übernahme der Grafik

6.4.2   Die Komponenten-Pipeline

Wie schon bei der Besprechung der **DataSource**-Komponente erwähnt wurde, gibt es das Konzept der so genannten **Komponenten-Pipeline**. Es hat grundlegende Bedeutung für den Datenfluss zwischen drei zentralen Komponententypen:

- DataSet-Komponenten, wie **Table** und **Query**
- der **DataSource**-Komponente
- visuellen Komponenten der Datensteuerung, wie **DBGrid**, **DBImage** usw.

Diese werden auf dem Formular platziert und über Verweise in Form einer Pipeline zusammengeschlossen. Das Prinzip zeigt Bild 6.5. Die DataSource-Komponente dient als zentrale „Drehscheibe", über die Zugriffe auf eine Datenquelle realisiert werden. Dadurch ist es ausgeschlossen, dass verschiedene visuelle Komponenten inkonsistente Zustände der Datenbank darstellen.

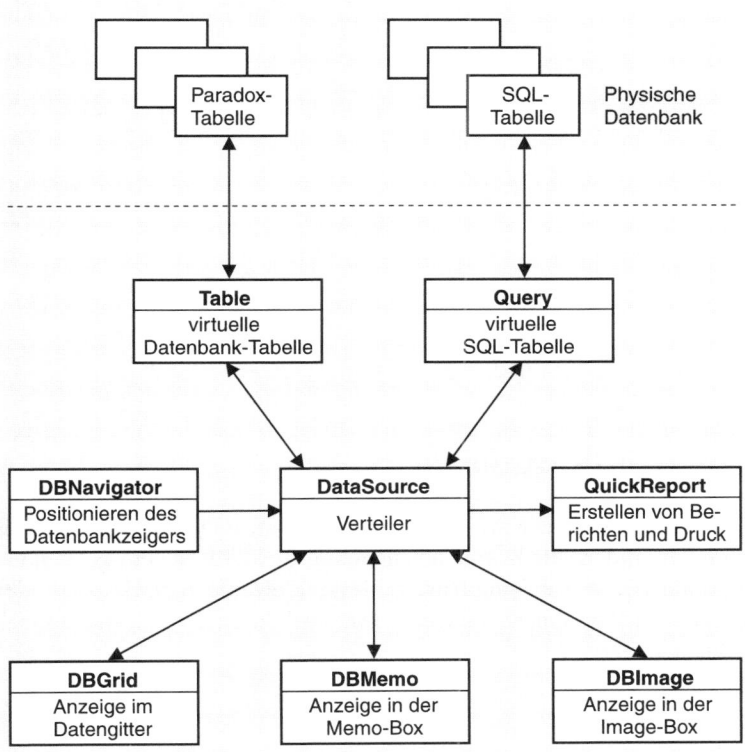

Bild 6.5 Pipeline-Kopplung von DB-Komponenten

6.4.3   Projekt TABELLENANZEIGE

Das in diesem Projekt entwickelte Programm soll den Inhalt einer beliebigen Datenbanktabelle ausgeben. Zur Gestaltung der Oberfläche werden, wie üblich, die benötigten Delphi-
Komponenten auf dem Formular angeordnet und deren Eigenschaften mit dem Objektinspektor oder in Form von Laufzeit-Anweisungen eingestellt. Für die Tabellenanzeige
benötigen wir drei Datenbank-Komponenten:

1. Eine **Table**-Komponente **Table1**, die die Datenbanktabelle repräsentiert.
2. Eine **DataSource**-Komponente **DataSource1** mit **DataSource1.DataSet=Table1**.
3. Eine **DBGrid**-Komponente **DBGrid1** mit **DBGrid1.DataSource=DataSource1**.

Bild 6.6 zeigt das Formular der Anwendung zum Entwurfszeitpunkt. Wie man sieht,
wurden neben den Datenbank-Komponenten zwei Edit-Felder vorgesehen, über die man
das Suchverzeichnis für die Datenbankdateien und den Namen der zu öffnenden Tabelle
eingeben kann. Als Standardwerte für das erste Feld wurde „C:\Datenbankarbeit" angegeben (was heißt, dass Arbeitstabellen praktischerweise in dieses Verzeichnis gelegt werden
sollten), für das zweite Feld der Name unserer Beispieltabelle „Stahlsorten". Wenn das
Programm völlig generisch für alle Datenbanktabellen eingesetzt werden soll, wäre es
sinnvoll, für dieses Feld keinen Standardwert vorzusehen.

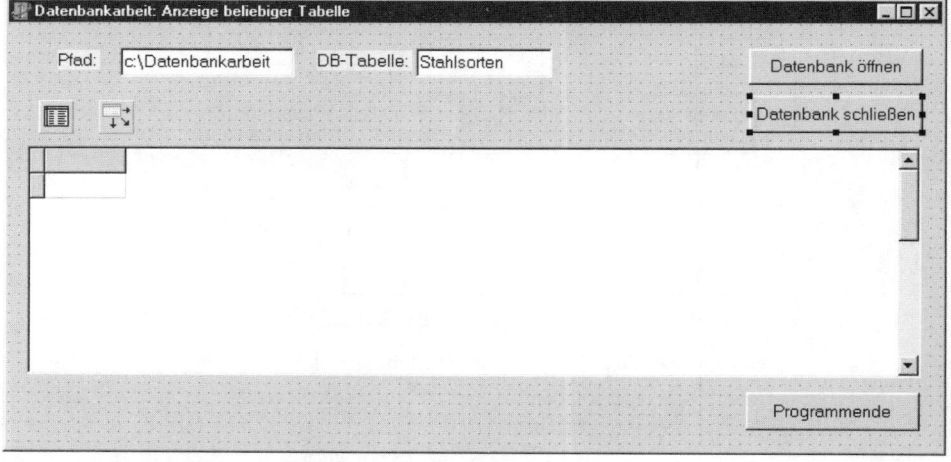

Bild 6.6   Datenbank-Komponenten in TABELLENANZEIGE

Die Verbindung zur Datenbanktabelle erfolgt erst zur Laufzeit, sie wird in die Ereignisbehandlung eingebunden, indem Pfad- und Tabellenname aus Edit-Feldern gelesen und
den Eigenschaften **Table1.DatabaseName** bzw. **Table1.TableName** zugewiesen werden.
Mit **Table1.Active=*true*** wird die Tabelle angezeigt. Das wird durch den folgenden Quell-
text(ausschnitt) erreicht.

```
procedure TForm1.DatenbankOeffnungButtonClick
        (Sender: TObject);
begin

    Table1.DatabaseName:=PfadEdit.Text;      // Pfadname
```

```
        Table1.TableName:=DBTabelleEdit.Text;   // Tabellenname
        Table1.Active:=true;   // Tabelle für Zugriff öffnen
    end { TForm1.DatenbankOeffnungButtonClick};
```

Zur Laufzeit und nach Öffnen der Datei **Stahlsorten.db** erscheint das Programm wie in
Bild 6.7 gezeigt.

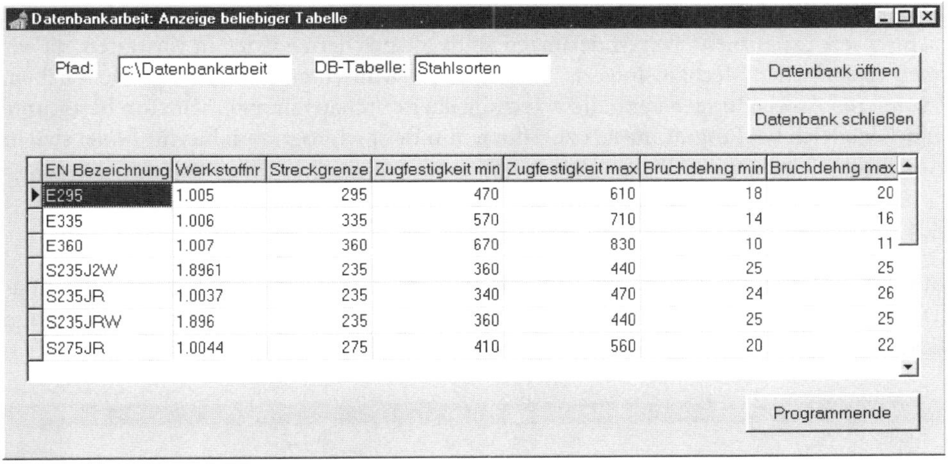

Bild 6.7   Tabellenanzeige zur Laufzeit

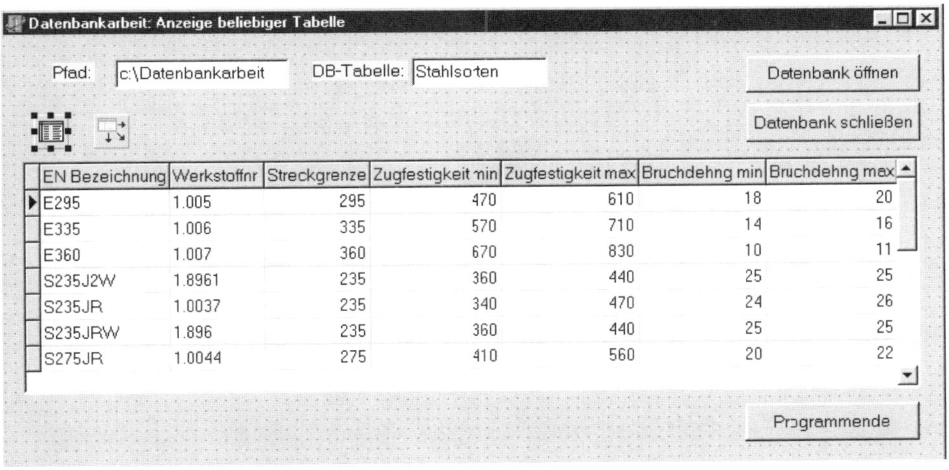

Bild 6.8   Tabelle zur Entwurfszeit angezeigt

Ein kleines Experiment mit diesem Projekt kann helfen, den Unterschied zwischen Entwurfszeit und Laufzeit besser zu verstehen. Wir betrachten das Projekt zum Entwurfszeitpunkt (siehe Bild 6.6). Nun stellen wir für die Komponente **Table1** im Objektinspektor
ein: **DatabaseName=C:\Datenbankarbeit**, **TableName=Stahlsorten** und anschließend
Active=*true*. Wenn dabei keine Tippfehler passiert sind und die Datenbanktabelle wirklich

an der genannten Stelle liegt, wird die Datenbank noch zum Entwurfszeitpunkt (vor der Übersetzung des Programms) geöffnet und angezeigt, siehe Bild 6.8. Der Grund für diesen Effekt ist, dass die Initialisierung für Delphi-Komponenten bereits zur Entwurfszeit geschieht (genau wie das bei der Komponente ERZEUGUNGSDATUM in Kapitel 5 der Fall war, wo das Erzeugungsdatum des Delphi-Entwicklungssystems angezeigt wurde). Der praktische Nutzen dieses Effekts ist, dass wir so die Größe des **DBGrid** besser auf die für unsere Beispieltabellen einstellen können. Für das hier besprochene Projekt empfiehlt es sich, unsere experimentellen Änderungen beim Abspeichern wieder zu verwerfen, da wir ja einen speziellen Mechanismus zur Eingabe der erwünschten Tabelle vorgesehen haben. In anderen Anwendungen kann diese Technik aber durchaus sinnvoll sein, um bestimmte Tabellen gleich bei Programmstart zu öffnen. Ein Beispielprogramm hierfür findet sich in Abschnitt 6.5.3.

6.4.4   Projekt TABELLENNAVIGATOR

Mit diesem Projekt soll die Komponente **DBNavigator** genutzt werden, die mit minimalem Programmieraufwand eine sehr bequeme Möglichkeit zum Betrachten, Eingeben und Editieren von Daten einer Tabelle bietet. Bild 6.9 zeigt das Projekt zur Entwurfszeit.

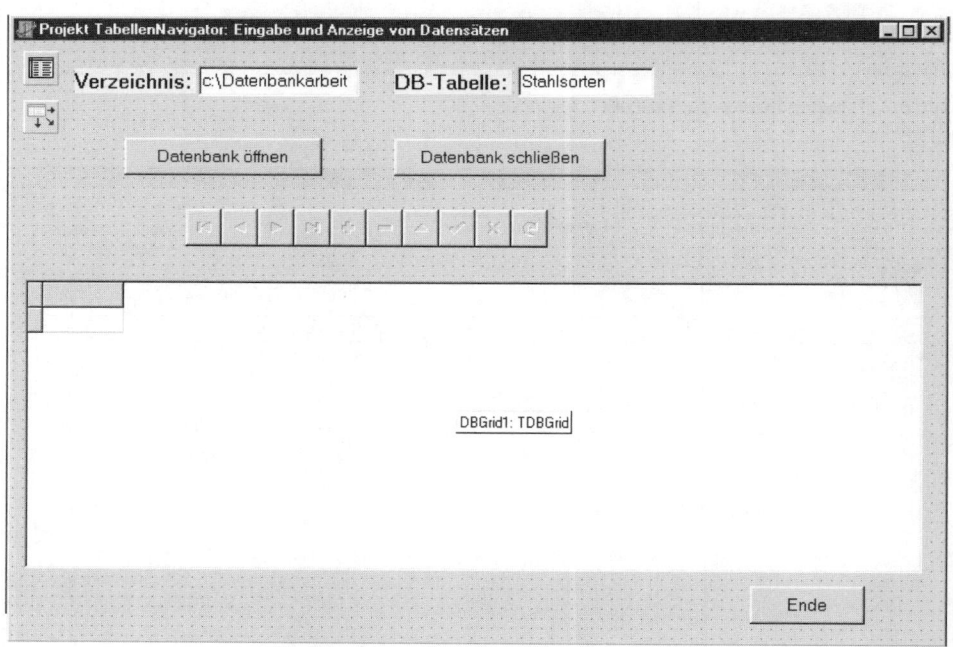

Bild 6.9   Projekt TABELLENNAVIGATOR zur Entwurfszeit

Wieder werden eine **Table**-Komponente und eine damit verbundene **DataSource**-Komponente bereitgestellt. Dazu kommt eine **DBNavigator**-Komponente (die als einzige dieser Komponenten zur Laufzeit sichtbar ist). Die Verbindung zur Pipeline erfolgt über die Eigenschaft **DataSource** des **DBNavigators**. Der Editiermodus wird über die Methode

Table1.Edit eingestellt, das Rückschreiben in die physische Tabelle wird durch **Table1.Post** realisiert und das Schließen der Tabelle erfolgt mit **Table1.Close**.

```
procedure TForm1.TableCloseButtonClick(Sender: TObject);
begin                //Organisation des Rückschreibens:
    Table1.Edit;     // Edit-Modus
    Table1.Post;     // Rückschreiben in Datenbank-Tabelle
    Table1.Close;    // Tabelle schließen
end {TForm1.TableCloseButtonClick};
```

6.4.5   Projekt STAHLDB

Schließlich soll noch gezeigt werden, wie es mit den normalen Sprachmitteln von Object Pascal möglich ist, auf eine geöffnete Tabelle (bzw. allgemein eine Datenmenge) ähnlich wie auf eine *file*-Variable zuzugreifen. Eine Übersicht über die Satzzeiger-Operationen in ObjetPascal wurde bereits oben in Tabelle 6.2 gegeben. Das Projekt TABELLENNAVIGA-TOR wird nun um zusätzliche Funktionen erweitert, die nun aber *nur* für die Stahlsorten-Datenbank funktionieren und nicht für beliebige Datenbank-Dateien. Zu diesem Zweck werden Felder eingefügt, die statistische Auswertungen über die Datenbank anzeigen; und in einer Schleife über alle Datensätze werden diese Werte berechnet. Ein spezieller Knopf

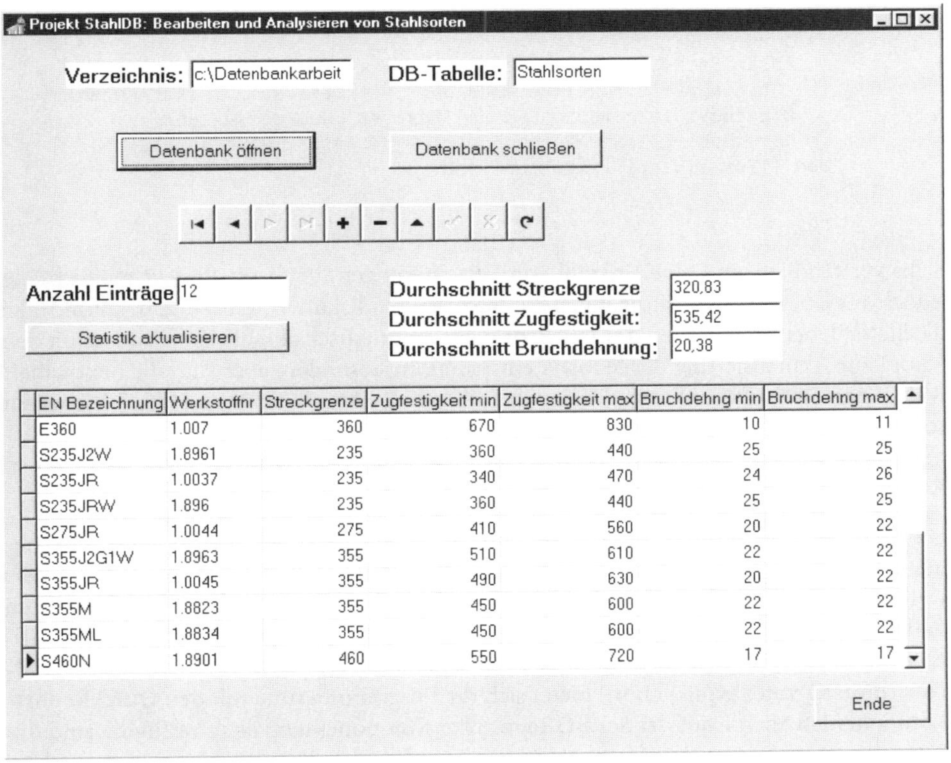

Projekt StahlDB: Bearbeiten und Analysieren von Stahlsorten

Verzeichnis: c:\Datenbankarbeit   DB-Tabelle: Stahlsorten

Datenbank öffnen   Datenbank schließen

Anzahl Einträge 12

Statistik aktualisieren

Durchschnitt Streckgrenze   320,83
Durchschnitt Zugfestigkeit: 535,42
Durchschnitt Bruchdehnung: 20,38

EN Bezeichnung	Werkstoffnr	Streckgrenze	Zugfestigkeit min	Zugfestigkeit max	Bruchdehng min	Bruchdehng max
E360	1.007	360	670	830	10	11
S235J2W	1.8961	235	360	440	25	25
S235JR	1.0037	235	340	470	24	26
S235JRW	1.896	235	360	440	25	25
S275JR	1.0044	275	410	560	20	22
S355J2G1W	1.8963	355	510	610	22	22
S355JR	1.0045	355	490	630	20	22
S355M	1.8823	355	450	600	22	22
S355ML	1.8834	355	450	600	22	22
S460N	1.8901	460	550	720	17	17

Ende

Bild 6.10   Projekt STAHLB zur Laufzeit

dient zur Neuberechnung der Statistik nach Änderungen. Bild 6.10 zeigt die Oberfläche dieses Programms zur Laufzeit.

Das Kernstück dieses modifizierten Programms ist die Methode zur Berechnung der statistischen Werte:

Beispiel:
```
procedure TForm1.StatistikButtonClick(Sender: TObject);

    var Anzahl, SumStreckgr: integer;
        SumZugf, SumBruc: Double;

begin
    Anzahl:=0; SumStreckgr:=0; SumZugf:=0; SumBruc:=0;
    Table1.First; // Position: erster Satz

    while not Table1.EOF do
    begin
        Anzahl:=Anzahl+1;
        SumStreckgr:=SumStreckgr+Table1.Fields[2].AsInteger;
        SumZugf:=SumZugf+((Table1.Fields[3].AsInteger
                        +Table1.Fields[4].AsInteger)/2);
        SumBruc:=SumBruc+((Table1.Fields[5].AsInteger
                        +Table1.Fields[6].AsInteger)/2);
        Table1.Next; // Position: nächster Satz
    end;

    AnzahlEdit.Text:=IntToStr(Anzahl);
    DStreckgrEdit.Text:=FormatFloat('####.##',SumStreckgr/Anzahl);
    DZugfEdit.Text:=FormatFloat('####.##',SumZugf/Anzahl);
    DBruchdEdit.Text:=FormatFloat('####.##',SumBruc/Anzahl);
end {TForm1.StatistikButtonClick};
```

Selbstverständlich sind eine Vielzahl von Verfeinerungen für dieses Projekt möglich, die jedoch aus Übersichtlichkeitsgründen hier nicht weiter diskutiert werden, z. B. könnte man die Statistik bei Änderungen des Tabelleninhalts automatisch aktualisieren und damit den Knopf zur Aktualisierung der Statistik einsparen. Insbesondere aber sind die beispielhaft realisierten Statistik-Funktionen nur von geringem praktischem Wert. Hilfreicher wären solche Berechnungen, wenn sie die Preise bzw. das Preis/Leistungsverhältnis verschiedener Hersteller einbezögen. Programmiertechnisch unterscheiden sich diese realistischen Aufgaben jedoch nicht von dem hier gegebenen einfachen Beispiel.

Die Statistik-Funktion des letzten Beispielprojekts gibt eine gute Überleitung zum Thema **Berichte (Reports)** über Datenbanken. Berichte sind für den Druck aufbereitete Datenbank-Tabellen, die neben den Inhalten der Datenfelder auch Zusammenfassungen und Begleittext enthalten können. Als speicherplatzsparende und integrierte Alternative zum Report-Tool **ReportSmith**, der als separates Programm nicht zum Standard-Lieferumfang von Delphi gehört, bietet sich die Programmierung mit den **QuickReport**-Komponenten an, die auf der Seite **QReport** der Komponentenpalette verfügbar sind. Im Folgenden wird eine knappe Übersicht über die wichtigsten dieser Komponenten gegeben. Deren Anwendung erfolgt in Analogie zu den anderen Datenbank-Komponenten.

6.4.6 Übersicht über ausgewählte QuickReport-Komponenten

QuickRep

Beschreibung:	Druckausgabe über den Report-Generator	
Eigenschaften:	DataSet	Name der Datenmengen-Komponente (z. B. eine Tabelle)
Methoden:	Print	Druck
	Preview	Vorschau

QRBand

Beschreibung:	Element, aus dem der Druck zusammengesetzt wird	
Eigenschaft:	BandType	rbTitle (Gesamtüberschrift),
		rbColumnHeader (Spaltenüberschrift),
		rbDetail (Datenzeile),
		rbPageHeader (Seitenüberschrift),
		rbSummary (Zusammenfassungszeile)

QRLabel

Beschreibung:	Druck von Zeichenketten, d. h. Text, der in der Ausgabe erscheint	
Eigenschaft:	Caption	Text

QRDBText

Beschreibung:	Druck eines Datenfeld-Wertes	
Eigenschaft:	DataField	Angabe des Datenfeldes, dessen Wert zu drucken ist

QRExpr

Beschreibung:	Druck eines berechneten, z. B. statistischen Wertes; wird vorwiegend in Zusammenfassungs-Bändern verwendet.	
Eigenschaft:	Expression	Angabe des zu berechnenden Ausdrucks
		Es steht ein umfangreicher Editor für diese Ausdrücke zur Verfügung, der die üblichen arithmetischen Operationen, verschiedenste mathematische und statistische Funktionen sowie den Zugriff auf Datenbankfelder unterstützt.

6.4.7   Projekt STAHLREPORT

Dieses Projekt zeigt einen sehr einfachen Bericht (Ausdruck) aus der Stahlsortentabelle, siehe Bild 6.11. Leider ist die Handhabung der QuickReport-Komponenten nicht ganz so selbsterklärend wie bei den Datenbank-Komponenten für grafische Oberflächen, deshalb könnten die folgenden Hinweise zur Erstellung des Programms hilfreich sein. Details sind dem Projekt zu entnehmen.

	Stahlsorten Übersicht		
EN Bezeichnung	**Streckgrenze**	**Zugfestigkeit (min)**	**Bruchdehnung (min)**
E295	295	470	18
E335	335	570	14
E360	360	670	10
S235J2W	235	360	25
S235JR	235	340	24

Bild 6.11   Bericht (Ausdruck) zur Stahlsortentabelle

Zur Erstellung eines solchen Projekts sind folgende Schritte erforderlich:
- Eine Komponente **QuickRep** (Palettenseite **QReport**) wird auf dem Formular platziert und mit einer Komponente vom Typ **Table** verknüpft. (Es wird hier also *keine* DataSource-Komponente eingeschoben.) Dabei werden in **Table** Verzeichnis (hier z. B.: „c:\Datenbankarbeit") und Tabellenname („Stahlsorten.db") über den Objektinspektor fest eingestellt, sowie die Eigenschaft **Active** auf *true* gesetzt.
- In der **QuickRep**-Komponente wird unter der Eigenschaft **Bands** angegeben, welche „Bänder" für den Bericht bestehen sollen. Ein Band ist ein horizontaler Abschnitt des Berichts, wobei bestimmte Bänder vielfach auftreten, insbesondere die Wertezeilen. Es wird z. B. **hasDetail**=*true* gesetzt, wenn es Wertezeilen geben soll (was wohl fast immer der Fall sein wird).
- Die dabei automatisch eingeblendeten **QRBand**-Komponenten werden nach Bedarf gefüllt. Typischerweise wird eine Wertezeile (Detail-Band) z. B. mit **QRDBText**-Komponenten versehen, um die Ausgabe einzelner Werte aus der Tabelle anzustoßen. Dabei muss die Tabelle bei jedem einzelnen **QRDBText**-Element neu angegeben werden.Überschriften (in Titel und Spaltentitel-Bändern) bestehen meist aus **QRLabel**-Komponenten.
- Am Ende der Tabelle sind Schaltflächen (Knöpfe) anzubringen, von denen typischerweise eine die Vorschau startet (und auf der **QuickRep**-Komponente die Methode **Preview** aufruft), eine den Druckvorgang startet (analog mit Methode **Print**) und eine das Programm beendet.

Bei Start des übersetzten Programms wird nicht direkt der Bericht erzeugt, sondern ein Dialog gestartet, in dem man über die in der Anwendung vorgesehenen Schaltflächen dann die eigentliche Berichtausgabe auslöst.

6.4.8 Übungen

6.4 Ü-Projekt STADTDB

Entwickeln Sie eine Anwendung in Object Pascal, die es ermöglicht, die Daten der Stadt-datenbank aus Abschnitt 6.2.3 komfortabel zu betrachten und zu ergänzen. Verwenden Sie dazu die DBNavigator-Komponente. Sehen Sie weitere Ausgabefelder vor, in denen die folgenden statistischen Auswertungen über die Datenbank aktuell bereitgestellt werden: durchschnittliche Einwohnerzahl der erfassten Städte, maximale und minimale Einwohnerzahl sowie Summe aller Einwohnerzahlen.

6.5 Ü-Projekt STADTANSICHT

Erweitern Sie die Stadt-Datenbank und das Projekt STADTDB um eine Möglichkeit, zu jeder Stadt ein Bitmap-Bild der Stadt abzulegen und beim Navigieren zu betrachten.

6.6 Ü-Projekt STADTREPORT

Erstellen Sie einen Datenbankbericht für die Stadt-Datenbank, der die gesamte Stadt-information (ohne die Bilder) übersichtlich auflistet und die in Übung 1 genannten statistischen Daten ausweist.

6.5 Arbeit mit mehreren Datenbanktabellen

Nachdem in vorherigen Abschnitten Projekte vorgestellt wurden, die auf der Nutzung *einer* Datenbanktabelle basierten, sollen nun Informationen aus zwei Tabellen verarbeitet werden. Dies ist eine ganz wesentliche Grundlage für die Zusammenführung von Daten verschiedenen Ursprungs. Es gibt sogar eine ausgefeilte Theorie, die die Zerlegung von Datenbank-Schemata in relativ viele unabhängige Tabellen vorschlägt, um möglichst jede redundante Speicherung von Information zu vermeiden (so genannte **Normalformen** von Datenbank-Schemata). In der Praxis hat diese Theorie allerdings nur eingeschränkte Bedeutung, da der Zugriff auf mehrere Tabellen immer mit erheblichen Performance-Einschränkungen verbunden ist und man deshalb häufig benötigte Daten gerne in kom-pakten Tabellen hält. Generell ist die Verbindung von Datenbanktabellen aber, wenn in sinnvoller Weise eingesetzt, eine wesentliche Grundtechnik für komplexe Anfragen in größeren Datenbeständen.

Grundlage für ein Beispiel zu dieser Technik bilden zwei Datenbanktabellen mit nachste-hender Struktur und Inhalten. Die erste Tabelle **Stahlsorten.db** ist bereits in bisherigen Beispielen entwickelt und benutzt worden.

6.5.1 Beispieltabelle NORMEN

Als Ergänzung zur Stahlsorten-Tabelle dient eine Tabelle **Normen.db**. Sie hat folgende Struktur und Inhalte:

Feldname	Typ des Datenfeldes
EN	Zeichenkette, 10 Zeichen
DIN	Zeichenkette, 12 Zeichen
NFA	Zeichenkette, 6 Zeichen
BS	Zeichenkette, 6 Zeichen

Der Zweck der Tabelle ist der Vergleich verschiedener Normen, insbesondere der nationalen Vorläuferstandards der Europäischen Norm. Konkret sind das für Stahlsorten die deutsche Norm DIN 17 100, die französische Norm NFA 35 501 und der britische Standard BS 4360. Bild 6.12 zeigt eine mit einigen Einträgen gefüllte Tabelle für den Normenvergleich. Da nicht jede Norm in jede andere einfach zu „übersetzen" ist, gibt es einige Einträge mit dem Wert „n/a", der für „nicht anwendbar" steht.

Normen	EN	DIN	NFA	BS
1	E235J2W	n/a	n/a	n/a
2	E295	St 50-2	A 50-2	n/a
3	E335	St 60-2	A 60-2	n/a
4	E360	St 70-2	A 70-2	n/a
5	S185	St 33	A 33	n/a
6	S235JR	St 37-2	E 24-2	40D
7	S235JRW	n/a	n/a	n/a
8	S275JR	St 44-2	E 28-2	43B
9	S355J2G1W	n/a	n/a	n/a
10	S355JR	n/a	E 36-2	50D
11	S355M	StE 355 TM	n/a	n/a
12	S355ML	TStE 355 TM	n/a	n/a
13	S460N	StE 460	n/a	n/a

Bild 6.12   Vergleichstabelle zu Normen für Stahlsorten

Auf der Basis dieser beiden Tabellen kann es erwünscht sein, gezielte Abfragen zu stellen, die die Daten aus beiden Tabellen zusammenführen, z. B. wenn nach DIN- oder BS-Bezeichnungen für Stähle mit bestimmten Eigenschaften gesucht wird. Das kann auf zwei Wegen erfolgen, entweder über die Datenbankoberfläche oder durch Programmierung mit Komponenten. Beide Möglichkeiten werden kurz vorgestellt.

6.5.2   Verknüpfen von Tabellen in der Datenbankoberfläche

Ausgangspunkt ist die Datenbankoberfläche, die über das Menü TOOLS erreicht wird. Eine QBE-Abfrage wie in Abschnitt 6.2.2 (Schritt 3) beschrieben, kann sich auch über mehrere Tabellen erstrecken. Dazu sind folgende Schritte nötig:

- Menü DATEI | NEU | QBE-ABFRAGE und Tabelle wählen (*Stahlsorten.db*)
- Über Menü BEARBEITEN | TABELLE hinzufügen können nun weitere Tabellen zu der Anfrage hinzugefügt werden, im Beispiel **Normen.db**.
- Es muss eine Verbindung zwischen den beiden Tabellen hergestellt werden. Hierzu steht das Werkzeug **Tabellen verbinden** zur Verfügung, das (leider im Widerspruch zu ergonomischen Prinzipien) ausschließlich über ein Funktionssymbol (in der Symbolleiste unterhalb der Menüs) zugänglich ist. Bild 6.13 illustriert die Lage des Symbols. Man klickt zuerst auf das Funktionssymbol **Tabellen verbinden** und dann nacheinander auf die beiden zu verbindenden Felder (die kompatible Feldtypen haben müssen), hier also die jeweiligen Felder für die EN-Bezeichnung in den beiden Tabellen.
- Anschließend kann man eine Abfrage zusammenstellen (Felder anklicken und Bedingungen eintragen), die beide Tabellen einbezieht, und in gewohnter Weise starten.

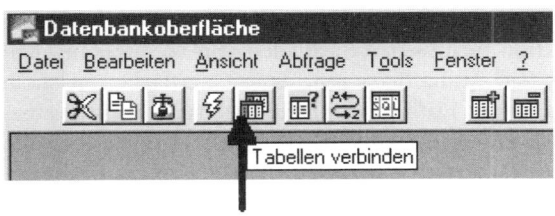

Bild 6.13 Das Werkzeug „Tabellen verbinden"

Bild 6.14 zeigt eine Abfrage über den beiden Beispieltabellen mit aktivierter Verbindung zwischen den Tabellen sowie das Ergebnis der Abfrage.

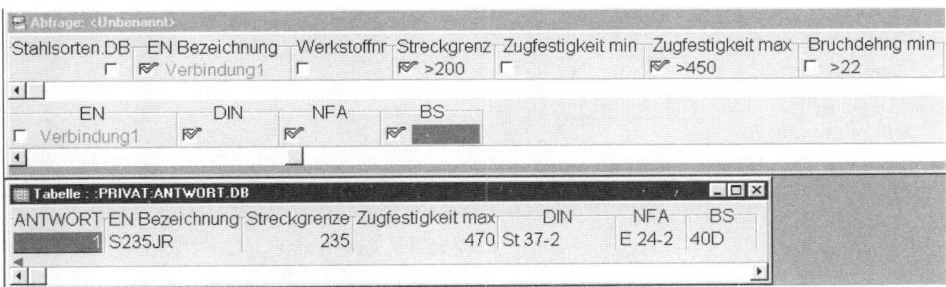

Bild 6.14 QBE-Abfrage über zwei verbundene Tabellen

Unabhängig von der Art der konkreten Realisierung der Tabellenverknüpfung in der **Datenbankoberfläche** sieht man hier das elementare Prinzip der Verknüpfung von Tabellen durch **Fremdschlüssel**. Eine Tabelle enthält einen Wert, der in einer weiteren Tabelle als Schlüssel für den Zugriff dient. In diesem speziellen Beispiel ist das Feld „EN Bezeichnung" in der Stahlsorten-Datenbank gleichzeitig Primärschlüssel der Datenbank und Fremdschlüssel einer anderen Datenbank. Es kommt jedoch auch häufig vor, dass normale Datenfelder Fremdschlüssel sind. Ein Beispiel hierfür wäre etwa eine Angebots-Datenbank, die verschiedenste Informationen zu Angeboten über Lieferangebote (von Stahl) einzelner Firmen enthält. Eine der Information zu einem Angebotseintrag könnte die EN-Bezeichnung des angebotenen Stahls sein. Damit liegt ein Fremdschlüssel vor, der in die Tabelle der Stahlsorten (oder auch in die Tabelle der Normen) weist. Mit den beschriebenen Verknüpfungstechniken kann man die Informationen über Stahleigenschaften (bzw. andere Norm-Bezeichnungen) in die Auswertung der Angebots-Datenbank einbeziehen.

6.5.3   Projekt DINSTAHL

Die Verknüpfung zwischen Tabellen kann natürlich auch in Anwendungsprogrammen vorgenommen werden. Im Allgemeinen ist das mit jedem Programmiersystem möglich, das in irgendeiner Weise SQL einbindet, denn die Sprache SQL enthält eine Verknüpfungsoperation (**join**) für Tabellen. In diesem Beispielprojekt soll gezeigt werden, wie auch auf der Ebene von Delphi-Datenbank-Komponenten eine Verknüpfung zwischen Tabellen einfach möglich ist.

Das Projekt konzentriert sich auf den wesentlichen Punkt des Zugriffs auf zwei Tabellen und ist deshalb in seiner Grundfunktion nicht sehr verschieden von vorangegangenen Projekten zur Stahlsorten-Datenbank. Ziel ist die Erzeugung einer Oberfläche, wie sie in Bild 6.15 dargestellt ist. Es wird einfach in den Datenbankinhalten geblättert (mittels einer DBNavigator-Komponente), jedoch wird die Stahlbezeichnung nach DIN angegeben. Da in der Datei **Stahlsorten.db** nur die EN-Bezeichnung gegeben ist, bedeutet das einen Zugriff auf die zweite Tabelle **Normen.db**.

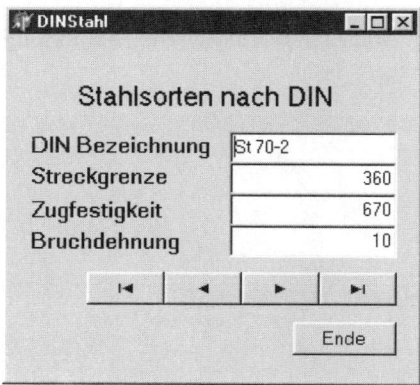

Bild 6.15   Oberfläche
des Projekts DINSTAHL

Zum Grundentwurf der Anwendung ist wenig zu sagen, da es sich um eine recht einfache Verwendung der Datenbank-Komponenten handelt. Es sind allerdings zwei Table-Komponenten vorhanden; in beiden werden Datenbankverzeichnis und Tabellenname (**Stahlsorten.db** bzw. **Normen.db**) fest eingestellt und die Eigenschaft Active bei der Stahlsorten-Tabelle (**Table1**) auf *true* gesetzt. Damit wird diese Tabelle bereits zur Entwurfszeit geöffnet. Es wird eine **DataSource-Komponente** (**DataSource1**) erzeugt, die an **Table1** angeschlossen ist, und in den einzelnen **DBEdit**-Feldern (außer dem ersten!) wird jeweils die **DataSource** auf die **DataSource1** eingestellt. Damit kann man bei der **DataField**-Eigenschaft jeweils direkt aus einem Menü der tatsächlich verfügbaren Tabellenfelder wählen. Die **DBNavigator**-Komponente verweist auf die gleiche **DataSource**, und mit **VisibleButtons** werden alle Schalter außer der reinen Navigation ausgeblendet.

Nun stellt sich die eigentliche Frage, um derenwillen dieses Projekt definiert wurde. Wie können wir im ersten **DBEdit**-Feld auf die DIN-Bezeichnung der aktuellen Stahlsorte zugreifen? Wir kennen die EN-Bezeichnung und müssen in der zweiten Tabelle sozusagen „nachschlagen", wie die passende Übersetzung von EN nach DIN lautet. Zu diesem Zweck kann man in Delphi mit dem **Feld-Editor** neue **virtuelle** Felder zu einer Tabelle hinzufügen, deren Werte zur Laufzeit aus anderen Informationen berechnet werden. Man geht hier wie folgt vor:

- **Feld-Editor** für **Table1** (die Stahlsorten-Tabelle) öffnen. Das geschieht z. B. durch das Kontextmenü (rechte Maustaste) auf der Komponente **Table1**.
- Im Feld-Editor sind die wichtigsten Funktionen ebenfalls nur über das Kontextmenü (rechte Maustaste) erreichbar. Zunächst muss man die physisch in der Tabelle vorhandenen Felder nochmals einkopieren, und zwar mit dem Befehl „Alle Felder hinzufü-

gen". Den Zustand des Feld-Editors an dieser Stelle zeigt Bild 6.16. Der Feldeditor ist das kleine Fenster mit der Überschrift **Form1.Table1**.

- Nun passiert der entscheidende Schritt über den Befehl „Neues Feld..." (ebenfalls Kontextmenü des Feld-Editors). Danach erscheint der Dialog „Neues Feld", der in Bild 6.16 zu sehen ist.
- Im Dialog für das neue Feld können die Informationen eingegeben werden, die dem „Nachschlagen" in der zweiten Tabelle entsprechen. Der Name des neuen virtuellen Feldes ist „DIN Eigenschaften", d. h. von diesem Schritt an wird es für das Programm so erscheinen, als habe **Table1** ein weiteres Feld mit diesem Namen. Typ und Größe müssen passend für das Feld eingestellt werden. Der Feldtyp ist hier „Nachschlagen", d. h. der Wert wird durch Zugriff auf eine weitere Tabelle berechnet. In der Nachschlage-Definition können wir die Fremdschlüssel-Beziehung eingeben, und zwar erscheint unter „Schlüsselfelder" das Fremdschlüsselfeld in **Table1**, also „EN Bezeichnung". Natürlich muss die zweite Tabelle (**Table2** als Repräsentant für **Normen.db**) angegeben werden. Anschließend kann man die Verbindung des Fremdschlüssels mit der Schlüsselinformation aus **Table2** angeben, indem unter „Schlüssel" das Feld „EN" ausgewählt wird. Schließlich muss festgelegt werden, welche Information wir an dieser Stelle aus **Table2** auslesen wollen; das ist in diesem Falle natürlich „DIN". Der komplette Dialog ist in Bild 6.16 zu sehen.

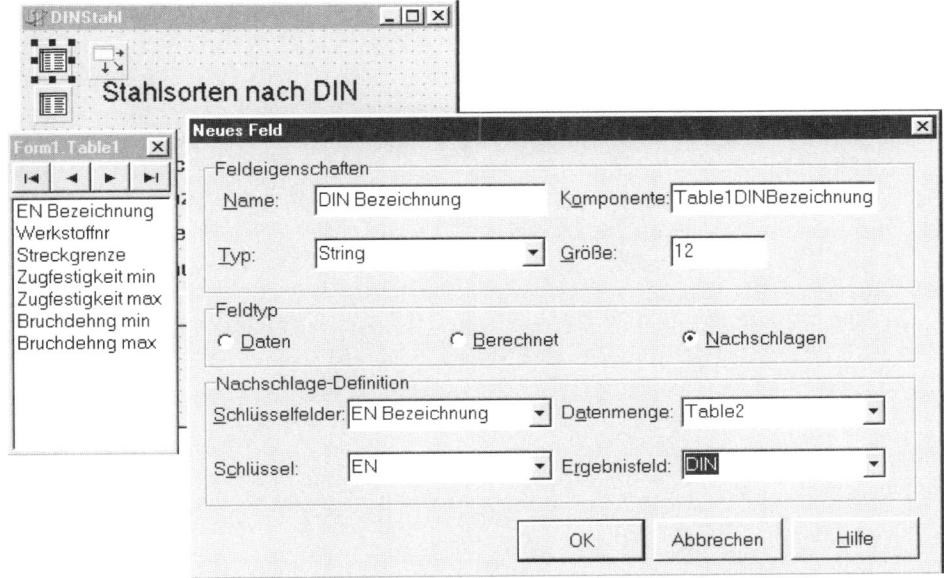

Bild 6.16   Dialog zum Projekt DINSTAHL

Sobald dieser komplexe Schritt abgeschlossen ist, steht in der Komponente **Table1** ein neues Datenfeld zur Verfügung, nämlich „DIN Bezeichner". Auf dieses Feld wird nun die erste DBEdit-Komponente eingestellt. Damit ist das Programm (bis auf den Ende-Knopf) fertig, übrigens praktisch ohne eine Zeile Pascal-Programmierung!

Wenn man von den (etwas komplexen) Details der Dialogführung in Delphi abstrahiert, wird deutlich, dass auch bei Tabellenverknüpfung zur Laufzeit exakt das gleiche Prinzip verfolgt wird wie oben beim direkten Zugriff in der **Datenbankoberfläche**. Der Wert in einem Fremdschlüsselfeld der ersten Tabelle wird zum Zugriff auf die zweite Tabelle genutzt und dort werden spezifische Informationen aus anderen Feldern ausgelesen.

6.5.4   Übungen

6.7   Erstellen Sie eine ergänzende Tabelle zur Stadt-Datenbank aus 6.2.3. Diese Tabelle soll Informationen zu Bundesländern verwalten, und zwar die Gesamt-Einwohnerzahl des Landes sowie die Information, ob es sich um ein altes oder neues Bundesland handelt. Schlüssel der neuen Tabelle ist der Name des Landes. Erproben Sie verschiedene QBE-Abfragen über beide Tabellen, z. B. nach allen Städte in den neuen Ländern mit einer Einwohnerzahl über einem bestimmten Wert.

6.8   Ü-Projekt STADTUNDLAND

Schreiben Sie ein Anwendungsprogramm, das durch gemeinsamen Zugriff auf die Stadt-Tabelle und die Länder-Tabelle folgende Informationen in einem Dialogfenster bereitstellt, wobei eine Navigation durch die Datensätze mit Pfeiltasten möglich ist:
- Stadtname
- Altes oder neues Bundesland
- Einwohnerzahl
- Einwohnerzahl relativ zur Gesamteinwohnerzahl des Bundeslandes.

Literaturverzeichnis

[1]   *Balzert, H.*: CASE-Systeme und Werkzeuge. – 5. vollst. überarb. Auflage. – Mannheim: BI-Wissenschaftsverlag, 1993

[2]   *Balzert, H.*: Lehrbuch der Software-Technik. (Bd. II) – Software-Management, Software-Qualitätssicherung, Unternehmensmodellierung. – Heidelberg: Spektrum Akademischer Verlag, 1998

[3]   *Blaschek, G.*: Objektorientierte Programmierung. In: Informatik-Handbuch. – 2. Auflage. – München: Carl Hanser Verlag, 1999

[4]   *Böhm, D.; Jacopini, G.*: Flow diagrams turing machines and languages with only two formation rules. Communications of the ACM 9 (1966) S. 366–371

[5]   *Dijkstra, Edsger, Wybe*: Structured Programming; Software Engineering Techniques. Report an a Conference, Rom 1969

[6]   DIN 66 001: Informationsverarbeitung; Sinnbilder und ihre Anwendung. – Berlin: Beuth-Verlag, 1983–12

[7]   *Doberenz, W.; Kowalski, T.*: Borland Delphi 6 – Grundlagen und Profiwissen. – München: Carl Hanser Verlag, 2001

[8]   *Ehses, E.; Victor, F.*: Programmiersprachen (Kap. 8). In: Taschenbuch der Informatik. – 3. Auflage. – Leipzig: Fachbuchverlag, 2001

[9]   *Engels, G.; Schäfer, W.*: Programmentwicklungsumgebungen – Konzepte und Realisierung. – Stuttgart: B. G. Teubner Verlag, 1989

[10]   *Fähnrich, K.-P.; Janssen, C.; Groh, G.*: Werkzeuge zur Entwicklung graphischer Benutzungs-schnittstellen. – München; Wien: Oldenbourg-Verlag, 1996

[11]   *Forbrig, P.*: Objektorientierte Softwareentwicklung mit UML. – Leipzig: Fachbuchverlag, 2001

[12]   *Gamma, E.; Helm, R.; Johnson, R.; Vlissides, J.*: Entwurfsmuster, Elemente wiederverwendbarer objektorientierter Software. – München: Addison-Wesley, 1996

[13]   *Göldner, H.*: Höhere Festigkeitslehre (2 Bände). – Leipzig: Fachbuchverlag, 1991, 1992

[14]   *Goos, G.; Zimmermann, W.*: Programmiersprachen. In: Informatik-Handbuch. – München: Carl Hanser Verlag, 2002

[15]   *Gruhn, V.; Thiel, A.*: Komponentenmodelle. – München: Addison-Wesley, 2000

[16]   *Herczeg, J.*: Methoden und Werkzeuge zur visuellen objektorientierten Programmierung. Dissertation an der Fakultät Informatik der Universität Stuttgart, 1995

[17]   *Heun, V.*: Grundlegende Algorithmen – Einführung in den Entwurf und die Analyse effizienter Algorithmen. – Braunschweig; Wiesbaden: Vieweg-Verlag, 2000

[18]   *Hoare, Carles, A., R.*: An axiomatic basis for computer programming. Communication of the ACM 12 (1969) S. 576–580, 583

[19]   *Horn, C.; Kerner, I. O.; Forbrig, P.*: Lehr- und Übungsbuch Informatik (4 Bände). – Leipzig: Fachbuchverlag, 1997-2001

[20]   *Jobst, F.*: Einführung in Java. – Leipzig: Fachbuchverlag, 2001

[21]   *Kaiser, R.*: Object Pascal mit Delphi. – 3. Auflage. – Berlin; Heidelberg: Springer-Verlag, 2001

[22]   *Kärger, V.; Spallek, R., G*: Computerinterne Informationsdarstellung. In: Taschenbuch der Informatik. – Leipzig: Fachbuchverlag, 2000

[23]   *Luck, K.; Modler, K.-H.*: Getriebetechnik. – Berlin; Heidelberg; New York: Springer-Verlag, 1991

[24]   Lischner, R.: Secrets of Delphi 2 – Exposino undocumented features of Delphi. Waite Group Press, 1996

[25]   Misgeld, W.: SQL – Einstieg und Anwendung. – 4. Auflage. – München: Carl Hanser Verlag, 2001

[26]   Nassi, I.; Shneiderman, B.: Flowchart Techniques for Structured Programming. In: SIGPLAN (1973) August, S. 12–26

[27]   Oestereich, B.: Objektorientierte Softwareentwicklung – Analyse und Design mit der Unified Modeling Language. – München; Wien: Oldenbourg-Verlag, 2001

[28]   Poswig, J.: Visuelle Programmierung – Computerprogramme auf graphischem Weg erstellen. – München: Carl Hanser Verlag, 1996

[29]   Preuß, W.; Wenisch, G.: Numerische Mathematik; – Leipzig: Fachbuchverlag, 2001

[30]   Reß, H.; Viebeck, G.: Datenstrukturen und Algorithmen. – München: Carl Hanser Verlag, 2000

[31]   Schönthaler, F.; Németh, T.: Software-Entwicklungswerkzeuge – Methodische Grundlagen. – 2. Auflage. – München; Wien: Oldenbourg-Verlag, 1992

[32]   Schwetlick, H.; Kretzschmar, H.: Numerische Verfahren für Naturwissenschaftler und Ingenieure. – München: Carl Hanser Verlag, 1991

[33]   Sommerville, I.: Software Engineering. – 6. Auflage, Reihe Pearson Studium. – München: Addison-Wesley, 2001

[34]   Stöcker, H. (Hrsg.): Taschenbuch mathematischer Formeln und moderner Verfahren. Frankfurt: Verlag Harri Deutsch, 1992

[35]   Szyperski, C.: Component Software: Beyond Object-Oriented Programming. Addison-Wesley Publishing Company, Reading (MA), 1997

[36]   Vossen, G.: Datenmodelle, Datenbanksysteme und Datenbank-Management-Systeme. – 2. Auflage. – München: Addison-Wesley, 1994

[37]   Wallmüller, E.: Software-Qualitätsmanagement in der Praxis. – 2. Auflage. – München: Carl Hanser Verlag, 2001

[38]   Wirth, N.: Program development by stepwise refinement. Communications of the ACM 14/4 (1971) S. 221–227

[39]   Wirth, N.: The programming language Pascal – Revised report. Berichte der Fachgruppe Computerwissenschaften, H. 5, ETH-Zürich 1972

[40]   Zurmühl, R.: Praktische Mathematik für Ingenieure und Physiker. – Berlin; Göttingen; Heidelberg: Springer-Verlag, 1984

Sachwortverzeichnis

Aufbruch in Java
– Informatik interaktiv –

Dem Autor gelingt es mit dieser Kombination aus Buch und CD-ROM, das für einen Start in die Java-Welt notwendige Rüstzeug zusammenzustellen.

Die vorliegende „Einführung in Java" bietet vor allem Hilfe zum Formulieren in der Sprache Java.

Die Hürden für den Einstieg werden dabei so niedrig wie möglich gehalten, ohne Abstriche an der für Software-Ingenieure notwendigen Präzision und Systematik hinzunehmen.

Durch eine Konzentration auf das absolut Notwendige entsteht kein Buch, das den Leser gleich am Anfang durch seinen Umfang erdrückt, sondern ein „leichtes" Buch als Hilfe zum Aufbruch in die Programmiersprache Java.

Die Stoffauswahl wurde so getroffen, dass die aus der Vielfalt an Versionen von Java stammenden Probleme minimiert wurden.

So ist es auch mit Java 1.1 möglich, alle Programme im Buch ablaufen zu lassen.

F. Jobst

Einführung in Java
Die neue Reihe
Informatik interaktiv

2. Auflage 2001
180 Seiten
Kartoniert mit CD-ROM
48 Bilder, 46 Beispiele,
14 Tabellen, 33 Programme

ISBN 3-446-21907-2

CD-ROM:

- Lernsystem JavaInteraktiv mit Animationen und zahlreichen interaktiven Aufgaben
- Javalaufzeitumgebungen, JDK 1.0 bis 1.3
- Foundation-Version des Interprise-JBuilder4
- Dokumentationen zu Java
- Browser (Explorer, Netscape)
- AcroReader, Winzip, Java-IDE
- Linksammlung zum Thema und Literaturlisten

- Beispielprogramme aus dem Buch als Quellcode
- Glossar zum Thema Java

Zielgruppe:

- Studenten der Informatik im Grundstudium
- Studenten (Ingenieure, Naturwissenschaftler), zu deren Ausbildung Java gehört
- Einsteiger in Java

Fachbuchverlag Leipzig im Carl Hanser Verlag
Zschochersche Str. 48b, 04229 Leipzig
Tel. (0341) 49034-0, Fax (0341) 4806220
E-Mail: info@hanser.de, Internet: http://www.fachbuch-leipzig.hanser.de

Interaktive
Einführung in C++

Das Buch führt vor dem Hintergrund solider Basiskenntnisse in C in die Programmierung mit C++ ein.

Der Inhalt baut auf dem Buch von Mittelbach „Einführung in C" auf.

Dieser Kurs ist keine Sammlung von Syntaxregeln und Trivialbeispielen, sondern er möchte anhand sehr anschaulicher und praxisnaher Programmbeispiele die angesprochenen Themen exemplarisch so bekannt machen, dass der Leser für eigene Programme unmittelbaren Gewinn hat.

Dabei wird das Paradigma des objektorientierten Ansatzes in C++ besonders herausgestellt.

Henning Mittelbach

Einführung in C++

2002
188 Seiten, 25 Abbildungen,
71 Programme,
mit CD-ROM,
kartoniert

ISBN 3-446-21830-0

Zielgruppe:
- Studenten der Informatik
- Informatiker, Programmierer, Ingenieure
- Lehrer und Schüler ab Sekundarstufe II

Auf CD-ROM:
- Lernprogramme zu C und C++ mit umfangreichen Verzeichnissen von Internetseiten zu C/C++,
- Zusatztexte und Vorlesungsfolien zum Buch,
- Quellcode der im Buch aufgeführten Beispiele,
- C/C++-Compiler (Testversion von Borland/Inprise C++ Compiler 5.5, Microsoft® Visual C++ 6.0 Autoren Edition)
- Adobe Acrobat Reader 5.0, Netscape Navigator 6

Fachbuchverlag Leipzig im Carl Hanser Verlag
Zschochersche Str. 48b, 04229 Leipzig
Tel. (0341) 49034-0, Fax (0341) 4806220
E-Mail: info@hanser.de, Internet: http://www.fachbuch-leipzig.hanser.de